Horst Fuhrmann

Menschen und Meriten

Horst Fuhrmann

Menschen und Meriten

Eine persönliche Portraitgalerie

zusammengestellt und eingerichtet
unter Mithilfe von
Markus Wesche

Verlag C. H. Beck

Mit 52 Abbildungen

Die Deutsche Bibliothek – CIP-Einheitsaufnahme

Fuhrmann, Horst:
Menschen und Meriten : eine persönliche Portraitgalerie / Horst Fuhrmann. Zsgest. und eingerichtet unter Mithilfe von Markus Wesche. – München : Beck, 2001
ISBN 3-406-47221-4

ISBN 3-406-47221-4

Satz: Fotosatz Otto Gutfreund GmbH, Darmstadt
Druck- und Bindearbeiten: Clausen & Bosse, Leck
Gedruckt auf säurefreiem, alterungsbeständigem Papier (hergestellt aus chlorfrei gebleichtem Zellstoff)
Printed in Germany

www.beck.de

Inhalt

II. Zugänge zu Gustav Freytag

III. Schattenwerfende Amtsvorgänger

Einstimmung

«Es gibt eigentlich keine Geschichte, nur Biographie»

Wie kommt ein Historiker, der sich hauptsächlich mit dem Mittelalter beschäftigt und manche Probe schwer lesbarer Gelehrsamkeit abgeliefert hat, wie kommt er auf den Gedanken, Biographien zu verfassen und zusammenzustellen, wo doch das Mittelalter ein gebrochenes Verhältnis zum irdischen Leben und zu menschlichen Taten hatte? Ein Mensch hat keine Meriten, es ist die Gnade Gottes, die wirkt. Den Anstoß gab die Absicht der Bayerischen Akademie der Wissenschaften, mir im Sommer 1996 zu einem Anniversartag eine Feier auszurichten. Ich wollte den Gratulanten – Freunden, Kollegen, Mitarbeitern, Bekannten, Weggefährten – nicht mit leeren Händen entgegentreten, und so kam mir der Gedanke, ein Gastgebergeschenk, ein «Souvenir de la fête» bereitzustellen. Der Stil früherer Tage, dem Gast das Weinglas als «Souvenir de la fête» zu überlassen, aus dem er getrunken hatte (ich besitze einen solchen Pokal, mächtig im Volumen, von einem Pariser Flohmarkt), paßte nicht recht zu der Veranstaltung, ist schwer zu bewerkstelligen und endet vielleicht in Trunkenheit. Handsamer erschien eine Auswahl aus einer großen Zahl von Lebensskizzen, die sich im Laufe der Jahrzehnte angesammelt hatten. Auf zunächst unbeabsichtigte Weise, dann aber immer häufiger und nachdrücklicher sind Menschen behandelt worden, die ins eigene Leben hineinspielen. Wem eine Autobiographie zuwider ist, weil Freud und Leid im tiefsten Empfinden nicht vermittelbar sind, entdeckt Interessantes und Berichtenswertes in fremden Lebensläufen, und am Ende stellt man fest, daß jeder Mensch eine eigene Portraitgalerie hat, durch die er schreitet – dies ist die meine. Unter dem Titel «Biographische Begegnungen» wurde die Sammlung ausgegeben und kam auch in die Hand meines wohlwollenden Verlegers, der anregte, aus dem Privatdruck ein richtiges Buch zu machen, mit Bildern und Ergänzungen, und so begann auf gespurter Bahn eine neue Wanderung durch Zeiten und Biographien, mit – zugegeben – immer stärkerer innerer Anteilnahme. Aber: Darf man das Geschäft der Geschichte (denn sie sollte man immer im Sinn haben) so sehr über Biographien betreiben?

Beruhigendes kommt vom welterfahrenen Benjamin Disraeli (1804–1881), von seiner Empfehlung: «Lies keine Geschichtswerke, nur Biographie, denn das ist das Leben ohne Theorie.» (Read no history: nothing but biography, for that is life without theory.) Das Wort gehört zum britischen Zitatenschatz und steht im englischen Büchmann, dem *Oxford Dictionary of Quotations*, wie überhaupt diese Form der Geschichtsbetrachtung im angelsächsischen Raum stärker zu Hause ist. Der amerikanische Dichter-Philosoph Ralph W. Emerson (1803–1882) trieb es in seinen berühmten und meinungsbildenden *Essays on representative men* noch weiter: «Es gibt eigentlich keine Geschichte, nur Biographie» (There is properly no history; only biography). Auch bei uns nimmt – nach einer gewissen Zurückhaltung, als ideologische Verengung Leistung hauptsächlich im Kollektiv, weniger beim Einzelmenschen sehen wollte –, auch bei uns nimmt die Wertschätzung der Gattung «Biographie» zu, und vielleicht ist es kein Zufall, daß jüngst ein *Biographisches Weltarchiv* und innerhalb eines halben Jahrzehnts eine vielbändige und bald ins Englische übertragene *Deutsche Biographische Enzyklopädie* (1995–2000) entstanden sind. Der Mensch ist des Menschen liebstes Objekt, und es ist mehr als Information, die man aus dieser Beschäftigung empfängt. Nicht Zahlen, nicht Strömungen: «Im Grunde sind es doch Verbindungen mit Menschen, welche dem Leben seinen Wert geben», schreibt Wilhelm von Humboldt an eine Freundin. Wohlan!

Da sind nach einem Auftakt mit dem Clan der Weizsäcker – Geschichte in der Biographie – die aus dem Dunkel eines abgesunkenen Oberschlesiens hervorgeholten Menschen, Landsleute: Deutsche, Polen, Juden, «Pollakken» eben, wie Fontane spottete, solche, «die noch östlicher wohnen». Zwei jüdische «Pollacken» interessieren besonders: der bei seinem mosaischen Glauben gebliebene «Armeelieferant» Simon Cohn (1833–1892), der Wohltäter der Stadt Kreuzburg, und der getaufte Theodor Heidenfeld (1834–1884), der zu juristischem Ruhm und zu Reichtum aufgestiegen ist und die einzige Geschichte dieser Stadt geschrieben hat, beide heute total vergessen. Oberschlesien und der Osten haben noch mehr zu bieten. Von hier haben die Pringsheims ihren Reichtum (und Thomas Mann seine Startbörse); noch weiter aus dem Osten kam der berühmte Philologe Taddeusz Zieliński (1859–1944) – an ihm und seiner Umgebung läßt sich russisch-polnisches Schicksal ablesen. Das oberschlesische Kreuzburg, die Heimat des Autors, ist die Stadt des ehrenwerten Schriftstellers Gustav Freytag (1816–1895), aber auch der chaotischen Familie Jarklowski mit einem für 30 Goldtaler an eine Theatertruppe verkauften kleinen Mädchen, das später in Wien als Burgtheaterdirektorsgattin wieder auftaucht, mit einem trinkfreudigen Schulrektor und einem alten Schwiegervater, der seine Haushälterin schwängerte und den lästigen Bankert der edlen Familie Stach von Goltzheim unauffällig weiterreichen konnte – eine oberschlesische Idylle. Hier am Gymnasium unterrichtete der fleißige «zugereiste» klassische Philologe Theodor Bögel (1876–1973), dem in unseren Tagen später Dank und Anerkennung zuteil wurden, weil er, ein Diener der ersten Stunde, in der Frische erinnernden Alters die einzige Geschichte des größten lateinischen Wörterbuchs, des *Thesaurus linguae Latinae*, verfaßt hat. Wer die unterschiedlichen Bewährungsfelder dieser Menschen besieht, läßt das Wort Gustav Freytags gelten: «Alles, was man auf Erden werden kann, wird der Schlesier mit Leichtigkeit: Engländer, Amerikaner, Russe, Minister und Seiltänzer, fromm und gottlos, reich und arm.»

Aus Kreuzburg kam der SS-General Kurt Daluege (1897–1946), ein Mittäter Heydrichs, der auf dem Prager Wenzelsplatz gehenkt wurde, aus Kreuzburg auch der Sohn des koscheren jüdischen Gastwirts Weinlaub, dem der amerikanische Immigration Officer nach Klang den Namen Wicclair (1901–1998) verpaßte, was dieser klaglos und dankbar hinnahm, um dann eine deutschsprachige Emigrantenbühne in den Staaten aufzubauen und eine lesenswerte Autobiographie zu verfassen *Von Kreuzburg bis Hollywood.* Aus Landsberg, dem wenige Kilometer östlich von Kreuzburg gelegenen Grenzort zum damaligen Russisch-Polen, stammte Hamburgs Regierender Bürgermeister Herbert Weichmann (1896–1983), Sohn eines jüdischen Rechtsanwalts; einen Fußmarsch von Landsberg entfernt liegt Lowkowitz, wo der Pfarrer Johannes Dzierzon (1811–1906) Imkerei betrieb. Dzierzon entdeckte die Parthenogenese der Bienen, ihre Fortpflanzungsform, und erfand die bald weltweit eingeführten beweglichen Waben. Ihm, der zum Altkatholizismus übergetreten war, verlieh der aus der katholischen Kirche ausgestoßene Jubiläumsrektor der Universität München Ignaz von Döllinger 1872 die Ehrendoktorwürde. Das «an den äußern Rändern der Culturwelt» (so Jacob Burckhardt) liegende Kreuzburg hat manches zu bieten.

Dauerhafte und zur festen kulturellen Ausstattung gehörende Einrichtungen wie die Bayerische Akademie der Wissenschaften und die Monumenta Germaniae Historica, das deutsche Institut zur Erforschung des Mittelalters, beide bis in die Goethezeit zurückreichend (sie hatten beide den Dichterfürsten zum Mitglied), haben ihre herausragenden Gestalten, an denen sich Geist und Zeit ablesen lassen, so den durch seine historischen Forschungen ins amtskirchliche Abseits geratenen Ignaz von Döllinger (1799–1890) und den anziehend-zynischen Paul Fridolin Kehr (1860–1944), einen positivistischen Berserker und wortmächtigen Meinungsbildner, gefühlskalt und doch menschlich, dessen schlagend schnöde Sprüche durch Generationen weitergereicht werden. Als Nachfolger im Amt habe ich mich mit beiden beschäftigen müssen, und aus der lästigen und zunächst mit Widerstreben übernommenen Pflichtaufgabe wurde eine Bereicherung: auch die tröstliche Wahrnehmung, daß neben Leistung menschliche Schwäche und Einbuße liegen können.

Ähnlich ging es mit der nächsten Gruppe, mit den von den Nationalsozialisten vertriebenen Gelehrten, Historikern, die ihre Leistungen außerhalb Deutschlands vollbrachten, mit Felix Gilbert, Stephan Kuttner, Walter Ullmann, Karl Leyser, Golo Mann, deren Nekrologe zu schreiben waren. Aus der Trauer über den Verlust – die ständige Frage: was wäre, wenn sie hätten bleiben können – wurde Dankbarkeit über den zurückgeflossenen Reichtum.

Als man Christoph Lichtenberg fragte, wie er manche Menschen seiner Umgebung finde, gab er zur Antwort: «Wären's Bücher, ich würd' sie nicht lesen.» Alle hier vorgestellten Kollegen der Historikerzunft habe ich gern «gelesen». Jacob Burckhardt, der Verächter der positivistischen Quellenforscher, der «Urkundionen», ist geradezu Pflichtlektüre, zugleich ein Mirakel, was seine Nachwirkung betrifft, denn er hat die letzten dreißig Jahre seines Lebens nichts mehr veröffentlicht, sondern sich sozusagen der historischen Wahrheitsvermittlung («weise für immer») gewidmet, plauderhaft vor einem Publikum vorgetragen, das den tiefen Sinn der Ausführungen nicht immer begriffen haben dürfte; was er den Baslern sagte, von diesen bewahrt und verkündet, wirkt jetzt in die Welt. Robert Benson, Bernhard Bischoff, Hermann Heimpel, Karl Jordan, Raoul Manselli, Raffaello Morghen, Percy Ernst Schramm, sie alle haben meinen Lebensweg begleitet, und jedem von ihnen verdanke ich ein Stück Fachwissen und Menschentum.

Erst vier Jahrzehnte nach dem Ende des Zweiten Weltkriegs, in den achtziger Jahren, glaubte die Deutsche Bundesbank es wagen zu dürfen, «bekennerhafte» deutsche Banknoten herauszubringen, nachdem in zwei Emissionen politisch unverfängliches Design nach alten Gemälden unter die Leute gebracht worden war: Bildnis eines alten Mannes, Junge Venezianerin usw., keine deutsche

Persönlichkeit, mit der man irgendeine Leistung verbindet. Man drückte sich. Überall lauerten Hitler und Auschwitz. In den europäischen Nachbarländern – in Italien, der Schweiz, Frankreich – hatte man stets Köpfe großer Landsleute gezeigt. Nun also sollten auch bei uns «Gestalten aus dem deutschen Geistes- und Kulturleben» wiedergegeben werden. Über die Mühe der Motivauswahl berichtet der letzte Beitrag, der Melancholie verbreitet, denn gerade einmal ein Jahrzehnt konnten wir uns über die Köpfe an unsere eigene Geschichte erinnern, dann verschwindet unsere Kollektion in der einebnenden Anonymität des schwächelnden Euro: statt Balthasar Neumann und Clara Schumann Brücken und Häuser – keine Menschen, keine Portraits, keine biographische Begegnung. Die deutschen Noten werden verbrannt.

Für die *Biographischen Begegnungen*, die 1996 als «Souvenir de la fête» bei knapperem Inhalt in schmaler Broschur und ohne Bilder ausgegeben wurden, hatte vorwiegend Markus Wesche die Redaktion besorgt, die vor allem für die «Zunft der Historiker» notwendig war: Widersprüche und Wiederholungen mußten behoben werden, aus fünfmal Heimpel oder viermal Bischoff war jeweils ein Text herzustellen. Markus Wesches gelungene Redaktionen sind zu einem guten Teil hier übernommen, wie überhaupt seine Mithilfe für das ganze Buch unverzichtbar war.

Wer in dieses Buch hineinschaut, möge mit seiner Buntscheckigkeit milde umgehen: Kleines steht neben Großem, Persönlich-Privates neben amtlicher Ableistung, unbekannte Menschen neben sichtbaren Gestalten, Erlebtes neben Erschlossenem, und entsprechend dem Anlaß und der Nähe zum Dargestellten sind Sprache und Tonhöhe unterschiedlich.

Man sollte einem biographischen Zugang zur Geschichte gewiß nicht zu viel vertrauen, aber eine Biographie kann Lebensformen sichtbar werden lassen; es zählt eben das erlebte Schicksal mehr als eine abstrakte Darstellung. Daß eine Biographie zur Erhellung einer Zeit und ihrer gesellschaftlichen Strukturen beitragen kann, das zeigen:

Richard von Weizsäckers Erinnerungen

«Lies keine Geschichtswerke, nur Biographie, denn das ist das Leben ohne Theorie», empfahl Disraeli. Auf den vorliegenden Fall angewendet: Lest Richard von Weizsäckers *Vier Zeiten*, seine Erinnerungen (1997), nicht einen Grundriß jüngster deutscher Geschichte, sondern, wie der Autor es auch ankündigt: diesen «Bericht über ein aus der Familie kommendes und in sie eingebettetes Leben», den das Publikum, wie die schnell überschrittene Bestsellermarke ausweist, gern annahm.

Die Weizsäcker

Die Weizsäcker – keine Erfindung wie die Forsytes oder die Simpsons, sondern real existierend, und es ist gar nicht möglich, halbwegs aufmerksam durchs deutsche Kulturleben der letzten anderthalb Jahrhunderte zu schreiten, ohne auf einen Weizsäcker zu stoßen, wie ich aus eigenem Erleben weiß. Um 1950 war mir, dem Doktoranden der mittelalterlichen Geschichte, ein Thema zentraler Abseitigkeit anvertraut: die pseudoisidorischen Fälschungen des 9. Jahrhunderts (den «größten Betrug der Weltgeschichte», wie man sie einmal genannt hat). Mein «Hauptvorarbeiter» war Julius Weizsäcker (1828–1889) mit seiner an der Universität Tübingen vorgelegten Dissertation, wo sein Bruder Karl (1822–1899) wenig später Professor, Rektor und schließlich auch Kanzler wurde. Der Name Weizsäcker klingt auch in die Gegenwart hinein. Von Nürnberg drang der Name Weizsäcker hinüber; von Kiel fuhr man nach Hamburg, um einen weithin ausgewiesenen Naturwissenschaftler zu hören, der einen philosophischen Lehrstuhl übernommen hatte und über Platon und Aristoteles las; in Heidelberg kam später sozusagen eine psychosomatische Begegnung hinzu, und selbst bei einer Boulevardlektüre wie der «Funkuhr» empfängt man heute Schachbelehrung von einem Weizsäcker, alles eine Familie. Es ist wie im Alten Deutschen Reich seit 1452, wenn der Herold bei der Kaiserkrönung ausruft: «Ist ein Dalberg da?» Stets tritt ein Mitglied dieser Familie auf, um als erster den Schlag zum Reichsritter zu erhalten. Ist ein Weizsäcker da? kann man durch die Kultur- und Gesellschaftsgeschichte nach der Goethe-Zeit und achtundvierziger Revolution rufen. Und dann steht diese deutsche Reichsfamilie zur Verfügung, allerorten. Man kann es auch andersherum ausdrücken. Die Weizsäcker können es nicht lassen, die Anforderungen der Gesellschaft wahrzunehmen und sich zur Verfügung zu halten.

Die Verquickung dieser bürgerlichen Weizsäcker mit der deutschen Geistesgeschichte haben Historiker schon lange im Blick. Ich sage nachdrücklich: Geistesgeschichte, denn selbstverständlich kennen wir Jahrhunderte zurückreichende Bürgerfamilien, die ihren Beitrag zur Sozial- und Wirtschaftsgeschichte geleistet haben, die Welser und Fugger, die Imhoffs und die Tucher, um diese süddeutschen Patrizier zu nennen. Im Verhältnis zu diesen Schloßbewohnern blieben unsere Weizsäcker darbende Schlukker, Bildungsbürger eben. Wer den Band *Werkzeug des Historikers*, die beste Einführung in die Historischen Hilfswissenschaften, unter dem Abschnitt «Genealogie» aufschlägt, findet eine «Verwandtschaftstafel» mit der Kennzeichnung «Begabungshäufung und Verwandtschaftszusammenhänge in vier Familien der bürgerlichen Oberschicht», die einzige in dieser Art. Es geht um die Familien Weizsäcker, Curtius, Lepsius und Schlözer. Über die Ehefrau Olympia des Psychosomatikers Viktor von Weizsäcker gelangen wir zu den Curtius, von Ernst Robert, dem Romanisten, bis zu Ernst, dem Archäologen; von dort geht es einerseits zu den Lepsius mit Karl Richard, dem Ägyptologen, und andrerseits zu den Schlözer mit der athenehaft schönen Dorothea, die als erste Frau 1782 in Göttingen den Doktortitel erwarb. Und wer das Register der Autobiographie Richard von Weizsäckers

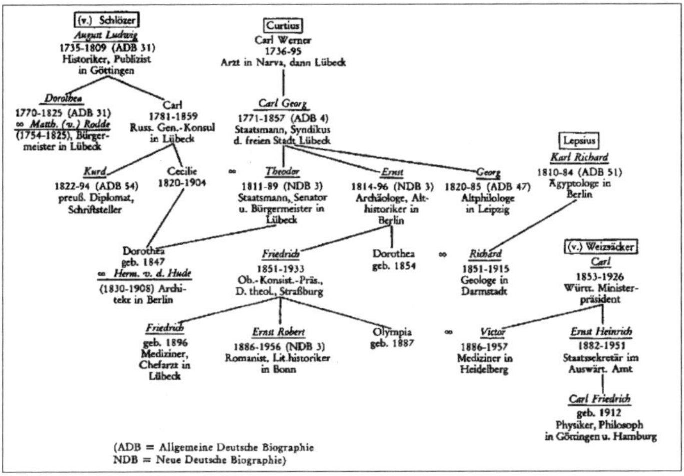

1 Verwandtschaftstafel: «Begabungshäufung und Verwandtschaftszusammenhänge in vier Familien der bürgerlichen Oberschicht» Erstellt von A. von Brandt, «Werkzeug des Historikers. Eine Einführung in die Historischen Hilfswissenschaften» (1958). Die Tafel ist bis zur letzten, der 15. Auflage (1998) unverändert übernommen. Richard von Weizsäcker, der spätere Bundespräsident, der Bruder Carl Friedrichs, damals in der privaten Wirtschaft tätig und politisch noch nicht hervorgetreten, ist nicht aufgeführt.

aufschlägt, zählt 21 Träger dieses Namens, und dabei hat sich der Verfasser gezügelt, denn er hätte weitere «gesellschaftlich erhebliche» Weizsäcker aufzählen können. Die Weizsäcker, hervorgegangen aus bäuerlich-handwerklicher Umgebung, sind ein Produkt der Bürgerwelt des 19. Jahrhunderts. Ihr Name findet sich nicht im *Allgemeinen Gelehrten-Lexikon* des Christian Gottlieb Jöcher (1694–1758), und auch bei dessen unmittelbaren Fortsetzern kommen sie nicht vor. Von der Mitte des 19. Jahrhunderts an setzt erst sanft – mit Julius, dem Pseudoisidor-Forscher, und anderen –, dann überschwemmungsartig gewaltig die Flut der Weizsäcker ein. Im *Gesamtverzeichnis deutschen Schrifttums* sind bis 1911 rund 60 Titel unter dem Verfassernamen eines Weizsäcker verzeichnet, im anschließenden, bis 1965 reichenden Teil etwa 140, und der Damm bricht im Aktuellen. Im heutigen *Verzeichnis lieferbarer Bücher* von 1999 bieten sich über 160 Publikationen an, wohlgemerkt: Monographien, die einen Weizsäcker zum Autor haben, die meisten gehören, soweit ersichtlich, zum Clan, der von Richard von Weizsäcker repräsentiert wird. Deutschland befindet sich in der Hand der Weizsäcker.

Der Zeitzeuge und Berichterstatter

«Vier Zeiten», so hat Richard von Weizsäcker, Bundespräsident der Jahre 1984 bis 1994 und damit ein Hauptzeuge des deutschen Einigungsvorgangs, seine *Erinnerungen* genannt. Diese *Vier Zeiten* sind keine quattro stagioni, keine allegorisch ausgelegten Jahreszeiten, sondern Erlebnisabschnitte des Zeitgenossen und Zeitgestalters Weizsäcker. Die Einteilung wurde getroffen bei der vielleicht persönlichsten, sicherlich aber wirkungsvollsten Kundgebung eines deutschen Bundespräsidenten, bei der Rede vor dem Parlament am 8. Mai 1985 zum 40. Jahrestag des Kriegsendes. Ihm sei bewußt gewesen, schreibt Weizsäcker rückblickend, daß er für alle sprechen müsse und das nicht mit abstrakten zeitgeschichtlichen Analysen, sondern als Opfer und Täter seiner Generation. Und dann wörtlich: «Es waren die vier Zeiten unseres Lebens in ihrem tiefen Zusammenhang: das Ende der Weimarer Republik, Nationalsozialismus und Krieg, Teilung und Kalter Krieg, die Hoffnung auf Vereinigung durch eine historisch-moralisch fundierte Politik.» Wie Richard von Weizsäcker vor aller Welt mit dieser vielfach verbreiteten und übersetzten Rede das Deutschlandbild geprägt hat, so hat diese in einem geradezu gestanzten Stil vorgetragene *confessio* ihn und dieses Buch geprägt. Die «Wiedervereinigung», wie der Terminus hieß, war zunächst Hoffnung, jetzt ist sie Realität, und es wirkt beruhigend, daß auch dem ersten Bürger unseres Staates, wie er gesteht, die Novembervorgänge 1989, die schließlich zur Vereinigung führten, überraschend gekommen sind.

Richard von Weizsäcker war der 6. Bundespräsident und der erste, der sein Leben, einschließlich seiner Amtszeit, in einer gänzlich selbst gestalteten Autobiographie einfängt. Am Anfang der Reihe steht ein Bundespräsident, dem Schreiben Profession war und der auch einen Band Erinnerungen herausgebracht hat, mit einer Auflage von rund 100 000 Exemplaren der Bestseller unter seinen nicht wenigen Büchern, aber Theodor Heuss' *Erinnerungen* reichen nur bis 1933, bis zu seinem 49. Lebensjahr. Diese *Erinnerungen* hat Heuss nicht fortgesetzt, trotz Aufzeichnungen aus späteren Jahren, trotz *Tagebuchbriefen* und einem Kindheitsrückblick. Die Präsidentenzeit – bei Weizsäcker fast ein Drittel des Buches – hat Heuss nicht zur Darstellung gebracht. Karl Carstens hat eine reich dokumentierte, fast protokollartige Autobiographie *Erinnerungen und Erfahrungen* zusammengestellt, die das Bundesarchiv mit Einwilligung des Autors ergänzt, überarbeitet und 1993 postum herausgegeben hat. Im präzisen Sinne des Wortes ist dies hier in der Tat die erste Autobiographie eines Bundespräsidenten.

Autobiographie: Ein persönliches Erinnerungsbuch macht einen Mediävisten verlegen, denn seine Zeit, das Mittelalter, war ausgesprochen biographienfeindlich. Von sich selbst, von ihrer irdischen Existenz, sprachen damals die Menschen selten. Wenn es um Bekenntnisse aus dem eigenen Leben geht, sind es meist Seelengeständnisse nach dem Muster der Konfessionen Augustins († 430). Die Beichte ist an Gott gerichtet; zerknirscht angesichts eigener Sündhaftigkeit, wird um seine Gnade gerungen: «Herr, du hast gesehen, daß ich seit langem in Schlüpfrigkeit daherwanke» (*deus, vidisti de longinquo lapsantem in lubrico*). Daß der Mensch unzerknirscht und sogar mit Lust und Stolz seinen irdischen Weg beschreibt, ohne die Frage nach Gott und dem Jenseits, ist eine Errungenschaft der Neuzeit.

Es gibt Erinnerungen, die den Leser mit Daten und Ereignissen erschlagen. Immer geschieht etwas, der Leser hastet von einer Szene zur nächsten. Andere bewegen sich im Anekdotischen, von Lacher zu Lacher, und bei wieder anderen überwiegt die Reflexion, das Geschehen tritt zurück. Auf die Mischung kommt es an. Wie verhält es sich bei diesem Buch? Die ersten Partien über das Haus Weizsäcker, man ist genötigt zu sagen: die Wagenburg Weizsäcker, sind besonders anziehend. Was dem Antäus die Erde, ist hier die Familie. Mit der gesellschaftlich-politischen Stellung wachsen auch die Probleme, und es gibt durchaus Partien, die sich vom realen Geschehen fast abheben. Richard von Weizsäcker hat das Begnadigungsrecht des Bundespräsidenten ernst genommen und angewendet, zum Beispiel bei der Freilassung reueloser RAF-Täter (von der übrigens direkt nirgendwo die Rede ist), wahrscheinlich gegen die Einstellung mancher Teile der Bevölkerung. Die Gnade bedarf keines Rechts, sie ist ein Geschenk; sie ist, wie es in frommen Zeiten hieß, die Weitergabe der Gnade Gottes. Weizsäcker beruft sich auf den als Menschen und Gelehrten verehrungswürdigen Gustav Radbruch, der in einem Gnadenerweis die «unverhohlene Anerkennung der Fragwürdigkeit allen Rechts» sah. Rechtshistoriker urteilen anders; sie erkennen die irrationalen Wurzeln an und werten die Gnade nicht als Beleg für eine Unzulänglichkeit unserer Rechts- und Gesetzeswelt.

Der Wirkraum des Bundespräsidenten: «die Rede, die sein Handeln ausmacht»

Der Bundespräsident, was für ein Amt ist das eigentlich? fragt der Neugewählte und vom Berliner Bürgermeisteramt Abschied Nehmende, und dann folgt eine präzise Umschreibung der Möglichkeiten des Bundespräsidenten, den mancher Staatsrechtler auch heute noch für überflüssig hält. Und hier steht der Satz: Die Person ist entscheidend für das Amt. Das ist Koketterie, aber auch wieder nicht. Bei unserer von Gesetzen und Verordnungen gestalteten Welt vergessen wir, daß es Staatsgebilde gegeben hat, in denen die Herrschaftsgestaltung durch einen Träger höchster Autorität – nicht höchster Amtsmacht – bestimmt wurde. In seinem Tatenbericht, letztlich auch Erinnerungen, behauptet Kaiser Augustus, er habe allein durch Autorität geherrscht: *praestiti omnibus auctoritate* (Ich stand allen an Ansehen vor). Das ist fraglos übertrieben, aber es waren Rede und Handeln, die gestaltend wirkten. «Für den Bundespräsidenten», steht in unserem, durchaus als Handreichung für spätere Amtsinhaber denkbaren Buch, «ist es seit Theodor Heuss' Zeiten die Rede, die sein Handeln ausmacht.»

Hier sind Überlegung, Umsicht und Disziplin gefragt. Auf dem Bundespräsidenten ruht das Auge des Bürgers, und wie sagte Theodor Heuss? «Der Widerspruch gegen den Bundespräsidenten ist im Gehalt eingeschlossen.» Heuss liebte diesen Ausspruch, nannte ihn ein «schönes Wort» und zitierte ihn wiederholt. Auch sein Nachfolger wird den Satz vom eingeräumten Widerspruch gelten lassen, und sicherlich wird er sich regen: Kann man die 68er Bewegung, die von Herbert Marcuse und Ernst Bloch flankiert war und den Mutterboden für die mörderische RAF abgab, schlicht eine «Jugendrevolte» nennen? Dies allerdings ist ein Grundzug des Buches, das die Menschen fast durchgängig in einem positiven, in einem freundlichen Licht erscheinen läßt. Zu einem rundum mild gestimmten Historiker sagte einmal ein Kollege: «Bei Ihnen möchte ich Quelle sein.» Das gilt auch hier. Deshalb der Zuruf: Keine Angst, Zeitgenossen, wenn ihr in dem Buch vorkommt, ihr bleibt weitgehend ungerupft.

Das Buch umgibt, bei aller Ernsthaftigkeit, trotz Bergpredigt und ein wenig Augustin, etwas Heiteres – nicht nur wegen trefflicher Anekdoten, z. B. von dem Sieg der baumstumpfartigen Figur des Hermann Höcherl über Amerikas größtes Herrenkonfektionsgeschäft oder wegen der Hans Jochen Vogel-Schüttelreime. Es ist, als habe der Hauptmann der Reserve von Weizsäcker im Potsdamer Infanterieregiment Nr. 9 die Ansprache Prinz Eugens an seine Offiziere gehört: Ihr Leben und ihre hohe Stellung seien nur dann gerechtfertigt, wenn sie ihr Amt durchaus vorbildhaft wahrnehmen, «dies aber auf so leichte und heitere Weise, daß niemand Ihnen einen Vorwurf daraus machen kann».

Lest keine Geschichtswerke, nur Biographie – wie Richard von Weizsäckers *Vier Zeiten*.

I

Kreuzburg, Oberschlesien und die Welt

Von solchen, «die noch östlicher wohnen»
Deutsche, Polen und Juden im Oberschlesien des 19. Jahrhunderts

Wen hatte Theodor Fontane, der sich in unseren Tagen ganz ungewöhnlicher und zunehmender Wertschätzung erfreut, wen hatte Theodor Fontane zu seinem fünfundsiebzigsten Geburtstag am 30. Dezember 1894 erwartet? Die Jagows und die Lochows, die Stechows und die Bredows, die Quitzows und die Rochows, den märkischen Adel also, kannte Fontane doch «keine größeren Meriten, / Als die von Schwerin und vom alten Zieten». Und wer kommt?

«Meyers kommen in Bataillonen,
Auch Pollacks, und die noch östlicher wohnen;
Abram, Isack, Israel,
Alle Patriarchen sind zur Stell'.»

Fontane verzichtet nun auf die «Itzenplitze», die ihn verschmähen, und wendet sich einem jüdischen Verehrer zu: «Kommen Sie, Cohn.» So schließt, etwas grimmig, das Gedicht.

Fontane hat sich seine Enttäuschung über den ausgebliebenen märkischen Adel bei seinem Geburtstag mit diesem Gedicht *An meinem Fünfundsiebzigsten*, das er nicht veröffentlicht hat, von der Seele geschrieben. Im Bekanntenkreis machte das Poem die Runde und wurde zitiert. Wenige Tage vor seinem Tode, auf der Verlobungsfeier seiner Tochter Mete, nötigte man ihn, es wieder vorzutragen, und er hatte seine Freude daran.

Fontanes «Cohn»

Wer dieser Cohn war, den Fontane zu kommen auffordert, wissen wir nicht. Man vermutet ein Blankettwort: den Juden schlechthin. In zeitlicher Nähe zu seinem 75. Geburtstag schreibt Fontane von dem «xbeinige(n) Cohn, der sich ein Rittergut kauft»; ein solcher Cohn finge an, ihn mehr zu interessieren «als irgendein Lüderitz oder Itzenplitz, weil Cohn die Zeit begreift und das thut, was die Zeit verlangt». Speziell die Juden der Berliner Gesellschaft hat Fontane beobachtet, hin- und hergerissen zwischen Respekt, Billigung und Abneigung. Nach den Befreiungskriegen sei der Adel verarmt, «der Bürgerstand wurde reich. Am reichsten die Juden. Sie herrschen nun souverän. Es giebt in Berlin 280 Banquiers. Davon sind 3/4 Juden.» Und sie haben den Immobilienbesitz zum größeren Teil in der Hand und bewohnen prächtige Villen in Nobelvierteln; Fontane verschafft sich Zahlen: «61 Prozent aller Berliner Häuser sind in Judenhänden und in zehn oder zwanzig Jahren» (das Zitat ist einem Brief des Jahres 1892 entnommen) «werden es wohl 80 Prozent sein.» Aber Fontane schleift auch seinen Witz an dem ausgreifenden Besitzstreben der Juden, wie er es sah. In seinem letzten Roman, den er «noch dazu politisch» nennt, dem *Stechlin*, ordnet er dem alten Gutsherrn den jüdischen Geschäftsfreund Baruch Hirschfeld und dessen Sohn Isidor bei, die See, Dorf und Gut gern an sich brächten. «... und ich seh' auch schon den Kirchturm», schwärmt der alte Hirschfeld, doch der Sohn unterbricht ihn: «Aber, Vaterleben, was sollen wir mit'm Kirchturm.»

Je älter Fontane wird, um so mehr «erschrickt» er vor der «totalen ‹Verjüdelung›» der Berliner Gesellschaft, die alles «vermansche», aber dann erinnert sich Fontane der Unterstützung, die von jüdischen Kreisen ausgeht und die auch ihm zugute kommt: «Die Kunst, die Wissenschaft, die sonst betteln gingen, hier haben sie ihre Stätte, statt der Pferdeställe» (wie sie der Adel errichtet) «werden Observatorien gebaut.» Aber nicht nur die Bereitschaft des

Judentums, Kunst und Wissenschaft zu fördern, findet Fontanes Anerkennung; er muß auch zugeben, daß es in jüdischen Zirkeln geistreicher und interessanter zugehe als bei Zusammenkünften von Christen: «Judengesellschaften sind nicht mein Ideal und eine feine, glücklich componirte Christengesellschaft ist mir viel lieber. Aber solche glücklich zusammengesetzte Christengesellschaft ist sehr selten zu finden.» (Der Brief geht an seine Tochter) «Nimm Zöllners letzte Gesellschaft – und die Zöllnerschen Gesellschaften sind gut-mittel – die gute alte Pochhammer, die Albedyll,... die Gräfin Schwerin,... die gute Frau Lührs, die Droysen... – so muß ich mit Trauer gestehen, daß das alles an Bildung, Angeregtheit, Interesse, hinter solcher Judengesellschaft zurückbleibt.»

Die preußischen Pollacks

Mosaikartig kann man das idealtypische Bild eines Berliner Modelljuden entstehen lassen, eben eines aus östlichen Gegenden nach Berlin gekommenen «Cohn»; hier in Berlin – nach Erwerb mehrerer Rittergüter – zum Bankier aufgestiegen, Besitzer eines pompösen Hauses neben der Prachtallee Unter den Linden und selbst im Immobiliengeschäft tätig, Stifter von Bildungseinrichtungen und von Förderungsfonds.

Einen solchen Cohn hat es wirklich gegeben, Simon Cohn, geboren 1833 an der östlichen Grenze Preußens zu Russischpolen als Sohn eines kinderreichen Weinhändlers, gestorben 1892 in Berlin als Geheimer Kommerzienrat.

«Auch Pollacks, und die noch östlicher wohnen» haben sich zu Fontanes Geburtstag eingefunden, zusammen mit dem von Fontane zum Mitkommen aufgeforderten Cohn. Unser Cohn, Simon Cohn, kam aus der Landschaft der «Pollacks» und derer, «die noch östlicher wohnen»: Er stammte aus Oberschlesien. Zwar findet man auf Karten der frühen Neuzeit die Bezeichnung «Silesia superior», aber als politisch-administratives Gebilde wurde es erst zu Beginn des 19. Jahrhunderts definiert, als Preußen zum riesigen Regierungsbezirk Oppeln im Norden Teile des Fürstentums Brieg hinzufügte. Sprechend für das Land ist das Wappen, das der neuen preußischen Provinz gegeben wurde: im oberen Feld der schlesische Adler, den schon die Piastenherzöge im 13. Jahrhundert auf ihren Siegeln trugen, darunter eine Sensenklinge mit gekreuztem Hammer und Schlegel, ein sprechendes Wappen also: ein Teil Schlesiens, gekennzeichnet durch Ackerland und Gruben.

Hier wurde Simon Cohn, dessen Spur wir verfolgen, geboren, in Kreuzburg im nördlichen Oberschlesien, in einer Gegend, die damals ein aus dem Westen kommender Deutscher durchaus als «pollackisch» bezeichnen konnte. Selbstverständlich war die Bezeichnung «Pollack» herabsetzend, und die so Bezeichneten konnten sich beleidigt fühlen. Es kam über dieses Schmähwort nicht selten zu Schlägereien wie zu jener, von der die Dortmunder Zeitung unter dem 21. Februar 1879 berichtet: «Zwischen dem in dem Hösch'schen Stahlwerk beschäftigten Fabrikarbeiter Johann Dombrowsky ..., jetzt hier wohnhaft, und dem in demselben Etablissement beschäftigten Walzmeister Wilhelm Feiler entstand am 3. Oktober vergangenen Jahres Streit, der schließlich auf beiden Seiten zu Tätlichkeiten führte. Dombrowsky, welcher von Feiler ‹Pollack› tituliert wurde, wurde dadurch sehr erregt, ergriff eine glühende Eisenstange und rückte mit dieser dem Feiler zu Leibe, der aber den Schlag parierte... Dombrowsky wurde zu einer Gefängnisstrafe von drei Monaten verurteilt.» Die Dombrowskys rächten sich auf ihre Weise; sie – die Zugezogenen («jetzt hier wohnhaft») – waren fruchtbar in ihrer neuen Landschaft, und man ist versucht, an den Schluß von Kleists Novelle *Michael Kohlhaas* zu denken, wo es heißt: «Von Kohlhaas [dem Rechtsverletzer] aber haben noch im vorigen Jahrhundert... einige frohe und rüstige Nachfahren gelebt.» Über Telekom-Info erfährt man folgenden aktuellen Tatbestand: In Düsseldorf gibt es heute 6 Feiler, aber 37 Dombrowskys, in Dortmund steht das Verhältnis 9 zu 51, in Duisburg 2 zu 45, in Gelsenkirchen aber – der Heimat des Fußballvereines Schalke 04, des siebenfachen Deutschen

Meisters und UEFA-Cup-Gewinners mit seinen Szepan, Kuzorra, Tibulski, Zajons, Sobotka, Badorek –, in Gelsenkirchen gibt es 70 «frohe und rüstige» Dombrowskys und keinen einzigen Feiler.

Schalke, das 1903 in Gelsenkirchen eingemeindet wurde, ist ein gutes Beispiel für die Zuwanderung aus dem damaligen Ostdeutschland, speziell aus Oberschlesien. Schalke hatte 1818 ganze 198 Einwohner, 1863 lediglich 300, vier Jahrzehnte später jedoch über 2000. Die Zuwanderer, wie es im Amtsdeutsch hieß: «Bergarbeiter aus den preußischen Ostprovinzen», stellten um die Jahrhundertwende die Hälfte der gesamten Schalker Grubenbelegschaft. Von 1870 bis zum Ersten Weltkrieg sind mehr als zwei Millionen Menschen aus dem Osten in Richtung Westen gewandert, die meisten in das Ruhrgebiet, wo etwa eine halbe Million ein Unterkommen fand, nahezu alle als Bergleute.

Jüdische Gemeinden in Oberschlesien

Jedoch Oberschlesien ist nicht nur eine Grubenlandschaft; es ist es sogar zum geringeren Teil. Das Wappen enthält zu Recht das Sensenblatt; das meiste ist Agrarland. Unser Ort, dem wir uns zuwenden wollen, Kreuzburg, ist fast gänzlich Agrarland. Kreuzburg lag damals 20 Kilometer vor der russisch-polnischen Grenze, hatte 1825 um 3000 Einwohner und kann für viele Orte Oberschlesiens stehen. Juden dürften sich vor 1815, der Zeit des Wiener Kongresses, und vor dem Emanzipationsgesetz von 1812 nicht viele in der Stadt niedergelassen haben. Es gab sicherlich keine größere jüdische Niederlassung, anders als in solchen Orten wie Zülz bei Neiße oder in dem gar nicht weit von Kreuzburg entfernt liegenden Ort «Städtel» bei Namslau, dessen Name bereits den jüdischen Charakter anzeigt. Hier waren seit dem Ende des 18. Jahrhunderts durch Zuwanderung in größere Dörfer – in Städten sich niederzulassen und Bürgerrecht zu erwerben, war Juden vor 1812 verwehrt – geschlossene

2 Das Wappen für die Provinz Oberschlesien ist jung. Es wurde erst 1926 festgelegt und zeigt Herkunft und Charakter der Provinz an: In Blau ein halber goldener Adler über einer querliegenden goldenen Sensenklinge, darunter zwei schräg gekreuzte goldene Berghämmer. Der Adler leitet sich vom Wappenadler der Piasten aus dem 12. Jahrhundert ab. Sense und Hämmer symbolisieren die Agrar- und Grubenlandschaft.

jüdische Gruppen entstanden, die es sogar zur Gründung eigener Gemeinden gebracht hatten. Wenige Kilometer westlich von Kreuzburg hatte das Dorf Kraskau eine solche Entwicklung durchlaufen. Mehrere jüdische Familien, deren Handelseifer landesweit bekannt war, hatten sich dort angesiedelt, eine Synagoge eingerichtet, einen Rabbiner berufen und außerhalb der Ortschaft einen für die ganze Umgebung wichtigen «Begräbnisplatz» (so die offizielle Bezeichnung) angelegt. Kraskau gehörte zum Kreis Rosenberg, wo der Anteil der Juden an der Bevölkerung, zumal in der Kreisstadt selbst, besonders hoch war.

Aus diesem Rosenberg, das 1825 rund 2000 Einwohner zählte und dessen große jüdische Gemeinde bereits 1814 über eine eigene Synagoge verfügte, stammte Simon Cohns Vater Jonas Cohn. Jonas Cohn hatte «Eleonore Freund aus Bogutschütz Beuthener Kreises Tochter des Guthspächter Leon Freund daselbst» geheiratet. Bogutschütz im Bezirk Myslowitz lag hart an der deutsch-russischen Grenze im sogenannten Dreiländereck, wo Preußen, Rußland und Österreich zusammenstießen. Die Kreisstadt Myslowitz selbst war eine Hochburg jüdischer Einwanderung aus Polen und Galizien, hatte schon zeitig eine jüdische Gemeinde und eine große, das Umland einbeziehende Synagoge. Die Eigenständigkeit und das Selbstbewußtsein dieser Gemeinde war so groß, daß man, eingebettet in die hauptsächlich polnisch und zu geringeren Teilen deutsch sprechende Bevölkerung, sein jiddisches Idiom beibehielt. Erst ab 1840 drang das Deutsche stärker vor. Jonas Cohn hat offenbar mit seiner Eleonore eine vorzügliche Partie gemacht, und die Ehe scheint, wenn man nach dem Kindersegen geht, glücklich gewesen zu sein: 14 Kinder sind, wie das von 1815 bis 1852 geführte und auf wundersame Weise erhaltene Standesbuch der jüdischen Gemeinde Kreuzburgs ausweist, in den Jahren 1829 bis 1850 aus der Ehe hervorgegangen. Die Zahl der jüdischen Familien in der Stadt wird Mitte der vierziger Jahre des 19. Jahrhunderts mit 44 angegeben, die «Seelen-Zahl» mit 253; die Zuwachsrate an jüdischen Bürgern war damals ganz ungewöhnlich; der Anteil der Juden betrug 7–8 Prozent der Stadtbevölkerung.

Freilich muß die damals allgemein große Kindersterblichkeit bedacht werden. Von den 14 zur Welt gebrachten Kindern der Cohns sind drei im frühen Kindesalter gestorben. Am Leben blieben acht Jungen und drei Mädchen. Da es den Juden untersagt war, ihren Kindern typisch christlich-neutestamentliche Namen zu geben (wie Johannes, Peter), wählten sie – um die Familie Cohn als Beispiel zu nehmen – entweder alttestamentlich-jüdische Namen (Samuel, Salomon, Simon, Jacob, Joseph) oder unverbindlich bürgerliche (Philipp, Siegfried, Ignatz, Moritz, Willhelm[!]); zwei Töchter Jonas Cohns heißen Rosalie und Julie. Zuweilen gibt es gespaltene Namen, jüdische und normal bürgerliche. Bei der dritten, 1839 geborenen Tochter der Cohns steht der Eintrag: «Rifke; der Vater hat den Vorstehern den Nahmen Eva angegeben doch ist nach Bezeugen des Vorstehers der Nahme Rifke gegeben worden.» Ähnliche Bemerkungen finden sich auch bei anderen Namen. Bei einem Pincus Mühsam heißt es (1840): «Israel; soll deutsch Eduard heißen.» Häufig, wie auch bei Jonas Cohn, taucht der Name Siegfried auf; schon 1756 ist ein Jude mit dem Vornamen Siegfried in Berlin nachweisbar. Der Name Siegfried für Juden ist so verbreitet, daß darauf ein Ende des 19. Jahrhunderts umlaufender Witz aufbaut: Zwei deutsche Mädchen schwärmen von Liebes- und Eheglück. Die eine: «Ach, wann kommt endlich mein Siegfried.» Die andere: «Muß es denn ein Jude sein?» Die Vorliebe für den Namen Siegfried ist keine Germanomanie, sondern eine Anlehnung vornehmlich an Salomon. In der Berliner Judenliste von 1812 wählen von 10 Salomons drei den Namen Siegfried, der Rest ist mit nur je einem Namen vertreten. Ähnlich steht es mit dem Anklang von Moses zu Moritz (in der Berliner Judenliste von 1812 sehr häufig), ebenso wie Joel mit Julius, Abraham Hirschel mit Adolph Herrmann, Malee mit Amalie usw. lautlich in Verbindung gebracht werden können. Daß der Eisenbahnkönig Strousberg (1823–1884) – nur wenig älterer Zeitgenosse unseres Simon Cohn – die ihm bei der Geburt gegebenen Vornamen Baruch Hirsch in Bartel Heinrich oder Bethel Henry umänderte, lag im Trend der Zeit.

Die Berufe der Juden

Jonas Cohn wird wiederholt als «Weinkaufmann» bezeichnet. Man sollte sich die Berufsverteilung der Juden vor Augen halten. In der Zeit zwischen 1815 und 1852 werden für Kreuzburg folgende Berufsstände genannt: Ärzte, Pächter (Arrendepächter), Bäcker (allerdings nur zwei mit kurzem Aufenthalt), Baudenpächter bzw. -besitzer, Buchhändler, Destillateure, Gastwirte, Glaser, Goldarbeiter, Horndrechsler, Kauf- und Handelsleute, Kürschner, Kurzwaren- und Bandhändler, Lehrer (fast alle mit kurzen Aufenthalten), Lieferanten, Lotterieeinnehmer, Pferdehändler, Schneider (nur 2). Die Vielfalt könnte täuschen: etwa ein gutes Drittel der Berufsausübenden sind Kauf- und Handelsleute.

Der Anteil jüdischer Händler ist beträchtlich. Zumindest in den ersten Jahrzehnten des 19. Jahrhunderts kam bei Kreuzburger Bürgern offenbar die Furcht auf, aus Polen einströmende jüdische Händler könnten den ortsansässigen Handwerkern eine unliebsame Konkurrenz sein. Die Sorge wird sichtbar in einer auf den Januar 1811 datierten Regierungseingabe des damaligen Bürgermeisters Gottlob Ferdinand Freytag (1774–1848), Gustav Freytags Vater, der sich als Arzt in Kreuzburg niedergelassen hatte und dessen erster Bürgermeister nach dem Erlaß der Städteordnung von 1808 wurde: «Aus dem Herzogtum Warschau sind diesen Markt einige jüdische Kürschner mit

Waren hier gewesen. Unsere Kürschner wünschten den Verkauf zu inhibieren. Wir haben dies jedoch nicht für erlaubt befunden, da diese Juden sich als in dem Herzogtum Warschau berechtigte Verfertiger solcher Waren legitimierten und also wohl nicht als jüdische Händler anzusehen sind.» Bürgermeister Freytag erbat eine Rechtsauskunft, ob solche aus Polen kommenden und ihre eigenen Produkte anbietenden jüdischen Handwerker als «Händler» anzusehen seien oder nicht; jüdische Einzelhändler waren offenbar auf solchen Märkten nicht zugelassen.

Jonas Cohn war Weinkaufmann im oberschlesischen Kreuzburg: Man fragt sich, was denn für Weine hier in Kreuzburg gehandelt, gekauft und getrunken wurden, wo man üblicherweise scharfe Schnäpse/Branntwein hinunterkippte, gorzoe, wie es im oberschlesischen Wasserpolnisch hieß (hochpolnisch gorzałka). Zeitig hatten sich die Juden Schlesiens der gewinnträchtigen Alkoholherstellung einschließlich des Vertriebs angenommen. 1656 stellte die schlesische Kammer fest, daß in Oberschlesien rund hundert grundstücksgebundene Branntweinlizenzen in jüdischen Händen lagen, und Kreuzburg hatte zu Lebzeiten des Jonas Cohn etwa sechs jüdische Destillateure.

Niedere Stände bevorzugten Branntwein; der Alkoholismus war im 19. Jahrhundert eine Volkskrankheit. «Und wie ganz bodenlos besoffen können diese Polen sein», schrieb – fast möchte man meinen: ein wenig verängstigt angesichts dieser animalischen Ausbrüche – der zuchtvolle Schweizer Jacob Oeri, den wir noch näher kennenlernen werden (s. unten S. 61), über seine Kreuzburger Mitbürger Ende der sechziger Jahre an seine Eltern, denen er immer wieder versichert, daß er gegen dieses Volksübel immun sei. An Wein wurde hauptsächlich Ungarwein getrunken. Ungarwein war der Wein Osteuropas, zumal seine Rebstöcke reblausresistent waren. Als 1886 die Kreuzburger Synagoge eingeweiht wurde, schenkte man einen «ff gezehrten Ober-Ungar» aus, der preislich nach einem Bordeaux an zweiter Stelle rangierte, weit vor den Rheinweinen. Bis 3 Millionen Hektoliter Ungarwein sollen damals produziert worden sein, und es werden sicherlich größere Mengen gewesen sein, die Jonas Cohn, so läßt sich vermuten, an Restaurants, Hotels und sicherlich an die «höheren Stände» vermittelt hat.

Kreuzburgs Judenschule

Als viertes Kind, als dritter Sohn, des selbstbewußten und reichen Jonas Cohn ist am 3. September 1833 unser Simon Cohn geboren worden. Über Simon Cohns Kindheit – seine Schulausbildung, seine Lehrzeit – wissen wir nichts. Für manche Wissenslücke in der Lebensbeschreibung Simon Cohns bietet die Biographie des Theodor Heidenfeld Ersatz: 1834 geboren, war er der Sohn des seit 1843 in Kreuzburg wirkenden jüdischen Elementarlehrers Joachim Heidenfeld, hatte dessen Schule besucht, eine akademische Laufbahn eingeschlagen und war als Jurist in Berlin zu großem Ansehen gelangt, doch ist sein Weg dorthin von ganz anderer Art. Sein Lebenslauf ist – bei gleichem Ursprung – das Konträrbeispiel zu dem Simon Cohns.

Simon Cohn blieb bei dem Glauben und dem Beruf seiner Väter. Als Kaufmann machte Simon Cohn, unterstützt von seiner Familie, ein Vermögen. Theodor Heidenfeld trennte sich von Vater und Familie, studierte in Breslau, konvertierte zum Protestantismus und beschloß als angesehener Rechtsanwalt und Notar sein Leben: das Muster eines assimilierten Juden des 19. Jahrhunderts. Doch zurück zum Ausgangsort beider, nach Kreuzburg und dessen jüdischer Gemeinde, die in der Geburtszeit des Simon Cohn und des Theodor Heidenfeld, 1833 und 1834, gerade dabei war, eine jüdische Schule einzurichten.

Preußen hatte in der ersten Hälfte des 19. Jahrhunderts konfessionelle Elementarschulen eingerichtet: Evangelische und katholische. «Judenkinder», wie es im Amtsdeutsch hieß, gingen zuweilen in eine christliche Schule – wie im benachbarten Rosenberg, wo «die jüdischen Kinder ... in den Klassen der katholischen Schule vertheilt» waren –, doch gab es auch jüdische Gemeindeschulen und «konzessionierte jüdische Elementarschulen». Freilich war –

vom Unterrichtsgebäude abgesehen – die Finanzierung ein eigenes Problem, denn offenbar mußte die jeweilige jüdische «Korporation» einen bestimmten Anteil des Kostenaufwandes und der Lehrerbesoldung selber tragen, angesichts der häufig geringen Größe der Gemeinden eine schwere Belastung, und es bedurfte zuweilen des Zusammenschlusses auch weiter entfernt wohnender Familien, um die Mittel aufzubringen.

Die Kreuzburger Juden waren ehrgeizig. Zu Beginn des Jahres 1832 stellte der Vorstand der jüdischen Gemeinde an den Magistrat der Stadt Kreuzburg den Antrag: «Uns in dieser wichtigen Sache Schutz und Hülfe angedeihen zu lassen durch gütige Verwendung an eine Königliche Hochzuverehrende Regierung uns zur baldigen Ausführung unseres guten Planes den Weg zu bahnen.» Denn: «Unser Plan ist es, ... eine wirkliche Gemeinde zu bilden und eine Hauptschule zum Religionsunterricht zu errichten, weil keine in der ganzen Gegend existiert, damit die vernachläßigte und verdorbene Jugend aus ihrem Schlummer geweckt, und zu nützlichen Staatsbürgern gebildet werde.» Der Kreuzburger Magistrat, an seine Pflicht erinnert, die Einwohner zu rechten Staatsbürgern zu erziehen, sollte vor allem bei der königlichen Regierung ein Wort einlegen, «daß alle mosaischen Glaubensgenossen, sowohl hierorts als auch in der umliegenden Gegend zum Beitragen genöthiget werden, damit auch ihre Kinder hierbei Ansprüche machen und unsere Schule, die aufs beste eingerichtet seyn wird, besuchen können».

Daß man den Kreuzburger Magistrat einzuspannen suchte, hat seinen Grund in den damaligen Verwaltungsgrenzen. Der Hauptsiedlungsort von Juden des Kreuzburger Umlandes war das in den Augen der Antragsteller verkommene Kraskau, im Südwesten unmittelbar vor den Toren Kreuzburgs gelegen, aber Kraskau gehörte zum Kreis Rosenberg, der sich in seinem Charakter vom Kreuzburger Kreis stark unterschied. Er gehörte durch Jahrhunderte als nordöstlicher Grenzkreis zum Fürstentum Oppeln und war katholisch, während Kreuzburg bis 1675 den östlichen Teil des protestantischen Fürstentums

Brieg bildete und zum weitaus größten Teil über die habsburgische bis in die preußische Zeit dem evangelischen Glauben anhing. Erst 1820, bei der großen preußischen Verwaltungsreform, sind beide Kreise im Regierungsbezirk Oppeln zusammengeführt worden, aber es bestanden sicherlich noch nicht viele Gemeinsamkeiten. Um über die Kreisgrenze wirken zu können, mußte die jüdische Korporation Kreuzburgs ihren Magistrat dafür gewinnen, bei der königlichen Regierung in Oppeln darauf hinzuwirken, daß die Kraskauer Judenschaft «Rosenberger Kreises» den Schulplan mittrug.

Wahrscheinlich hegten die Kreuzburger Juden schon seit geraumer Zeit den Plan, ihren Ort zum Schulzentrum auszubauen. Man hatte bislang mit Kraskau einen gemeinsam bezahlten Lehrer. Am 3. Juli 1831 fragten die Kraskauer J. Altmann und Ar. Heiman bei den Kreuzburger Juden an, ob das Abkommen über einen gemeinsamen Lehrer «prolongirt» werden solle; der Kreuzburger Gemeindevorsteher Turbin antwortete unter dem 7. Juli ausweichend: Man könne keine Entscheidung treffen, da «mehrere Mitglieder unserer Gemeinde zur frankfurter Meßen verreist sind, und erst nach Verlauf von 3 Wochen zu erwarten» seien. Die Antwort der Kreuzburger Gemeinde war schließlich der Plan, in Kreuzburg selbst eine Schule einzurichten und umgekehrt die Kraskauer dazu zu bringen, ihre «vernachläßigte und verdorbene Jugend» in das tugendsame Kreuzburg zu schicken, ein Plan, der auch realisiert wurde.

Wie sich der Kreuzburger Magistrat im Sinne der Eingabe vom Beginn des Jahres 1832 eingesetzt hat, läßt sich nicht ausmachen. Im Januar 1834 ging man jedenfalls daran, einen besoldeten Lehrer einzustellen, und da bei der Urteilsfindung nur Kreuzburger Juden beteiligt waren, muß man annehmen, daß es nicht gelungen war, die Kraskauer Glaubensgenossen für den Schulplan einzunehmen. Die Kraskauer hatten auch guten Grund, eingeschnappt zu sein; sie waren ohne positive Antwort gelassen und mit der Schuleinrichtung offensichtlich überfahren worden. Für die Kreuzburger Lehrerstelle hatte sich ein Anwärter gemeldet:

ein gewisser Adolph Sandheim aus der Nachbarstadt Pitschen. Er habe, so heißt es in seinem in Schrift und Ausdruck eleganten Bewerbungsschreiben, von dem Wunsch der Gemeinde gehört und sei, um es modern auszudrücken, eine erfahrene Lehrkraft. Die Zudringlichkeit brachte den Vorstand der jüdischen Gemeinde in Verlegenheit; man mußte schnell entscheiden. In einem Umlauf wurden die Kreuzburger Gemeindemitglieder am 13. Januar 1834 gebeten, auf einem Blatt «durch Remarquen in den umstehend dazu eingerichteten Rubriquen» ihre Meinung einzutragen. Die «dazu eingerichteten» Rubriken hatten die Überschrift «für» oder «gegen» die Anstellung Sandheims. Die Befragten – 16 an der Zahl – sind alphabetisch aufgeführt, und es war der Weinkaufmann Jonas Cohn, Simon Cohns Vater, der meinungsbildend wirkte. Während der den Anfang machende «Herr Baron» ungelenk eintrug: «für jetzt kann ich noch nicht bestimmen», schreibt der an dritter Stelle stehende Cohn (beim zweiten Namen steht kein Votum) mit schöner pastoser Feder: «Privatim bin ich geneigt beizutreten, aber nicht für die Gemeinde.» Von den weiteren Befragten nehmen die meisten die Stellungnahme Jonas Cohns auf und wählen sogar dieselben Worte. In seinem Haus als Privatlehrer, so ist Cohns Urteil zu verstehen, würde er den seine Dienste anbietenden Sandheim einstellen, jedoch nicht als Lehrer einer behördlich kontrollierten Schule. Dabei ist zu bedenken, daß es nicht ungewöhnlich war, wenn jüdische Familien Stammesgenossen als Schüler «zur Erlernung der deutschen Sprache» oder als Lehrer bei sich im Hause aufnahmen, denn der preußische Staat duldete den vorübergehenden Aufenthalt solcher fremden jüdischen Privatschüler und -lehrer, ohne unbedingt einen Staatsbürgerbrief zu fordern.

Die Invasion der polnischen Hauslehrer

Den Städten waren die jüdischen «Hauslehrer» ein Ärgernis, und sie führten bei der obrigkeitlichen Behörde Klage. Was Kreuzburg betrifft, so verdanken wir eine farbige Schilderung der damaligen Situation mit den dazugehörigen Urteilen dem schon vorgestellten Bürgermeister Gottlob Ferdinand Freytag (1774–1848). Bereits in seinem ersten Bericht an die Breslauer Regierung, beziehungsweise an den zuständigen Kreis- und Domänenrat, schrieb Freytag 1810 (er hatte am 5. Dezember 1809 sein Amt angetreten): «Das Hereindringen der fremden Juden besonders aus dem Herzogtum Warschau ist sehr häufig, und vorzüglich der armen, welche gewöhnlich unter dem Namen als Hauslehrer die Provinz durchkreuzen, dabei ihre vorgeschriebene Tour verlassen und ihre Pässe, wenn sie je solche haben, durchaus unordentlich visieren lassen. Dies ist dem Staate und der Kultur der Juden unserer Provinz nachteilig, davon abgesehen, daß noch die Moralität solcher Menschen, die ein so herumschweifendes Leben führen, denn doch verdächtig ist. Überhaupt wäre zu wünschen, wenn, was denn doch bei der Menge Juden in der Provinz kein gutes Zeichen wäre, es an eingeborenen Juden fehlte, welche sich dem Lehrstande widmen, daß von Seiten des Staats die jüdischen Schulen unter besondere Aufsicht genommen und Lehrstellen nur mit geprüften Inländern besetzt würden. Die Ausbildung des sittlichen Charakters der Juden würde ungemein gewinnen, da jetzt das Gegenteil durch die häufige Invasion der polnischen Lehrer dieser Nation zu erwarten steht. Daß beinahe jeder Jude auf dem Lande sich einen eigenen Lehrer hält, läßt vermuten, daß diese Menschen entweder mit einem geringeren Lohn zufrieden sind, oder aber sich noch zu anderen Zwecken von ihren Prinzipalen oder Brotherrn gebrauchen lassen. In beiden Fällen wird wohl der Hauptzweck gefährdet sein. Die Schulen würden sehr zweckmäßig zu vermindern sein und könnte der einzeln lebende Jude ja seine Kinder in Städte oder an Orten, wo Judengemeinden sind, des Unterrichts wegen unterbringen.»

Im Personenstandsregister der Kreuzburger Juden stoßen wir für die Zeit von 1815 bis 1852 auf eine ganze Reihe solcher «Hauslehrer», und das selbst zu einer Zeit, als eine unter regierungsamtlicher Aufsicht stehende jüdische Gemeindeschule eingerichtet war. Vielleicht war sogar das Angebot des Jonas Cohn, «privatim» dem Gedanken einer Beschäftigung des Adolph Sandheim näherzutreten, ernst gemeint. Bei der Besetzung der Stelle eines Lehrers für die jüdische Gemeindeschule, deren Einrichtung Bürgermeister Freytag – wie seine Eingabe lehrt – nachdrücklich befürwortete, kam aber der Pitschener Sandheim nicht zum Zuge, und die Ablehnung hatte er nicht zuletzt dem Weinhändler Jonas Cohn zu verdanken. Es muß offenbleiben, wer die Stelle erhielt oder ob diese vielleicht zunächst unbesetzt blieb – bis 1837, als ein Moritz Piorkowski antrat.

Das schwere Los des jüdischen Lehrers Joachim Heidenfeld

1843 zog der Elementarschullehrer Joachim Heidenfeld nach Kreuzburg zu. Er war im Lehramt Nachfolger des Moritz Piorkowski, der nach sechsjähriger Unterrichtszeit in Kreuzburg, von 1837 bis 1843, mit seinen 10 Kindern nach Ostrowo (Provinz Posen) weiterzog. Auch Heidenfeld hatte wie Piorkowski eine Odyssee hinter sich: Merkmal des Berufsstandes. Dem Lehrer Heidenfeld hatte, wie Piorkowski, die königliche Regierung zu Oppeln das für seine Berufsausübung notwendige «Fähigkeitszeugnis» ausgestellt, als er 1830 in Rybnik tätig war, wo er sich auch im gleichen Jahr vom städtischen Magistrat mit einem «Staatsbürger-Attest» ausstatten ließ. Über das niederschlesische Festenberg kam Heidenfeld nach Krotoschin im Regierungsbezirk Posen und von dort im März 1843 nach Kreuzburg, zusammen mit seiner Ehefrau Rosalie, geborener Sachs, und mit mindestens sechs Kindern, von denen keines einen typisch jüdischen Vornamen trug. Die gängigen Vornamen waren Jacob oder Rosalie, Joel/Julius oder Abraham/Adolph, von denen das Geburtsregister wimmelt. Die Namen Theodor und Ulrike, wie zwei von Heidenfelds Kindern hießen, waren selten, und kein einziges Mal in den rund vierzig Jahren, da das Register geführt wurde, begegnet eine Coelestine und ein

Bruno, wie Heidenfeld zwei weitere Kinder nannte. Der Lehrer Joachim Heidenfeld hatte seinen eigenen Stil. Das älteste, ein am 17. Juli 1834 noch in Festenberg geborener Sohn, war auf die Namen Albrecht Friedrich Theodor eingetragen, unser Theodor, der Jurist. In Kreuzburg vermehrte sich die Familie um weitere zwei Kinder, und sie alle mußte der Lehrer Joachim Heidenfeld von seinen kärglichen Einkünften ernähren, insgesamt zehn Personen.

Die «Creuzburger israelitische Corporation» hielt ihren Elementarlehrer kurz. Auf eine Eingabe Heidenfelds vom 8. September 1846 hin veranstaltete man am 10. September eine Zusammenkunft der Mitglieder «betreffend den zu prolongirenden Contract». Heidenfeld erhält in einem von sämtlichen Korporationsmitgliedern unterzeichneten Vertrag eine Anstellung nur für ein Jahr. Die Bezahlung von insgesamt 300 Talern teilen sich die jüdische Gemeinde und die Regierung je zur Hälfte. Man sei bereit, den Vertrag zu verlängern, «aber anjetzo erlauben es vorangegangene Umstände nicht. Herr Lehrer Heidenfeld verpflichtet sich dagegen, nach Möglichkeit gewissenhaft unter Aufsicht einer jüdischen Schuldeputation den hebräischen Schul-Unterricht» zu erteilen. Im Hebräischen soll jährlich zweimal eine Schulprüfung abgehalten werden. Zwar darf er einen «Preparanten» für 35 Taler anstellen, aber es wird ihm nicht erlaubt, ohne Genehmigung der jüdischen Schuldeputation Schüler anzunehmen und «Schulutensilien» anzuschaffen.

Zwei Jahre später erhält der Lehrer Joachim Heidenfeld immer noch 300 Taler, doch sind zusätzliche Vergünstigungen wie freie Wohnung, ein Holzdeputat und die Verwendung eines Hilfslehrers notiert. Heidenfeld wird in Kreuzburg nicht recht warm. Am 20. Mai 1853 wird wieder ein Jahresvertrag geschlossen, das Gehalt wird auf 350 Taler angehoben, immer noch ein schmales Salär für eine Familie von mindestens zehn Personen, wenn man es in Beziehung setzt zur Bezahlung des alleinstehenden 24jährigen Junglehrers Jacob Oeri, den die Kreuzburger «Höhere Bürgerschule» 1868 für 530 Taler jährlich angestellt hat. Selbst dieser Betrag galt als niedrig. Das evangelische Konsistorium für Schlesien verweigerte 1856 dem Gleiwitzer Vikar Julius Kindler (1825–1895) den Heiratskonsens, weil sein Gehalt von 250 Talern «zu einer Ehe nicht ausreiche». Heidenfeld mußte mit 350 Talern für eine zehnköpfige Familie auskommen. Man hat ausgerechnet, daß im Deutschen Reich von 1871 das Pro-Kopf-Einkommen 116 Taler betrug: im Verhältnis dazu war Heidenfelds Gehalt mehr als kümmerlich. Immerhin durfte Heidenfeld – gemäß dem Vertrag von 1853 – bei sich zwei offenbar separat zahlende Gastschüler aufnehmen. Doch dann wird der Vertragston harsch. Man sei bereit, den Kontrakt für drei aufeinanderfolgende Jahre abzuschließen, doch gelte die Verlängerung immer nur für ein Jahr. Wenn das Heidenfeld nicht passe, so solle «eine Konkurrenz eröffnet werden». Basta.

Es mag freilich sein, daß Heidenfeld seine Seltsamkeiten hatte, zum Beispiel die, daß er an seinen Zöglingen körperliche Züchtigungen vornahm, die den Eltern zu weit gingen. Jedenfalls liegt eine Beschwerde vom Oktober 1855 vor, daß er wahrscheinlich 1855 den damals achtjährigen Max Eisenberg, Sohn des «Goldarbeiters» Moses Eisenberg, «mißhandelt» habe. Die Sache erreichte peinliche Dimensionen, als ein ärztliches Attest des Kreisphysikus Michalsky eingeholt und Heidenfeld förmlich vorgeladen und vernommen wurde. In einem über die Vorladung eigens angefertigten Protokoll heißt es: Heidenfeld «erklärte, es ist nicht unwahr, daß er den Knaben des Eisenberg mehrmals geschlagen habe», doch verpflichte er sich, «künftighin solche Art Züchtigungen, die eine Krankheit nach sich ziehen könnten, nie mehr gegen seine schulbesuchenden Kinder auszuüben».

Der Vorfall mit dem «Knaben des Eisenberg» stand am Ende einer heftigen Auseinandersetzung zwischen dem Kreuzburger jüdischen Gemeindevorstand und Heidenfeld, und es wird verständlich, daß dem am Existenzminimum dahinlavierenden Lehrer Heidenfeld die Nerven durchgingen, wenn man die Vorgeschichte kennt. Heidenfeld hatte im Juni 1855 die Lohngelder der Gemeinde zurückgewiesen; offenbar war ihm ein Teil des ohnehin geringen Gehalts weggekürzt worden. Er machte dem Vorstand am 26. Juni 1855 die Meldung, er könne unmöglich mit dessen «Offerte» zufrieden sein, «indem ich gegründeten Anspruch auf das Bisher bezogene volle Gehalt habe, und demgemäß die Entscheidung darüber der Hohen Behörde überlassen will». Heidenfeld hatte also seinen Fall «der Hohen Behörde», der Regierung, vorgetragen, und der Gemeindevorstand war gezwungen, Stellung zu nehmen. Er tat es in einer Eingabe an die Regierung unter dem 27. Juli 1855. Heidenfeld sei seit 1844 «lebenslänglich» (was im amtssprachlichen Verständnis nicht stimmte) als jüdischer Lehrer angestellt mit 150 Talern und 20 Talern für Miete, die 1855 auf 40 Taler bewilligt worden sei, doch Heidenfeld habe die Annahme der Lohnsummme verweigert. Man wolle den «Vermerk von Einer Hochlöblichen Regierung», die sich offenbar über die Qualität des Heidenfeldschen Unterrichts positiv geäußert hatte, «nicht in Zweifel ziehen, jedoch befremdet es, daß seit 5 Jahren, und zwar mit jedem Jahr immer mehr jüdische Kinder der Evangelischen Stadtschule zugeführt werden, und wie aus mitfolgendem Verzeichnis zu ersehen ist, bereits die Zahl 30 erreicht hat, welches wohl ein großer Theil der ganzen jüdischen Kinder sein könnte.»

Hier stoßen wir auf den Kern der Auseinandersetzung. Der jüdische Elementarlehrer Joachim Heidenfeld war offenbar, was das Religiöse betraf, ein Mann liberaler Gesinnung, was der «Hochlöblichen Regierung» durchaus genehm gewesen sein dürfte, dem Vorstand der jüdischen Gemeinde aber nicht passen konnte. Die Positionen waren verhärtet; die bittere Armut wohnte weiter unter dem Dach des Heidenfeld. Von ihr legt ein Gesuch Zeugnis ab, das Heidenfeld an die Repräsentanten der Gemeinde – also die der Regierung gemeldeten und von ihr anerkannten Vertreter der Gemeinde – am 11. Januar 1859 richtete: Er sei nicht mehr imstande, «eine Winterbekleidung sich zu beschaffen». Die Repräsentanten leiten das Gesuch am 15. Januar an den Vorstand weiter; es sei Heidenfeld «eine Gratification von 20 Talern zu gewähren, die Mittel hier zu wollen Wohldieselben zu beschaffen suchen. Eine perpetuelle Zulage, wurde für heute abgelehnt, weil bei der Aufstellung des nächsten Etat, eine neue Organisirung im Schulwesen beantragt werden soll.» Der Gemeindevorstand tagte am 17. Januar 1859 und faßte folgenden Beschluß, der offenbar nach hartem Ringen zustande kam, denn am Protokolltext wurde an mehreren Stellen herumkorrigiert: «da wir das Angemessene einer Gratification für den Lehrer Heidenfeld ebenfalls sehr wohl einsehen und es für gerecht finden; so ist dennoch die Bestimmung des Repräsentanten-Collegium, in ihrer Sitzung vom 13. des Monats in etwas sehr comischer Fassung, wenn diese nämlich an den Vorstande die Aufgabe stellte, die nöthigen Mittel zu beschaffen um die festgesetzten 20 Taler auszuzahlen.» Aus der Gemeindekasse sei diese Zahlung nicht möglich: «Um jedoch den Herrn Repräsentanten, unsere Bereitwilligkeit zu dieser außerordentlichen Zulage, Beweise zu geben, schlagen wir vor, daß jeder der Herrn Repräsentanten einen Beitrag von 2 Talern beisteuern und wir als der Vorstand, tragen alsdan das Fehlende zu den 20 Talern noch bei.» Es ist bedrückend: die Notlage des Heidenfeld wird anerkannt, aber die Mittel zur Abhilfe werden – zumindest teilweise – dem jeweils anderen zugemutet.

Joachim Heidenfeld blieb in seiner unguten und schlechtbezahlten Stellung bis Juli 1861. Am Gehaltszuschuß von 150 Talern seitens der Gemeinde hat sich bis 1861 nichts geändert, und wenn ihm der Regierungsetat darüber hinaus jährlich 200 Taler zuwies, so hatte er bis zu seinem Ausscheiden jene 350 Taler, die er 1848 bekam, 50 Taler mehr als 1846 und wahrscheinlich bei seinem Dienstbeginn 1843. Dazu treten die Aufwendungen von je 40 Talern für Wohnungs- und für Schulmiete. Wie rüde man Joachim Heidenfeld behandelte, läßt sich daran erkennen, daß sein Nachfolger Jacob Bach in den Jahren 1862/63 sogleich mit einem von der Gemeinde gewährten Grundgehalt von 250 Talern angestellt wurde, eine Anhebung von 66 Prozent, von der Heidenfeld nur hat träumen können.

Simon Cohn und Theodor Heidenfeld – zwei getrennte Wege

In dieser jüdischen Gemeinde, die nicht frei war von Zänkereien und die genug Kummer hatte auf dem Wege von einer «israelitischen Korporation» zu einer Gemeinde mit dem Charakter einer juristischen Person, die sich um den Kraskauer Begräbnisplatz zankte, deren Betsaal in einem brüchigen Haus untergebracht war und die in diesen Jahren – von etwa 1850 bis 1870 – Vorbereitungen für den Bau einer Synagoge traf und sich einen eigenen Rabbiner leistete, in dieser ärgerträchtigen Gemeinde hat Simon Cohn mitgewirkt: bei der Einschätzung der finanziellen Pflichten der Gemeindeangehörigen, als Mitglied des Vorstands und des Repräsentantenkollegs in den Jahren 1864 bis 1869. Bei den Repräsentantenversammlungen war er nicht selten abwesend, aber das hat offenbar seiner Reputation nicht geschadet. Im Mai 1867 ist er als Geschworener in Oppeln tätig, ein Zeichen, daß auch sein staatsbürgerliches Ansehen hoch war.

Auch nach seinem Wegzug nach Berlin 1872 blieb das innige Band zur Stadt und zu seiner jüdischen Gemeinde bestehen. Immer wieder gingen von ihm großzügige Spenden an die jüdische Gemeinde ein, die ihn anläßlich seines 50. Geburtstags am 3. September 1883 zum Ehrenmitglied erhob; Simon Cohn bedankte sich mit einer Überweisung von 3000 Mark. In seinem Dankesbrief vom 21. September beteuert er: «So wie im Menschen die Jugenderinnerungen fortleben, so wird auch in mir das Interesse, für die jüdische Gemeinde in Kreuzburg, nie aufhören.» Ohne große finanzielle Zuschüsse Simon Cohns hätte auch die aufwendige Synagoge «im romanisch-maurischen Stil», ein die Stadt schmückendes Bauwerk, gelegen an einem idyllischen Ort zwischen Hauptstraße und Flanierpromenade, nicht gebaut werden können. Anders verhielt sich Joachim Heidenfelds ältester Sohn Theodor, der nur ein knappes Jahr jünger war als Simon Cohn. Beide dürften in die jüdische Elementarschule des schlechtbezahlten

3 Simon Cohn als Wohltäter seiner Geburtsstadt Kreuzburg: Er trug zur Gründung eines vollen Gymnasiums dadurch entscheidend bei, daß er den Bauplatz (an der damaligen Oppelner Straße, heute ul. Skłodowskiej-Curie) zur Verfügung stellte und die finanzielle Hauptlast bei der Errichtung des Gebäudes 1873 übernahm; zudem richtete er Stipendien für arme Schüler ein. Mit einer Inschrift am Haupteingang sollte an die Stiftung des Simon Cohn erinnert werden, aber die Tafel verschwand bald.

Joachim Heidenfeld gegangen sein. Es ist schon ein bemerkenswertes und zugleich bezeichnendes Phänomen, daß es zwei Juden waren – beide schon vor dem Zusammenbruch des deutschen Ostens gänzlich vergessen –, die das Kreuzburg-Bild, jeder auf seine Weise, nachhaltig geprägt haben.

Wurde Simon Cohn zum größten materiellen Wohltäter der Stadt Kreuzburg, so hat Theodor Heidenfeld die Stadt auf andere Art bereichert: Von ihm stammt die *Chronik der Stadt Kreuzburg, von der Begründung derselben bis auf die neueste Zeit*, erschienen im Verlag E. Thielmann in Kreuzburg 1861. Zwar bietet unser Theodor Heidenfeld, der in der Literatur und in Bibliographien häufig ohne Vornamen zitiert wird (da man diesen nicht kannte), ein bloß chronologisch geordnetes buntes Sammelsurium von Anekdoten und Daten, aber als Gustav Freytag 1885 für seine *Erinnerungen* vom Kreuzburger Bürgermeister

Robert Müller Auskünfte über städtische Geschehnisse erbat (siehe unten S. 142 f.), schickte man ihm dieses Büchlein zu; Heidenfeld habe seine Schrift verfaßt «unter sorgfältiger Benutzung unserer rathshäuslichen Acten». Die gesamte *Chronik*, 115 Seiten stark, wurde 1933 nachgedruckt, denn – so heißt es in der Vorbemerkung – «das Büchlein ... ist ... immer noch die einzige Arbeit in diesem Umfang über Kreuzburg». 1933, zu Beginn der Herrschaft des Nationalsozialismus, hatte man in Kreuzburg – einer Stadt, die nicht frei war von antisemitischem Geiste und in der es damals schon zu judenfeindlichen Ausschreitungen gekommen war – längst vergessen, wer dieser Heidenfeld war: ein Jude, Sohn eines in Kreuzburg tätigen jüdischen Elementarlehrers. Hätte man das gewußt, so wäre der Nachdruck wahrscheinlich nicht zustande gekommen. Auch wenn das 1933 nicht zählte: Theodor Heidenfeld hatte sich vom Judentum entfernt und eine interessante geistige Entwicklung durchgemacht. Schon das Titelblatt des Kreuzburgbuches läßt Außergewöhnliches vermuten; der Verfasser stellt sich vor als «Dr. phil. .... königl. Gerichts-Assessor». Wie das, Philosoph und Jurist?

Es ist offenkundig, daß Theodor Heidenfeld ein Unterkommen in einem akademischen Beruf anstrebte, aber dieses Berufsfeld ist für einen Juden der damaligen Zeit außergewöhnlich. Wenn man Kreuzburg bis zur Mitte des 19. Jahrhunderts besieht, so gibt es nur einen akademischen Beruf, den Juden ohne Einschränkung ausüben konnten: den des Arztes.

Der Arzt als einziger akademischer Beruf für Juden

Der erste jüdische Arzt, der sich nach Ausweis des Standesregisters in Kreuzburg niederließ, war ein «Doctor Medicinae» Moritz Meckauer, der, 1813 geboren, 1837 von Breslau, also offenbar von der Universität kommend, nach Kreuzburg zuzog, hier praktizierte und eine Familie gründete. Er starb 1848, jung mit 35 Jahren; als Todesursache ist Typhus angegeben. Die medizinische Stütze der jüdischen Gemeinde scheint lange Zeit Dr. Moritz Bernhard gewesen zu sein, der 1845 aus Oppeln kam und bis zur Mitte der sechziger Jahre in Kreuzburg nachweisbar ist. In dem bis 1852 reichenden Geburts- und Sterberegister ist sein Name in der Rubrik «Beistand» am häufigsten genannt. Im Sommer und Herbst 1852 hatte er beruflich und privat eine schwere Zeit durchzustehen. Die Cholera grassierte, die schwerste seit Jahrzehnten. In Kreuzburg sollen an dieser Krankheit 326 Personen gestorben sein: rund ein Zehntel der Einwohner.

Auch die jüdische Gemeinde wurde von dieser Seuche erheblich heimgesucht. Am 23. Juli 1852 starb Dr. Bernhards achtmonatige Tochter; als Todesursache ist «Durchfall» angegeben, und am 9. September verschied seine blutjunge, «19 1/2 Jahr» alte Ehefrau, «Ursache: Cholera». Er hatte also in diesen Wochen seine Familie verloren. Ungeachtet seines privaten Schicksals betreute er offenbar als pflichtbewußter Arzt die Cholera-Kranken. Bei allen Cholera-Toten dieser Wochen ist sein Name als der des behandelnden Arztes eingetragen. Die letzten Toten dieser Cholerawelle waren am 9. September Dr. Bernhards Frau und eine Juliette Zechowitz, die, unbekannten Alters, «aus Polen» zugezogen war.

Der Kreuzburger Arzt Dr. Bernhard scheint allgemein geschätzt gewesen zu sein, sowohl bei den Behörden wie in der jüdischen Gemeinde. Man ernannte ihn in den sechziger Jahren zum «Kreis-Wundarzt»; die jüdische Gemeinde wählte ihn 1857 zum Vorsitzenden der Repräsentanten, und 1864 finden wir ihn unter den Vorstandsmitgliedern. Aber selbstverständlich sind er und Dr. Meckauer nicht die einzigen Ärzte, die in den jüdischen Standesregistern auftauchen. Da ist ein «Kreis Physikus» (auch Sanitätsrat) Dr. Mayer (auch Meyer), der wiederholt in das Haus des Jonas Cohn gerufen wird; ein Oberstabsarzt Zimmermann, ein Dr. Goldstein, ein Dr. Ginsburg aus Konstadt, Träger typisch jüdischer Namen, aber sie tauchen nicht als jüdische Bürger Kreuzburgs in den Registern auf.

Daß so viele Juden den Arztberuf ergriffen haben, hat mehrfache Gründe. Selbst nach dem im Zeichen der Toleranz stehenden preußischen Gesetz von 1847, das die «Bürgerlichen Verhältnisse der Juden» regeln wollte, war diesen «die Ausübung einer richterlichen, polizeilichen oder exekutiven Gewalt» nicht erlaubt, überhaupt alle behördlichen Tätigkeiten, bei denen Christen ein Eid abgenommen werden konnte. Im Vereinigten Preußischen Landtag hatte Otto von Bismarck am 15. Juni 1847 gegen die Anhänger der vollen Emanzipation der Juden die von der Mehrheit der Mitglieder geteilte Meinung formuliert: «Ich gönne ihnen [d. h. den Juden] alle Rechte, nur nicht das, in einem christlichen Staat ein obrigkeitliches Amt zu bekleiden.» An Universitäten waren Juden nur in bestimmten Fächern zugelassen, und beschränkt war auch der Zugang zu akademischen Ämtern, in der Medizin stand er ihnen frei, nicht aber zum Beispiel in der Jurisprudenz. Sie konnten auch im staatlichen und städtischen Gymnasial- und Archivdienst keine Anstellung erhalten. Der Arztberuf war häufig die einzige akademische Zuflucht. Es erscheint ebenso tragisch wie grotesk, daß ein weltberühmter Gelehrter vom Format eines Philipp Jaffé (1819–1870), der jung durch grundlegende historische Werke auf sich aufmerksam gemacht hatte und den das Ausland mit einem ehrenvollen Angebot gewinnen wollte, in fortgeschrittenem Alter Medizin studierte, um sich seinen Lebensunterhalt als Arzt zu verdienen, nachdem seine Leistungen als Historiker ihm keine feste Stellung eingebracht hatten. Als Dr. med. gewann man ihn für die Geschichtswissenschaft zurück, aber ohne Vermittlung einflußreicher Freunde hätte ihn sein Berufsweg in die Anonymität eines irgendwo praktizierenden Arztes geführt.

Theodor Heidenfeld: «anfänglich dem mosaischen, (später) dem protestantischen Glauben angehörend»

Daß Theodor Heidenfeld einen anderen Weg gegangen ist, zeigt sich bereits am Titelblatt seiner *Chronik der Stadt Kreuzburg*, wo er seinen Namen mit der auffallenden Kombination versieht: «Dr. phil. ... königl. Gerichts-

Assessor». Die Kurzbiographie, die Theodor Heidenfeld in üblicher Weise seiner Dissertation angefügt hat, gibt über die Ungewöhnlichkeit der beiden Studiengänge – Philosophie und Jurisprudenz – nähere Auskunft. Er sei «Michaelis 1851 ... zum Studium der Philologie und Philosophie» an der Universität Breslau immatrikuliert worden. «Mancherlei Umstände veranlaßten mich indeß, Michaelis 1852 das juristische Studium zu wählen, dem ich seit dieser Zeit zugleich mit dem philosophischen 2 1/2 Jahr lang an hiesiger Universität oblag... Der günstige Erfolg einer von der philos. Fakultät für das Jahr 1853 gestellten und von mir gearbeiteten philosophischen Preisaufgabe... bestimmten mich, zur Erlangung der philosophischen Doktorwürde mich einem Examen zu unterwerfen, welches ich denn auch bestanden habe. Zu Ostern dieses Jahres [d. i. 1855] gedenke ich die Universität zu verlassen und das Auskultator-Examen zu machen, um in den Staatsdienst zu treten.»

Hier lüftet sich das Geheimnis des Juristen Heidenfeld mit dem philosophischen Doktor. Blutjung – 19jährig – hatte er sich an einer philosophischen Preisaufgabe mit «günstigem Erfolg» beteiligt, und man hatte die Arbeit offenbar für so qualitätvoll angesehen, daß man sie zugleich als Inaugural-Dissertation annahm. Ihr Thema: *Darstellung der von Cartesius, Spinoza und Leibnitz gegebenen Beweise für das Dasein Gottes*. Ausgehend vom ontologischen Gottesbeweis des Anselm von Canterbury († 1109), versucht Heidenfeld den Zugewinn der Beweistheorien bei Descartes, Spinoza und vor allem bei Leibniz darzulegen. Die philosophische Inauguraldissertation deutete schon an, daß sich ihr Verfasser auch auf juristischem Felde bewegt. Nicht nur ist einer der Opponenten der öffentlichen Verteidigung ein Kandidat der Jurisprudenz, unter den Disputationsthesen sind zwei aus dem Gebiet der Rechtsphilosophie: «8. Das geistige Eigenthum ist naturrechtlich begründet. 9. Auch die Verjährung läßt sich vom Standpunkt des Naturrechts rechtfertigen.»

Noch eine andere Mitteilung Heidenfelds in seinem Lebenslauf ist aufschlußreich. Er sei, schreibt Heidenfeld, «anfänglich dem mosaischen, seit dem 11. Juli 1853 dem protestantischen Glauben angehörend» und habe die «israelitische Elementarschule» seines Vaters Joachim Heidenfeld besucht. Heidenfelds Konversion dürfte eine notwendige Folge seiner Wahl des Jurastudiums gewesen sein, das – nach der späteren erfolgreichen Laufbahn zu schließen – seinem Talent und seiner Neigung entsprach. Juden konnten in Preußen vor 1848 nach einem philologischen oder juristischen Studium nicht mit einer Anstellung im Staatsdienst rechnen und wurden deshalb auch nicht in den Vorbereitungsdienst aufgenommen. Erst 1856 wurden jüdische Assessoren ernannt; der erste jüdische Rechtsanwalt wurde zwei Jahre danach zugelassen, zu einer Zeit also, als Heidenfeld seinen Vorbereitungsdienst absolvierte. Beruflichen Unsicherheiten wollte er sich aber offenbar nicht aussetzen. Wie schwer es jüdische Juristen im preußischen Staatsdienst hatten, zeigen folgende Zahlen aus dem Jahre 1871: von 4104 Richtern waren neun Juden (0,02 Prozent), unter 286 Staatsanwälten war kein einziger, von 2480 Rechtsanwälten und Notaren waren 75 Juden (3 Prozent). Der Aufstieg jüdischer Juristen kündigt sich allerdings in der Zahl von 114 Referendaren bei 1500 insgesamt an (7,6 Prozent).

Heidenfelds Studienort Breslau war nicht nur ein Zentrum der preußischen Juden, sondern – nach Berlin und Königsberg – auch eines der jüdischen Assimilation, die Gefährdung für seinen jüdischen Glauben deshalb größer. Vielleicht hat er seine Verbindung zur Gemeinde in Breslau nicht völlig abgeschnitten: Den Druck seiner Dissertation von 1855, bereits nach der Taufe, widmete er dem Kaufmann Siegfried Hahn, der möglicherweise identisch ist mit einem der Vorsteher des jüdischen Waisenhauses in Breslau, als dessen Pflegevater 1864 und 1866 ein gewisser Heidenfeld genannt ist. Vielleicht handelt es sich um einen Verwandten unseres Heidenfeld, der zu jener Zeit Rechtsanwalt und Notar in Nimptsch war.

In der Taufe des Sohnes könnte ein Schlüssel für die offenkundig schnöde Behandlung des Lehrers Heidenfeld liegen, mögen auch zudem dessen Erziehungsmethoden

Anstoß erregt haben. Jüdische Eltern schickten ihre Kinder in die Evangelische Stadtschule, und das von Jahr zu Jahr mehr, und Heidenfeld hat es nicht vermocht, seinen hochbegabten ältesten Sohn Theodor an den mosaischen Glauben zu binden; was soll man von einem solchen Lehrer halten, der sich – ausgewiesen durch die Namen, die er seinen Kindern gab – wenig konform verhielt und der nicht einmal in seinem Hause konfessionell überzeugen konnte? Sicherlich wird die Betroffenheit über die Konversion des Sohnes im Hause Heidenfeld groß gewesen sein, galt doch das vom Glauben abgefallene Familienmitglied als tot, und man legte in orthodoxen Kreisen Trauerkleidung an. Daß die Gefahr einer Konversion vom jüdischen Glauben in damaliger Zeit nicht gering war, weisen die Akten der jüdischen Gemeinde zu Kreuzburg aus. Vom Jahre 1871 liegen mehrere Schulabmeldungen vor. Die genannten Gründe sind verschieden. In einem Fall ist die «große Teuerung der Lebensmittel» angegeben – zugleich ein Indiz, wie sehr das einzelne Gemeindemitglied finanziell belastet war –, in einem anderen heißt es schlicht, der Sohn sei konfirmiert worden. Die Abwanderung vollzog sich in der Regel zum Protestantismus – wie bei Theodor Heidenfeld. Vermutlich deshalb erhielt Vater Joachim Heidenfeld, obwohl viele Jahre am Ort, einen kargen Lohn und nur jahrweise Verlängerung; er konnte niemals frei von Furcht sein, eines Jahres von einem anderen, der «Creuzburger israelitischen Corporation» genehmeren und den Glauben der Väter besser vertretenden Lehrer abgelöst zu werden. Ob man sich schließlich 1861 in Frieden trennte, läßt sich den Akten nicht entnehmen.

Der Jurist Heidenfeld

Theodor Heidenfeld, der Sohn, wurde offenbar ein erfolgreicher Jurist. Nach Abschluß seines Jurastudiums machte er sich von etwa 1865 bis 1868 in Nimptsch ansässig, zugelassen als Rechtsanwalt und Notar am Kreisgericht zu Strehlen. Schon dort, in kleinstädtischer Umgebung, trat er mit Überlegungen zum Entwurf der neuen preußischen Zivilprozeßordnung hervor, die schließlich 1877 herauskam. 1869 war er nach Berlin verzogen, wo er sogleich an den Verhandlungen des Preußischen Anwaltsvereins im Dezember 1869 teilnahm, als eben über eine *Prozeß-Ordnung in bürgerlichen Rechtsstreitigkeiten* verhandelt wurde. Die Sitzung leitete der damals schon durch seine kirchenrechtlichen Arbeiten berühmte Jurist Paul Hinschius (1835–1898). Heidenfeld meldete sich mit einer ausgewogenen Stellungnahme zu Wort, die zu vermitteln suchte zwischen einer größeren Gruppe, die die mündliche Verhandlung als Grundlage der richterlichen Entscheidung forderte, und einer Minorität, die einem Mischverfahren von Mündlichkeit und Schriftlichkeit zuneigte. Sein Geld verdiente er als Anwalt. Nach Auflösung des alten Berliner Stadtgerichts als Folge der Justizreform von 1879 gehörte er zu den Rechtsanwälten und Notaren am Landgericht I in Berlin. Auch während seiner weiteren Berliner Anwaltszeit trat er als Sachbuchautor in juristischen Fragen hervor. So gab er eine Handreichung der Reichsgebührenordnung «zum praktischen Gebrauche» heraus und verbreitete sich über das Immobilien- und Konkursrecht. Am 21. Juli 1884 ist Heidenfeld in Berlin, gerade fünfzigjährig, gestorben. Unter den Juristen Berlins scheint er eine herausragende Rolle gespielt zu haben. Ihm, dem Rechtsanwalt und Notar, ist der Ehrentitel eines Justizrats verliehen worden, und die Stadt Berlin hielt ihn für wert, daß man eine ansehnliche Straße im Zentrum nach ihm benannte, die sein Gedenken noch heute bewahrt, während er in seiner Geburtsstadt Kreuzburg völliger Vergessenheit anheimgefallen war (siehe oben S. 44).

Auf dem Straßenschild steht die Auskunft: «Theodor Heidenfeld... Justizrat – Berliner Landgericht». Man möchte annehmen, die Stadt Berlin halte hier die Erinnerung an einen berühmten Juristen wach, aber der eigentliche Beweggrund zur Benennung lag – wenn man den spärlichen Akten nachgeht – auf einem anderen Feld. In dem Sammelantrag des Ministers der Öffentlichen Arbei-

4 *Die nach Heidenfeld benannte Straße in Berlin/Friedrichshain. – Die Straße behielt auch durch die Zeit des Nationalsozialismus den Namen des jüdischen Juristen Heidenfeld (1834–1884). Wer Heidenfeld war, hatte man auch hier vergessen. Die heutige Stadtverwaltung, befragt nach Heidenfeld und den Gründen der Benennung, konnte lediglich die Auskunft geben, daß die Straße 1898 ihren Namen erhalten habe.*

ten auf Namengebung der Straßen in diesem Bezirk vom 21. 12. 1897 heißt es, Heidenfeld habe «sich durch wohlthätige Stiftungen um die Stadt Berlin verdient gemacht». Unter den Stiftungen, die das Zivilkabinett verwaltete, ist Heidenfeld als Stiftername nicht zu finden, wohl aber im «Bericht über die Gemeinde-Verwaltung der Stadt Berlin in den Jahren 1889 bis 1895» unter den «Stiftungen, welche der Städtischen Stiftungs-Deputation zur Verwaltung überwiesen sind». Heidenfeld hatte 120 000 M Kapitalvermögen, das einen jährlichen Zinsertrag von 4535 M brachte, und das wertvolle Grundstück Jägerstraße 61 a (heute «Quartier 207», neben dem Kaufhaus Lafayette), das 17 860 M eintrug, übergeben, was zusammen also 22 395 M jährlich abwarf (nach heutigem Wert grob gegen 470 000 DM). Ist der jährlich zur Verfügung stehende Betrag schon respektabel, so ist es die Zweckbestimmung noch mehr. Über sie heißt es im «Auskunftsbuch» über *Die Wohlfahrtseinrichtungen Berlins* (1896), die Einkünfte seien an «Söhne von Fabrikarbeiter und

Handwerksgesellen» zu vergeben, und zwar an solche, die eine «höhere Bürgerschule» oder nach der Lehrzeit eine «Handwerker-Fachschule» besuchen oder nach abgeschlossener Ausbildung eine «Instruktionsreise» unternehmen wollen. Es zeugt von Heidenfelds souveräner Gesinnung, daß er, der 1884 starb, mitten in der Zeit, als der Staat mit seinen Sozialistengesetzen (1878–1890) rabiat gegen die meist in der Sozialdemokratie organisierte Arbeiterschaft vorging, eine Stiftung mit solchem Zweck eingerichtet hatte; die Stiftungsverwaltung lag bei der Kommune, nicht beim Staat.

Der jüdische Heereslieferant Simon Cohn

Als das Testament des Johann Buddenbrook 1855 eröffnet wurde, sagte Konsul Justus Kröger – so will es Thomas Mann – zu seinem Neffen Thomas Buddenbrook, dem neuen Prinzipal, der schwere Zeiten heraufkommen sah: «Na, ruhig Blut, alter Tom! Die Zeiten sind nicht mehr wie damals, als dein Großpapa preußischer Heereslieferant war.» Und wie es «damals» war, beschrieb Thomas Buddenbrook selbst bei einem seiner vielen Gespräche, mit denen er – wie Thomas Mann uns versichert – manch gutes Geschäft einfädelte: Früher sei es leichter gewesen, zu Vermögen zu kommen. «Mein Großvater zum Beispiel ... er kutschierte vierspännig nach Süddeutschland, der alte Herr mit seinem Puderkopf und seinen Eskarpins, als Preußischer Heereslieferant. Und dann charmierte er umher und ließ seine Künste spielen und machte sich unglaubliches Geld.» Unglaubliches Geld verdiente Großpapa Buddenbrook in den napoleonischen Kriegen, und das tat auch der preußische Heereslieferant Simon Cohn in den Kriegen 1866 und 1870/71, aber nicht durch Charmieren, sondern durch günstige Angebote an die Militärbehörden, die des Lobes voll waren über die Uneigennützigkeit und die Zuverlässigkeit ihres Geschäftspartners.

Als der Vater Jonas Cohn, der Weinkaufmann, kurz nach 1850 die Augen schloß, war Simon Cohn noch keine zwanzig Jahre alt. Sicherlich war der Tod des Familienoberhauptes ein Schock, aber die Firma Cohn fing sich und orientierte sich neu unter dem Namen und unter der Leitung von Eleonore Cohn, geborener Freund. Eine Verlagerung der Geschäftsinteressen vom Weinhandel zu einer Lieferfirma für die preußischen Truppen ist vielleicht erst durch die kriegerischen Ereignisse von 1866 eingetreten, vielleicht aber schon vorher eingeleitet worden, denn jüdische Armeelieferanten hatten in Preußen Tradition. Schon Friedrich der Große hatte sich ihrer bedient und ihnen im Gegenzug Privilegien und Reichtum zugestanden. «Unglaubliches Geld» machte Simon Cohn jedenfalls im 66er Krieg. Als Simon Cohns Nützlichkeit für die preußische Armee später, 1872, mit der Verleihung des Titels eines Kommerzienrats belohnt wurde, ist erwähnt, daß «Cohn sich durch die Lieferungen während des Krieges mit Oesterreich» ein beträchtliches Vermögen erworben habe.

Die Verpflegung der Armee wurde auf dem Auktionswege ausgeboten. Es handelte sich häufig um riesige und daher gewinnträchtige Posten. Die Breslauer Schlesischen Provinzialblätter melden 1866: «Die Lieferungen f. Verpfleg. wurden den Kfl. Löbell Schottländer hier u. Fr. Cohn i. Kreuzburg f. d. 6. ... AC. zugeschlagen.» Im Klartext hieß das, daß die Kaufleute Löbell Schottländer und Frau Cohn den gesamten Verpflegungsaufwand für das 6. Armeekorps, das sich aus schlesischen Soldaten rekrutierte, zu besorgen hatten. Um welche Liefermengen es sich handelte, wird aus einer Meldung gleichfalls der Schlesischen Provinzialblätter von 1866 deutlich. Der Krieg zwischen Preußen und Österreich, der letzte «Kabinetts-» und «Bruderkrieg», hatte sich bereits im Mai 1866 angekündigt und brach dann im Juni aus. Dazu die Notiz der Schlesischen Provinzialblätter: «Vom 20. Mai resp. 28 Juni, wo d. 6. Armee-C. d. Grenze überschritt, bis Anf. Sept. sind von Hrn. Schottländer f. dass. ca. 33000 Ctr. frisches Fleisch, 1100 Ctr. gebr. Kaffee, 8000 Ctr. Reis, 8000 Ctr. Graupe, 1500 Ctr. Speck geliefert.» Rechnet man eine ähnliche Liefermenge für «Frau Cohn», so werden die Gewinndimensionen deutlich, und die

Firma Cohn nutzte die Stunde. In der Septembernummer des Jahres 1866 hatten die Schlesischen Provinzialblätter folgende Mitteilung eingerückt: «Die v. d. Preußen in östr. Tabakfabriken erbeuteten angebl. 30 000 Ctr. Tabak und 80 Mill. Cigarren sind v. d. Militairverwaltung a. d. Wittwe Cohn in Kreuzburg verkauft.»

Um Waren in solchem Umfang aufzukaufen, eventuell zu lagern und weiterzuveräußern, bedurfte es reichlicher Mittel, auch wenn es sich um einen wohlfeilen Kauf gehandelt haben dürfte, vor allem aber war eine funktionierende Vertriebsorganisation nötig. Hier brachten jüdische Familien einen großen Vorsprung vor anderen Konkurrenten ein. Durch ihren Kinderreichtum und durch ihre zahlreichen Verbindungen zu anderen in- und ausländischen Familien, Gemeinden und Instanzen hatten sie ein Informations- und Handelsnetz, bei dem jeder einzelne Beteiligte sich für den Erfolg verantwortlich fühlte und sicherlich, wenn es darauf ankam, bei großem persönlichem Einsatz die eigenen Forderungen in Grenzen hielt. Der Erfolg dieses Systems bei der Kreditbeschaffung, beim Aufspüren vorteilhafter Einkauf- und Absatzmöglichkeiten, bei der Ermittlung günstiger und schneller Transportwege usw. stand außer Frage. Vielleicht gab es zusätzlich noch eine gewisse Konkurrenz unter den jüdischen «Militair-Lieferanten», die die Preise gegenüber anderen Anbietern noch niedriger hielt. Das Standesregister der Kreuzburger jüdischen Gemeinde vermeldet zum 26. Dezember 1853 den «Anzug» des aus Gleiwitz kommenden «Militair-Lieferanten» Emil Aufrecht, eventuell ein Konkurrent also, der im Auftrag seines Vaters sich in Kreuzburg aufhielt.

Der 66er Krieg scheint der Familie Cohn unter der nominellen Leitung ihrer Prinzipalin einen kräftigen Zugewinn gebracht zu haben. Der neue Reichtum wird sofort abgesichert. Simon Cohn kauft das Gut Maserwitz im Kreise Neumarkt südlich Breslau; der ältere Bruder Samuel (*1831) läßt sich in Breslau als Kaufmann nieder und bezieht laut Steuerliste 1876 ein Nettoeinkommen von 54000 M, ein reicher Mann also; der jüngere Bruder

Moritz (*1844) hat um 1866 in Görlitz eine Dependence eröffnet, wie wir aus Moritzens Biographie wissen; er könnte sie mit seiner Mutter betrieben haben, denn es ist auffällig, daß sich «Wittwe Cohn» 1867 in Görlitz aufhält. Außerdem ist es nicht ausgeschlossen, daß der «Armee-Lieferant aus Rosenberg O/S» Oscar Cohn, der in vetterlicher Verbindung zu Simon Cohn gestanden haben könnte, gleichfalls damals – nach 1866 – das Gut Wachowitz, an den Quellen des im weiteren Verlauf durch Kreuzburg fließenden Stoberflusses gelegen, aufkaufte.

Das Netzwerk der Firma Cohn

Noch günstiger scheint es für Simon Cohn und seine Familie beim französischen Krieg 1870/71 gelaufen zu sein. Vielleicht war es wieder, wie beim Krieg gegen Österreich, das 6. schlesische Armeekorps, das es zu versorgen galt, doch reichte diesmal die Aufgabe noch weiter. Um die Lieferungen besser koordinieren zu können, scheint Simon Cohn neben Kreuzburg Wohnsitz in Breslau bezogen zu haben, zusammen wohl mit seinem Bruder Samuel, denn als Eigentümer des Gutes Maserwitz im Kreise Neumarkt ist unser Cohn als «Kaufm. zu Breslau» eingetragen. Aber mit östlichen Standorten allein wird ein Versorgungsnetz noch ungenügend aufgezogen gewesen sein. Später, in den achtziger Jahren, als Cohns Lieferfirma auf vollen Touren lief, bestehen innerhalb des Deutschen Reiches – Metz beiseite gelassen – Agenturen in Mainz, Landsberg an der Warthe, in Straußberg, Lübben, Prenzlau, Ückermünde, Neu-Stettin und in Konitz. Zur Einweihungsfeier der Kreuzburger Synagoge 1886, die er, der große Förderer, sich ungern wird haben entgehen lassen, entschuldigte sich Cohn mit Geschäftsverpflichtungen im Rheinland, die ihn am Kommen hinderten. Es wäre nicht verwunderlich, wenn ein Teil dieser später faßbaren Handelsagenturen auf die Zeit des Siebziger Krieges zurückginge.

Eine weitere wichtige Grundlage für das zuverlässige Funktionieren einer Lieferfirma war die Beteiligung vertrauenswürdiger und mit der Firma sich identifizierender Personen, und hier konnte Simon Cohn sicherlich auf seine Familie zurückgreifen. Ob «Wittwe Cohn» damals noch am Leben war, ist mehr als ungewiß; ihr Name begegnet nicht mehr in den Akten der jüdischen Gemeinde. Und wenn sie noch lebte, so ging sie auf die Siebzig zu und wird kaum noch in der Lage gewesen sein, die Strapazen auf sich zu nehmen, denen sich ein Armeelieferant hat unterwerfen müssen. Aber da war zum Beispiel der jüngere Bruder Moritz (1844 – nach 1907), der für seinen Bruder Simon die Geschäfte in Görlitz besorgte und mit diesem zusammen sich am Eisenbahnbau beteiligte. Auch Moritz legte sich ein Gut zu, das er aber 1875 abstieß, um als reicher «Rentier» in Wien der Schriftstellerei zu leben. Als in den achtziger Jahren Recherchen angestellt wurden zur Frage, ob die Firma Simon Cohn aktiv Handel treibe oder passiv vom Kapital lebe, gab die Berliner Polizeibehörde die Auskunft, daß nicht weniger als drei Brüder des Simon Cohn «ihm als Gehülfen und Reisegefährten dienen». Von den acht 1852 lebenden Söhnen des Weinhändlers Jonas Cohn waren also allein fünf – teilweise vorübergehend, wie Moritz – in der Firma des Simon Cohn beschäftigt, mit der wahrscheinlich auch die Geschäfte des älteren Samuel verbunden waren. Wenn man bereit ist, auch noch die Rosenberger Verwandtschaft in das Versorgungsgeschäft einzubeziehen, so kommt man auf mindestens sieben bis acht Personen, die ihre volle Arbeitskraft und ihr Vermögen einbrachten – ungeachtet der gewiß zahlreichen Verbindungen, die über dieses Konsortium liefen.

Nach den Gewinnen im österreichischen Krieg hat sich die Firma Cohn sicherlich nicht auf ihren goldenen Lorbeeren ausgeruht, sondern Vorsorge getroffen für neue Verdienstmöglichkeiten. Wenn man liest, daß die Armeeintendantur 1870 «durch eine zuverlässige Großhandlung guten gemahlenen Kaffee in Preßwürfel herstellen» ließ, so denkt man an das Lieferprogramm von 1866 («1100

Ctr. gebr. Kaffee») und kann es für möglich halten, daß diese Preßwürfel auch von der Firma Cohn hergestellt und, wie es im Text weiter heißt, «in Pergamentpapier verpackt, der Armee nachgeführt» wurden.

Der Kommerzienratstitel als Lohn

Das aber sind Spekulationen über das Geschäftsgebaren der Firma Simon Cohn. Worin unbezweifelbar die Leistung bestand, erfahren wir aus der Motivation zur Verleihung des Kommerzienratstitels an Simon Cohn vom Februar 1872, nicht einmal ein dreiviertel Jahr nach Ende des deutsch-französischen Krieges also. Die Eingabe, gerichtet an «Seine Kaiserliche und Königliche Majestät» Wilhelm I., geht vom Preußischen Handelsminister Heinrich Graf von Itzenplitz aus und nennt sogleich zu Textbeginn den Grund, weshalb gerade Cohn (zusammen mit dem Berliner Kaufmann Salomon Lachmann) mit dem Titel ausgezeichnet werden soll. Die Armee-Verwaltung habe, «um eine Abminderung der außerordentlich gestiegenen Preise für die Bedürfnisse des Heeres in Frankreich herbeizuführen, zu dem Mittel [gegriffen], einigen bedeutenden Lieferanten, welche den Markt beherrschten, den Ankauf gegen Provision zu übertragen», und es ergab sich, «daß durch diese Operation in der That ein sehr beträchtliches Herabgehen der Preise herbeigeführt und nach Angabe des Armee-Intendanten Engelhard für den Staat eine Ersparniß von mindestens 6 Millionen Thaler herbeigeführt worden ist. Zu den Lieferanten, welche in dieser Weise mit der Armee-Verwaltung in Geschäftsverkehr traten und sich ihr besonders nützlich erwiesen, gehört... der Kaufmann Simon Cohn zu Creutzburg. Der Kriegsminister, der General von Manteuffel und der General-Lieutenant von Stosch haben sich deshalb lebhaft für die Gewährung der ... Auszeichnung an den g[enannten] Cohn verwendet ... Ganz besonders sind [die] rühmlichen Eigenschaften [der Uneigennützigkeit und der Zuverlässigkeit] ... in seinem Verhältnisse zu den Militairbehörden hervorgetreten, welche ihm nicht blos das Zeugniß eines äußerst thätigen und gewandten, sondern auch eines streng rechtlichen Geschäftsmannes geben.»

Die Zahl der zum Zuge gekommenen Lieferfirmen war nicht groß, und unter diesen «bedeutenden Lieferanten, welche den Markt beherrschten», hat Simon Cohn offensichtlich eine gute Figur abgegeben. Die Summe, um die die Ausgaben dank des Geschäftsgeschicks und der Kulanz Simon Cohns gesenkt werden konnten, ist in der Tat gewaltig; nach einem gewiß zweifelhaften, aber wenigstens einen groben Anhalt gebenden Schlüssel, wäre dies nach heutigem Gelde eine Einsparung von über 300 Millionen DM, rund von einer Drittel Milliarde.

Für die Auszeichnung mit dem Kommerzienratstitel mögen Simon Cohn viele Gratulationen zugegangen sein, sicherlich eine seiner jüdischen Heimatgemeinde in Kreuzburg, denn wir kennen Simon Cohns Antwortschreiben, merkwürdig formelhaft und steif. Ein großer Stilist war Simon Cohn offenbar nicht: «Dem Wohllöblichen Vorstande und Repräsentanten Collegio der Synagogen Gemeinde zu Creutzburg O/S beehre ich mich hierdurch meinen aufrichtigen Dank auszusprechen für die mir mit dem geehrten Schreiben vom 20. dieses Monats ausgedrückten Glückwünsche und für den mich hochehrenden Beleg, daß ich mich der Achtung der Gemeinde Mitglieder meiner Vaterstadt zu erfreuen habe. Ich werde immer vorzugsweise der dortigen Israelitischen Gemeinde diejenige Anhänglichkeit bewahren, welche zunächst dem Heimathgefühle, aber auch der Achtung vor den ehrenwerthen Vertretern der Gemeinde entspricht. Mit Hochachtung Ganz ergebener Simon Cohn. Berlin 24 Maerz 1872.»

Zu diesem Zeitpunkt hatte sich Simon Cohn bereits bei einer der ersten Adressen Berlins eingekauft. Am 25. Oktober 1871 erwarb er «von dem Koeniglichen Wirklichen Geheimen Rath Oberküchenmeister und Erbhofmeister Hans Carl Albrecht Grafen von Koenigsmark» (so die Grundstücksakten) das Anwesen Behrenstraße 47, gelegen zwischen der Französischen Straße und Unter den Linden: eine Avenue des Reichtums und des Adels, wo Bismarcks

5 Grabstein des Königlichen Geheimen Commerzienrathes Simon Cohn auf dem Berliner jüdischen Friedhof an der Schönhauser Allee (Bezirk Prenzlauer Berg). Metallplatten am oberen und unteren Teil des Denkmals wurden nach der endgültigen Verriegelung des Friedhofs 1943 entfernt und eingeschmolzen. Der 1827 geweihte Friedhof war offiziell 1880 geschlossen worden, doch wurden immer wieder Ausnahmen zugelassen wie eben für Simon Cohn. Auf der Rückseite des Grabsteins steht: «Sein ganzes Leben war Güte und Barmherzigkeit für Andere. Sein Name wird ewiglich bleiben. Friede seiner Asche!»

Bankier Bleichröder sein üppiges Palais hatte und die Moltkes wohnten. Cohn wird in dem Vertrag als der «Rittergutsbesitzer Simon Cohn auf Maserwitz bei Neumarkt in Schlesien» angesprochen. Die Übergabe des Hauses sollte – laut Vertrag – am 1. April 1872 erfolgen. Damit hatte Simon Cohn, um die süffisante Karrierebeschreibung Jacob Oeris für einen erfolgreichen Juden zu zitieren, «in Berlin die höchste Culturstufe [erreicht]» (s. unten S. 62).

Simon Cohn: der Wohltäter Kreuzburgs

Aber Cohn behielt den Reichtum nicht für sich. Wie sagte Fontane? «Die Kunst, die Wissenschaft, die sonst betteln gingen, hier [beim jüdischen Mäzenatentum] haben sie ihre Stätte.» Cohn wurde zum Wohltäter seiner Heimatstadt Kreuzburg. Die Regierung hatte die Errichtung eines

Gymnasiums aus strukturellen und aus finanziellen Gründen abgelehnt. Cohn kaufte wertvollen innerstädtischen Baugrund, schenkte ihn der Stadt und übernahm die Hälfte der Bausumme. Die Regierung war nun bereit, ein bis zum Abitur führendes Gymnasium einzurichten (s. oben S. 43). Das Gebäude wurde erstellt, an dessen Haupteingang man eine Marmortafel einließ: «Errichtet aus städtischen und Simon Cohn'schen Mitteln». In der Aula stand eine von der Stadt gestiftete Marmorbüste des Wohltäters, dessen Munifizenz 1887 mit der Verleihung des seltenen Titels eines «Geheimes Kommerzienrats» honoriert wurde. In der Begründung, die auch das Ansehen in seiner Heimatstadt bedenkt, heißt es: «Wegen seines ehrenhaften Charakters erfreut [Cohn] sich allgemeiner Achtung. Bei jeder sich darbietenden Gelegenheit bethätigt er, ohne damit zu prunken, eine seltene Opferwilligkeit zur Förderung wohlthätiger und gemeinnütziger Zwecke. [Es folgt eine Aufzählung seiner großzügigen Dotationen]..., wodurch die Vertretung der Stadt sich veranlaßt gesehen hat, ihn zum Ehrenbürger von Kreuzburg zu ernennen», eine in preußischen Städten außerordentlich seltene Auszeichnung.

1892 ist Simon Cohn in Berlin gestorben. Sein Grab auf dem jüdischen Friedhof an der Alten Schönhauser Allee liegt nicht weit von dem Bleichröders und ein Stück entfernt von dem Max Liebermanns. In Kreuzburg wurde Simon Cohn, dem letztlich auch der Bau einer prächtigen und in der sogenannten Reichskristallnacht 1938 zerstörten Synagoge verdankt wurde, bald vergessen. Die Inschrift am Gymnasium verschwand, zusammen mit der Marmorbüste. Die Tilgung seines Namens ändert nichts an der Tatsache, daß er wahrscheinlich der großzügigste Wohltäter Kreuzburgs gewesen ist. Die jüdische Gemeinde, die Simon Cohn reichlich bedachte, schrumpfte in den nächsten Jahrzehnten. Zählte sie 1861 304 Mitglieder, so 1926 nur 174 und 1932 142. Von diesen konnten die meisten noch auswandern; die übrigen wurden noch in den 40er Jahren deportiert und kamen wohl zum größten Teil um.

Jacob Oeris «Schreibebrief» von 1868

Mit den Juden zusammen wohnten im Kreuzburg des 19. Jahrhunderts Deutsche und Polen, beziehungsweise solche, die man der Sprache wegen als Polen ansah: «Pollaken» eben. Wie nahm sich das Bild der Bevölkerung für jemanden aus, der unbefangen in die Stadt kam? Wir haben einen vorzüglichen Zeugen in einem Berichterstatter, der von 1868 bis 1870 als Lehrer der Höheren Bürgerschule in Kreuzburg lebte. Es ist der Schweizer Gymnasiallehrer Jacob Oeri (1844–1908), dessen Name eng verbunden ist mit dem Jacob Burckhardts. Er ist dessen Neffe und der Herausgeber der berühmten *Weltgeschichtlichen Betrachtungen* (1905). Dieser Jacob Oeri, dessen Entsetzen über die oberschlesische Trunksucht wir schon kennen (s. oben S. 31), schrieb im Oktober 1868 einen – wie er es nannte – «Schreibebrief» an seinen Onkel, und darin heißt es:

Lieber Onkel,
Also das Wintersemester in der Pollakei beginnt heute... Das Nest, in dem ich mich befinde, hat den besten Willen, eine große Stadt zu werden, hat es aber bis jetzt noch nicht über fünftausend Einwohner und, was schlimmer ist, noch zu keinem rechten Straßenpflaster gebracht. Außer einem großen Dampfmühlenétablissement ist nichts hier, was an Industrie erinnerte, es ist das reine Landstädtchen. Aber freilich ein Landstädtchen, wie sie in Wasserpodolien zu sein pflegen... Ueberall stehn noch ganz erbärmliche Baraquen... Man muß es den Leuten lassen, daß sie zur Hebung ihres Ortes Etwas thun... So ist ein ziemlich großes Schullehrerseminar hergekommen, auch ein Kreisgericht und ein ziemlich großes Zuchthaus... Die Leute hier sind eine gutmüthige, aber nicht eben allzu geistreiche Race. Die, mit denen ich zu thun habe, d. h. die Beamten und tiers état sind lauter Deutsche, die untern Stände in der Stadt und die Bauern der Umgegend durchweg Pollaken, die im Begriffe stehn, germanisiert zu werden. Als ich her kam, glaubte ich, ich würde gezwungen werden, das Polnische zu lernen, aber außer ein paar nothwendigen Redensarten kann ich davon noch absolut nichts. Die hiesigen Polen ... sprechen ihren besonderen Dialect [eben das Wasserpolnische] und halten sich glücklicherweise von jeder nationalen Agitation fern, der große Grundbesitz ist längst nicht mehr in ihren Händen.

Der Handel in der Stadt wird größtentheils von Juden betrieben, welche hier die erste Phase der Civilisation durchmachen, um später in Breslau resp. Berlin die höchste Culturstufe zu erreichen. Das eigentliche total schmutzige polnische Judenthum beginnt zum Glück erst jenseits der russischen Gränze; diese Sorte zeigt sich hier bloß an Markttagen in ihrer Glorie.

Deutsch, resp. germanisiert sind Grundbesitzer, Beamtete, Handwerker etc. Geistig, wie gesagt, nicht sehr hervorragend, halten die Herren Etwas auf gutes Essen und Trinken – und man lebt hier viel besser als in Berlin –, gehn fleißig auf die Jagd und entwickeln sehr geringe ökonomische Tugenden; es scheint fast, als ob das viele polnische Blut in ihnen noch nachwirkte....

Unsere Schule leistet unter ungünstigen Verhältnissen das Mögliche ... [Augenscheinlich ist es] den meisten Eltern und Schülern nur darum zu thun, daß die Classen bis tertia absolviert werden. Sobald die nothdürftigste Bildung vorhanden ist, muß der junge Herr, zumal wenn er Jude ist – und 33 Prozent sind Juden – ins Geschäft, und anderseits gehn viele der bessern Jungen von uns auf die Gymnasien der Umgegend ab. Auch der Mangel einer Prima macht sich vielfach fühlbar. Nichtsdestoweniger läßt sich besonders in den untern Classen etwas Ordentliches erreichen und ich speciell bin froh darüber, daß ich jetzt im Lateinischen einmal mit den Elementen anfangen kann, obschon die Dummheit, womit ich zu kämpfen habe, oft zum Verzweifeln ist. ... Im Ganzen sind auch die Jungen ein sehr mäßig begabter Schlag; an einzelnen guten Köpfen muß man sich eben schadlos halten.

Einen ähnlichen «Schreibebrief» schickt Oeri zur gleichen Zeit (1868) an seine Eltern; er wohne jetzt bei der «gebildetsten und vornehmsten Creuzburgerjüdinn» zur Untermiete; vom städtischen Leben berichtet er: «Die Bewohner gefallen mir..., und das Studium derselben ist ethnologisch interessant. Heute als am Sonntag wimmelt wieder Alles von geputzten polnischen Bauern mit ihren Gemahlinnen; gestern dagegen war auf der Promenade... die ganze Judenschaft zu treffen, und das wie aufgedonnert! Am schönsten waren zwei hübsche Jüdinnen, die eine von Kopf bis Fuß orangegelb, die andere blitzblau gekleidet. Hier sieht man auch sehr häufig eigentliche polnische Juden mit dem langen Kaftan und den geringelten Haaren. Man ist dem Orient um ein merkwürdiges Stück näher. Polen habe ich noch wenig kennen gelernt, da die obern

Laufende Nr.	Nr.	Name und Vorname des Abiturienten.	Tag und Jahr sowie Ort der Geburt.	Konfession.	Stand des Vaters	Wohnort desselben.	Aufenthalt auf dem Gymnasium.	Aufenthalt in I	in Ia	Gewählter Beruf.
50	1	Adam Schmidt	7. Dezember 1866 Ludwigsdorf Kr. Kreuzburg	ev.	Häusler	Ludwigsdorf	$6\frac{1}{2}$	3	$1\frac{1}{2}$	Theologie
51	2	Erdmann Dondorff	30. Mai 1864 Breslau	ev.	Pastor †	Breslau	$1\frac{1}{2}$	$1\frac{1}{2}$	$1\frac{1}{2}$	Theologie
52	3	Otto Brzostowicz	18. September 1866 Breslau	ev.	Rittmeister a. D.	Sosnowice Russ. Polen	1	1	1	Medizin
53	4	Heinrich Saft	20. März 1869 Rosenberg	mos.	Kaufmann	Rosenberg	7	2	1	Medizin
54	5	Hans Wichura	3. August 1869 Beuthen OS.	ev.	Apotheker	Kreuzburg	6	2	1	Medizin
55	6	David Königsberger	4. November 1866 Lublinitz	mos.	Bauunternehmer	Lublinitz	4	2	1	Jura
56	7	Nathan Raphael	26. Mai 1867 Kreuzburg	mos.	Kaufmann †	Kreuzburg	$11\frac{1}{2}$	2	1	Naturwissenschaften
57	8	Richard Därr	30 Juni 1866 Bernstadt	ev.	Kaufmann	Bernstadt	3	2	1	Theologie
58	9	Adolf Wongtschowski	19 September 1868 Kreuzburg	mos.	Gastwirt	Kreuzburg	10	2	$\frac{1}{2}$	Medizin
59	10	Max Loewy	16. November 1867 Lublinitz	mos.	Kaufmann	Kreuzburg	10	2	$\frac{1}{2}$	Medizin

6 *Wie schrieb Oeri über den Anteil jüdischer Kinder an der Kreuzburger Bürgerschule? «33 % sind Juden.» Der hohe Anteil jüdischer Gymnasialschüler hielt sich bis zum Ende des 19. Jahrhunderts; er schwand erst, als die jüdische Gemeinde meist durch Wegzug der Familien schrumpfte. Wiedergegeben ist eine Übersicht im Gymnasialprogramm des Jahres 1888 der Schüler, die «das Zeugnis der Reife erhielten». Von den zehn Schülern, die das Abitur ablegten, waren fünf Juden, drei von ihnen gaben Medizin als Berufswunsch an. Zur Situation der jüdischen Ärzte in Kreuzburg siehe oben S. 44ff.; sie spielten bis in die Zeit des Nationalsozialismus eine sichtbare Rolle.*

Stände hier durchweg deutsch oder germanisiert sind. In der Schule habe ich allerdings verschiedene Polenjungen, die fast durchweg gute Schüler sind. Zwei in Sexta können noch so wenig deutsch, daß mit ihnen nichts anzufangen ist; sie werden aber das notwendigste Deutsch rasch lernen.» Das Umgebensein vom Polnischen überwältigt Oeri: «Und die Bevölkerung!» ruft er aus: «Ich hatte wohl gewußt, daß hier schon viel polnisch gesprochen wird, aber daß das sämmtliche Landvolk polnisch ist, hatte ich doch nicht gedacht. Da sieht man denn die Männer mit kurzen blauen Jacken, die Kanonen über die blauen Hosen gezogen und bei kaltem Wetter einen blauen, bis weit über die Kniee reichenden Mantel tragend, die Weiber mit blau und weiß gestreiften Röcken und Halskrausen... Und wie bodenlos besoffen können diese Polen sein! und die allgemeine Barfüßigkeit!... Immerhin aber ist es interessant einmal an einem solchen Orte die Vermengung von Polen, Deutschen und Juden (letztere 30 Prozent der Bevölkerung) kennen zu lernen. Gustav Freytag stammt von hier und schildert ja auch in ‹Soll und Haben› ähnliche Verhältnisse.»

«Jetzt hören wir selten etwas anders als Polnisch reden»

Es sei abgebrochen mit den Impressionen Oeris vom Bevölkerungsbild, auf das man im oberschlesischen Kreuzburg und sicherlich auch in anderen Städten der Landschaft damals traf. Überwältigend war für einen aus Kerndeutschland Kommenden – von den Juden abgesehen – das Nebeneinander von Polen und Deutschen, von Polnisch und Deutsch, und das Erlebnis, daß auf dem Land vorwiegend Polnisch gesprochen wurde. Doch selbst in Kreuzburg scheint bis in die Neuzeit hinein das Polnische die bevorzugte Umgangssprache gewesen zu sein. Es ist gewiß kein Zufall, daß vom Kreuzburger Pastor Adam Gdacius (1615–1688), selbst geborener Kreuzburger, überliefert ist, er habe sein heimatliches polnisches Idiom als erster «Wasserpolnisch» genannt und zugleich als ethnisches Idiom verstanden. Der in die Gesellschaft eindringende Deutsche stört, und in den Kreuzburger Ratsakten des Jahres 1647 ist berichtet, der Rentschreiber der Stadt sei als Fremder mit dem Schimpfnamen «Niemiecz» (Deutscher) belegt worden. Aufschlußreich ist ein Bericht des Breslauer Prorektors Johann Gottlieb Schummel (1748–

1813) über eine Reise im Jahre 1791 durch Oberschlesien. Bald hinter Breslau auf dem Weg über Namslau nach Kreuzburg stellte er fest: «Jetzt hören wir selten etwas anders als Polnisch reden. Nur die Schulzen und Schulmeister reden in der Regel Deutsch. Die Bauern wissen höchstens einzelne deutsche Wörter.» Ein halbes Jahrhundert später, 1844, wandert der treuherzige Seifensieder Tobias Westermayer (1825–1865) aus Leutkirch im Allgäu auf der Walz von Oppeln nach Kreuzburg und schreibt, am Zielort angekommen, nach Hause, er habe sich auf dem Lande kaum verständlich machen können: «wenn man einem Menschen begegnet u. ihn fragt: wie weit ist noch bis in nächste Dorf, oder sonst was: u. Ihn nicht versteht, da wirds einem weh.» Man sprach eben unter sich polnisch, wasserpolnisch, und Fremde kamen kaum ins Land.

Die älteste amtliche preußische Sprachstatistik stammt aus dem Jahre 1891. Für dieses Stichjahr gaben im Kreis Kreuzburg 69 Prozent Polnisch und nur 31 Prozent Deutsch als ihre Muttersprache an. Aber das ist eine jener statistischen Verzerrungen; der Realität dürfte es näherkommen, wenn man ca. 90 Prozent Polnisch für die Landbevölkerung und den gleichen Prozentsatz für das Deutsch der Städter ansetzt. Der verbreitete Gebrauch des Polnischen, bzw. des Wasserpolnischen, unter der Bevölkerung war nach dem Ersten Weltkrieg ein zentrales Argument für die Zuweisung des Gebiets an Polen. Aber die Sprache sagt nicht viel aus über das politische Bekenntnis. Trotz des hohen Anteils von Menschen, die Polnisch ihre Muttersprache nannten (im Regierungsbezirk Oppeln, zu dem Kreuzburg gehörte, waren es 1910, bei der letzten Volkszählung vor dem Ersten Weltkrieg, 53 Prozent), stimmten 1921 im Kreise Kreuzburg 95,8 Prozent für den Verbleib bei Deutschland, womit auch die alliierte Abstimmungskommission nicht gerechnet hatte.

Polnisch sprechende Deutsche, die sich dem Reich zugehörig fühlten, zugleich jedoch ihr seit Jahrhunderten gesprochenes Idiom beibehalten wollten, waren für die preußische Schulverwaltung ein Problem. Wie wir aus Visitationsberichten wissen, wurde in den dörflichen Volksschulen deutsch und polnisch gesprochen und unterrichtet. In einem Prüfungsprotokoll des Jahres 1840 aus Kotschanowitz bei Kreuzburg heißt es: «Von den Größeren las ein Drittel das Polnische fertig aber sehr monoton, mehrere lasen auch Deutsch, waren es aber nicht im Stande zu verdolmetschen.» Man zählte und sang deutsch und polnisch («zur Zufriedenheit»). Um die Mitte des 19. Jahrhunderts richtete man Präparanden-Anstalten für künftige Volksschullehrer ein, die den «Religions- und Leseunterricht» in polnischer Sprache übernehmen sollten. 1858 kam es zur Gründung einer «Evangelischen Seminar- und Präparanden-Anstalt» in Kreuzburg selbst, und bei ihrer Einweihung sprach der Vertreter der evangelischen Kirche, der die Schulaufsicht oblag, bemerkenswerte Worte. Er bezeichnete «die Errichtung eines evange-

---

7, 8 Am 15. Elul 5646, am 15. September 1886, fand die Einweihung der Synagoge statt; sie war als großes Fest aufgezogen, zu dem außer dem Militär, dem Adel, den christlichen Kirchen auch Regierungsvertreter eingeladen waren. Man hatte den landesweit bekannten orthodoxen Rabbiner Dr. F. Rosenthal (1838–1921) gebeten, die Zeremonie vorzunehmen. Rosenthal verfaßte ein Gedicht, das die ergebene deutsch-preußische Gesinnung der Gemeinde anzeigt. An der zentralen Stelle des stellenweise etwas holprigen Poems heißt es:

Und Israel fleht an diesem Ort
Zum Vater aller Menschenkinder,
Der den Gebeugten Schirm und Hort,
Der verzeihet selbst dem Sünder.
Um der Menschen höchste Güter
In der Zeit und Ewigkeit,
Fürs Vaterland und seinen Hüter,
Für die hohe Obrigkeit.
Die mit Weisheit uns erzieht,
Tugend schützt mit starker Macht,
Die auf des Ostens Grenzgebiet
Für deutsche Sitte haltet Wacht.

In der berüchtigten «Reichspogromnacht» vom 9. zum 10. November 1938 ist die Synagoge zerstört worden; ein SA-Mann hatte sie mit einer Fackel angezündet. Das Bild der ausgebrannten Synagoge wurde insgeheim durch eine Fensterscheibe aufgenommen. An der Stelle befindet sich heute ein Kinderspielplatz.

lisch-polnischen Seminars als eine Sühne gegen die evangelisch-polnische Bevölkerung Oberschlesiens, der man früher absichtlich nur deutsch sprechende Lehrer gegeben» habe. Das Seminar habe sein Ziel, «Schullehrer zu bilden, welche ebensowohl der polnischen, als der deutschen Sprache mächtig sind». Dabei mußte das besondere

polnische Idiom, das Wasserpolnische, bedacht werden. Aufschlußreich ist die Anstellung des Heinrich Julius Kindler (1825–1895), der von 1865 bis zu seinem Tod als Pastor Primarius amtete. Kindler hatte sich für eine Stelle in Oberschlesien vorbereitet und Polnisch gelernt, war mehrere Jahre Hauslehrer in Russisch Polen östlich von Warschau. Er sprach Hochpolnisch, für eine Predigt in Kreuzburg und Umgebung war jedoch das hier gesprochene «Wasserpolnisch» angebrachter, und Kindler erhielt die Stelle nur, weil ein Wasserpolnisch sprechender Konkurrent sich einige Unregelmäßigkeiten hat zuschulden kommen lassen und ausschied. Bis in die zweite Hälfte des 19. Jahrhunderts war Zweisprachigkeit von den evangelischen Pastoren – wie übrigens auch von den katholischen Pfarrern, wie das Beispiel des Johann Dzierzon belegt – erwartet. Diese, wenn der Ausdruck angebracht ist, harmonischen Verhältnisse, die wohlwollende Tolerierung des Polnischen, fand ein jähes Ende mit und nach der Reichsgründung 1871. Bereits 1872 bestimmte das Preußische Provinzialschulkollegium, daß allein das Deutsche als Schulsprache zugelassen sei, und die Idylle, wenn es denn eine war, brach zusammen.

«Geh nach Deutschland, dort ist Kultur»

Wie sagte Oeri? Die Polen oder besser die polnisch Sprechenden hielten «sich glücklicherweise von jeder nationalen Agitation frei». Damit war es in den folgenden Jahrzehnten weitgehend vorbei, wobei zur Spannung durch Sprache und Mentalität der Kulturkampf hinzutrat, der pauschal einen polnisch Sprechenden gern als zu Polen neigenden Katholiken und damit als unsicheren preußischen Staatsbürger ansah. Die aufbrechenden Nationalitätenkämpfe gingen über die Grenze, nach beiden Seiten, und der aufkommende Antisemitismus vergiftete zusätzlich die Atmosphäre. Aber noch wohnte in den Menschen dieses Grenzlandes eine tiefe Sehnsucht nach deutscher Kultur, ob Deutscher, Pollack oder Jude. Als der herrliche

9 *Polnische Deutsche, deutsche Polen. Ein aufschlußreiches Zeugnis für die Einstellung der Menschen dieses Gebiets ist das Bekenntnis des Johannes (so sein Taufzeugnis, nicht Jan) Dzierzon (1811–1906), des Pfarrers aus Lowkowitz – weltberühmter Bienenforscher und -züchter, Ehrendoktor, Brieffreund Gregor Mendels (1822–1884) –, der auf die Frage, was er denn sei, Deutscher oder Pole, die Antwort gab: «Meine Nationalität betr. bin ich allerdings, was mein Name andeutet, ein Pole von Geburt, da in Oberschlesien Polnisch gesprochen wird, da ich aber mit 10 Jahren nach Breslau kam und dort meine Studien durchmachte, so bin ich von Erziehung ein Deutscher. Doch die Wissenschaft kennt keine Grenze, keine Nationalität.» Interessant ist die Verwendung des Wortes «Nationalität». – Dzierzon im Schmuck seiner Orden, unter denen sich auch der preußische Kronenorden befindet.*

Bariton der legendären Comedian Harmonists, der Jude Roman Joseph Cycowski aus Lodz (1901–1998), zu Hause offenbarte, er wolle Polen verlassen, riet ihm der Vater: «Geh nach Deutschland, dort ist Kultur, dort wirst du etwas lernen.» Fast Wortgleiches berichtet der Zuchtmeister des Literarischen Quartetts Marcel Reich-Ranicki (*1920), als er sich von seiner Lehrerin im polnischen Włocławek «Fräulein Laura mit dem wogenden Busen» nach Berlin verabschiedete, sie habe «den Blick in die Ferne» gerichtet und «ernst und feierlich» verkündet: «Du fährst, mein Sohn, in das Land der Kultur.» Die Mutter habe zustimmend genickt. Und so fand denn auch Fontane in der Zeit des Simon Cohn und des Theodor Heidenfeld sein Publikum nicht beim preußischen Adel, obwohl er dessen Welt einfing; ihn feierten an seinem 75. Geburtstag

> «... Pollacks, und die noch östlicher wohnen;
> Abram, Isack, Israel,
> Alle Patriarchen sind zur Stell',
> Stellen mich freundlich an ihre Spitze,
> Was sollen mir da die Itzenplitze!
> Jedem bin ich was gewesen,
> Alle haben sie mich gelesen,
> Alle kannten mich lange schon,

Und das ist die Hauptsache ... ‹kommen Sie, Cohn›».

Die Pringsheims und ihr Reichtum

Im April 1914 kam ein *Jahrbuch des Vermögens und Einkommens der Millionäre in Bayern* heraus, verfaßt von dem ehemaligen Regierungsrat im Reichsamt des Innern Rudolf Martin, der mit seinem auf 21 Bände angelegten Werk Auskunft über die «Millionäre Deutschlands» geben wollte. Bayern als Agrarland habe, so Martin, nur wenige «sehr reiche Millionäre» aufzuweisen, wie «überhaupt die Zahl der Millionäre in diesem Lande pro 1 Million Einwohner wesentlich geringer sein muß, als im Königreich Sachsen, in der Rheinprovinz, in Schlesien oder in Berlin». An zweiundzwanzigster Stelle – bei Ausschluß von elf nicht in Bayern ansässigen «internationalen» Millionären – ist mit 13 Millionen der «Geh. Hofrat Dr. phil. Alfred Pringsheim, Kgl. Universitätsprofessor, a. o. Mitglied der Akademie der Wissenschaften, Sohn des Berliner Rentier Pringsheim, München, Arcisstr. 12» verzeichnet. Als Jahreseinkommen Alfred Pringsheims sind 800 000 Mark angegeben, von dem das Professorengehalt nur einen Bruchteil ausgemacht haben kann. Ein ordentlicher Professor verdiente damals im Durchschnitt zwischen 5000 und 10 000 M Jahresgehalt, die Hörgelder nicht mitgerechnet. Wie zur Erklärung der finanziellen Situation ist bei dem oben angeführten Zitat hinzugesetzt: «Sohn des Berliner Rentier Pringsheim». In der Tat ist Alfred Pringsheim (1850–1941), der Schwiegervater Thomas Manns, hauptsächlich als Sohn eines reichen Vaters zu seinem Wohlstand gekommen.

Aber Alfred Pringsheim war durchaus ein Mann eigener Statur. Sein Bild ist allerdings im allgemeinen Bewußtsein eingefärbt von der Abneigung, die der Schwiegersohn Thomas Mann empfand. Er hatte das Gefühl, als Eindringling angesehen zu werden, und lag damit durchaus nicht falsch: ein wenig bemittelter und eben erst mit

10 Der o. ö. Professor der Mathematik an der Münchner Ludwig-Maximilians-Universität Alfred Pringsheim, klein von Wuchs (seine Frau Hedwig nannte ihn den «furchtbar süßen kleinen Mann»), um 1920 auf einer Münchner Straße.

einem Roman *Buddenbrooks* (1901, 2. Aufl. 1903) hervorgetretener Schriftsteller, der das Abitur nicht geschafft hat, mit der Versetzung nach Obersekunda nach zweimaligem Sitzenbleiben abgegangen war und zudem mit Schopenhauer abfällig über die Mathematiker dachte. Schopenhauer hatte unter Verweis auf den schottischen Logik-Professor William Hamilton, der eine Abhandlung

Über den Wert und Unwert der Mathematik (1836) herausgebracht hatte, Mathematik als «entschieden hinderlich» für den Geist genannt: «Der einzige unmittelbare Nutzen, welcher der Mathematik gelassen wird, ist, daß sie unstete und flatterhafte Köpfe gewöhnen kann, ihre Aufmerksamkeit zu fixieren.» Dieser von der Münchner gehobenen Gesellschaft kaum wahrgenommene norddeutsche und damit preußische Autor Mann hielt um die Hand Katias an, der einzigen Tochter Alfred Pringsheims, die nach dem Abitur Mathematik (bei ihrem Vater) und Physik (bei Konrad Röntgen) studierte: damals eine seltene Ausnahme. Bei der festlichen Jahresversammlung der Bayerischen Akademie der Wissenschaften 1904, im Jahr der Verlobung von Katia und Thomas Mann, hielt Alfred Pringsheim den öffentlichen Vortrag: «Über Wert und angeblichen Unwert der Mathematik» – es ist, als spräche er zu seinem Schwiegersohn. Die Hochzeit im Februar 1905 hielt Brautvater Pringsheim bewußt klein, keine kirchliche Trauung, nur 15 Personen, zwei der drei Mann-Geschwister fehlten. Zwischen Schwiegervater und Schwiegersohn hatte sich eine Aversion aufgebaut, die bis zum Ende anhielt. «Sie haben mich nie gemocht und ich sie auch nicht», sprach Thomas Mann über sein Verhältnis zum Hause Pringsheim, was wohl besonders auf Alfred Pringsheim abzielte, der dem neuen Paar das Heim komplett, einschließlich Telephon, einrichtete. In dem gesellschaftlich umtriebigen Haus Pringsheim, wo man «ganz München» treffen konnte (Bruno Walter), neben dem «originellen, geistig beweglichen, musikbegeisterten» Hausherrn, dürfte Thomas Mann blaß gewirkt haben («zu späteren Jahren kam ich öfter zu Pringsheims, wo der berühmte Thomas Mann, der Schwiegersohn, wenig sprach und stark zuhörte», so Richard Willstätter, 1872–1942, Fakultäts- und Akademiekollege, zudem Nachbar, in seinen Erinnerungen). Alfred Pringsheim war ein Meister des Wortwitzes. Als sein Sohn Peter (1881–1964) nach Berlin ging, um dort Physik zu studieren, kommentierte das der Vater mit den Worten, er habe ihn nach Berlin geschickt, damit dieser dort «den Nernst des Lebens» kennenlerne; gemeint war Walther Nernst (1862–1942), Physiker an der Universität Berlin, der spätere Nobelpreisträger. Dem Mathematiker Georg Cantor (1845–1918), der sich um die Ausbildung von Gymnasiallehrern verdient gemacht hat, sagte er in einer Huldigungsrede, er habe nicht nur die Mengenlehre hervorgebracht, sondern auch eine Menge Lehrer. Richard Willstätter resümierte seinen durch viele Zusammenkünfte gewonnenen Eindruck: «Sein scharfer, aber nie verletzender Witz und seine nie versiegende poetische Ader machten die Unterhaltung mit ihm zum Vergnügen.»

Alfred Pringsheim wird seinen Schwiegersohn Thomas Mann, einen Schreiberling, der die Mathematik mißachtete und seine Klavierbearbeitungen von Wagner-Opern nur ungenügend spielen konnte, wenig anerkennend behandelt haben, und Thomas Mann rächte sich mit der Erzählung *Wälsungenblut*, gegen deren Abdruck sich Pringsheim wehrte, so daß sie erst 1921 als Privatdruck erschien. «Klar», konstatierte Katia Manns Zwillingsbruder Klaus Pringsheim, «es handelte sich um einen Racheakt des Schriftstellers»; er «rächte alle Erniedrigung, die er als Verlobter in ihrem Elternhaus (dem Elternhaus Katias) erlitten.»

Vom Juden Menachem ben Chaim aus Bernstadt zu Rudolf Pringsheim in Berlin

Die Pringsheims stammen aus Schlesien (noch Alfred Pringsheim ist in Ohlau geboren); sie sind bereits im 18. Jahrhundert als wohlhabende Inhaber von Schank- und Braurechten in Bernstadt im Fürstentum Oels nachweisbar. Der Familienname Pringsheim «kommt zum ersten Mal 1794 in den Akten vor. Alle Träger des Namens Pringsheim sind Nachkommen des Bernstädter Juden Mendel (Menachem) b. Chaim Pringsheim», so konstatierte Bernhard Brilling (1906–1987), Rabbiner und einstiger Archivar der jüdischen Synagogengemeinde in Breslau, der erste Kenner der Geschichte jüdischer Familien und Gemeinden im Breslauer Raum. Ein Urenkel dieses Mendel b. Chaim (Pringsheim) war Rudolf Pringsheim, der Vater unseres Alfred Pringsheim, und er war es, der den überkommenen Reichtum beträchtlich vermehrte.

Von Rudolf Pringsheim (1821–1901) schreibt der wohlinformierte Peter de Mendelssohn in seiner Thomas Mann-Biographie: Rudolf Pringsheim «wurde 1821 in Oels in Schlesien geboren, verlegte später den Wohnsitz seiner Familie nach dem nahegelegenen Ohlau und war ein sehr reicher Mann. Er besaß große Kohlengruben in Oberschlesien, war Bahnspediteur der oberschlesischen Eisenbahnen und wurde zu einem überaus erfolgreichen Eisenbahnunternehmer, der mit außerordentlicher Tatkraft und mit Weitblick diesen damals noch vernachlässigten und verachteten ‹polackischen› Grenzbezirk Preußens durch ein Netz von Schmalspurbahnen erschloß, die er sodann in Pacht nahm, und mit vorbildlicher Organisation und Betriebsführung des Güter- und Personenverkehrs viel zum wirtschaftlichen Aufschwung Oberschlesiens beitrug. Als der preußische Staat 1884 Besitzer der oberschlesischen Eisenbahnen wurde, überlegte er nicht lange und verlängerte den Pachtvertrag mit Rudolf Pringsheim um weitere zwanzig Jahre. Man denkt an einen zweiten großen Eisenbahnunternehmer jener Zeit, den ‹Generalentrepreneur› Strousberg aus Neidenberg in Ostpreußen, der gleichfalls ein großes Vermögen zusammenbrachte, aber es spekulativ anlegte und in der ‹Gründerkrise› 1873 beim Zusammenbruch seiner Unternehmungen alles verlor. Das konnte Rudolf Pringsheim nicht widerfahren, denn er spekulierte nicht. Er verlegte wohl seinen Wohnsitz aus Ohlau nach Berlin, wo er sich in der Wilhelmstraße ein prachtvolles Palais erbaute, das er von Anton von Werner mit einem Mosaikfries ausschmücken ließ; aber es überdauerte das nicht minder berühmte, aber kurzlebige Palais Strousberg, wurde nach seinem Tod im Jahr 1901 verkauft und gehörte ab 1914 der Deutschen Gesellschaft 1914, einem politisch und kulturell interessierten ‹HerrenClub›, dem Hauptmann, Rathenau, Richard Strauss, Hofmannsthal und Max Reinhardt und

11 Rudolf Pringsheim im Alter (1821–1901). – Die gewinnbringende Oberschlesische Schmalspurbahn expandierte unter staatlicher Aufsicht auch nach Pringsheims Ausscheiden und Tod weiter und existiert teilweise heute noch. Schweren Schaden hatte sie durch die Teilung des ostoberschlesischen Industriegebiets 1922 genommen; zwei Drittel des Schienennetzes waren an Polen abgetreten, ein Drittel verblieb bei Deutschland, doch erlitt die polnische Seite die schwere Einbuße, daß der zentrale Knotenpunkt Beuthen mit dem großen Ausbesserungswerk Roßberg auf der deutschen Seite lag. Nach 1945 versuchte man die vielfach zerstörten Anlagen wieder in Betrieb zu nehmen; immerhin sind zur Zeit noch 40 Kilometer der alten Oberschlesischen Schmalspurbahn in Benutzung mit einem Transportvolumen von 250 000 Tonnen (1996), und der Name Rudolf Pringsheim als der des Gründers und Konsolidierers ist nicht vergessen.

alle namhaften deutschen Verleger, unter ihnen auch S. Fischer, angehörten. Das war durchaus im Sinne Rudolf Pringsheims, der bei allem rasch, in einer Generation erworbenen Reichtum niemals ein protziger Emporkömmling, sondern ein kultivierter, geschmackvoller, an Kunst und Wissenschaft lebhaft interessierter Mann war.»

Der «schmalspurige» Pringsheim

Die Etikettierung als Kohlengrubenbesitzer und «Bahnspediteur» in Oberschlesien läßt den einträglichen Pioniergeist Rudolf Pringsheims nur unvollkommen erkennen. Seine Leistung bestand darin, daß er die Wichtigkeit des Binnenverkehrs im oberschlesischen Industriegebiet erkannt hatte. Seine Spezialität war der Materialtransport auf Schmalspurbahnen. Als junger Mann von 23 Jahren erhielt er 1844 einen Pachtvertrag mit der Gesellschaft der «Oberschlesischen Schmalspurbahn», die, wie man es umschrieb, «den Transport von Produkten des Bergbaus und des Hüttenbetriebes zu bewirken hatte». Rudolf Pringsheim, jeder Spekulation abhold, ging äußerst behutsam und vorsichtig vor; für ihn war die entscheidende Frage nicht, was er bei einem Geschäft gewinnen, sondern was er verlieren könne.

Er versah gegen den drängenden Fortschritt den Transportverkehr zunächst nicht mit modernen Dampflokomotiven, sondern mit Pferdebahnen, und als die «O. S. B.» – die dem Preußischen Eisenbahngesetz eingegliederte «Oberschlesische Schmalspurbahn», wie sie offiziell hieß – ihre «Roßbahnen» 1856 als scheinbar überholt abstoßen wollte, bot sich der «Fuhrunternehmer Pringsheim aus Gleiwitz» als Käufer an. Daß die «O. S. B.» ihre «Roßbahnen» abschaffen wollte, hatte seinen Grund in dem ständigen Ärger, den Pferde, Witterung, vor allem aber die großenteils wohnsitzlosen Kutscher machten. Es gibt einen halbamtlichen Bericht vom Ende der 1850er Jahre, der die Zustände beschreibt: «Durch die sogenannten Roßbahnfahrer ... wurde unter die bereits so ausreichend vorhandenen, eine neue Varietät der Bevölkerung des Kreises, eingeführt, welche sich dadurch auszeichnete, daß kaum eine Woche verging, ohne daß Einer oder Mehre[re] dieser Leute, ohne Hinterlassung der ihnen von der Gesellschaft anvertrauten Kleidungsstücke, irgend eine heimliche Reise angetreten hatten, die selbst mitunter zu Pferde unternommen wurde, und von welcher die Reisenden niemals freiwillig zurückkehrten. Im Winter mußte, bei starkem Schneefall, der Betrieb auf dieser Roßbahn häufig ganz stille stehn, mindestens aber bedingte er eine Thierquälerei, welche manchem wackern Pferde das Leben kostete.»

Aber die «O. S. B.» hatte den falschen Weg eingeschlagen. Wider Erwarten bewährte sich der Dampfbetrieb nicht, während Pringsheim mit seinen Pferden den Transport gewinnbringend besorgte. Die «O. S. B.» gab nach diesem Mißerfolg den aktiven Betrieb auf und verpachtete den gesamten Bahndienst 1860 zunächst auf zwölf Jahre an Rudolf Pringsheim, der anfangs bei seinem Pferdetransport blieb und die übernommenen Lokomotiven sogar wieder veräußerte. Erst nach und nach, vorsichtig kalkulierend, ergänzte Pringsheim seine Pferdebahn durch Lokomotiven – 1872 wurden zehn Lokomotiven bei Krauss in München gekauft –, bis der Betrieb fast ganz auf Dampfkraft stand. Als die «O. S. B.» 1884 in staatliche Hände überging, hatte sich der Pächter Pringsheim so sehr bewährt, daß man an dem Vertrag festhielt. 1901, im Todesjahr Rudolf Pringsheims, hatte die «O. S. B.» eine Betriebslänge von rund 136 km, von denen allen Ernstes noch sechseinhalb Kilometer von Pferden betrieben wurden. Zum Fuhrpark gehörten 51 Lokomotiven und ca. 3700 Wagen; alle Lokomotiven und knapp 2000 Wagen waren Pringsheims Eigentum. Ohne die «O. S. B.» hätte das oberschlesische Industriegebiet seine große Blüte am Ende des 19. Jahrhunderts nicht erlebt. Von den oberschlesischen Kohlengruben waren 35 an das Streckennetz angeschlossen, im Kerngebiet hatten nur sechs einen anderen Anschluß über den Klodnitzkanal oder direkt an eine Bahn mit Normalspur. 1904 wurde in Ausführung eines Erlasses die «O. S. B.» in staatliche Regie übernommen und der Pächter – in Erbfolge ihres Vaters der Münchner Mathematikprofessor Alfred Pringsheim und dessen Schwester Martha (* 1851 in Ohlau, † 1921 in Berlin), die den Rittergutsbesitzer Paul von Rohrscheidt (1847–1916) auf Garzau (Mark Brandenburg) geheiratet hatte – mit einer Summe von 3 270 000 Mark ausgelöst.

Der «schmalspurige» Pringsheim, so hieß Rudolf Pringsheim in Berlin, wohin er in den sechziger Jahren seinen Wohnsitz verlegt hatte, war wohl als «Bahnspediteur» reich geworden, aber es war eben eine Spedition eigener Art; der Grubenbesitz dürfte daneben nicht viel eingebracht haben. In welche Aktiengesellschaften oder Wirtschaftsunternehmen Rudolf Pringsheim sonst noch eingestiegen ist, läßt sich schwer ausmachen. Wichtig war die von ihm 1870 begründete Aktiengesellschaft «Ferrum», die zur kapitalkräftigen «Oberschlesischen Eisenbahnbedarfs-A. G.» gehörte. Sie sollte nach der Abtretung des ostoberschlesischen Industriereviers an Polen 1921 noch eine wichtige Rolle spielen.

Das stilbildende Palais Pringsheim in Berlin

Nach dem Geniestreich mit der Pacht und dem Ausbau der Schmalspurbahn in Oberschlesien hatte Rudolf Pringsheim genügend Geld und Muße, sich in Berlin einzurichten, entsprechend der Wendung Jacob Oeris (s. oben S. 62), daß Juden in Oberschlesien «die erste Phase der Civilisation durchmachen, um später in Breslau resp. Berlin die höchste Culturstufe zu erreichen». Als Fünfziger konnte sich Rudolf Pringsheim in Berlin in bevorzugter Gegend niederlassen, auf dem Grundstück der Wilhelmstraße 67, einen Steinwurf von den Linden entfernt. In den Jahren 1872 bis 1874 errichtete er ein prachtvolles Stadtpalais mit fast 30 m Straßenfront, an dem Künstler klingenden Namens mitwirkten: Karl von Piloty (1826–1886) zum Beispiel und vor allem Anton von Werner (1843–1915), der in seinen Memoiren mit einem gewissen Leistungsstolz von seinen Arbeiten an der Fassade schreibt: «Eine besonders interessante Aufgabe für mich war der Fries, der an dem von Ebe und Benda in der Wilhelmstraße 67 erbauten R. Pringsheim'schen Hause als Architrav unter dem Hauptgesims angebracht und dem Wunsche der Architekten entsprechend in den kräftigsten Farbtönen in Mosaik ausgeführt werden sollte. Gegen-

12 Der Palast des Rudolf Pringsheim war Pracht auf engem Raum. Erste Künstler und beste Materialien – und das in internationalem Maßstab – waren hier eingesetzt, ausgiebig Anton von Werner (1843–1915), neben Adolph von Menzel (1815–1905) fraglos der angesehenste Berliner Maler der Zeit, der selbst über seinen Auftrag berichtete: «Besonderer Werth ist auf die Ausstattung der in reichen, an venetianische Motive anklingenden Renaissanceformen und im lebhaften Farbenschmuck echter Materialien durchgebildete Facade gelegt worden», Seeberger Sandstein, Mettlacher Fliesen von Villeroy und Boch, glasierte Terrakotten einer ersten Fabrik. Vor allem die grellbunten Bilder des Frieses unter dem Architrav auf Goldgrund, hergestellt von der Firma Salviati, erregten Aufsehen. Antonio Salviati (1816–1890) hatte seine Glasfabrik auf Murano eingerichtet und war der Wiedererwecker des venezianischen Glasmosaiks; er hatte am Aachener Münster und Erfurter Dom ebenso gearbeitet wie auf Schloß Windsor und in der Paulskathedrale in London.

stand der Darstellung sollte, dem philosophischen Wesen des Hausherrn entsprechend, das menschliche Leben von der Wiege bis zum Grabe sein. Der Fries gliederte sich in sechs größere Bilder: Kindheit, Jünglingsalter, Liebesglück, Eheglück, Alter und Tod, denen ich am Anfang und am

13 Das 1889/90 erbaute Münchner Pringsheim-Haus des Sohnes Alfred, Arcisstraße 12, war zurückhaltender als das des Vaters. Schon in Größe und Fassadenaufwand unterschieden sie sich, jedoch «die Raumordnung kehrt in variierter Form in Pringsheims Münchner Haus wieder, wird aber auf bescheidenere und intimere Dimensionen für den Gelehrten – und Kunstliebhaber zurückgeschnitten» (H.-W. Kruft). Wo der Vater einen Tanzsaal hatte – eine bei der Berliner reichen Gesellschaft übliche Ausstattung, wie sie sich in üppigster Form im Haus des Bismarck-Bankiers Bleichröder findet –, richtete der Sohn einen Musiksaal ein.

Ende je eine Sphinx hinzufügte. Die Ausführung in Mosaik geschah durch das Stabilimento Salviati & Comp. in Venedig in vortrefflicher Weise.»

Das Palais des Rudolf Pringsheim war «für Berlin ein sensationelles Ereignis», so urteilte ein erster Kenner und Zeitgenosse der Gründerzeitarchitektur und -kunst, Adolf Rosenberg (1850–1906). Die geradezu hemmungslose Herauskehrung des Reichtums innen und außen war die endgültige Abkehr von der Schinkelschen Strenge, die Berlins Stadtbild weithin geprägt hatte. Nicht allen Berlinern behagte die auffällige Zurschaustellung des Reichtums. Theodor Fontane schrieb im August 1875, also kurz nach Fertigstellung des Baus, in einem mißmutigen Reisebrief aus Basel an seine Frau Emilie, er habe Zweifel, daß «in 20 Jahren ... Berlin eine der schönsten Städte Europas sein» würde; «hier wie dort wird irgend ein Pringsheim eine Kakel-Architektur in die Mitte langweiliger Häuser hinstellen». Hier mag auch eine gewisse Abneigung gegen den aufdringlichen jüdischen Erfolg eine Rolle gespielt haben. In einem Altersgedicht mit dem Titel «Haus- und Gartenfronten in Berlin W.», das Fontane nicht veröffentlicht hat, läßt er sich über die protzigen Häuser am Tiergarten aus («...Krotoschin Blutbuche, Calla, Jasmin...»), dessen Pointe man mit den Worten umschrieben hat: «Villenbesitzer am Tiergarten – alles Ostjuden – alles Gauner» (so N. Mecklenburg).

Von der Pracht der Wilhelmstraße der Kaiserzeit ist heute nichts mehr zu sehen, und nach einer Zeit der Tristesse, von Kahlheit und Verkommenheit, protzt heute die Postmoderne. Die frühere Noblesse ist dahin. Nicht mehr erkennbar ist auch, wie die Reichen des oberschlesischen Industriereviers sich hier nachbarlich eingerichtet hatten: neben dem Reichskanzler-Palais Wilhelmstr. 77, das 1736 für den General v. d. Schulenburg geschaffen worden war, errichtete der Fürst von Pleß einen Luxusbau (Wilhelmstr. 78), dessen Fassade «im Sinne französischer Palastbauten aus der Zeit Ludwig's XIV. gestaltet» war. Wegen der schweren Schornsteinbekrönungen hieß dieser Bau im Volksmund bald die «Schornsteinburg». Auf der Ecke

Wilhelmstraße/Voßstraße baute sich Albert Borsig (1829–1878), der Sohn des aus Breslau stammenden Lokomotivkönigs August Borsig (1804–1854), eine vom Palais des Fürsten Pleß umschlossene Winterresidenz, die er selbst nicht mehr bezog. Borsig hatte zwischen 1859 und 1862 die Hochofenanlage Borsigwerk im oberschlesischen Industrierevier aufgebaut, die den Eisen- und Stahlbedarf seiner Berliner Maschinenfabriken stillten. Nicht weit entfernt von der Wilhelmstraße, die offenbar für repräsentative Ausdehnung nicht mehr genügend Platz bot, in der Regentenstraße Nr. 15 südlich des Tiergartens, baute sich die steinreiche Erbin des Kattowitzer Hüttenbesitzers Franz von Winckler (1803–1851), Valeska von Tiele-Winckler (1829–1880), zwischen 1873 und 1876 ein Palais «im Sinne der nordischen Renaissance», dessen Inneres «mit ungewöhnlichem Luxus in den Formen des französischen Rokkoko ausgestattet» war. Auch der Herzog von Ratibor, ein weiterer der großen schlesischen Industriemagnaten, mußte sein Palais ein wenig abseits des Zentrums von Macht und Geld errichten. Er zog in die im Spreebogen unweit des Reichstags gelegene Moltkestraße Nr. 19. Sein Stadthaus zeichnete sich durch die Verwendung von zum Teil sehr kostbarem Material aus: schwarzer Marmor und Serpentin für das Treppenhaus, Eichenholz- und Seidentapetenverkleidung, al-fresco-Malerei in den Festsälen. Die Baukosten von 600 000 Mark blieben deutlich unter denen des Palais Pringsheim.

Die verarmenden Pringsheims und die «noblen» Manns

Rudolf Pringsheim bot das Beispiel eines überaus erfolgreichen «Bahnspediteurs». Schräg gegenüber vom Pringsheimschen Anwesen wohnte Wilhelmstraße Nr. 70 ein jüdischer Unternehmer, der mit dem Bahnbau zunächst sein Glück gemacht hatte, dann aber sein gesamtes Vermögen verlor: Bethel Henry Strousberg (1823–1883). Strousberg hatte als «General-Entrepreneur» hauptsächlich den Bau von Nebenstrecken betrieben und Investoren mit der Hoffnung auf hohe Rendite angelockt, ihm wird der Bau der «Rechten-Oder-Ufer-Bahn» verdankt, an die in gewisser Weise Pringsheims Schmalspurbahnen anschlossen. Als die Verfilzung der Strousbergschen Pläne mit hohen Vertretern der preußischen Staatsbürokratie aufgedeckt wurde, brach sein Imperium zusammen. Strousberg endete im Bankrott und hinterließ seinen Kindern nichts – im Gegensatz zu Rudolf Pringsheim, der seinen Sohn Alfred instand setzte, das Palais Arcisstraße 12 zu errichten und ein großes und kultiviertes Haus zu führen.

Obwohl bescheidener als das Berliner, war das Interieur des Münchner Hauses durchaus prächtig. Aber nicht nur die Ausstattung war reich; es wird auch der Kunstkenner und -sammler sichtbar. In einem «Lebensabriß» von 1915 hängt Alfred Pringsheim an die Darstellung seiner wissenschaftlichen Laufbahn und Leistung etwas unvermittelt die Sätze an: «In kunstwissenschaftlichen Kreisen gelte ich als Kenner und erfolgreicher Sammler von Kunstgegenständen der Renaissance. In's besondere ist meine Sammlung italienischer Majoliken die bedeutendste Privatsammlung dieser Art, und die unter meiner Mitwirkung von Otto v. Falke besorgte Herausgabe eines monumentalen Katalogs, dessen erster Band im Vorjahr erschienen ist, wird von den Fachleuten geradezu als ein für die Geschichte der Majolikakunst wichtiges Ereignis betrachtet.» Der Druck des Katalogs des Otto von Falke (1862–1942), eines renommierten Kunsthistorikers, der 1920 bis 1927 dem berühmten Wilhelm von Bode als Generaldirektor der Berliner Museen nachfolgte, geriet im Ersten Weltkrieg ins Stocken und wurde schließlich ganz eingestellt. Die Bedeutung des Werkes war jedoch so groß, daß ein italienischer Verlag (Belriguardo Arte – Ferrara) 1994 die Bände in prächtiger Aufmachung unter Einschluß der nicht publizierten Teile herausgebracht hat und für 6000.- DM anbietet. Der Katalog belegt den Wert der Pringsheimschen Majolika-Sammlung, der «bedeutendsten Privatsammlung dieser Art». Die Stücke sind heute in alle Winde verstreut; sie wurden erzwungenermaßen 1939 versteigert. Die Auktion fand bei Sotheby's

14 Rudolf Pringsheim ließ sich und seine Familie in der Aufmachung eines Renaissancefürsten malen: «Für das Herrenzimmer im Berliner Palais Pringsheim schuf Anton von Werner 1879 ein historisierendes Bild der Familie in Kostümen des italienischen Quattrocento. Im Hintergrund sitzen Rudolf Pringsheim (1821–1901; vgl. die Portraitaufnahme S. 76) und sein Sohn Alfred (1850–1941) beim Schachspielen einander gegenüber, im Vordergrund lehnt sich die Gattin des Hausherrn Rosalie, geb. Deutschmann (1827–1909), in einem Faltsessel zurück und hört einem rezitierenden jungen Mann zu. Links neben ihr die Tochter Martha (1851–1921), der hinter ihr stehende Bärtige ist vermutlich Paul von Rohrscheidt (1847–1916), den sie am 29. Juli 1879 heiratete. Hinter Rosalie Pringsheim die Schwiegertochter Hedwig, geb. Dohm (1855–1942), die seit Oktober 1878 mit Alfred Pringsheim vermählt war. Das Familienbild ist gewiß im Zusammenhang mit den beiden Eheschließungen entstanden und erinnert an Andrea Mantegnas (1431–1506) Darstellung der Gonzaga-Familie in der Camera degli sposi im Stadtpalast von Mantua» (Beschreibung von H.-W. Kruft).

in London in zwei Abschnitten am 7. und 8. Juni und am 19. und 20. Juli 1939 statt; sie brachte zu dieser ungünstigen Zeit lediglich die Summe von 19 494 £, was damals einem Kurswert von 234 000 Reichsmark entsprach; nur ein Viertel – 58 500 RM – ging an die Pringsheims.

Durch Kriegsanleihe und Inflation war das Vermögen Alfred Pringsheims dahingeschmolzen, so daß der Unterhalt des Hauses Arcisstraße 12 geradezu als Last empfunden wurde, und Hedwig Pringsheim-Dohm, Alfreds Ehefrau, klagte in einem Brief an ihre Freundin Dagny Langen-Sautreau, die Tochter Björnstjerne Björnsons, zu Weihnachten 1924, indem sie einen Vergleich zog zur finanziellen Situation von Thomas und Katia Mann (Hedwig Pringsheim trat für ein vereinfachtes Schriftbild ein und hatte ihre eigene Orthographie): «Sie sind auch die beiweitem ‹Pekuniärsten› in der ganzen Familie, und wärend wir, trotz unserm schönen Haus, das wir – leider – immer noch bewonen, recht arme Schlucker sind, schaffen sich Manns eben ein Automobil an und bauen sich eine Garage an ihrem Haus: nobel.» Man hatte in diesen Notzeiten einige Kostbarkeiten verkaufen müssen. Doch auch in dieser bedrückenden Situation bewies der geistreiche und wortgewandte Alfred Pringsheim seinen Humor Galgenhumor. «Wir leben von der Wand in den Mund», soll er gesagt haben.

Beide Prachtbauten der Pringsheims sind heute verschwunden. Das Palais des Vaters zu Berlin, Wilhelmstraße 67, wegen des Fassadenfrieses von den Berlinern «das bunte Haus» genannt, wurde von der Deutschen Rentenbank übernommen und im Zweiten Weltkrieg zerstört. Alfred Pringsheims Haus in München, Arcisstraße 12, bei aller Pracht nur ein schwacher Abklatsch des väterlichen Palais, mußte 1933 den Protzbauten von Hitlers Lieblingsarchitekten Paul Ludwig Troost weichen; an seiner Stelle entstanden die sogenannten «Führerbauten». Die «Urgreise», wie Thomas Manns Sohn Klaus die Großeltern nannte, die entschlossen gewesen seien, «den ganzen Nationalsozialismus glatt zu ignorieren», mußten in eine Mietwohnung ziehen; mit der von den Nationalso-

15 Blick auf eine Wand des riesigen Speisesaals des Münchner Hauses Arcisstraße 12 mit den Majolika-Preziosen.

zialisten überwachten Versteigerung ihrer wertvollen Majolika-Sammlung in London, deren Erlös zum größten Teil in die Reichskasse floß («Reichsfluchtsteuer»), erkauften sie sich 1939 die Ausreise in die Schweiz, nach Zürich. Hier hat Alfred Pringsheim 1940 seinen neunzigsten Geburtstag gefeiert. Er habe, so ist Golo Mann berichtet worden, «noch einmal eine wunderschön formulierte Dankesansprache» gehalten; ein Freund präzisierte, er habe so gesprochen, «wie es eben noch das vorige Jahrhundert verlangte und wie heute niemand mehr sprechen konnte.» Alfred Pringsheim starb 1941, Hedwig 1942.

Taddeusz Zieliński oder eine Antwort auf die Frage: wie weit nach Osten reicht Europa?

Die Polnische Akademie der Wissenschaften zu Warschau, von der die Anregung ausging, an Taddeusz Zieliński zu erinnern, und die Bayerische Akademie der Wissenschaften, deren Korrespondierendes Mitglied Zieliński war, haben sich in Schondorf am Ammersee zusammengefunden, um bei aller Schicksalsschwere die Einbezogenheit eines berühmten polnischen Gelehrten in die europäische Kultur sichtbar werden zu lassen. Das Landschulheim Schondorf, an dem Zielińskis Sohn viele Jahre als Lehrer tätig war, hat sein Gedächtnis wachgehalten, und die Gemeinde Schondorf hat sich offen gezeigt in der Wahrnehmung und der Ausgestaltung dieses Ereignisses.

Warum diese Feier, warum dieses Gedenken und dieses Denkmal? Mancher Bürger nicht nur Schondorfs wird sich das fragen. Immer dieses Erinnern an Bedrückendes und wahrlich nicht Herzerwärmendes. Dachau liegt nicht weit entfernt, und die Etappen des Todesmarsches der Dachauer KZ-Gefangenen am Kriegsende sind an verschiedenen Stellen in der bayerischen Landschaft gekennzeichnet; im Wald von Erling-Andechs steht der Sühnestein, wo Karl Haushofer und seine Frau sich umgebracht haben, beklemmende Spuren. Hier aber soll, die Schicksalsschwere und das Leid in der Erinnerung bewahrend, etwas anderes bedacht werden.

Zielińskis Lebensweg

Mit Taddeusz Zieliński wird an einen Mann erinnert, der sich selbst als Europäer empfand und an dessen Leben und Werk die Einheit der Kultur Europas begriffen werden kann. Die beiden Weltkriege, der Nationalsozialis-

16 Das Zieliński-Denkmal in Schondorf am Ammersee. – Taddeusz Zielińskis Nachkommenschaft setzt sich über Japan fort. Seine Tochter Cornelia (1889–1970) hatte einen Japaner geheiratet (Zieliński-Kanokogi) und in Japan das Andenken ihres Vaters gepflegt. In der Zeitschrift der «Palaeographical Association of Japan» veröffentlichte sie 1952 einen ausführlichen Aufsatz (auf deutsch): «Mein Vater, Taddeusz Zieliński. Eine biographische Skizze.» Bei der Einweihung des Denkmals für Zieliński in Schondorf am Ammersee am 7. Juni 1997 traten die Urenkelin Harumi Muraguchi, Enkelin der Cornelia, und ihr Mann in Landeskleidung auf. Auf der vorderen bronzenen Rundscheibe des Denkmals sind auf polnisch und deutsch die Lebensdaten Zielińskis eingegeben, die in die verbindenden Worte des Horaz einmünden: non omnis moriar (nicht gänzlich werde ich sterben), auf der unteren Scheibe sind die Orte genannt, mit denen sich Zieliński verbunden fühlte, und die antiken Autoren, die er hauptsächlich behandelt hat.

mus, die sozialistischen Gesellschaftssysteme haben diese früher empfundene Zusammengehörigkeit zerstört, und die Kenntnis ist abgesunken, daß es einmal, trotz aller Schlagbäume, so etwas wie grenzüberschreitende Wissenschaft gegeben hat. Man vergißt, daß bis vor dem Ersten Weltkrieg kein Visumzwang bestand. Wer wollte, konnte von Bordeaux nach St. Petersburg ohne bürokratische Behinderung und ohne Devisenprobleme reisen. Die selbstverständliche Internationalität wirkte sich gerade für die Wissenschaft günstig aus. Man verweist gern auf die Chemikerin und Physikerin Maria Skłodowska, die als Madame Curie in Paris berühmt wurde, aber von nicht geringerer Beweiskraft sind Namen aus dem Gebiet der Altertumskunde, an denen sich das Auseinanderbrechen der europäischen Kultureinheit durch die politischen Geschehnisse ablesen läßt. Zieliński selbst hat sein wissenschaftliches Wirken in drei Sprachperioden eingeteilt: in eine deutsche, eine russische und in eine polnische, doch waren ihm das Französische, das Italienische und auch das Englische völlig geläufig.

Taddeusz Zieliński ist 1859 auf dem Gut Skrzypczyńce, Kreis Uman, südlich von Kiew geboren. In St. Petersburg besuchte er das deutsche Gymnasium bei St. Anna; dies mag seine starke Bindung an die deutsche Wissenschaft erklären, denn sein Studium absolvierte er hauptsächlich in Deutschland, in Leipzig, München, dann in Wien. Von 1887 bis 1919 lehrte er an der Universität von St. Petersburg, bis ihn die Revolution vertrieb. In der neuerrichteten Republik Polen fand er seine neue Heimat, als Professor an der Universität Warschau. Wie er den Menschen hier entgegentrat, beschreibt Jerzy Axen, jetziger Professor der Klassischen Philologie an der Universität Warschau und in diesem Sinne Zielińskis Nachfolger: «die gewaltige Gestalt eines wohlgebauten Mannes... Der große Kopf, ein wenig zu groß, trotz der breiten Schultern, das Gesicht wie von einer antiken Statue, die buschigen Augenbrauen beschatten große, tiefliegende Augen, der Blick wie bei den großen Romantikern. Diese Augen sind, welch ein Verhängnis für die Frauen – kornblumenblau!

17 Im braven Ammerseedorf Schondorf wirkte Zieliński wie ein Fremdling aus einer anderen Welt. «Ich habe bei den Jungs den Spitznamen ‹der liebe Gott›», notierte er in seinem Tagebuch unter dem 18. Dezember 1939. – Taddeusz Zieliński als Einundachtzigjähriger, gezeichnet von der jüngsten seiner drei Töchter, von Weronika, einer Keramikmalerin, die ihn in Schondorf pflegte, doch anderthalb Jahre vor dem Vater im Dezember 1942 starb. Weronika hat ihren Vater während der Schondorfer Zeit mehrfach portraitiert; die Zeichnungen liegen im Petersburger Nachlaß.

Eine prachtvolle graue Mähne, ein krauser, großer Bart. Auf dem Kopf ein weißer, breitkrempiger Hut mit schwarzem Band. Der Körper gehüllt in ein schwarzes Cape, wie es die Dichter und Maler der modernistischen Boheme zu tragen pflegten... unter dem Cape trägt er einen weißen oder schwarzen Anzug, je nach Umständen, in der Hand – wie manche erzählen – einen Spazierstock, darin ein Dolch, ein Degen oder vielleicht auch gar nichts. Und diese seltsamen Hände: dicke Handgelenke und große Handflächen, eher die Hände eines Holzfällers als die eines Künstlers. Vergeistigung und brutale Sinnlichkeit. Ein bißchen wie aus einem Stück von Tschechow, ein wenig wie der Olympische Zeus, der da unter die Sterblichen hinabgestiegen ist. So sah er aus, als er, fast siebzigjährig, über die Straßen Warschaus der dreißiger Jahre schritt oder von einer Schar Studenten umgeben, über die Felder und durch die Haine Masowiens wanderte; so blieb er den Teilnehmern unzähliger Kongresse in Erinnerung, die er in allen europäischen Hauptstädten eröffnete, abschloß und ihnen Glanz verlieh. Das Kostüm war bizarr, ein Kostüm aus einer anderen Zeit, die Bekleidung eines Künstlers oder eher eines Propheten, die noch lange vor Ausbruch des Krieges aus der Mode gekommen ist. So etwas trugen nur noch Schauspieler aus der Provinz, niemand außer ihm kleidete sich derart im Universitätsmilieu der auferstandenen Polnischen Republik. Er war ein Zitat aus der Vergangenheit oder vielmehr ein Pilger, der ständig Wege bewandert, die schon längst zerstört oder verbaut wurden.»

Zuflucht in Schondorf

1939 wurde der Achtzigjährige abermals Opfer der politischen Ereignisse: er mußte den Brand der Universität und die Vernichtung seines Hauses und aller seiner wissenschaftlichen Habe erleben. Aus Chaos und Wohnungslosigkeit fand er im oberbayerischen Schondorf am Ammersee ein Unterkommen, und über diesen Lebensabschnitt, sein Ende, getrennt von Geburts- und nationaler Heimat, haben wir eine ungewöhnlich präzise und erst kürzlich aufgetauchte Quelle: sein Schondorfer Tagebuch, geführt vom Tage seiner Ausreise aus Polen am 11. November 1939, bis zu seinem Tode am 8. Mai 1944; die letzte Eintragung datiert vom Vortage. Es ist ein mit schwer lesbarem Bleistift auf polnisch geschriebener Notizblock, nach seinem Tod anvertraut dem Archiv der Akademie der Wissenschaften in Petersburg, und dem deutschen Publikum bekannt gemacht durch die Historikerin Hanna Geremek, die Frau des ehemaligen polnischen Außenministers.

In Schondorf kam er zunächst im «Landerziehungsheim» unter, wo sein Sohn Feliks (1886–1970) Lehrer war. Feliks scheint ein Mann kultureller Ungebundenheit gewesen zu sein. Während des Ersten Weltkriegs schrieb er sein Tagebuch in Petersburg auf deutsch, in Deutschland hingegen verfaßte er seine Erinnerungen in russischer Sprache. «Ich bin überall fremd», sagte er von sich, der Deutschland als Land eines vorübergehenden Aufenthalts betrachtete, kaum mehr. Seine Frau war eine Baltendeutsche, deren ganze Familie aus ihrer Heimat vertrieben war. Nicht minder wichtig als die Heimstatt beim Sohn war der Rückhalt beim Direktor des Schondorfer Landerziehungsheims Dr. Ernst Reisinger, einem Schüler von Otto Crusius (1857–1918), des engsten deutschen Freundes Zielińskis, die beide durch gemeinsames Studium und benachbarte Forschungsfelder verbunden waren. Auf Vorschlag von Crusius, der in der Philologenschaft großes Ansehen genoß und von 1915 bis 1918 als Präsident der Bayerischen Akademie der Wissenschaften amtierte, war Zieliński 1908 als korrespondierendes Mitglied in die Akademie gewählt worden; das Wahlprotokoll nennt ihn den «größten Philologen Rußlands». Reisinger, der Crusius-Schüler, verhielt sich äußerst taktvoll und hilfreich gegenüber Zieliński, dem er auch einen herzlichen Nachruf widmen sollte, und erleichterte ihm das Einleben. Er räumte Zieliński die Möglichkeit ein, am Schulleben teilzunehmen; schon Mitte Dezember 1939 hielt Zieliński den ersten von über zehn Vorträgen vor der Schule über «die Glaubwürdigkeit des Evangeliums – Lukas, Kapitel 2», über den Text des Weihnachtsevangeliums, ein Stoff, den er auch in seinem Hauptwerk, der antiken Religionsgeschichte, behandelte, an der er unbeirrt, trotz aller Schicksalsschläge, weiterarbeitete. Der zum Druck vorbereitete 5. Band war in Warschau verbrannt; hier in Schondorf machte er sich an dessen Rekonstruktion und an den anschließenden 6. Band: «an dem winzigen Tisch-

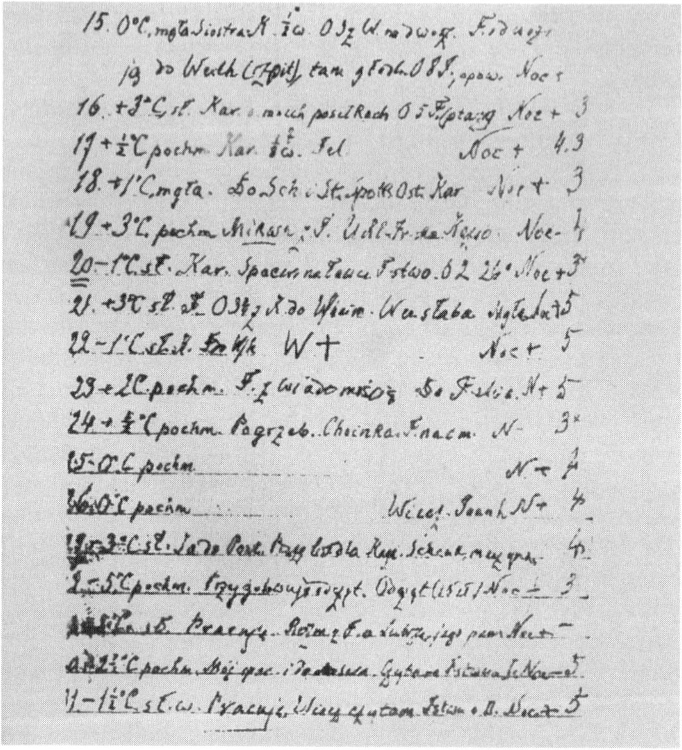

18 Das von der Ausreise aus Polen (11. 11. 1939) bis einen Tag vor seinem Tod (8. 5. 1944) auf polnisch mit Bleistift geführte Tagebuch Zielińskis wurde immer karger, zuletzt waren es nur noch Angaben über das Wetter, wichtige Ereignisse und am Ende eine Zahl: wahrscheinlich die Zahl der Seiten seiner Religionsgeschichte, der er seine ganze Arbeitskraft widmete. Die wiedergegebene linke Seite des kleinen Notizbuches (19 × 12 cm) gilt dem 15. bis 31. Dezember 1942. Unter dem 22. die schlichte Angabe «W †»; am 22. Dezember war die Tochter Weronika gestorben.

lein, das mir als Schreibtisch dient, an meiner geliebten, auf wunderbare Weise aus dem Warschauer Brand geretteten, polnischen Schreibmaschine, die ich fast auf meinen Knien hierher gebracht habe», wie es in einem Brief heißt. Auf die Dauer freilich wurde ein Pole, dessen Landsleute, zumal im östlichen Deutschland, einen Stoffflecken mit einem «P» an ihrer Kleidung anbringen mußten, um jeder menschlichen Annäherung von deutscher Seite Schranken zu setzen, in einem Landheim deutscher Jugend nicht geduldet. Eine Schondorfer Familie nahm den Heimatlosen auf, als die Behörden den Aufenthalt «eines Polen» in einem Landschulheim verboten, und Freunde verhinderten, daß er aus den deutschen Akademien in Berlin und München ausgegliedert wurde. Hilfe wurde ihm auch zuteil, als ihm das Betreten öffentlicher Bibliotheken verwehrt war. Wenigstens die Genugtuung war ihm vergönnt, seine «antike Religionsgeschichte» abgeschlossen zu sehen, ein halbes Jahr vor seinem Tod in Schondorf am 8. Mai 1944.

Europäische Kulturlandschaft

Zu Zieliński gehören europaweit seine mit ihm im Verkehr stehenden und ihn respektvoll behandelnden Kollegen, vor allem aber seine Schüler. Einer ist der wenige Kilometer von Zielińskis Geburtsort entfernt, in Kiew, 1870 geborene berühmte Altertumsforscher Michael Rostovtzeff, der zunächst in enger Zusammenarbeit mit der deutschen Forschung seine Themen bearbeitet hat; sowohl seine Magisterarbeit als auch seine Doktordissertation erschienen 1902 und 1905 zuerst in deutscher Sprache. Seine gediegenen Kenntnisse in der römischen Literatur hatte sich Rostovtzeff bei Taddeusz Zieliński erworben, als dessen Schüler er sich stets bekannte und dessen Kollege er 1903 wurde. Die russische Revolution hat ihn aus St. Petersburg ebenso vertrieben wie seinen Lehrer Zieliński, und nach einer Wanderung über Oxford durch verschiedene Universitäten der Vereinigten Staaten beschloß er seine Tage 1952 als Permanent Member des Institute for Advanced Study in Princeton. Mit Rostovtzeff hatte Zieliński briefliche Verbindung, so lange es ging, und im März 1933 sagte er bereits seinem ausgewanderten Schüler die totalitäre Entwicklung in Deutschland voraus. Wer den Bolschewismus erlebt hatte, erkannte auch die Zukunft des nationalsozialistischen Deutschland.

Nicht so glücklich war ein anderer Schüler Zielińskis, der aus dem Gouvernement Wilna stammende Vladimir Beneševič (* 1874), der mit seinen Forschungen zur alten und byzantinischen Geschichte Grundlegendes geleistet hat. Er, dessen Arbeiten die Bewunderung des großen Altertumsforschers Eduard Schwartz erregt hatten, geriet 1919 in den Strudel der russischen Revolution und mußte «in einem Elendsquartier ... als Kellner oder wie auch immer» (E. Schwartz) seine Familie ernähren. Um ihn zu unterstützen, nahmen die Bayerische und die Berliner Akademie ihn 1927 bzw. 1929 unter ihre korrespondierenden Mitglieder auf, doch Beneševič war kein Gewinn daraus beschieden: er wurde für drei Jahre ins nördliche Rußland verbannt; seine Frau, die ihn zu besuchen gewagt hatte, erlitt das gleiche Schicksal. Nach der Heimkehr durfte er zunächst weiter arbeiten, 1937 kam das unwiderrufene Ende: er wurde mit unbekanntem Ziel deportiert, unter dem Vorwand, wie amerikanische Zeitungen später meldeten, er habe «der als reaktionär und klerikal berüchtigten bayerischen Akademie» Arbeiten zur Veröffentlichung übergeben. Von seinem Verschwinden erfuhr man im Westen zuerst durch seinen Schwiegervater, durch Taddeusz Zieliński, dessen älteste Tochter Amata Beneševič geheiratet hatte. Vor wenigen Jahren wurde bekannt, daß Beneševič mitsamt seinen beiden Söhnen, den Enkeln Zielińskis, 1938 erschossen worden ist, und während die Söhne 1990 rehabilitiert wurden – ein schwacher Trost –, blieb Beneševič' Name im Halbdunkel des Unrechten. Umgekommen in der Hölle eines sowjetischen Lagers war auch Zielińskis unehelicher Sohn Adrian Piotrowski.

Die drei Gelehrten – Zieliński der Lehrer, Rostovtzeff der Schüler und Beneševič der Schüler und zudem Schwiegersohn – arbeiteten auf benachbarten Feldern, eng verbunden mit der damals auf der Höhe ihres Ruhmes stehenden deutschen Altertumskunde eines Theodor Mommsen und eines Ulrich von Wilamowitz-Moellendorff, Beleg für die weit nach Osten reichende europäischen Kulturlandschaft.

Von seiner Leistung und von seinem Ansehen her war Taddeusz Zieliński eine herausragende Gestalt. Seiner ist im Großen Brockhaus nach dem Ersten Weltkrieg (1935) ausführlich und mit der Charakterisierung gedacht: «Zieliński ist der bedeutendste polnisch-russische Altphilologe.» Sein Name begegnet nun in allen folgenden Auflagen bis heute (1999), bei freilich immer mehr schrumpfendem Text. Mit einer bemerkenswerten Hartnäckigkeit ist sein Sterbeort präzisiert: «Oberschondorf (heute zu Schondorf a. Ammersee, Kr. Landsberg a. Lech)», so daß diese Ortsbeschreibung fast umfangreicher ist als seine Kennzeichnung als Gelehrter: «beschäftigte sich besonders mit Cicero und der antiken Religionsgeschichte».

Aus dieser Sicht ist für deutsche Augen Schondorf der passende Ort, sich Taddeusz Zielińskis als eines europäischen Bürgers zu erinnern; mit Recht nennt ihn das heute ans Licht tretende Denkmal «civis Europae». Unsere Erinnerung an Zieliński wird geweckt zu einem Zeitpunkt, da wir nach einer gesamteuropäischen Einheit streben, die Polen in der Europäischen Union und innerhalb der Nato sieht. Von daher ist das Gedenken an Zieliński nicht nur ein Akt der Pietät und melancholischen Rückerinnerns an ein einstiges Europa, es ist auch die Vision unserer europäischen Zukunft, die ihren historischen Rückhalt hat an Gestalten wie Zieliński.

Die Jarklowskis: eine echt oberschlesische Familie

Breslau hat seinen Adolph Menzel (1815–1905), Kreuzburg seinen Boguslaw Jarklowski – so könnte man sagen, womit auch der Unterschied der beiden Städte und der beiden Künstler angedeutet ist. Menzel, ein Malergenie, von unbändigem Fleiß, zugleich der Repräsentant einer Epoche, weithin anerkannt und eine nationale Größe, über dessen Leben und Kunstschaffen es zahllose Beiträge gibt, Boguslaw Jarklowski, «akademischer Maler» zwar, aber weithin unbekannt. Das *Allgemeine Lexikon der Bildenden Künstler*, der «Thieme-Becker», fast vierzig Bände, verzeichnet nicht einmal seinen Namen, und selbst in landschaftsbezogenen Lexika ist er mit keinem Wort erwähnt. Jarklowski war und blieb ein Provinzgewächs, und die Beschäftigung mit seinem Werk empfängt hauptsächlich dadurch ihre Berechtigung, daß er Kreuzburgs kleine Welt, den Ort und einige seiner Repräsentanten, im Bilde festgehalten hat. Kein anderer Maler hatte Kreuzburg so häufig zum Gegenstand. Die Lebensdaten unseres Boguslaw Jarklowski lassen sich dem «Begräbnisbuch» des Kreuzburger Pastorats entnehmen: 14. Januar 1868 bis 15. September 1933. Als Kind traf Boguslaw, dem der Kosenamen «Bolla» gegeben wurde, ein hartes körperliches Geschick; beim Sturz von einem Baum verlor er einen Arm. Überhaupt waren die Jarklowskis eine aufregende Familie. Beginnen wir mit dem Vater.

Der Polnischlehrer Franz Jarklowski und seine verkaufte Schwester Florentine

Franz Jarklowski war am 30. März 1830 als Sohn eines Handwerkers im benachbarten Rosenberg geboren, wurde irgendwann katholisch getauft, ging in Breslau auf das

19 Boguslaw Jarklowski hat nach alten Vorlagen eine Serie Kreuzburger Stadtansichten gemalt. Ein zentrales Stück ist das hier wiedergegebene Bild des «Rings» (39 cm × 59 cm, heute im Besitz des Johann-Dzierzon-Museums in Kreuzburg/Kluczbork). Die historisierende Ansicht zeigt die Südseite des Rings mit den sogenannten «Zwölf Aposteln», Giebelhäusern mit schlichten Barockfassaden, und das Rathaus, hinten den Turm des alten Schlosses. – Eine andere Serie betrifft die Kreuzburger Pastores Primarii des 19. Jahrhunderts von Ernst Gottlieb Neugebauer (1769–1848), dem Patenonkel Gustav Freytags, bis Roman Müller (1837–1908). Diese Portraitgalerie hängt im Chorraum der evangelischen Kirche zu Kreuzburg.

Gymnasium und zur Universität, an der er 1855 seine Examina in Englisch und Französisch ablegte. Im gleichen Jahr konvertierte er zum evangelischen Glauben und entsprach nun um so mehr dem Idealbild eines preußischen Lehrers: Von einem preußischen Beamten erwartete man, daß er Protestant ist. Seine weiteren Stationen: Seminar in Münsterberg, Real- und evangelische Stadtschule in Landeshut, Lehrer der französischen und polnischen Sprache am Gymnasium in Krotoschin, von wo er 1861 an die Höhere Bürgerschule zu Kreuzburg gelangte, zunächst als Lehrer, bald als Rektor. In Kreuzburg war Franz Jarklowskis Odyssee zu Ende. Bei der Umwandlung der Höheren

20 August Förster (1828–1889), Absolvent des berühmten Schulpforta, schrieb sich zunächst bei der Theologie ein, wechselte dann in die philosophische Fakultät und wurde mit einer Dissertation über den Einfluß Lessings auf die Einführung Shakespeares in Deutschland promoviert. 1851 trat er einer Schauspieltruppe bei und wurde in wenigen Jahren wegen seiner schauspielerischen Verwendbarkeit – sogar als Tenor-Buffo – bekannt, so daß ihn Heinrich Laube vorübergehend an das Hofburgtheater berief. Allerdings hatte Laube «infolge der bereits hervortretenden Körperfülle» Försters, die ihn für jugendliche Rollen in Tragödien ungeeignet erscheinen ließ, Bedenken, ihn fest zu engagieren. Das geschah erst Jahre später, auch durch Laube, der ihn bald als Regisseur überaus schätzte. Am 1. November 1888 wurde Förster Direktor des Wiener Hofburgtheaters, doch ist er bereits am 22. Dezember 1889 einem Herzschlag erlegen.

Bürgerschule in ein Gymnasium 1873 übernahm er die erste Oberlehrerstelle und blieb in dieser Position bis zu seinem Tod am 28. Juli 1894.

Was für ein Mensch dieser Franz Jarklowski war, darüber erfahren wir viel und manches Peinliche aus den Briefen des Schweizer Junglehrers Jacob Oeri (1844–1908), der an der Kreuzburger Höheren Bürgerschule

21 *Florentine Förster, geborene Jarklowski, vom verkauften elternlosen Wandertheaterkind aufgestiegen, genoß den Schauspiel- und Direktorenruhm ihres Mannes. In seinem Tagebuch schildert der Burgschauspieler Hugo Thimig die Amtseinführung Försters als Direktor des Burgtheaters: «4. November 1888. ½ 1 Uhr stellt der Intendant Se. Exzellenz von Bezecny uns den neuen Director Dr. August Förster vor ... Charakteristisch war es, daß seine Frau, die ehrbedürftige, im leeren Parkett thronte.» Thimig berichtet auch, daß Florentine, selbst von stattlicher Figur, wenig dazu beitrug, die «hervortretende Körperfülle» Försters einzudämmen: «Förster war ein starker Genießer; sein Organismus erlaubte ihm auch starke kulinarische Genüsse. Seine Frau war auch in dieser Eigenschaft Kameradin und Meisterin. Sie war eine glänzende Kochkünstlerin und feine Gourmandise.»*

vom April 1868 bis September 1870 unterrichtete, zu einer Zeit (s. oben S. 61), als Franz Jarklowski dort Rektor war. Am Anfang seiner Bekanntschaft bezeichnete ihn Oeri als einen «sehr netten» und «ganz netten Mann», doch bald verfinsterte sich das Bild. Es war vor allem die Haltlosigkeit, die Oeri entsetzte. Haltlos konnte Jarklowski in seinem Trinkgebaren sein und haltlos auch, weil Jarklowski «eben ein Pole» sei. Die Haltlosigkeit Jarklowskis mag den an strenge Sitten gewöhnten Oeri, der aus einem reformierten Pastorenhause kam, entsetzt haben, aber es ist nicht uninteressant, Herkunft und Umfeld jenes Franz Jarklowski zu ergründen: Beides steht im Kontrast zur Gesittetheit des behüteten Schweizers.

Er war der jüngere Bruder jener Florentine Jarklowski, die als Ehefrau des Wiener Burgtheaterdirektors Dr. August Förster (1828–1889) in die deutsche Theatergeschichte eingegangen ist. Von Florentine Jarklowski existiert eine von Ausschmückungen gewiß nicht freie Autobiographie, die über Herkunft und Häuslichkeit Auskunft gibt. Sie diktierte den Bericht ihrem, wie sie ihn in ihrem Testament nennt, «langjährigen Rechtsfreund Herrn Dr. Heinrich Modern, Hof- und Gerichtsadvokaten in Wien», in die Feder, und Modern veröffentlichte den Text kurz nach Florentine Försters Tod in der Neuen Freien Presse. Er beginnt mit den Worten: «Ich wurde am 14. September 1826 als Tochter eines kleinen Handwerkers Franz Jarklowski zu Rosenberg in der Provinz Schlesien geboren. Im fünften Lebensjahre verkaufte mich mein Vater an den Wanderbühnendirektor Bredow für 30 Thaler. Ich erinnere mich genau, wie dieser Betrag in blanker Münze vor mir aufgezählt wurde... Ich besuchte nie eine Schule, hatte nie einen Lehrer, alles, was ich gelernt habe, habe ich selbst gelernt.»

Ein kleines Kind auf der Bühne gehörte damals offenbar zur Personalausstattung der durch die östlichen Gegenden Deutschlands tingelnden Wanderbühnen. Gustav Freytag erzählt in seinen *Erinnerungen* von seiner schüchternen Kindheitsliebe zu einer solchen in Kreuzburg auftretenden Actrice: «Das anmuthige Kind war einige Jahre jünger als ich, mit Staunen sah ich zu, wie sie als Elfe, Ritterkind, Bauernmädchen sich so zierlich und sicher vor den Lampen bewegte, wie sie tanzte und mit ihrem feinen Stimmchen sang.» Florentine Jarklowski heiratete mit 16 Jahren (1842) den Schauspieler Julius Joly (1821–1845), mit 19 war sie Witwe mit zwei Kindern, von denen das eine früh, das andere im Alter von 38 Jahren starb.

Aus der Trostlosigkeit einer armen Witwe befreite sie der ehemalige Student der evangelischen Theologie Dr. phil. August Förster, der die Theologie aufgegeben und sich dem Theater verschrieben hatte und der die katholische Florentine Jarklowski, verwitwete Joly, 1851 heiratete. Förster war bald ein gesuchter Regisseur und Theaterdirektor; Posen, Breslau, Leipzig, Berlin, wo er an der Gründung des «Deutschen Theaters» beteiligt war, sind einige seiner Stationen, bis er, zunächst als Schauspieler, dann 1888 als Direktor des Wiener Burgtheaters eingeführt wurde. Förster starb allerdings schon im folgenden Jahr, und von den sieben Kindern aus der Försterschen Ehe starben alle vor der Jahrhundertwende. Florentine Jarklowski, verwitwete Joly und verwitwete Förster, starb fast 80jährig 1905 in Wien, pünktlich, wie es heißt, als sie ihr Kapital aufgezehrt hatte. Der Burgschauspieler Hugo Thimig (1854–1944) beschrieb in seinem Nachruf das Ende: «Sie legte sich, ihres Endes bewußt, mit der Heiterkeit des Philosophen auf das Sterbelager und verschloß die Tür jedem Besuch ihrer wenigen Freunde. Ihre letzte Stunde hatte sie fast mathematisch genau berechnet. Aller Leibeserben verlustig, lebte sie von den Resten ihres Kapitals, das sie sich für jene Lebensdauer eingerichtet hatte, die ihr tatsächlich beschieden war. Als der Freund mit dem Knochenfinger schon bei ihr anklopfte, bestellte sie sich bei der Bedienerin noch – einen Apfelstrudel. Sie ermahnte sie, hurtig zu sein, denn die Zeit sei gemessen. Bald nachdem sie dieses Lieblingsgericht genossen, tat sie den letzten Atemzug.»

Das Wiedersehen

Bislang konnte kein direktes Zeugnis aufgetrieben werden, das die Geschwisterschaft zwischen Florentine und Franz Jarklowski erwies. Allerdings befindet sich in der Österreichischen Nationalbibliothek in Wien der umfangreiche Nachlaß des August Förster, ein noch ungehobener Schatz, den durchzuschauen sich lohnt. Im Katalog sind

1396 Stücke des Nachlasses August Förster verzeichnet, die sich auf 368 verschiedene Schreiber verteilen. Es wäre eine eigene Aufgabe, den Briefnachlaß des August Förster aufzuarbeiten, der mit vielen Theatergrößen und Stückeschreibern korrespondierte. Gustav Freytag bat 1889, gut 72 Jahre alt, um Hilfe beim Besorgen von Theaterkarten, und im Freytag-Briefnachlaß liegt mit dem Datum des 28. Februar 1889 der Antwortbrief des Dr. Förster, der gerade im Jahr zuvor, am 2. November 1888, zum Burgtheaterdirektor aufgestiegen war, der es sich aber nicht nehmen ließ, eigenhändig zu antworten. Der Brief ist insofern aufschlußreich, als er das Ansehen widerspiegelt, das der Verfasser der *Journalisten*, der *Bilder aus deutscher Vergangenheit* und der *Ahnen* im deutschsprachigen Raum genoß; Freytag erscheint als der deutsche Nationaldichter schlechthin. Försters Brief ist zugleich ein Dokument damaligen Bildungsstils.

Wien, den 28. Februar 1889
Hochverehrter Herr

Hora ruit – und ich soll im Interesse des Burgtheaters, ehe Phaeton denn er scheint heute des Papas Zügel ergriffen zu haben – in die westlichen Fluthen stürzt, eine Reise antreten. Deshalb schreib' ich Ihnen nur in Kürze, daß Ihr Auftrag besorgt und in guten Händen ist und daß ich mich von Herzen gefreut habe, wieder von Ihnen zu hören und gewürdigt zu sein, Ihnen ein bonum officium zu erweisen. Welcher deutsche Mann empfände es nicht gleich mir als Auszeichnung, dem verehrten Dichter gefällig sein zu können. [*Er habe einen zuverlässigen Ansager des Burgtheaters, einen «dienstbaren Geist», mit der Erledigung der Freytagschen Bitte beauftragt; wenn er ihn entlohnen wolle, so solle er dem Manne nicht Geld, sondern ein handsigniertes Buch schenken.*] Der Name Gustav Freytag auf einem Buche würde ihm gewiß mehr Freude machen, als das Bild eines Souveräns auf einem gemünzten Metall.

Und nun ein Händedruck zum Abschied und ein Blick voll Dankbarkeit und Verehrung in das Auge, das mich einst freundlich angeblickt. Möchte es – das wünsche ich in meinem Namen und dem des ganzen Vaterlands – nicht aufgehört haben, in schönem Wahnsinn [*eine Anspielung auf Shakespeares Sommernachtstraum*] zu rollen.

In treuer Ergebenheit
August Förster

In diesem Försternachlaß befindet sich auch ein Brief des Franz Jarklowski, geschrieben in Landeshut unter dem Datum des 16. Mai 1860, dreißig Jahre also, nachdem Florentine verkauft worden war; er ist gerichtet an August Förster und hat folgenden Wortlaut:

Landeshut i/Schles d/16.5.60
Geehrtester Herr!

Vor einigen Tagen äußerte ich in Gegenwart des Schauspielers Bauer, der gegenwärtig mit der Conradischen Gesellschaft hier weilt, daß ich eine Schwester habe, die auch Schauspielerin sei, die ich aber nicht kenne, auch nicht ihren Namen kenne, da sie verheiratet gewesen und Witwe sei. Im weiteren Gespräch, als ich bemerkte, daß meine Schwester bei Bredow erzogen worden sei, und daß der junge Moserius sie Schelli oder Schalli genannt habe, stellte sich heraus, daß Bauer sie sehr wohl kenne und daß sie eine verwittwete Jolie sei, daß meiner Schwester Mann auch Schauspieler gewesen und die Veranlassung war, daß sie Bredow verließ. Da ich natürlich den Wunsch äußerte zu erfahren, ob sie noch lebe, wo sie sei etc., so versprach mir Bauer die möglichst genauen Erkundigungen einzuziehen. Den Tag darauf theilte er mir nun mit, daß meine Schwester wieder verheiratet sei und zwar an Dr. Foerster k. k. Hofschauspieler am Burgtheater in Wien und zwar seit zwei Jahren.

Ich erlaube mir nun geehrtester Herr an Sie mich mit der Bitte zu wenden, mir gnädigst mitzutheilen, ob Ihre verehrte Frau die Pflegetochter Bredows ist und mit Ihrem Familiennamen Florentine Jarkowski [*so*] heißt.

Ist dem so, dann wird wohl meine Schwester selbst schreiben und dann versichern Sie dieselbe meiner innigsten Liebe.

Indeß erlauben Sie mir, daß ich mich zeichne mit der größten Hochachtung

ergebenst Franz Benjamin Jarklowski
Gymnasiallehrer mp

In der Tat war jene Frau Förster unsere Florentine geborene Jarklowski, und es entspann sich nun ein Briefwechsel zwischen Bruder und Schwester, von dem Spuren in dem Nachlaß in Wien in der Österreichischen Nationalbibliothek erhalten sind. Aber der hier abgedruckte Brief ist auch insofern interessant, als Jarklowski neben dem Vornamen Franz mit einem zweiten Vornamen, nämlich Benjamin, unterschrieben hat. Es ist nicht ausgeschlossen, daß Jarklowski jüdischer Abkunft ist, denn der Name Benjamin war in christlichen Kreisen wenig verbreitet, in jüdischen dagegen durchaus geläufig. Es ist zudem zu bedenken, daß in Rosenberg keine jüdische Gemeindeschule bestanden hat, sondern die Kinder jüdischer Eltern in die katholische Schule geschickt wurden, so daß von daher ein besonderer Einfluß des katholischen Glaubens auf die jüdischen Eltern erfolgte. Doch zurück zu den beiden Geschwistern, Franz und Florentine, die sich dreißig Jahre, nachdem Florentine an die Schauspieltruppe Bredow abgetreten worden war, wiedergefunden haben.

Die Enttäuschung

In der Autographensammlung der Österreichischen Nationalbibliothek findet sich ein weiterer Brief, den Florentine Förster von einem Besuch bei ihrem Bruder in Kreuzburg am 21. September 1872 an ihren Ehemann August Förster nach Wien geschickt hat. Der Brief läßt sie als energische und etwas lärmende Person erscheinen, die mit ihrem Urteil schnell bei der Hand ist.

> Kreuzburg [Wien *gestrichen*] den 21ten September 1872
> Lieber August!

Da wären wir denn glücklich angekommen bei niederträchtigem Wetter, daß mir in den Bauch gefahren ist. Das Schulmeister Haus fanden wir schwarz, menschenleer, all unser Rufen, Klopfen waren umsonst. Ich schimpfte so laut auf der Straße über das kleinstädtische Nest, in dem die Leute schon um 8 Uhr zu Bette gingen, daß ich im Nachbarhaus verstanden wurde. Dort fand sich ein freundlicher alter Herr mit einer Lampe und führte mich durch seine Wohnung ins Schulhaus. [. . .]

Ich erfuhr, daß man nicht schlief, im Gegentheil. Franziska war in der Tanzstunde und die glücklichen Eltern hatten das Zusehen. Franz und Adele wurden schnell herbeigeschleppt, Franziska mußte noch ihren Verpflichtungen nachkommen [. . .] Um 10 Uhr erschien Franziska aus der Tanzstunde, ganz himmelblau und weiß, mit frischen Astern im Haar, ein hübscher Anblick.

Aus Briefen an ihren in Wien gebliebenen Ehemann wird deutlich, daß die Harmonie zwischen den Geschwistern, die sich so lange haben entbehren müssen, zunehmend gestört wird. Florentine paßt nicht in die Familie des Bruders und nicht nach Kreuzburg. Der Stadtklatsch, in dem die Schwägerin schwelgt, geht ihr auf die Nerven; der Bruder tut ihr leid: «er hat sich von unserem Zusammenleben gewiß viel Freude versprochen.» «Schreibe mir ja recht bald, ich bin glücklich etwas zu hören, was nicht in Creutzburg vorgeht.» Aber auch den Kreuzburgern dürfte die aufprotzende Wienerin nicht gelegen haben; querständig ist ein Nachtrag eingezwängt: «Adresse nur: Frau Dr. Förster. Die Creutzburger machen Gloßen über den langen Tietel, der Bruder findet es lächerlich das der Mann so an seine Frau schreibt. Vor lauter Rücksicht ist man nicht sein eigner Herr.» Anscheinend hatte der Dr. phil. August Förster, seit 1858 Schauspieler am Wiener Burgtheater, mit allem Adressen-Pomp an seine Frau geschrieben: Frau Hofburgtheaterschauspielersgattin Dr. o. ä.; selbst in der um Bescheidenheit bemühten Form nimmt die auf Wirkung bedachte Florentine den Doktortitel ihres Mannes in Anspruch: «Frau Dr. Förster». Den Hauptanstoß jedoch dürfte die Schwägerin erregt haben. «Adele sitzt neben mir und kann das Maul nicht halten», heißt es in einem Postskriptum. Und vielleicht war Adele Jarklowski wirklich jene unerträgliche Megäre, als die sie der fast gleichzeitig in Kreuzburg weilende Schweizer Junglehrer Oeri schildert: ein «fürchterliches Weib», «dieses gräßliche Weib», «deren Anwesenheit... eine Gesellschaft nicht gerade angenehmer macht».

Ehrbare Verhältnisse

Jarklowskis Ehefrau Adele sei deshalb eingeführt, weil über sie wahrscheinlich die Begabung des Malers Boguslaw Jarklowski lief. Sie war eine geborene von Werenbach, Tochter des Genre- und Landschaftsmalers Franz von Werenbach, der, 1800 geboren, zwischen 1832 und

1852 Zeichenlehrer in Breslau war und den es auf seinen Wanderschaften bis nach Odessa verschlagen hat. Von ihm existiert eine Reihe von Landschaftsgemälden, aber sein Talent war nicht groß genug, daß er sich als freier Maler behaupten konnte. Franz von Werenbach trat 1860 als Zeichenlehrer, gleichzeitig mit Jarklowski, in das Kollegium des Gymnasiums zu Krotoschin ein, und dort wahrscheinlich hat der damals 30jährige Jarklowski die schon im Alter von 32 Jahren stehende Adela von Werenbach, wie sie im Personenstandsregister heißt, kennengelernt und geheiratet.

Aus der Ehe gingen mindestens fünf Kinder hervor, und zu diesem ohnehin großen Haushalt, der offenbar im «Schulmeister Haus» untergebracht war, kam spätestens 1863 noch der Schwiegervater Franz von Werenbach hinzu: von diesem Jahr 1863 bis 1873 verdiente er sich als «Zeichnenlehrer» an der Kreuzburger Höheren Bürgerschule, deren Leiter Franz Jarklowski war, so etwas wie ein Zubrot; er erhielt für seine Tätigkeit «kaum mehr als 200 Taler». Von diesem Einkommen konnte er nicht leben, und der Schwiegersohn Franz Jarklowski, belastet bereits mit einer mindestens siebenköpfigen Familie, mußte ihn unterhalten. 1873, als die Höhere Bürgerschule zu einem Gymnasium ausgeweitet wurde, schied Franz von Werenbach «wegen hohen Alters» aus – er war mit dem Jahrhundert geboren –, aber das «hohe Alter» hatte ihn nicht gehindert, mit seiner Haushälterin Maria Freihube ein Kind zu zeugen, das – ein im Dezember 1868 geborenes Mädchen – vom Breslauer Polizeikommissionär Stach von Goltzheim 1871 adoptiert worden ist, nachdem Franz von Werenbach, anscheinend Witwer, seine Verbindung mit Maria Freihube durch Heirat legalisiert und dem Mädchen, dem der Name Louise gegeben worden war, den Schein verschafft hatte, einer ehelichen Verbindung zu entstammen.

Wäre dies ans Licht gekommen, so hätte es um den Rektor der höheren Bürgerschule, eine der wenigen Respektspersonen in der Kleinstadt Kreuzburg, einen handfesten Skandal gegeben. Aber man hatte die Angelegenheit geheimgehalten, eben, wie sich der Pastor Primarius Julius Kindler (1825–1895) ausdrückte, «weil die amtliche Stellung des Franz von Werenbach und seines Schwiegersohnes nicht durch ... unnützes Gerede benachtheiligt werden soll». Den mit dem Fall befaßten Personen scheint es in der Tat gelungen zu sein, Franz von Werenbachs Fehltritt vor der Öffentlichkeit zu verbergen: weder der berichtsfreudige Jacob Oeri noch die in Familienangelegenheiten eingeweihte Florentine Förster machen irgendwelche Andeutungen in diese Richtung. Der Schwiegervater von Werenbach hatte offenbar seine Wohnung außerhalb des von Jarklowski bewohnten «Schulmeister Hauses»; jedenfalls ist Florentine Förster bei ihrem überraschenden Abendbesuch im September 1872 nicht auf ihn gestoßen.

In diese Familie Jarklowski, in der etwas anarchische Zustände herrschten, war unser Maler Boguslaw 1868 hineingeboren, gleichzeitig zu Louise Freihube. Er besuchte nach der Elementarschule das Kreuzburger Gymnasium, doch brachte er es nicht eben weit. Er ging Michaelis 1884, also 16jährig, von der Quarta «ins praktische Leben» ab, und am Lebensalter läßt sich ablesen, daß er mehrmals sitzengeblieben sein muß, denn von einem 16jährigen in der Quarta muß man annehmen, daß er mindestens zwei- bis dreimal nicht versetzt wurde, und vielleicht mußte Boguslaw wegen der Schulordnung das Gymnasium verlassen. Worin das praktische Leben bestand, läßt sich nicht ausmachen. Boguslaw Jarklowski hat offenbar ein unauffälliges Leben in Kreuzburg geführt und dessen Einwohner mit seinen Gemälden versorgt. Er hat auch nicht die Aufmerksamkeit seiner Wiener Tante Florentine Förster gefunden, die ihn in ihrem Testament mit keinem Legat bedachte, ja, ihn nicht einmal erwähnte. Dabei war einiges zu erben, mehr als man vermuten möchte.

Als Hofschauspieler hatte Hugo Thimig, ein Freund des Ehepaars Förster, der das Ende Florentines beschrieb, Sinn für Effekte, und so ist auch sein oben zitierter Bericht (siehe oben S. 103) zu verstehen: daß sie «ihre letzte

Stunde ... fast mathematisch genau berechnet» habe. «Aller Leibeserben verlustig, lebte sie von den Resten ihres Kapitals, das sie sich für jene Lebensdauer eingeteilt hatte, die ihr tatsächlich beschieden war.» Der Bericht dramatisiert; Florentine Jarklowski starb am 20. Januar 1905 in Wien als nicht unvermögende Frau, die beim Aufsetzen ihres letzten Willens auch an die Familie ihres Kreuzburger Bruders gedacht hat.

Aber nicht Franz Jarklowskis Söhne, Edmund und Boguslaw, und nicht die Töchter Flora, die Florentine in Gesang unterrichtet hatte, und Margarethe, die Klavierlehrerin geworden war, sondern die Kinder der Ältesten, Franziskas, wurden bedacht. Franziska, deren «hübscher Anblick» die Tante Florentine bei ihrem Besuch 1872 entzückte, hatte 24jährig 1882 den 34jährigen ledigen Lübecker Hauptmann a. D. Emil Bürkner, wohnhaft in Berlin, geheiratet. Aus dieser Ehe gingen zwei Kinder hervor, und diese sind in der «Todesfallsaufnahme» des «K. k. Bezirksgericht Währing Abteilung III am 23. Jänner 1905» als Erben eingetragen. Es heißt da: «Testamentserben sind Eva Bürkner und Hans Bürkner, beide Enkel des vorverstorbenen erbl. Bruders Franz Jarklowski, erstere wohnhaft in Berlin, Halle'sche Straße 20, Pension Villa, geb. 8. V. 1886; letzterer wohnhaft im Haupt-Cadetten Institute Lichterfelde bei Berlin, geb. 24. VIII. 1887. Beide Elternteile derselben leben geschieden, der Vater Emil, Hauptmann, in Berlin, die Mutter, Franziska, in London.» Verwiesen ist auf ein schriftliches Testament vom 25. Oktober 1902, das «am 21. Jänner 1905 beim K. k. Bez. Gerichte Währing kundgemacht und in Verwahrung genommen» worden sei.

Die Aufzeichnung dieses ihres letzten Willens erweist Florentine Förster, geborene Jarklowski, als eine energische und klarsichtige Person:

§ 1 Ich wünsche, daß an meiner Leiche der Herzstich vorgenommen werde, sollte aus wissenschaftlichen Gründen auch eine Obduction wünschenswert erscheinen, so gestatte ich sie. Meine fleischlichen Überreste sind jedenfalls der Feuerbestattung in Gotha oder in einem anderen Crematorium zu unterziehen.

§ 2 Zu Erben meines gesammten, wie immer Namen habenden Vermögens setze ich die minderjährigen Enkel meines verstorbenen Bruders Franz Jarklowski Eva Bürkner und Hans Bürkner, derzeit in Hannover wohnhaft, ein. Sollte einer dieser eingesetzten Erben vor Anfall der Erbschaft sterben, so geht dessen Erbteil auf den überlebenden eingesetzten Erben über.

[...]

Als Curator zur Verwaltung dieses von mir hinterlassenen Vermögens bestelle ich, unter Ausschluß beider Elterntheile der Eva Bürkner und des Hans Bürkner, meinen vieljährigen Anwalt Herrn Dr. Heinrich Modern, Hof- und Gerichtsadvokaten in Wien.

Florentine Förster ist auf der Höhe der Wissenschaft. Um nicht als Scheintote wie eine Tote behandelt zu werden, wünscht sie an ihrer Leiche den «Herzstich», wie es damals auch andere forderten, etwa die Schriftstellerin Eugenie Marlitt (1825–1887) und noch Arthur Schnitzler (1862–1931), und sie gibt ihren Leichnam «aus wissenschaftlichen Gründen» für eine Obduktion frei. Progressiv ist sie auch mit der Anweisung einer Feuerbestattung, wobei sie sogar in Kauf nimmt, daß die Prozedur im thüringischen Gotha vollzogen wird, wo 1878 das erste deutsche Krematorium eingerichtet worden war. Als Folge einer Feuerbestattung hat auch die Aschenurne in Gotha beigesetzt werden müssen, denn Österreich erhielt erst 1922 in Wien das erste Krematorium und das auch nur aufgrund eines Gemeinderatsbeschlusses und nicht auf der Basis eines Bundesgesetzes.

Was Florentine Förster zu vererben hatte, war durchaus ansehnlich, und es kann keine Rede davon sein, daß sie, wie Hugo Thimig behauptet, «von den Resten ihres Kapitals» gelebt habe, das pünktlich bei ihrem Tode aufgezehrt gewesen sei. Frau Förster bezog drei Pensionen mit einem Gesamtjahresbetrag von 5 000,– Kronen. Die am 14. Februar und am 16. März 1905 aufgesetzten Vermögensinventare verzeichnen erhebliche Werte, an Barschaft, Wertpapieren und Aktivforderungen: 30 302 Kronen, zu denen noch 3383 Kronen Nachlaßvermögen – hauptsächlich die Wohnungseinrichtung – treten, insgesamt also 33 685 Kronen. Die «Hofburgtheater-Direktorswitwe», wie sie amtlich genannt wird, bewohnte im Norden Wiens, im XVIII. Bezirk, Sternwartestraße 33, eine gut eingerichtete Vierzimmerwohnung, nicht gerade ein Armenquartier, und der «Schätzmeister» Anton Fürstl hat die Einrichtung denn auch auf 3383 Kronen veranschlagt, die, wie oben angeführt, als Nachlaßvermögen zum Kapitalvermögen hinzutreten. Auffällig ist freilich, daß Florentine Förster zwei große silberne Gürtelschnallen und eine silberne Schüssel, nach Fürstl 53 Kronen wert, in das «K. k. Versatz-Verwahrungs- und Versteigerungsamt» in Wien I getragen hatte, um ein Darlehen von 48 Kronen zu erhalten. Vielleicht hat sie auf diese Weise den Eindruck erweckt, als lebe sie «von den Resten ihres Kapitals». Bei der respektablen Hinterlassenschaft der Florentine Jarklowski gingen, wie gesagt, alle Kinder ihres Kreuzburger Bruders Franz leer aus, auch unser Boguslaw, der arme einarmige Maler.

Theodor Bögel und seine «Beiträge zu einer Historia Thesauri linguae Latinae»

Die Klassische Philologie kennt große Darstellungen ihrer Geschichte, John Sandys' *History of Classical Scholarship* (zuerst 1903) etwa oder Rudolf Pfeiffers *Geschichte der klassischen Philologie* (engl. 1968, dt. 1978). Von klingenden Namen ist dort die Rede, von Erasmus von Rotterdam, von Joseph Justus Scaliger, Richard Bentley, von den Deutschen Friedrich August Wolf, Gottfried Hermann, von Karl Lachmann und von Theodor Mommsen, und wie sie alle heißen, die den Ruhm der deutschen Altphilologie und Altertumskunde begründet haben. Es gibt auch einige Unternehmen, getragen von deutschen Akademien, die auf ihre Weise an diesem Ruhm Anteil haben: die seit 1815 bestehenden Inscriptiones Graecae, das 1854 einsetzende Corpus Inscriptionum Latinarum, dessen erste Bände nach 1863 erschienen, und eben den Thesaurus linguae Latinae.

Lateinische «Großwissenschaft»: Thesaurus linguae Latinae

Pläne für eine möglichst umfassende Erschließung der lateinischen Sprache waren wohl schon vorgetragen und entsprechende Versuche unternommen worden, aber den lateinischen «Wortschatz» bis zur Mitte des 2. nachchristlichen Jahrhunderts vollständig zu erfassen, die Texte der anschließenden Zeit bis etwa 600 in reicher Auswahl zu berücksichtigen, dieses fast hybride Unterfangen hatte vorher noch niemand ins Auge gefaßt. Es ist die Verwirklichung von Ideen, wie sie der positivistische Rausch der Zeit vor dem Ersten Weltkrieg hervorgebracht hat. Wir bedienen uns gern der Ergebnisse, arbeiten zugleich weiter an der Fortsetzung, stöhnen aber nicht selten unter der Last. Theodor Mommsen (1817–1903) war der Überzeugung, daß es in Analogie zur Großindustrie innerhalb der Geisteswissenschaften auch die «Großwissenschaft» geben müsse, und Mommsen gehörte zu den Betreibern, um nicht zu sagen zu den Gründungsvätern des Thesaurus linguae Latinae.

Die am Anfang stehende Zeitschätzung verschlägt uns heute die Sprache: Fünf Jahre waren für die Materialsammlung angesetzt, fünfzehn für die Ausarbeitung des Lexikons. Der Optimismus stützte sich auf Erfahrungen, die man gemacht zu haben glaubte, denn Eduard Wölfflin (1831–1908), der Hauptanreger, hatte sein seit 1884 erscheinendes *Archiv für lateinische Lexikographie* bewußt als «Vorarbeit zu einem Thesaurus linguae Latinae» gedacht und glaubte sich für ein zügiges Durchziehen der gigantischen Aufgabe gut präpariert. Aber Wölfflin galt unter den Triariern des Fachs als «Tölpel» (H. Diels), und Mommsen, der Wölfflins Stolz, sein *Archiv für lateinische Lexikographie*, für ein «schlechthin verfehltes Unternehmen» hielt, war nur dann bereit, für das Werk einzutreten, wenn es nicht «wölfflinisiert» wird. Erst als man Wölfflin allseits anerkannte Kollegen zur Seite stellte, vornehmlich Friedrich Leo (1851–1914), kam die Sache in Gang. Heute – nach über einem Jahrhundert – gehört der Thesaurus mit seinen über zwanzig wissenschaftlichen Mitarbeitern zu den mit Abstand größten geisteswissenschaftlichen Unternehmen der Bayerischen Akademie der Wissenschaften und der Akademien überhaupt. Das Unternehmen ist zugleich Ausdruck der damaligen Wertschätzung der Geisteswissenschaften und speziell der Klassischen Philologie. Bezeichnend für das Überlegenheitsgefühl der Geisteswissenschaften ist ein 1915 spielender Vorfall. Als der preußische Unterrichtsminister die Berliner Universität besuchte, wurde er mit dem Rektor, dem berühmten klassischen Philologen Ulrich von Wilamowitz-Möllendorff, einig, daß das Denkmal vor dem Gebäude für den Physiker und Physiologen Hermann von Helmholtz (1821–1894) verschwinden müsse, denn es sei unange-

22, 23 *Die beiden Stützen bei der Einrichtung und den Anfängen des Thesaurus linguae Latinae waren Friedrich Leo (links) und Eduard Wölfflin (rechts). Der geborene Basler Wölfflin war über Bibliothek und Gymnasium an die Universität gekommen und wirkte von 1880 bis 1905 in München. Trotz gewisser verstiegener Eigenheiten – er sprach von «mikroskopischen» Wortuntersuchungen, von «Biologie» in der Sprache und wiederholte fast rhapsodisch das Wort «Beobachtung» – zog er in München im Laufe der Jahre fast 250 Helfer heran, die ihm auf dem Wege zu einem «totalen» Wörterbuch der lateinischen Sprache behilflich waren. Leo war die reichere und literarhistorisch breiter angelegte Natur, der z.B. mit seinen Forschungen zu den Komödien des Plautus neue Felder erschloß. Wie er ein Mann unerbittlicher Selbstkritik war, so leitete er auch seine Schüler mit Strenge und Begeisterung an. Auf ihn setzte Theodor Mommsen. Aus dem Kreis um Leo kam Theodor Bögel.*

bracht, daß sich die Naturwissenschaften (statt der Geisteswissenschaften) einen solchen zentralen Herrschaftsplatz anmaßen. Selbst Theodor Mommsen, ein Mann ausgewogenen Urteils, konnte seine Verwunderung nicht unterdrücken, daß ein so gescheiter Kopf wie Helmholtz an naturwissenschaftlichen Fragen Gefallen finde.

Es wäre ein eigenes und großes Thema, die Prinzipien des Thesaurus darzulegen und sie einzubetten in die Geschichte der lateinischen Sprachwissenschaft, aber hier geht es um Daten der Erinnerung. 1893 beschloß man den Thesaurus in den angedeuteten Ausmaßen, 1894 begann die Materialsammlung in München und in Göttingen, geleitet von Eduard Wölfflin hier und von Friedrich Leo dort. 1899 wurde das Material in München in einem zentralen «Thesaurus-Büro» zusammengefaßt, und im Jahr darauf erschien bereits der erste Faszikel. Über den Thesaurus ist viel geschrieben worden, über seine Struktur in Organisation und Anlage, über berühmte Gelehrte, die ihr Können eingebracht haben (wie Eduard Fraenkel bei seinem *fides*-Artikel), über das hohe internationale Ansehen, so daß heute Einrichtungen aus vierzehn Ländern – von Schweden bis Japan – ihren Beitrag leisten, und eine internationale Thesaurus-Kommission – neben einer Kommission der Bayerischen Akademie – besorgt, daß das Unternehmen auf dem rechten Weg bleibt. Der erste Faszikel A-absurdus ist 1900 erschienen, heute – nach 100 Jahren – sind es 151 Faszikel mit 28000 Quartspalten. Der Abschluß des Werkes, das den Buchstaben N zunächst ausgelassen hat, ist keinesfalls vor dem Jahre 2025 zu erwarten.

Eindrücke eines «ungenannten Verzettelers»

Wer das Zettelarchiv des Thesaurus besucht, die Hilfsmittel in die Hand nimmt, dem wird klar, daß zahlreiche Köpfe und Hände nötig waren, um das Werk gelingen zu lassen. Unsere Zeit ist in besonderer Weise dem Alltag zugewandt, dem Arbeiter vor Ort, und von dieser Warte aus erhält eine Schilderung aus den Anfängen ihren besonderen Wert. Theodor Bögel, ein Mitarbeiter der ersten Stunde, hat sie im Alter aus der Erinnerung geschrieben, sie kam als Manuskript in das Thesaurus-Archiv und liegt seit 1996 gedruckt vor. Es ist ein Bericht von innen her, über die Kollegen am Nachbartisch, die einzeln vorgestellt werden und deren Biographien – ihre späteren Karrieren – Bögel *pro posse suo* zusammenstellt, von der Alltagsarbeit und den Alltagssorgen. Bögel nimmt den Leser an die Hand und führt ihn ebenso zu den damals tätigen *thesaurarii* wie er ihn durch das Gebäude geleitet: rechts herum, links kehrt. Bescheiden und treffend nennt Bögel seine Ausführungen *Beiträge zu einer Geschichte des Thesaurus*, denn es ist ihm, der die Niederschrift seiner Impressionen als 81jähriger begonnen und als 84jähriger abgebrochen hat, durchaus klar, daß er, der sich den im Impressum der Thesaurus-Bände «Ungenannten» – den studentischen «Verzettelern» – verbunden fühlt und der auch einem der umfangreichsten Kapitel die Überschrift «Die Ungenannten» gegeben hat, keine große Wissenschaftsgeschichte liefert. Dazu fehlten ihm schon die quellenmäßigen Voraussetzungen; ohne Akten und frühere Aufzeichnungen, ohne Briefe der Zeit und ohne große Recherchiermöglichkeiten hat er als Vertriebener, den es aus Breslau nach Weißenfels und Halle verschlagen hatte, diese Seiten niedergeschrieben. Zudem faßt er seine Arbeit als «Fortsetzung» einer Geschichte des Thesaurus aus der Feder seines langjährigen, von 1912 bis 1936 amtierenden Generalredaktors Georg Dittmann (1871–1956) auf, als eine «memoirenhafte Behandlung» des Stoffes, die neben der offiziösen Darstellung Dittmanns Bestand haben sollte. Aus Dittmanns «Historia» ist nicht viel geworden, und so bleibt Bögels Niederschrift der singuläre Bericht eines Insiders aus der Pionierzeit des Thesaurus.

Die Darstellung lebt von der Erzählfreude des Berichterstatters, und man erfährt vielerlei: wie das altphilologische Studium durch Lektüre und Vorträge im Göttinger Klassisch-Philologischen Verein fortgesetzt wurde, bei dem sogar Satisfaktionspflicht bestand; was zur Ausrüstung eines Mitarbeiters gehört hat: ein Stehpult und ein «Gasglühlicht»; wie die Bezahlung bei einer wöchentlichen Dienstzeit von 35 Stunden war (100 M monatlich, dazu trat das Artikelhonorar von 8 M pro Seite), die nur zwei Drittel des Einkommens eines preußischen Hilfslehrers ausmachte und keine Altersversorgung vorsah; daß die Mitglieder der Akademie «eine Art Uniform mit farbigem Frack und Schiffhut trugen»; die damals geübte Geselligkeit führt den Leser durch die Münchner Gastronomie der Prinzregentenzeit: die Torggelstuben, den Augustiner, den Sendlinger Weinbauern, den Bauerngirgl, die Scholastica, das Café Luitpold, von denen manche noch heute bestehen. Auffällig ist die starke Musikpflege – offenbar eine Eigenheit, die sich bis heute gehalten hat –, an der Bögel als Pianist beteiligt war. Und natürlich: Philologisches über Philologisches, über den Artikelaufbau, das Korrekturlesen für Friedrich Vollmer, und hier fällt auch der wichtige Satz: «Niemand sprach mehr von einem Ende nach 15 Jahren»; man konnte es um so weniger tun, als man erfahren mußte, daß zum Beispiel für die Ausarbeitung des Lemma *autem* ein geschlagenes Jahr anzusetzen war. Wie lange freilich Bögel selbst an seinem Artikel *damnum* gesessen hat, der – umgerechnet – fast dreißig normal gedruckte Seiten umfaßt, ist nirgendwo in den *Beiträgen* gesagt. Aus den Zeilen Bögels spricht die Freude des Philologen an seiner Arbeit, an der gelungenen Konjektur *gravedine* statt *gravitate*, und man fühlt sich an Max Weber erinnert, der zum Merkmal wahrer Wissenschaftsgesinnung die «Fähigkeit» erklärt hat, «sich hineinzusteigern in die Vorstellung, daß das Schicksal seiner Seele davon abhängt: ob er diese, gerade diese Konjektur an dieser Stelle dieser Handschrift richtig macht». Wer war dieser Bögel?

Lebenspfade zwischen Ost und Westen

Johann Heinrich Theodor Bögel wurde am 7. April 1876 im niederschlesischen Brieg geboren, wo er Volksschule und Gymnasium besuchte und 1895 das Abitur ablegte. Der Tod seines Vaters brachte in seinem Leben eine einschneidende Veränderung. Sein Onkel Max Reischle (1858–1905), der Bruder der Mutter, Professor der praktischen Theologie in Gießen, lud ihn zu sich, und in seiner der Dissertation beigegebenen Vita spricht Bögel von ihm als dem *tutore optime de me merito*. Reischle war gemäßigter Ritschlianer, suchte Distanz zur philosophischen Metaphysik, um umgekehrt das natürliche Leben in die praktisch-theologische Betrachtung einzubeziehen (*Das Spielen der Kinder in seinem Erziehungswert*). Wie sehr auch Bögel die menschliche Wärme im Hause Reischle gespürt haben mag, so hat ihn die dort gepflegte Theologie offenbar nicht angesprochen; in seinen Schriften weht kein Hauch davon. Reischle folgte noch 1895 einem Ruf nach Göttingen, und der mit seinem Onkel mitgegangene Bögel studierte hier neben der Altphilologie Germanistik und sah sich auch im Sanskrit um, nachdem er sich in Gießen bereits im Hebräischen und in Paläographie geübt hatte.

Neben Ulrich von Wilamowitz-Moellendorff (1848–1931) und Georg Kaibel (1849–1901) war Friedrich Leo (1851–1914) sein Hauptlehrer, und Bögel stieß zu jener studentischen Thesaurus-Equipe, die unter Leos Leitung 1894 in Göttingen die Materialsammlung aufgenommen hatte. Nach Verlagerung des Materials wechselte Bögel zum zentralen Thesaurus-Büro nach München über, nachdem er 1901 seine Promotion und die Prüfung für das Lehramt an Gymnasien in Göttingen abgeschlossen hatte. Die bei Friedrich Leo angefertigte Dissertation lautete *De nomine verbali latino quaestiones grammaticae*, behandelte also die sich von Verben ableitenden lateinischen Substantive. München und der Thesaurus hielten Bögel geradezu karrierefeindlich die nächsten Jahre fest; erst ab 1. April 1903 absolvierte er sein Seminarjahr am König-Wilhelms-Gymnasium in Breslau, leistete ein Jahr später die Probezeit in Oels ab, um am 1. April 1905 als Oberlehrer am Gymnasium in Kreuzburg/Oberschlesien eingestellt zu werden.

Hier war eine reichliche Generation früher, von 1868 bis 1870, der Schweizer Jacob Oeri (1844–1908) als Latein- und Deutschlehrer tätig gewesen, in den Fächern also, die auch Bögel unterrichtete. Oeri hat in rund dreißig farbigen Briefen das dortige Stadt- und Schulleben beschrieben: die Schüler, «ein sehr mäßig begabter Schlag»,

24 Theodor Bögel (1876–1973), der Chronist der Gründungszeit des Großunternehmens Thesaurus linguae Latinae, ein Schüler des Göttinger klassischen Philologen Friedrich Leo (s. oben S. 114f.), dessen Mitwirkung für das Zustandekommen des Thesaurus entscheidend war.

die Stadt als deutsche Sprachburg, das Umland und die vielen Kleinbauern mit ihrem wasserpolnischen Idiom. Auch Bögel leistete, wie vor ihm Oeri, seinen deutschen Kulturbeitrag in Kreuzburg, dem heutigen polnischen Kluczbork. Er veranstaltete deutsche Leseabende für Primaner und war im örtlichen Bildungsverein «Philomathie» tätig. Aber Bögel strebte nach München zum Thesaurus zurück. Ein verständiger Direktor, selbst Namenforscher, gab ihn für fast vier Jahre, von 1909 bis 1912, frei, und das preußische Provinzialschulkollegium beurlaubte Bögel mit vollen Bezügen. Nach seiner Rückkehr an das Kreuzburger Gymnasium wurde ihm 1917 der Professorentitel verliehen; 1918 wechselte er als Studienrat an das ihm vertraute staatliche KönigWilhelms-Gymnasium in Breslau über, das er später mit dem Friedrich-Gymnasium am gleichen Ort vertauschte. 1938 trat er in den vorzeitigen Ruhestand, half jedoch in den Kriegsjahren noch einmal als Gymnasiallehrer aus. Im Februar 1945 floh er unter Zurücklassung seiner ganzen Habe vor der herannahenden Roten Armee zunächst aus dem zur «Festung» erklärten Breslau nach Weißenfels an der Saale; 1951 zog er nach Halle, wo er seine *Beiträge* schrieb und 1973 97jährig starb. Auf dem alten Kröllwitzer Friedhof in Halle liegt sein Grab.

Bögel und seine wissenschaftliche Unverdrossenheit

Bögel war ein Mann wachen und wendigen Geistes, nicht ohne Originalität. Neben Friedrich Leo, seinem Lehrer in Göttingen, hatten ihn in München Friedrich Vollmer, sein Thesaurus-Chef, und vor allem Ludwig Traube (1861–1907), der Begründer der mittellateinischen Philologie, stark beeindruckt. Bögel beachtet handschriftliche Überlieferungsfragen und bezieht das mittelalterliche Latein in seine Betrachtung ein. Er nennt sich dank Traube «einigermaßen orientiert ..., als nach 1926 mittellateinische Texte in der Schule gelesen wurden». Die Anregung Traubes mag ihn auch bewogen haben, sich hagiographische Texte vorzunehmen; zu den Breslauer Verlusten gehörte auch ein Aufsatzmanuskript zur Passio Sanctae Perpetuae, einem Text des 3. Jahrhunderts, der sich durch seine Historizität auszeichnet. Einen Aufbruch zu neuen Ufern bedeutete es, daß man ihn an der Ausarbeitung der 10. Auflage des lateinischen *Schulwörterbuchs von Friedrich A. Heinichen* (1931) teilnehmen ließ, bei der ihm die Berücksichtigung des «spät- und mittellateinischen Schrifttums» anvertraut wurde. Von dem großen Schulwörterbuch leitet sich Heinichens *Lateinisch-deutsches Taschenwörterbuch zu den klassischen und ausgewählten mittelalterlichen Autoren* ab, bei dem unter den Bearbeitern der Name Theodor Bögels auch heute noch steht (10. und letzte Auflage 1993). Bögel erwarb sich in altphilologischen Kreisen auf dem Gebiet des nachklassischen Latein eine gewisse Zuständigkeit, so daß man ihm in Bursians Jahresberichten den Literaturbericht für die Jahre 1925–1936 («Vulgär- und Spätlatein») übertrug.

Starken Einfluß auf Bögel hatte auch der Germanist Georg Baesecke (1876–1951), sein gleichaltriger Kommilitone, in dessen Haus in Halle er nach Baeseckes Tod zog und an dessen Schreibtisch er seine *Beiträge* schrieb. Einen Lebensabriß seines Freundes gab Bögel in der *Neuen Deutschen Biographie.* Baesecke, vor allem der Erforschung der althochdeutschen Literatur zugewandt, hatte sich unter anderem darum bemüht, den «Deutschen Abrogans» als ältestes deutsches Schriftwerk zu erweisen und ein anderes althochdeutsches Glossar, den «Vocabularius St. Galli», mit der angelsächsischen Mission in Verbindung zu bringen. An beiden Festschriften für seinen Freund Baesecke, 1941 und 1951, beteiligte sich Bögel, wie er auch seine Anhänglichkeit an seinen Promotor Friedrich Leo durch einen Festschriftbeitrag 1911 bewiesen hatte.

Wer die Bibliographie Theodor Bögels zusammenstellt, ist über die Vielfalt der Themen erstaunt. Zwar blieb er in seinem Selbstverständnis Philologe, der die Anregungen Traubes und Baeseckes aufnahm, aber er ließ sich auch von der jeweiligen Örtlichkeit inspirieren. In Kreuzburg verfaßte er 1916, zum 100. Geburtstag Gustav Freytags, einen erhellenden Aufsatz über Freytag «und seine Vaterstadt Kreuzburg», und 1929 gab er bei Velhagen und Klasing eine verkürzte Ausgabe von Freytags *Erinnerungen* für den «Schulgebrauch» mit einem informativen Vorwort heraus. In Breslau spielte er seine epigraphischen und paläographischen Kenntnisse bei der Behandlung der *Inschriften des Breslauer Leinwandhauses* aus. Als er sein Arbeitsmaterial, seine Bibliothek und seine Aufzeichnungen, verloren hatte und ihm wissenschaftliche Forschung kaum noch möglich war, schrieb er seine *Beiträge zu einer Historia Thesauri.* Er nutzte, was ihm geblieben war, seine Erinnerung, die er durch Erkundigungen ergänzte. Wenn man die innere Anteilnahme Bögels bei der Niederschrift wahrnimmt, möchte man meinen, daß dem Verfasser, Flüchtling der er war, die Rückschau wie eine Rückkehr zu einer geistigen Heimat erschienen ist, an der er zeit seines langen Lebens gehangen hat.

II
Zugänge zu Gustav Freytag

Gustav Freytag, der Kreuzburger

Eine der einprägsamsten Autobiographien – 1945 postum erschienen – ist die des Alexander Granach (1890–1945), des aus einem galizischen «Schtetl» kommenden jüdischen Schauspielers, der unter Max Reinhardt und Ernst Lubitsch erste Rollen spielte, jedoch sein aschkenasisches Gepräge nie verloren hat. Sein großer Kindheitslehrer war, so erzählt Granach, der Rabbi «Schimschale, der Milnitzer», den keiner vergesse, der von ihm unterrichtet worden sei. Jedesmal wenn dieser träumerische Fromme im Buche auftaucht, zuweilen trunken, aber immer weise, heißt es bei Granach «Schimschale, der Milnitzer». Für jeden, der in Kreuzburg/Oberschlesien geboren, aufgewachsen und aufs Gymnasium gegangen ist (wie ich), heißt es entsprechend «Gustav Freytag, der Kreuzburger».

Der Ort ließ keine Möglichkeit aus, an ihn zu erinnern: Gustav-Freytag-Straße, Gustav-Freytag-Haus, Gustav-Freytag-Brunnen, Gustav-Freytag-Verein, Gustav Freytag allerorten und natürlich Gustav-Freytag-Gymnasium (heute, durchaus stilgerecht: Adam-Mickiewicz-Gymnasium). Das war das schlimmste. Hier, wo selbst der Gymnasialturnverein nach Freytags Germanenheld «Ingo» hieß, wurde Gustav Freytag rücksichtslos gelesen, die Schriften des großen Sohnes der kleinen Stadt. Daß Gustav Freytag gelesen wurde, tat dem Pennäler kein Unrecht, aber wann die Lektüre betrieben werden mußte, darin bestand der Tort: in den Großen Ferien. In einer der letzten Unterrichtsstunden vor den Ferien wurde die Aufgabe gestellt, nach herrlichen, die Schule in die Ferne rückenden freien Wochen der Stoff abgefragt: *Die Ahnen*, *Soll und Haben*,

Die Technik des Dramas, *Die verlorene Handschrift* usw. Besonders arg trieb es ein aus Österreich in das Kreuzburger Gymnasium eingewiesener «Professor», dessen Aufenthalt im flacherdigen Kreuzburg, unpassend für einen Älpler, mir erst später erklärbar wurde. Der Kärntner Gymnasialprofessor Erich Kautz war, so sagte man, ein solcher Nazi, daß er im Reich besser untergebracht war als in seinem noch nicht ganz nationalsozialistisch durchtränkten Heimatland. Kautz hatte es mit dem Ahnenanfang, mit «Ingo und Ingraban», mit dem dort vollbrachten germanischen «Königssprung» über sechs Rösser und mit der Bewaffnung unserer Altvordern, wie Freytag sie schilderte, mit dem Bumerang. Hier gab es Ohrfeigen, denn auf dem Schulhof hatten wir uns unterhalten, daß der «Eichenkloben», der bei Freytag «in krausem Bogen durch die Luft» flog und «einen alten Eisenhelm» zerschlug, wohl bei den Aborigines in Australien vorkam, nicht aber bei den alten Germanen. In Übernahme der Sprache des Schulhofes sagte der Schüler Fuhrmann arglos, hier habe Freytag «wohl gesponnen» (was der in Kreuzburg sakrosankte Dichter nach Ausweis von Hoops' *Reallexikon der germanischen Altertumskunde*, neunte und letzte Auflage, wirklich getan hatte), und schon erhielt der despektierliche Schüler, um in dem angeschlagenen Jargon zu bleiben, eine «geknallt», als ob ihn der Eichenkloben «zu Boden schlagen würde». Der Krieg, der Allesveränderer, hat den Bumerangverteidiger Kautz in seine Kärntner Heimat zurückgeführt, wo er, als sei nichts geschehen, als angesehener Lehrer – ein «Herr Karl» – bis zum Erreichen der Altersgrenze unterrichtete, ob noch Freytag ist ungewiß, vielleicht Anzengruber.

Verworfen sei Kautz, gelobt sei Popadentschuk. Dieser Mathematikprofessor aus Cernowitz gehörte zu jenen bedauernswerten Deutschen, die 1940 aufgrund eines Abkommens zwischen der Sowjetunion, Rumänien und Deutschland aus der Bukowina (man sagte damals Buchenland) «ins Reich» umgesiedelt wurden und die nach 1945 einer schlimmen Zukunft entgegensahen. Popadentschuk entnahm dem Klassenbuch, daß unentwegt Frey-

25 Gustav Freytag im Alter von siebzig Jahren, als er seine «Erinnerungen aus meinem Leben» niederschrieb. Der Maler Karl Stauffer-Bern (1857–1891), damals einer der bekanntesten Bildnismaler, war vom Kronprinzen Friedrich, dem späteren Kaiser Friedrich III. (1888), Freytags Gönner, mit einem Porträt beauftragt worden, das als Geschenk gedacht war und dessen Entwurf in den Monaten Oktober/November 1886 in Gotha/Siebleben entstand (heute Berlin, Nationalgalerie). Neben dem Ölgemälde, von dem es Varianten gibt, verfertigte Stauffer-Bern diese Radierung.

tag gelesen und behandelt wurde, und sprach die uns stärkenden Worte: «Immer Freytag, immer Freytag; mein Gott, der Freytag is doch nich Geethe.» Den von Thomas Mann so geschätzten «löwenhaften» Umlaut der ersten Silbe (Gööthe) setzte er in ein respektlos gedehntes «e» um: Geethe. Popadentschuk war eine eigene Marke. Ging es ans Prüfen, holte er das kleine rote Philologenjahrbuch hervor (das jeder Schüler damals kannte und fürchtete), wo alle Noten eingetragen waren, und erzeugte, indem er in dem Büchlein blätterte, eine knisternde Spannung: «nun, meine Freunde, wen wollen wirr heeren? Wirr heeren unseren gemeinsamen Freind» (lange Pause). Dann folgte der Name, und Popadentschuk ging wiegenden Schrittes auf den Ärmsten zu, faßte ihn am Knopf und fragte: «Nun, sind wirr preparriert? Dann wollen wirr unser Kennen an der Tafel erproben.» Und dann ging's an die Rückseite der Tafel, wo die mathematische Aufgabe gelöst werden sollte. Ach Gott, wie froh war man, wenn man zu einem guten Ende fand. In das Gefühl des Sieges träufelten dann zuweilen die Wermutsworte Popadentschuks: «Alles gutt und scheen. Aber wie unelegant!» Und dann ging es los: Hier gekürzt, dort ein anderer Rechenweg, alles knapper. «Sehen Sie, is doch viel scheener.» Wie immer: «Freytag is doch nicht Geethe.» –

Jahrzehnte später – die verlorene Heimat war abgesunken und weitgehend vergessen, auch Freytag – führten mich äußere Umstände wieder an «Gustav Freytag, den Kreuzburger» und seine Werke heran; widerwillig zunächst, wie ich zugeben muß, wurde die Lektüre – ohne Kautz – aufgenommen. Allmählich aber begann ich manches an dem Werk zu schätzen, wie ich zugleich empfand, daß man nicht ganz fair mit Freytag umsprang.

Da ist der hartnäckige Antisemitismusvorwurf, den auch Fontane ertragen muß. Freilich hatte Freytag nicht die Selbstironie und die spielerische Ambivalenz, über die Fontane verfügte; er hätte nicht geschrieben, was Fontane an seine Frau schrieb: «Ach, Emilie, unter Tränen sage ich mich von meinem Antisemitismus los», ihn hatte das Leben weit vom Antisemitismus entfernt (s. unten S. 139). Beider Urteile jedoch, preußische Urteile, sind zuweilen austauschbar. Bei Freytag, dem Mann der Polengrenze, spricht eine Figur in *Soll und Haben* die Sätze: «Wir und die Slawen, es ist ein alter Kampf. Und mit Stolz empfinden wir, auf unserer Seite ist die Bildung, die Arbeitslust, der Kredit.» Fontane, der Polenferne, applaudiert diesem Urteil: «Das alles ist nicht nur Labsal für ein deutsches und preußisches Herz, es ist auch eben so wahr, wie es schön ist. Die Polenwirtschaft ist durch sich selbst dem Untergang geweiht.» Schlimm. –

Für zwei Werke sind hier Zugänge zu «Gustav Freytag, dem Kreuzburger» angeboten, beide betreffen mehr den Geschichtserzähler und den Menschen Freytag, nicht den Journalisten, Romancier und Dramatiker, der eine gesonderte Einschätzung fordert: Es geht um die *Bilder aus der deutschen Vergangenheit* und um die Lebenserinnerungen des Siebzigjährigen.

Die «Bilder aus der deutschen Vergangenheit»

1998 ist eine Neuauflage der *Bilder aus der deutschen Vergangenheit* herausgekommen. Was soll das? Die *Bilder* sind fast anderthalb Jahrhunderte alt und waren zu ihrer Zeit geschätzt: «Es gibt keine bessere Kulturgeschichte als dieses ungemein gehaltvolle doch nirgend überlastete, gedankenreiche doch nirgend schillernde, warmherzige doch nirgend deutschtümelnde Werk ... Freytag verbindet den Blick für das Gewaltigste mit der Beobachtung des Kleinsten ... [Bei ihm erfahre man] von allen derben oder zarten Regungen der mittleren und niedern Volksschichten», so schrieb der Literaturpapst Erich Schmidt (1853–1913), indem er das Urteil seines Lehrers Wilhelm Scherer (1841–1886) aufnahm («die beste deutsche Geschichte, die wir haben»). Auch Historiker stimmen in das Urteil ein, Heinrich von Treitschke (1834–1896) etwa, der im Jahre 1888 eine Dankadresse für den siebzigjährigen Freytag verfaßte: Die Huldigung gelte dem «Historiker» Freytag, «der, schwere Forschung hinter lieblicher Hülle verbergend, sinnig, wie kein Zweiter, den Werdegang des deutschen Gemüts durch die Jahrhunderte verfolgt» habe. An anderer Stelle hat Treitschke die *Bilder aus der deutschen Vergangenheit* wegen ihrer Eingängigkeit gelobt, glaubte aber hinzusetzen zu müssen: «vorzüglich ein Werk für Frauen». Denn selbstverständlich fehlte dem nationalkonservativen Treitschke der markige, der aggressive borussische Geist.

«Vielleicht noch heute die schönste deutsche Geschichte»

Freytags *Bilder* erfreuten sich der Wertschätzung im Kaiserreich, aber jetzt? Erstaunlicherweise hielt sich das positive Urteil. Wer die zahlreichen Versuche einer «Geschichte des deutschen Volkes» im vorigen Jahrhundert miteinander vergleiche, finde keine überzeugende Leistung – bis auf Freytags *Bilder aus der deutschen Vergangenheit*, und dann der Satz: «vielleicht noch heute die schönste deutsche Geschichte, die wir besitzen», so urteilte kürzlich Ernst Schulin (*1929) in einem Überblick über deutsche Geschichtsschreibung im 19. Jahrhundert. Die Einschätzung Schulins, eines der besten Kenner der neueren deutschen Historiographie, bedarf zwar keines Eideshelfers, aber es ist bedeutsam, wenn ein Dichter und Schriftsteller vom Range Hugos von Hofmannsthal, ein Mann überdachten Urteilens, die *Bilder aus der deutschen Vergangenheit* bei Ausbruch des Ersten Weltkriegs als Lektüre empfahl und das Werk «ein wahres Volksbuch» nannte und meinte, «bestimmt» urteilen zu können: «meines Erachtens das schönste deutsche Geschichtswerk, das es gibt». Das Bekenntnis, 1914 niedergeschrieben, gilt noch heute, wie Schulins Wort belegt.

Der Erfolg von Freytags *Bildern* hängt nicht nur mit der sprachlichen Eingängigkeit zusammen, die den Stil Freytags auszeichnet, der wegen seiner schwachen Augen weite Strecken diktierte, so daß er Sprache und Rhythmus im Ohr hatte. Zum verständlichen Sprach- oder besser Sprechstil, der Fremdwörter und Spezialausdrücke vermied, kamen eine enorme Quellenkenntnis und der Wunsch, die Menschen dort aufzusuchen, wo sie zu finden seien: «bei der Arbeit». Freytag sucht den Alltag, spürt Tun und Lebensweise auf. «Wenn wir beobachten, wie der Historiker Freytag ... den Stoff zubereitete, erscheint der Autor nicht mehr ... als nationalistischer Verballhorner akademischen Wissens. Im Gegenteil: Manche Erkenntnis, deren sich [heute] die Sozial- oder Mentalitätsgeschichte rühmt, ließ dieser Kenner der Quellen ganz nebenbei in seine Spannungsbögen einfließen ... Viel später sollte Georges Duby [der berühmte, kürzlich verstorbene französische Historiker, Mitglied der Académie Française] diesen Akkulturationsvorgang ähnlich beschreiben» (Dirk Schümer, 1995). Es ist bezeichnend, daß Autoren von Büchern über deutsche Sachkultur Freytag als Vorreiter rühmen. So hebt z. B. Michael North in seinem Überblick *Das Geld und seine Geschichte* (1994) hervor, Freytag habe in seinen *Bildern aus der deutschen Vergangenheit* die Begriffe «Kipper und Wipper» der schlimmen Zeit nach 1620, als eine Münzverschlechterung betrieben wurde, «dem deutschen Bildungsbürgertum nahegebracht und damit erstmals eine Epoche der Geldgeschichte für eine breitere Leserschaft dargestellt».

Der enttäuschte Universitätslehrer

Wer es boshaft ausdrücken will, kann sagen, Freytag sei ein verhinderter, ein gescheiterter Professor. 1816 in Kreuzburg/Oberschlesien, nicht einmal 20 Kilometer entfernt von Russisch-Polen, als Sohn des Arztes und damaligen Bürgermeisters dieses Ackerstädtchens geboren, wo das Landvolk zum weitaus überwiegenden Teil Polnisch sprach, hatte sich Freytag nach Besuch des Gymnasiums in Oels an der Universität Breslau für Philologie eingeschrieben, ging für kürzere Zeit nach Berlin und wurde zeitig (1838) promoviert und schnell habilitiert (1839). Seine durchaus ernsthafte, wenn auch etwas dünnbrüstige Habilitationsschrift betraf die Dichtkunst der Hrosvita von Gandersheim († 975). Der Dreiundzwanzigjährige versprach sich fraglos eine akademische Karriere, auch wenn er sich bereits in der Dichtkunst übte, mit Versen, die aber wenig Eindruck machten: «leichte Ware von Temperament..., für eine ursprüngliche Ader zeugt sie kaum» (Alfred Dove). «In der Breslauer Lyrik eigene starke Töne anzuschlagen, blieb ihm versagt» (E. Schmidt). So urteilten wohlmeinende Freunde. Als sein Mentor Hoffmann von Fallersleben die Universität Breslau aus politischen Gründen verlassen mußte, bewarb sich Freytag 1843 um eine außerordentliche Professur, wurde jedoch damals ebenso abgewiesen wie bei einem erneuten Versuch wenige Monate später. Eine Vorlesung über die «historische Entwicklung der deutschen Volkstümlichkeit» zu halten – geradezu eine Vorbereitung für die *Bilder aus der deutschen Vergangenheit* –, verwehrte ihm, dem Germanisten, der Fachhistoriker Adolf Stenzel (1792–1854), ein durchaus angesehener Gelehrter, ein Freund Rankes. Er hielt das Thema für Allotria. Auch war Freytags Lehrerfolg nicht überwätigend. Er las «Mythologie» vor fünf und «Altdeutsche Grammatik» vor drei Hörern, was damals freilich, als 1200 Studenten an der Breslauer Universität eingeschrieben waren, davon etwa 300 bis 400 in der philosophischen Fakultät, auch nicht als totaler Mißerfolg angesehen werden konnte.

Enttäuscht verließ der Privatdozent Freytag die Universität und kehrte, trotz aller akademischen Sehnsucht, die sich in dem im Professorenmilieu spielenden Roman *Die verlorene Handschrift* (1864) niederschlug, nicht mehr zu ihr zurück. So unrecht hatte der biedere Stenzel nicht. Es widersprach Freytags Art, die Texte akademisch nach der damals erwarteten «historisch-kritischen Methode» zu traktieren und entsprechende Vorlesungen zu halten. Mehr lag ihm daran, die Quelle erzählen zu lassen und sich nicht um die Textkritik oder irgendwelche überlieferungsgeschichtliche Fragen zu kümmern. Es ist bezeichnend, daß ihm Leopold Rankes (1795–1886) abwägende Betrachtung nicht lag, der vor dem historischen Objekt «ersterben» wollte; Freytags Wesen verlangte emotionale Beteiligung, und so waren die Engländer seine Leitbilder: das romantisch erzählerische Pathos historischer Phantasie eines Walter Scott (1771–1832) und die bekenntnishafte Charakterisierung eines Thomas Macaulay (1800–1859).

Die Fron bei den «Grenzboten»

Die gescheiterte Universitätskarriere erwies sich als eine glückliche Fügung, denn sie setzte Freytags literarisches Talent frei. 1848 kam Freytag mit dem fast gleichaltrigen Literarhistoriker Julian Schmidt (1818–1886) überein, gemeinschaftlich die wenige Jahre vorher in Brüssel gegründete und nach Leipzig verlegte Zeitschrift *Die Grenzboten* zu erwerben und auf eigenes Risiko zu betreiben. Der ursprüngliche Kurs der Zeitung, die als «Wochenschrift für

Politik, Literatur und Kunst» firmierte, war die Pflege eines verbindenden flämisch-deutschen Liberalismus österreichischen Einschlags; unter den beiden neuen Redakteuren wandelten sich die *Grenzboten* zum meinungsbildenden und immer weitere Kreise anziehenden Blatt eines preußisch-deutschen Liberalismus. Wer in dieser Zeitung berücksichtigt wurde, dessen Name kam unter die Leute, und Wilhelm Raabe (1831–1910) beklagte sich bitter: «Ich bin völlig todt geschwiegen worden ... Nehmen Sie zum Exempel die ‹Grenzboten›, das Leib- und Herzblatt der gebildeten deutschen liberalen Bourgeoisie. Die redigierte ... Herr Gustav Freytag. Für alles hat er ein Wort und seine Schreiber gehabt. Doch ... von 1856 bis 1870 ist mein Name nicht ein einziges Mal genannt worden.»

Für die Arbeit an den *Grenzboten* fand Freytag einen festen Arbeitsrhythmus. In der Leitung wechselten sich Freytag und Schmidt halbjährig ab; im Winter war Freytag zuständig, im Sommer Schmidt. 1851 erwarb Freytag in dem heute zu Gotha gehörenden Siebleben das Anwesen «Zur guten Schmiede», und hier entstanden seine Hauptwerke. Während Schmidt 1861 aus der Herausgeberschaft ausschied, blieb Freytag bis 1870 Mitgesellschafter. Es war seine fruchtbarste Zeit. Für die *Grenzboten* schrieb Freytag über Tagesfragen, wie es das Geschäft eines Journalisten verlangt. Daneben aber verfaßte er kurze kulturhistorische Beiträge, Bausteine für seine späteren *Bilder aus der deutschen Vergangenheit.* Vorher aber (1855) war ihm der große Wurf mit seinem Roman *Soll und Haben* gelungen: eins der erfolgreichsten deutschen Bücher des 19. Jahrhunderts.

Der Verleger als Animateur

Erheblichen Anteil an dem schriftstellerischen Erfolg Freytags hatte sein Leipziger Verleger Salomon Hirzel (1804–1877). Sogleich bei Verlagsgründung 1853 – nach Trennung von der Weidmannschen Verlagsbuchhandlung – hatte Hirzel zwei Autoren gewonnen, deren Werke bald zur Bildungsausstattung preußischer Bürgerhäuser gehörten: den Historiker Heinrich von Treitschke und eben Freytag. Als sie bei Hirzel unter Vertrag kamen, ließ sich das Talent wohl abschätzen, aber der Erfolg war noch nicht da. Zwischen Gustav Freytag und der Verlegerfamilie Hirzel, speziell mit dem Unternehmensgründer Salomon Hirzel, gedieh bald eine innige Freundschaft, die durch ihrer beider Sammelleidenschaft gestützt wurde. Während Salomon Hirzel geradezu fanatisch «Goethereliquien» nachjagte – er war selber ein bedeutender Goetheforscher –, suchte Freytag nach kulturhistorisch interessanten Flugschriften, und Salomon Hirzel gab ihm manchen Tip, wenn er Freytag nicht sogar Stücke schenkte. In einem Vorwort gedachte Freytag dieser Zuvorkommenheit Hirzels: «als emsige Sammler haben wir manche alte Flugschrift einander freundschaftlich zugereicht». Für Freytag waren die Schriften nicht Devotionalien, sondern Arbeitsinstrumente. «Immer hatte mich das Leben des Volkes... besonders angezogen, die Zustände, Leiden und Freuden der Millionen kleiner Leute... Für die ersten Jahrhunderte seit Erfindung des Buchdrucks entdeckte ich viel in den Flugschriften, welche dem Bedürfnisse des Volkes zu dienen bemüht waren. Aber das Auffinden kleiner Drucke in den großen Bibliotheken war umständlich... Deshalb legte ich eine Sammlung alter Flugschriften an, die Literatur der fliegenden Blätter und dünnen Quartbüchlein.» Freytag war eine Sammlernatur, der bei seiner Kurzsichtigkeit die Gegenstände in die Hand nehmen und in Ruhe betrachten wollte (so verfügte er auch über eine große Muschelsammlung); an «Flugschriften» im weitesten Sinne brachte er viel zusammen; bei seinem Tod waren es 6265 Einheiten, die er systematisch in 24 Abteilungen geordnet und selbst katalogisiert hatte. Sie gingen als geschlossener Bestand an die Frankfurter Stadtbibliothek und können seit kurzem sogar in vollem Wortlaut auf Mikrofiche erworben werden, für 13 800 DM.

Diese Flugschriftensammlung war der Steinbruch Freytags für eine ganze Reihe von Beiträgen in den *Grenzboten,* und dieser Fundus war es wiederum, der ihn schließ-

26 Blick in Freytags Wiesbadener Arbeitszimmer mit der umfangreichen Flugschriftensammlung. Die leicht durcheinander flatternden Blätter hatte Freytag in eigenen Klammergestellen untergebracht.

lich dazu anregte, *Bilder aus der deutschen Vergangenheit* zusammenzustellen. Bezeichnend ist der zeitliche Einstieg. Er begann mit der Reformation und dem Dreißigjährigen Krieg, eben der Zeit des frühen Buchdrucks. «Es war eine behagliche Arbeit», denkt Freytag in seinen *Erinnerungen* zurück, «sie sollte für den Leser so leicht und anmuthend werden, daß sie ein Hausbuch gebildeter Familien abgeben konnte.» Was zum Nachteil hätte werden können, schlug dem Werk zum Vorteil aus: eine gewisse Zufälligkeit und der direkte Zugriff zur Quelle, der den Fluß der Darstellung unterbricht. Aber systematische und von den

Quellen abgehobene Werke, das war Freytags Beobachtung, «entgehen selten dem Uebelstand langweilig zu werden... In den Bildern ist die entgegengesetzte Methode gewählt. Es sind, wo es immer möglich war, einzelne Menschen aus alter Zeit herauf geholt,... und der Verfasser beschränkt sich darauf, bescheiden von der Seite auf ihre Tracht, ihr Gebahren und Wesen hin zu weisen.»

Das Anwachsen der «Bilder aus der deutschen Vergangenheit»

Im Jahre 1859 erschien der erste Teil der *Bilder aus der deutschen Vergangenheit.* Durch die Briefe Freytags an Hirzel kann man den Entstehungsprozeß verfolgen: Wie die Grunddisposition erstellt wird, die eine feste Struktur anstrebt, indem am Ende eines von Freytag verfaßten erklärenden Abschnitts nach Möglichkeit eine Quelle in vollem Wortlaut eingerückt wird, häufig mehrere Seiten; oft wird Hirzel um Unterstützung beim Bücherbesorgen gebeten; Manuskriptstoß auf Manuskriptstoß wird angekündigt («Die Einleitung ist von Schmalajan [Freytags Sieblebener Schreiber] noch nicht ganz abgeschrieben»).

Der Band ist «meinem lieben Freunde Salomon Hirzel» gewidmet: «Kaum je [ist] die Zueignung eines bedeutenden Werkes an den Verleger selber so wohl verdient» gewesen, bemerkte Alfred Dove, selbst *Grenzboten*-Autor und Historiker. Freytag und Hirzel entsprachen einander in ihrer politischen Grundhaltung. Der Schweizer Liberalismus des aus einer reformierten Zürcher Patrizierfamilie kommenden Salomon Hirzel, der zu den Gründern des Vereins zur Unterstützung der «Göttinger Sieben» gehörte, vertrug sich gut mit Freytags standfester Bürgergesinnung, der die ihm wiederholt angetragene Nobilitierung ablehnte. Der Erfolg des ersten Bandes der *Bilder* – es wurde immerhin zahlenmäßig die Hälfte von dem abgesetzt, was *Soll und Haben* gebracht hatte – ermutigte Freytag zur Fortsetzung. 1862 erschienen *Neue Bilder aus der deutschen Vergangenheit,* die in gleichem Stil die Darstellung bis ins 19. Jahrhundert führen, bis 1848, und Freytag scheute sich nicht, am Ende als zentrale Quelle den Bericht seines Freundes Karl Mathy (1806–1868) abzudrucken, des badischen Liberalen, der wegen seiner politischen Gesinnung außer Landes gehen mußte und 1848 im Frankfurter Parlament eine herausragende Rolle spielte. Wenige Jahre später (1870) widmete er seinem 1868 verstorbenen Freund Mathy eine liebevolle Biographie, an deren Ende die Worte stehen, die auch in Freytags Grabstein eingemeißelt sind: «Tüchtiges Leben endet auf Erden nicht mit dem Tode, es dauert in Gemüth und Thun der Freunde wie in den Gedanken und der Arbeit des Volkes.»

Wenn Freytag auf das Weiterwirken seiner *Bilder aus der deutschen Vergangenheit* hoffte, so hat seine Hoffnung nicht getrogen. Die endgültige Form erhielt das Werk allerdings erst 1867 durch eine ergänzte und überarbeitete Ausgabe, die auch diesmal «meinem lieben Freunde Salomon Hirzel» zugeeignet war. Ergänzt werden mußte der Anfang, denn die bisher erschienenen *Bilder* setzten erst im 15. Jahrhundert ein – ein nicht hinnehmbares Defizit in einer Epoche nationalen Überschwangs, da die Burschenschaften bei ihren Kneipen Viktor von Scheffels «Als die Römer frech geworden, zogen sie nach Deutschlands Norden» sangen, bald am Teutoburger Wald das Hermannsdenkmal entstand und Bingen gegenüber, auf der rechten Rheinseite, der Niederwald-Koloß mit seiner über 10 Meter hohen Germania drohend nach dem welschen Westen blickte. Die deutsche Geschichte begann aus damaliger Sicht bei Ariovist; die Germanen waren die ersten Deutschen, und selbst ein so quellenkundiger und umsichtiger Mann wie Adolf von Harnack hielt vor den hohen Herren der Preußischen Akademie der Wissenschaften einen Vortrag über Bonifatius II. (530–532), den «ersten deutschen Papst», dessen Vater den gotischen Namen Sigibold trug – das langte zum Deutschtum. Freytag tat sich schwer; er arbeitete zwei Jahre an den Eingangspartien. Für die Frühzeit bis zum Ende des Mittelalters gab es weder Flugschriften aus der Druckerpresse noch Vorarbeiten aus den

Grenzboten. Zwar rückte Freytag viele Exzerpte aus mittelalterlichen Chroniken ein, aber weite Strecken mußte er frei komponierend schreiben.

Nimmt man alles in allem, so dürften die *Bilder aus der deutschen Vergangenheit* nach der arrondierten Ausgabe von 1867 um die vierzig Nachdrucke erfahren haben, einschließlich der Gesammelten Werke. Häufig allerdings wurden die *Bilder* verkürzt nicht ohne Berechtigung, zumal wenn es Anfang und Ende betraf, denn niemand zählt mehr Ariovist zu den ersten Deutschen, und die Vielfalt des 19. Jahrhunderts ist über das schmale Blickfeld eines wackeren Mathy nicht zu vermitteln. Aber der Kern der Darstellung, zumal die Partien der frühen Neuzeit, fanden und finden Anklang. Zu Lebzeiten konnte Freytag mit dem Wohlwollen vieler Geschichtsprofessoren rechnen, die häufig politisch mit seiner liberalen Einstellung übereinstimmten. Zu Theodor Mommsen z. B. bestand eine enge Freundschaft. Freytag schrieb sozusagen unter den kritischen Augen der Fachhistoriker und empfing von dort Kritik und Ermunterung, nicht nur von Treitschke, auch von ersten Quellenkennern wie Ernst Dümmler und Wilhelm Wattenbach, die ihn als ihren «Freund» bezeichnen. Ging es um Werke der Geschichtsschreibung des 19. Jahrhunderts, so wurden Freytags *Bilder* als eine Art poetisches Sachbuch genannt, ob vom nüchternen Schweizer Eduard Fueter (1911) oder vom Großdeutschen Heinrich von Srbik (1951). Der national aufbauende Charakter des Werkes ließ nach dem Ersten Weltkrieg (1924) zwei angesehene Historiker – Georg von Below und Erich Brandenburg – darangehen, eine mit Einführung, Anmerkungen und üppigen Abbildungen versehene vollständige Ausgabe herauszubringen.

Freytags «anschaulich klare, gegenstandreiche Prosa»

Was erhält die *Bilder aus der deutschen Vergangenheit* so frisch und unvergänglich? Es ist die Ausrichtung auf die zeitgenössischen Quellen, die Freytag, um seine Worte aufzunehmen, «bescheiden von der Seite» unaufdringlich kommentierte. Manche hat erst Freytag zur Berühmtheit gebracht, wie den 1789 erschienenen Bericht des *Armen Mannes im Toggenburg* Ulrich Bräker (1735–1798), eines Schweizer Hirtenjungen, der durch Hinterlist und Betrug zum preußischen Grenadier gepreßt wurde und der 1756 in der Schlacht bei Lobositz «in vollem Galopp» von den Preußen zu den Kaiserlichen desertierte. Bräker sah einen Trupp gefangener preußischer Kavalleristen an sich vorüberziehen, allesamt blutig «von Wunden und Beulen... Wie priesen uns diese armen Wichte selig, einem ähnlichen Schicksal so glücklich entronnen zu sein, und wie dankten wir selber Gott dafür». Es ist ein anderes Dankgebet als das der Schlacht bei Leuthen; hier wird nicht vom Siegen gesprochen, sondern vom Überstehn, von Todesangst und Drangsal, als bis zu 70 Prozent der Soldaten während der Schlacht zur Gegenseite überliefen – trotz drakonischer Strafen und Hinrichtungen.

Es mag sein, daß die direkte und packende Aussage der Quellen auch Freytag zu jener «anschaulich klaren, gegenstandreichen Prosa» (Alfred Dove) gebracht hat, die Kritiker an ihm rühmten. Das Duell: Man vergleiche moderne Darstellungen mit Freytags wenigen Zeilen. «Das Duell hatte damals noch fast ganz die Gebräuche des Dreißigjährigen Krieges: mehrere Sekundanten, die Zahl der Gänge bestimmt, man kämpfte zu Pferd auf ein Paar Pistolen, zu Fuß mit dem Degen; vor dem Gefecht gaben die Gegner einander die Hand, ja sie umarmten sich und verziehen im voraus ihren Tod; wer fromm war, ging vorher zu Beichte und Abendmahl; kein Stoß durfte geschehen, bevor der Gegner imstande war, den Degen zu gebrauchen; wenn der Gegner zu Boden stürzte oder entwaffnet wurde, war Großmut Pflicht; noch kam vor, daß, wer tödlichen Ausgang wollte, seinen Mantel ausbreitete, oder wenn er – wie die Offiziere seit 1701 – keinen Mantel trug, vielleicht mit dem Degen ein viereckiges Grab auf den Boden zeichnete. Der Versöhnung folgte sicher ein Gelage» usw.

Gustav Freytags «Erinnerungen aus meinem Leben»

Gustav Freytags *Erinnerungen aus meinem Leben*, erschienen 1886/87, sind ein bestelltes Werk. Der Stammverlag Freytags, Hirzel in Leipzig, trug sich mit der Absicht, *Gesammelte Werke* seines Autors herauszubringen, der 1886 siebzig Jahre alt wurde: «zweiundzwanzig Teile», die in Lieferungen von 1886 an innerhalb von zwei Jahren erscheinen sollten. Der Verleger suchte Subskribenten für sein Mammutunternehmen, in das er zunächst viel Geld investieren mußte, und er kam mit seinem seit Jahren nicht mehr an neuen literarischen Projekten arbeitenden Hausautor Freytag überein, es nicht bei dem revidierten Abdruck der Werke zu belassen, sondern das Unternehmen um eine Neuheit, eine Autobiographie, zu bereichern, die den Anreiz erhöhen sollte, das Gesamtwerk zu zeichnen. Zunächst war diese von Freytag unwillig eingegangene Gefälligkeit allein für die *Gesammelten Werke* gedacht. Daß Freytag dem Drängen des Verlegers nachgab, hatte selbstverständlich kommerzielle, aber auch private Gründe, denn mit dem Verlagshaus Hirzel verband Freytag seit langem eine persönliche Freundschaft; an die Familie Hirzel hat Freytag bis 1895, seinem Todesjahr, rund 1000 Briefe und Karten geschickt.

Hirzel verdankte er nicht zuletzt den großen Erfolg seines Romans *Soll und Haben*, der ihn schlagartig in aller Munde brachte. Das Buch fand seine Leser und Käufer hauptsächlich im preußischen Bildungsbürgertum. Bis zum ersten Viertel des 20. Jahrhunderts, bis zum Auslaufen der Autorenschutzfrist, brachte es der Roman auf 128 Auflagen mit 750 000 Exemplaren; es war, um den «sozialistischen Geschichtsschreiber» Franz Mehring (1846–1919) zu zitieren, der Freytag als «bürgerlichen Schriftsteller» der Arbeitswelt durchaus schätzte, der «gelesenste aller deutschen Romane». Die Tantiemen aus dem Verkauf dieses Romans waren der Grundstock für ein Vermögen von zwei Millionen Goldmark, das Gustav Freytag am Ende seines Lebens besaß.

Der Rückblick eines Antisemiten?

Auf Freytag liegt der Vorwurf des Antisemitismus. Daher ein Wort vorweg, denn gerade dieser «klassische Kaufmannsroman *Soll und Haben*» – so eine Verlagswerbung – um den tüchtigen Breslauer Handelsmann Anton Wohlfahrt und dessen schmutzigen, hinterhältigen jüdischen Gegenspieler Veitel Itzig, gilt als Muster des Antisemitismus, ein Wort und ein Begriff übrigens, die es bei Niederschrift des Buches um die Mitte des 19. Jahrhunderts noch gar nicht gegeben hat. Freytag hat sich jedoch von seiner die Juden in ihrem Menschentum herabsetzenden Haltung gelöst und in einer *Pfingstbetrachtung* 1893, kurz vor seinem Tod, in der Wiener Neuen Freien Presse das «Getöse» des Antisemitismus beklagt; der «Central-Verein deutscher Staatsbürger jüdischen Glaubens» fand den Beitrag so hilfreich, daß er ihn siebzehn Jahre später, 1910, in einer separaten Broschüre unter die Leute brachte. Auch sei daran erinnert, daß Freytag geradezu spontan dem 1890 gegründeten «Verein zur Abwehr des Antisemitismus» beigetreten war und seine dritte Frau, Anna, verheiratete Strakosch, geborene Götzel, an die er hingebungsvolle Briefe richtete und die er in Anleihe an seine Romanwelt «Frau Ilse» nannte, Jüdin gewesen ist.

Gustav Freytags Einstellung gegenüber Juden zeigt ihn eingebunden in konventionelle bürgerliche Wertungen, wie wir sie selbst bei Jacob Burckhardt finden, dessen jüngst in die breite Öffentlichkeit getragener Ton «hämischer Besorgnis» (Fritz Stern) um die Zukunft der Juden («Die Semiten werden namentlich ihre völlig unberechtigte Einmischung in alles Mögliche büßen müssen») jüngst die Eidgenossen aufgeschreckt hat (s. unten S. 263). Freytags Haltung ist wenig verschieden von der Theodor Fontanes – Wilhelm Raabe sei mit seinem *Hungerpastor* und dem niederträchtigen Dr. Theophile Stein alias Moses Freudenstein beiseite gelassen –, der vor der «totalen Verjüdelung», wie er sagte, erschrocken sei, die alles «vermansche», der aber nichts dabei fand, daß sein Sohn sich mit einem Juden Cohn zusammentat, um einen Verlag zu betreiben. Fontane war es auch, der auf die literarische Tradition von Freytags «bösem Juden» hinwies, die sich zum Beispiel in den knapp zwei Jahrzehnten früher erschienenen Geschichten von Charles Dickens fände: «Die Judenherberge [in Breslau]... und Veitel Itzig... sie alle könnten in den ‹Pickwickern›, im ‹Oliver Twist› und ‹Nikolaus Nickleby› so gut eine Stelle finden, wie in Freytags ‹Soll und Haben›.» Es ist keineswegs eine müßige Frage, wie stark sich Freytag an Dickens orientierte; der Redakteur Bolz der Freytagschen *Journalisten* nimmt gewiß nicht zufällig Dickens' Pseudonym Boz auf.

Beachtenswert ist das Echo der jüdischen Publizistik auf Gustav Freytag und seine Werke. Als judenfeindliche Zeugnisse sind die Frühwerke aufgenommen worden, *Soll und Haben* zumal, aber auch die *Journalisten* mit dem wendigen-windigen jüdischen Artikelschreiber Schmock («Ich habe geschrieben links, und wieder rechts. Ich kann schreiben nach jeder Richtung»); zweifellos mögliche jüdische Einzelerscheinungen seien hier zu Stereotypen generalisiert. Später aber habe sich Freytag zum Verteidiger der Juden gewandelt, und das nicht aus persönlichen Gründen wegen seiner Liebe zu der ihn aus einer Phase der Schwermut aufrichtenden Jüdin Anna Strakosch – der in gewissem Sinne die Niederschrift der Lebenserinnerungen verdankt wird –, sondern aus dem Erlebnis des Fluchs des Antisemitismus. Der Rabbinersohn und durch das Breslauer Rabbinerseminar gegangene Gustav Karpeles (1848–1909) gedenkt in einem Nachruf 1895 in der Allgemeinen Zeitung des Judentums, deren Herausgeber er war, Freytags Wendung gegen den Antisemitismus: «Mit dem Momente, wo die Hetze gegen die Juden von antisemitischer Seite begann, trat Freytag in die erste Reihe derer, die mit dem Vollgewicht ihres Namens und mit guten Gründen für unser Recht eintraten. Im verworrenen

Schlachtgewühl der Zeitideen wirkten sein Name und sein Wort klärend und befreiend.» Jene *Pfingstbetrachtung* des Jahres 1893 wird als «Testament des großen deutschen Dichters» geachtet, dessen Werke ins Hebräische übersetzt wurden, und über das Grab hinaus wird ihm Wertschätzung entgegengebracht: «Es ist nicht wahr, daß die Juden undankbar sind – im Gegentheil: mit inniger Pietät gedenken sie derer, die je für sie und ihr gutes Recht eingetreten sind und bewahren ihre Namen zu ewigem Gedächtniß auf. In der Reihe dieser Männer wird der Name Gustav Freytag immer mit Pietät genannt werden.»

Man wird Gustav Freytag nicht an den Anfang eines blutigen Antisemitismus setzen dürfen: Seine Einstellung in den letzten Jahren sollte bedacht werden, auch wenn die griffige Gestalt eines Veitel Itzig jedem Judenhasser zupaß kam.

Von der Schwierigkeit der Erinnerungsarbeit

Freytag konnte sich dem Wunsch der Hirzels schlecht entziehen, die einen Lebensrückblick als Kaufanreiz für die aufwendige Gesamtausgabe erbaten. Der Verlag hatte mit langem Atem und Aufwand – von den kleineren Schriften und Werken abgesehen – die großen Fortsetzungsgeschichten herausgebracht, nach den *Bildern* und den *Neuen Bildern aus der deutschen Vergangenheit* (1859–1867) die *Ahnen* (1872–1880): die Schicksale einer Familie von der germanischen Zeit, vom römischen Kaiser Julian Apostata († 363) bis zu Geschehnissen in einer schlesischen Kleinstadt zu Beginn des 19. Jahrhunderts, und nirgendwo in dieser deutschen Forsyte-Saga ist so viel Persönliches eingeflossen wie in diesem Schlußabschnitt. «Eindrücke, welche dem Schlesier in seiner Jugendzeit kamen, [sind] sorglos und reichlich benutzt», schreibt Freytag rückblickend in seinen *Erinnerungen.* War es nicht einleuchtend, um solche selbst zu bitten?

Die *Erinnerungen aus meinem Leben* – wie es eingangs heißt: «das Heraufwachsen eines Einzelnen in den Jahren

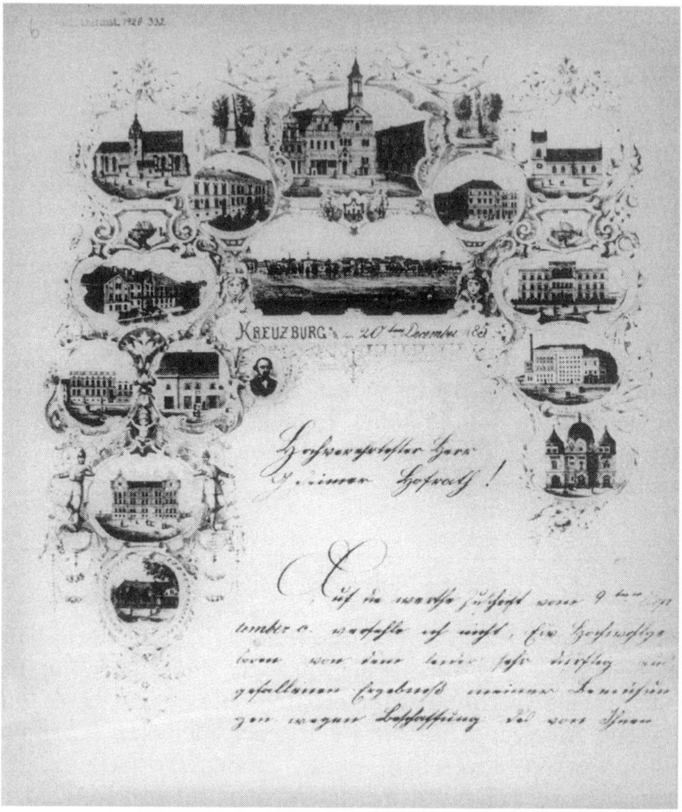

27 *Brief des Kreuzburger Bürgermeisters Robert Müller an den «Geheimen» Hofrat Freytag vom 20. Dezember 1885: die Antwort auf dessen Wunsch, für die Niederschrift seiner Erinnerungen Näheres aus Kreuzburg über die ersten Jahrzehnte des 19. Jahrhunderts zu erfahren. Er unterrichtete ihn – ein Vierteljahr nach der Anfrage – «von dem leider sehr dürftig ausgefallenen Ergebniß». Das Briefpapier ist interessant. Es zeigt links in der Mitte ein kleines Portrait Gustav Freytags, daneben dessen Geburtshaus. Abgebildet ist außer einer Vedute und einigen repräsentativen Gebäuden wie Rathaus, Kirchen, Lehrerseminar auch die Synagoge (rechts unten), obwohl sie erst ein Dreivierteljahr später, am 15. September 1886, eingeweiht wurde (s. oben S. 66f.). Für den Bürgermeister ist die Synagoge offenbar ein darstellenswertes Schmuckstück der Stadt.*

von den Freiheitskriegen bis zur Gründung des Deutschen Reiches» – sind Freytag nicht leicht gefallen. Man hat die Rechnung aufgestellt, daß der 1816 geborene Freytag die Zeit bis 1848 auffällig breit behandelt habe, daß er «die erste Hälfte seines Lebens mit gleicher Ausführlichkeit erzählt wie die zweite» (Th. Bögel), obwohl erst mit der 1848 einsetzenden Grenzbotenzeit die Schaffensperiode einsetzt, die ihn zum führenden deutschen Schriftsteller des dritten Viertels des 19. Jahrhunderts hat werden lassen, «zeitgemäß und namhaft wie kein anderer» (A. Dove). Zwei Gründe sind für diese Unausgewogenheit angeführt worden: ihm sei es zum einen darum gegangen, die Wege der Selbstfindung sich und anderen darzustellen; des weiteren habe er sein Schicksal als «Kind der Grenze» vorführen wollen, das Leben nicht einmal zwanzig Kilometer von dem damaligen Russisch-Polen entfernt, mit seinen Konflikten, die von «drüben» kamen, dem Heukrieg mit den Polen bei Pitschen und dem «Schmuggel in den Händen weniger jüdischer Kaufleute».

Nicht leicht war es für Freytag, die teilweise abgesunkenen Erinnerungen aufzufrischen. 1846, vor fast einem halben Jahrhundert, war er das letzte Mal in seiner Geburtsstadt Kreuzburg gewesen, seiner «lieben, alten Stadt», wie er sie nannte, und selbst Schlesien, Breslau hatte er nach 1875 nicht mehr besucht. Es ist bezeichnend, daß er im September 1885 vom damaligen und um das Wohl der Stadt verdienten Kreuzburger Bürgermeister Robert Müller (1818–1890) Aufzeichnungen erbat «aus der Zeit vor und während den Freiheitskriegen und von da bis in die dreißiger Jahre». Bürgermeister Müller ließ sich bei seinen Recherchen über ein Vierteljahr Zeit, um unter dem 20. Dezember 1885 dem «Geheimen Hofrath» mitzuteilen, daß man Aufzeichnungen oder Personen, die Auskunft geben könnten, nicht habe auftreiben können, und daß manches erfragte Detail – zwei verhaftete Griechen mit einem mysteriösen Goldschatz zum Beispiel – «in den landräthlichen Acten nicht zu finden» sei. Die ausgebliebene Bestätigung focht Freytag nicht an, die dramatische Geschichte von dem Griechen, der quer durch Europa Lösegeld für griechische Freiheitskämpfer in türkischer Gefangenschaft erbettelt, aber die Summe für sich behalten haben soll, in jener behaglichen Breite zu erzählen, die der Schriftsteller-Konkurrent Fontane «Teppichmalerei» nannte. Um Gustav Freytag überhaupt etwas zu bieten, schickte ihm Bürgermeister Müller Theodor Heidenfelds *Chronik der Stadt Kreuzburg* von 1861, die einzige etwas umfangreichere Darstellung von Kreuzburgs Geschichte bis zum Ende der deutschen Zeit (siehe oben S. 43 f.).

Man hat darauf hingewiesen, daß manche erzählte Begebenheit – nicht nur die Griechengeschichte, auch der Pitschener Heukrieg – nicht belegbar sei, daß es sich bei diesem Werk «wirklich und im engeren Sinne des Wortes um ‹Erinnerungen›» handele. Es sei Freytag darauf angekommen, «das subjektive Moment stärker zu betonen und überall deutlich zu Worte kommen zu lassen, während ihn die reine objektive Richtigkeit der Tatsachen wenig zu interessieren schien» (G. Menz). Er habe in keiner Chronik nachgeschlagen und Erinnerungen anderer Personen nicht herangezogen – auch Heidenfeld blieb unbenutzt, obwohl Bürgermeister Müller in seinem Brief an Freytag ausdrücklich hervorhob, die Schrift sei «unter sorgfältiger Benutzung unserer rathshäuslichen Acten» entstanden.

Klagen über das schwierige Sich-entsinnen bei der Niederschrift seiner *Erinnerungen* finden sich allenthalben in Briefen an die «Mahnerin», die «Vertraute seiner Werkstatt», an Anna Strakosch (1852–1911), die er nach ihrer beiderseitigen Scheidung – der Freytags von seiner in einer Nervenheilanstalt dahindämmernden Frau und der Frau Strakoschs von dem Vortragskünstler und Professor Alexander Strakosch – 1891 heiraten sollte: «... ich kann gar nicht sagen, wie langweilig mir diese Arbeit ist, eine erfundene Geschichte wäre 3 mal fertig. Es liegt in dem sich Erinnern an solche verschüttete Vergangenheit so viel Schmerzliches u. dies Begutachten meiner selbst ist mir so unangenehm, daß ich mir immer den Gedanken an Eine, deretwegen ich schreibe, vorführen muß, um nicht auszu-

28 Mit Anna geb. Götzel, geschiedener Strakosch, ging Freytag die dritte Ehe ein. Seine erste Frau verunglückte tödlich, seine zweite wurde geisteskrank und endete in einer Heilanstalt. 1891, mit 75 Jahren, heiratete er die 36 Jahre jüngere Anna, Tochter eines jüdischen Wiener Bankdirektors, die sich von dem Burgschauspieler und Rezitator Alexander Strakosch (1845–1909) hatte scheiden lassen. In der März 1891 in der Sieblebener «Zur guten Schmiede» vollzogenen Trauzeremonie stellte sein Freund Herzog Ernst II. von Sachsen-Coburg-Gotha den Trauzeugen.

spannen» (an Anna Strakosch, 6. 8. 1886). Als der Druck beendet war, schrieb Freytag an den Verleger Heinrich Hirzel, den Sohn Salomons: «Meine Erinnerungen sind leider farbloser und zu sehr literarischer Natur, als für das große Publicum bequem sein wird. Doch das war nicht zu ändern» (17. 9. 1886).

Freytag hatte offensichtlich selbst das Gefühl, daß seine Schilderungen (darunter sind insbesondere die seiner schlesischen Jugend zu verstehen) nicht sehr konkret sind. Vor allem: Sie sind Berichte eines Sohnes der Oberschicht. Kein Wort ist gesagt über die große Not der Robotbauern, die von den bis 1872 mit Polizeigewalt ausgestatteten Gutsherren ausgebeutet wurden (Kreuzburg war ein ganz und gar agrarischer Kreis), nichts von den preußischen Kolonisationsversuchen, es fehlt der blutige Aufstand von 1848 in Rosen, der mehrere Menschen das Leben kostete; der Bildungsstand der so gut wie ganz polnisch sprechenden Landbevölkerung wird nicht deutlich (s. oben S. 65 ff.).

Es mag allerdings sein, daß die Wahrnehmung solcher Auslassungen zu sehr von der heutigen Einstellung aus bestimmt ist. Gustav Freytag könnte auf enthusiastische positive Stimmen verweisen, zum Beispiel auf die des Dr. P. D. Fischer, Direktor im Reichs-Postamt in Berlin, der mit Freytags *Erinnerungen* in der Hand im April 1888 unmittelbar nach deren Erscheinen in dienstlichem Auftrag nach Kreuzburg und Umgebung gereist war, nach Pitschen und nach Schönwald, woher Freytags Familie kam: «Ich hatte Ihre Erinnerungen kurz vorher gelesen», so schrieb er, der das Buch «im Mantel» mit sich führte, an Gustav Freytag, «und mir stand das Bild, das Sie von Ihrer Vaterstadt und dem streitbaren Pitschen gezeichnet haben, auf das Lebendigste vor der Seele.» Fischer, auch er Stimme der Obrigkeit, wie Freytag als Sohn des Bürgermeisters von Kreuzburg, fand die Schilderung präzise und aufschlußreich, und vielleicht ist unser heutiger für gesellschaftliche Zustände geschärfter Blick der treuherzig-nationalen Tendenz von Freytags Bericht unangemessen.

Der Erfolg der «Erinnerungen»

In etwas lustloser Aufmachung – ohne gliederndes Inhaltsverzeichnis und ohne irgendein Vorwort – erschienen die *Erinnerungen aus meinem Leben* im Herbst 1886 als

Band 1 (S. 1–256) der Gesammelten Werke, zusammen mit den Gedichten, unter denen kaum ein erinnernswertes steht: im Tone schwülstig, in der poetischen Anlage nicht selten ungeschickt, und Adalbert Stifter dürfte mit seinem Urteil nicht falsch liegen, daß ihm bei Freytag die Poesie fehle. Hier lag Freytags Stärke nicht. Die *Erinnerungen* jedoch schlugen beim Publikum ein. Um die Abonnenten nicht zu verprellen, ließ der Verleger ein Jahr verstreichen, dann erschienen die *Erinnerungen aus meinem Leben* als separate Ausgabe: neu und großzügiger gesetzt, auf besserem Papier, an der Spitze ein Widmungsgedicht «An Frau Anna Strakosch», mit einem informativen Inhaltsverzeichnis und mit einer «Vorrede», in der Freytag erklärte: «Ich hatte beim Niederschreiben nicht daran gedacht, daß die Bogen berechtigt sein könnten, ein selbständiges Werk darzustellen, der Verleger aber hielt sich durch seine vorausgegangene Erklärung für gebunden, obwohl gerade ihm das Eingehen auf die Forderung der Presse hätte erwünscht sein können.» Der Text blieb trotz des neuen Satzes gleich. Allerdings nahm der Autor eine für sein Selbstverständnis interessante Umstellung vor; er setzte ans Ende eine Aufzählung, was das Leben ihm, dem Siebzigjährigen, gebracht habe. Der Abschnitt war in der Ausgabe der Gesammelten Werke an versteckter Stelle mitten im Text verborgen gewesen.

Die jetzigen Schlußsätze offenbaren den Autor, der 1866 als nationalliberaler Abgeordneter dem norddeutschen Reichstag angehört hatte und im Krieg 1870/71 Begleiter im Hauptquartier des Kronprinzen Friedrich von Preußen gewesen war, als einen mit der politischen Situation zutiefst zufriedenen Menschen: «Zuletzt aber darf ich, ein bejahrter und unabhängiger Mann,... als höchsten Gewinn meines Lebens das Glück rühmen, welches mir, gleich Millionen meiner Zeitgenossen, gegeben worden ist durch Einen, der auf die Siebzigjährigen herabsieht, wie auf ein jüngeres Geschlecht, durch unseren guten Kaiser Wilhelm und durch seine Helfer, den Kanzler und den Feldherrn.» Der greise Kaiser Wilhelm I. – neunzig Jahre alt, als Freytag diese Sätze hinausgehen ließ –, der Kanzler Otto von Bismarck und der Feldherr Helmuth von Moltke sind die Schmiede seines Glücks, das wenig später zerbrach. Wilhelm I. starb im März 1888, Moltke trat im August desselben Jahres von seinem Posten als Generalstabschef zurück, und Bismarck wurde im März 1890 gestürzt.

Gustav Freytag hat sich in den letzten Jahren seines Lebens ganz ins Private zurückgezogen, trat weder literarisch noch politisch hervor. Am 30. April 1895 ist er in Wiesbaden gestorben; beigesetzt wurde er in Siebleben bei Gotha. Der Friedhof, schräg gegenüber dem Haus «Zur guten Schmiede», ist heute aufgelassen, lediglich Freytags Grab blieb erhalten, in das sich auch seine dritte Frau Anna beerdigen ließ. Auf den Grabstein sind die Worte eingemeißelt, mit denen Freytag seine Mathy-Biographie enden ließ: «Tüchtiges Leben endet auf Erden nicht mit dem Tode, es dauert in Gemüth und Thun der Freunde wie in den Gedanken und der Arbeit des Volkes ...»

III
Schattenwerfende Amtsvorgänger

Ignaz von Döllinger
Ein exkommunizierter Theologe als Akademiepräsident und Historiker

Wenn es um einen Exkommunizierten der katholischen Kirche geht, hat unter den Gelehrten des 19. Jahrhunderts kaum ein Fall solches Aufsehen erregt wie der des Münchner Professors der Theologie und Stiftspropstes Ignaz von Döllinger (1799–1890). Zunächst ein treuer Sohn der Kirche, ein streitbarer Verteidiger des politischen Katholizismus, verweigerte er sich 1870 den Dogmen der Unfehlbarkeit und der universalen Bischofsmacht des Papstes aus Gründen historischer Wahrheit, wie er sie verstand, und wurde, weil er die Beschlüsse des Ersten Vatikanischen Konzils kompromißlos nicht anerkannte, exkommuniziert. Seine Stimme ermunterte vornehmlich katholische Intellektuelle, sich von der Amtskirche zu trennen und eine eigene Kirche zu gründen: die Altkatholiken. Jedoch der aus der Kirche ausgestoßene Döllinger schloß sich dem Altkatholizismus nicht an: «Ich bin kein Altkatholik, sondern ein exkommunizierter Katholik.» Döllinger entfaltete, über 70 Jahre alt, eine neue Tätigkeit, die eines Präsidenten der Bayerischen Akademie der Wissenschaften, und gewann großen Einfluß auf die öffentliche Meinung. 1999, fast 130 Jahre später, feierte die katholische Fakultät der Münchner Ludwig-Maximilians-Universität mit Billigung und sogar Zuspruch des Erzbischofs von München und Freising in einem eigenen Kolloquium (24. Februar 1999) den 200. Geburtstag des Mannes, den 1871 der Amtsvorgänger des jetzigen Metropoliten aus der Kirche ausgeschlossen hatte. Und nicht nur das: Am

Ende der Veranstaltung stand ein Gedenkgottesdienst für den Exkommunizierten in der Universitätskirche, bei dem der Dekan der Katholisch-Theologischen Fakultät die Festpredigt hielt.

Der folgende Beitrag gilt der Lebenszeit Döllingers nach der Exkommunikation. Er behandelt seine Rolle als Präsident der Bayerischen Akademie und als Historiker, eine seltsame Zusammenstellung. Akademiepräsident ist ein temporäres Amt, wahrgenommen während einer durch Statuten festgelegten Zeit; Historiker ist man durch Beschäftigung mit einem geschichtlichen Stoff, und das betrieb Döllinger zeit seines Lebens: seit er 1823 vierundzwanzigjährig zum Professor für Kirchengeschichte und Kirchenrecht am Lyzeum in Aschaffenburg bestellt worden war, ein halbes Jahrhundert vor der Akademiepräsidentschaft. Die Unstimmigkeit ist beabsichtigt: Das Zeugma «Akademiepräsident» und «Historiker» will einen bestimmten Sachverhalt andeuten: die Parallelität der Akademiepräsidentschaft mit einem sich immer stärker als Historiker darstellenden Döllinger.

Die Exkommunikation als Amtsempfehlung

Zwar hat die Münchner Ludwig-Maximilians-Universität unbeirrt und unverdrossen an ihrem im April 1871 exkommunizierten und ihr Ärger ins Haus tragenden Professor der Theologie festgehalten, auch als Kandidaten der Theologie ihn nicht hören durften oder besser: sollten, aber es war doch das Ende der Betätigung auf dem Universitätsfelde abzusehen, auch wenn ihm, dem beamteten Professor, das Recht, Vorlesungen zu halten, erhalten blieb. Die Universität huldigte ihm, dem Senior der Theologischen Fakultät, demonstrativ in dieser Situation des Ausschlusses aus der Amtskirche: Man wählte ihn am 29. Juli 1871 mit überwältigender Mehrheit zum Rektor. Der Wahl kam insofern besondere Bedeutung zu, als ein 1872 amtierender Rector magnificus die Universität bei deren 400-Jahr-Feier zu repräsentieren hatte; das Bekenntnis der Universität zu Döllinger war gleichzeitig der Beleg, daß man diese Aufgabe bei ihm trotz Exkommunikation und Vorlesungsverzicht in besten Händen wußte.

Schüler und Freunde Döllingers sahen nach dem Bruch mit der Kirche 1871 und mit dem Ende der Universitäts- und auch der Stiftspropsttätigkeit mit Sorge der Zukunft ihres Meisters entgegen, dem der Raum öffentlicher Wirksamkeit – so sahen sie es – so sehr Bedürfnis war, daß private Studien zur Befriedigung eigenen Erkenntnisdrangs oder Erforschung eng begrenzter Probleme ihm kaum genügten. Döllingers Eckermann, sein Schüler, Biograph und Nachlaßverwalter, der zum Altkatholizismus übergegangene Johann Friedrich (1836–1917), formulierte es in seiner dreibändigen, mehr breit als tief geratenen Döllingerschen Lebensbeschreibung so: «Dieser Drang nach Erkenntnis [d. h. sich selbst genügende Forschungen] barg... die Gefahr in sich, daß Döllinger nicht mehr zu einer produktiven Thätigkeit gelangen dürfte, wenn nicht ein fremder Eingriff ihn dazu nötigte.» «Produktive Thätigkeit» war für Friedrich das öffentliche Auftreten, und der «fremde Eingriff», der Döllinger «dazu nötigte», war die Übertragung des Präsidentenamtes der königlich-bayerischen Akademie der Wissenschaften.

Am 18. April 1873 war der Präsident der Akademie, der ordentliche Professor der Chemie und königliche Geheime Rat Justus von Liebig, gerade siebzigjährig, gestorben. Bei der Erörterung seiner Nachfolge war zwar der Name Döllingers in vieler Munde, aber es gab nicht wenige Vorbehalte, von denen «seine Stellung zur Hierarchie» (J. Friedrich), wie man damals sagte, nur einer war. Da war seine Fakultätsprofession: Er war Theologe. Die Theologie galt seinerzeit als eine der Akademie vom Wesen her weitgehend fremde Disziplin; die wohl angesehenste Akademie Deutschlands, die Preußische, hatte diese Einstellung, wie andere auch. Wissenschaftliche Leistungen sah man damals auf vielen Gebieten, nicht aber unbedingt auf dem der Theologie. Als der preußische König Friedrich Wilhelm IV. 1842 den ersten Verdienstorden für Wissenschaften und Künste stiftete, die Friedensklasse des

29 Ignaz von Döllinger (1799–1890), Portrait Franz Lenbachs (Ausschnitt), im Besitz der Bayerischen Akademie der Wissenschaften, München. – Döllinger abzukonterfeien galt als schwierig; seine Physiognomie hätte etwas Mephistophelisches, sagte man; man sprach von seiner im Gesicht zum Ausdruck kommenden «ätzenden Schärfe und kalten Überlegung» (Josef Popp), andere sahen «in den scharfgeschnittenen Zügen ein wunderbares Leben und in den Augen … ein Leuchten» (Felix Stieve), wieder andere nahmen ein «sarkastisches Lächeln» in seinen «strengen Zügen» wahr (Rosalie Braun-Artaria), aber es gab auch respektlose Urteile wie das eines seiner frühesten Schüler und Weggefährten, des freischweifenden Kunstwissenschaftlers Hyacinth Holland (1827–1918), der meinte, mit dem Äußeren Döllingers verglichen zu werden, sei keine Schmeichelei, «denn dieser sah aus wie eine Vogelscheuche». Döllinger selbst hatte von seiner Gestalt und Physiognomie keine große Meinung. Louise von Kobell, der wir die persönlichsten Mitteilungen verdanken, schreibt: «Durch eine schon aus der Kindheit stammende Tradition und durch alltägliche Urteile daran gewöhnt, sich häßlich nennen zu hören, hatte Döllinger auch mit großer Bescheidenheit die Überzeugung gewonnen, er sei häßlich. Es erregte somit oftmals sein humoristisches Erstaunen, daß Lenbach etwas anderes in seinen scharf geschnittenen Zügen fände, als ein garstiges Gesicht.» Lenbach, der sich an einem Portrait Döllingers immer wieder versucht hat, bezeichnete sich ironisch als «Döllingerscher Hofmaler». Mit Haupt-Portraits, Vorarbeiten, Wiederholungen, Varianten sind mindestens 13 Gemälde erhalten; etwa ebenso viele weitere Döllinger-Portraits von der Hand Lenbachs lassen sich über die Literatur nachweisen.

Ordens Pour le mérite, ließ er in die Statuten einrücken: «Die theologische Wissenschaft ist, ihrem Geiste gemäß, hiervon ausgeschlossen.» Man hat sich die nächsten Jahrzehnte strikt daran gehalten, zumal die Preußische Akademie häufig an den Wahlvorbereitungen für den Orden beteiligt war. Der erste Angehörige einer theologischen Fakultät, der 1902 in den Orden aufgenommen wurde, war Adolf Harnack, aber nicht in seiner Eigenschaft als Theologe, sondern als Historiker, als Kirchenhistoriker, als welchen sich auch Döllinger begreifen ließ. Das tat in gewisser Weise wahrscheinlich auch König Max II., der 1853 (in Aufnahme des Gedankens des preußischen Friedens-Pour le mérite) einen Orden «für hervorragende Leistungen im Gebiet der Wissenschaft und Kunst» einrichtete und unter den ersten sogleich Döllinger berief. Döllinger blieb übrigens der einzige Theologe bis zum Eingehen des Ordens durch den Tod des letzten Ordensmitglieds 1968.

Ein Theologe an der Akademiespitze konnte auch aus anderen Gründen unpassend wirken. Der Präsident war zugleich in Realunion «Generalconservator der wissenschaftlichen Sammlungen des Staates», ein weites Reich. Die Zuordnung, die man zu Beginn des 19. Jahrhunderts eingerichtet hatte, war 1827 durch Dekret geregelt worden und bestand bis in die Zeit des Nationalsozialismus, bis gegen den Willen der Akademie der getrennte Posten eines «Generaldirektors der Staatlichen Sammlungen des Landes Bayern» vorwiegend deshalb geschaffen wurde, um einen in der Universitätslaufbahn nicht sonderlich erfolgreichen Parteigenossen der NSDAP mit einer Pfründe zu versorgen, den «alten Kämpfer» Max Dingler (1883–1961). Durch Führererlaß wurde dieser Dingler 1937 in das neue Amt eingewiesen und damit die heute geltende Trennung der Akademie von ihren, wie sie einstmals hießen, «Attributen» vollzogen. Um eine Vorstellung von dem umfassenden Charakter des einstigen «Generalkonservatoriums» zu geben: Noch 1933, zum Zeitpunkt der Machtübernahme durch die Nationalsozialisten, zählten zwanzig Sammlungen zur Akademie, darunter so stattliche Einrichtungen wie das Museum für Völkerkunde, der Botanische Garten, die Paläontologische, die Zoologische, die Prähistorische Sammlung, das Museum für Abgüsse klassischer Bildwerke sowie das Münzkabinett. Der Akademiepräsident war deren oberster Dienstherr, als welchen man sich einen Theologen kaum vorstellen konnte.

Döllingers Qualifikation als Akademiepräsident

Auf diese und ähnliche Einwände mußte man bei einem Vorschlag Döllingers gefaßt sein, und das Ministerium sah es genauso. Es mußte für diesen Schritt den König gewinnen, denn seit November 1841 war ein Akademie-Statut gültig, daß der «Vorstand», wie das Amtsdeutsch den Präsidenten betitelte, für die Dauer von drei Jahren vom König ernannt, nicht von den Akademiemitgliedern gewählt wird. Das ministerielle Memorandum vom 14. Mai 1873 lohnt die Lektüre (München, Bayerisches Hauptstaatsarchiv, Ministerium des Innern [MK] 40344):

Mit der Function eines Vorstandes der k. Academie der Wissenschaften ist die Function eines Generalconservators der wissenschaftlichen Sammlungen des Staates organisch verbunden. ... Seit dem 1. Januar 1860 versah beide Functionen [*die des Präsidenten und die des Generalkonservators*] der ordentliche Professor und k. geheime Rath Dr. Justus Freiherr von Liebig, bis vor wenigen Wochen ein zu früher Tod dem fruchtreichen Wirken dieses großen Naturforschers ein Ende machte. ...

Die Wiederbesetzung hat aber ihre eigenthümlichen Schwierigkeiten, weil Dr. Freiherr von Liebig als Gelehrter einen Weltruf besaß und Männer von so hervorragender Qualification schwer aufzufinden sind.

Bei dieser Wiederbesetzung möchten nun folgende Gesichtspuncte zu berücksichtigen sein. ...

Die Wirksamkeit der Academie umfaßt das ganze Gebiet der allgemeinen Wissenschaften, namentlich Philosophie, Philologie, alte und neue Literatur, Mathematik, sämmtliche Naturwissenschaften und Geschichte.

Der Vorstand dieser Gesellschaft soll daher Fachmann in einer dieser Disciplinen sein, einen ausgezeichneten Namen im Gebiete der

Wissenschaften besitzen und die Kunst verstehen, eine gelehrte Corporation nach Außen in würdevoller Weise zu repräsentiren.

Das k. Generalconservatorium umfaßt vorherrschend naturwissenschaftliche Sammlungen. Da jede dieser Sammlungen von einem sachkundigen Fachmann administrirt, ergänzt und benutzt wird, so erscheint es nicht nothwendig, daß der k. Generalconservator in einem Zweige der Naturforschung selbst Specialist sei.

Hingegen muß von ihm umfassende allgemeine Bildung, verbunden mit einer gewissen Kenntniß des gegenwärtigen Standes der Naturwissenschaften verlangt werden. ...

Wird nun nach diesen Gesichtspuncten die Liste der in München wohnenden ordentlichen Mitglieder der k. Academie der Wissenschaften durchgangen, so findet sich ein einziger Mann in dieser Reihe, welcher allen hier formulirten Ansprüchen zu genügen vermag und als ein würdiger Nachfolger des berühmten Dr. Freiherr von Liebig bezeichnet werden kann. Es ist dies der ordentliche Professor, Stiftspropst und Reichsrath Dr. Ignaz von Döllinger. ... Er zählt zu den ersten Historikern Deutschlands und besitzt wie Dr. Freiherr von Liebig einen Namen, der die Grenzen Deutschlands, ja Europas weitaus überschritten hat. Er genießt die allgemeine Achtung und Verehrung aller Gebildeten, die nicht dem Ultramontanismus huldigen und hat im vorigen Jahre bei dem Stiftungsfeste der Hochschule München als Rector dieser Corporation in der überzeugendsten Weise nachgewiesen, daß ihm die Kunst der Repräsentation auch in den schwierigsten Fällen in seltenem Grade eigen sei. ...

Dr. von Döllinger ist zwar bereits 74 Jahre alt, erfreut sich aber einer merkwürdigen Frische des Geistes und des Körpers; das Alter, das sonst keine Schonung kennt, scheint an diesem Träger einer staunenswerthen Gelehrsamkeit achtungsvoll vorüberzuschreiten, weshalb in dieser Richtung gegen die Übertragung der beiden erwähnten Functionen an ihn nicht das geringste Bedenken obwaltet. Auch dürfte sich dieselbe nach den aus verschiedenen Kreisen vernommenen Stimmen des allgemeinen Beifalls zu erfreuen haben. ...

München, den 14 Mai 1873
Dr. v. Lutz
Ref.: Ministerialrath Dr. von Völk

Wer ministerielle Routine-Eingaben kennt, muß erstaunt sein über den ausführlichen (hier auf die Hälfte gekürzten) und sichtlich mit innerer Anteilnahme verfaßten Text. Das hat seinen guten Grund. Der exkommunizierte Döllinger, ausgestoßen aus der Kirche, jedoch als Gelehrter und in der Bildungswelt von hohem Ansehen, kam dem Ministerium sehr zupaß. Ausdrücklich ist darauf hingewiesen, daß Döllinger «die allgemeine Achtung und Verehrung aller Gebildeten» genieße, «die nicht dem Ultramontanismus huldigen». Er wird ganz als Historiker vorgestellt; daß er Theologe ist, wird mit keinem Wort erwähnt.

Bayern lehnte den Ultramontanismus und dessen Romgebundenheit energisch ab. Es hatte den Beschlüssen des Ersten Vaticanum von 1870 strikt das «Placetum regium» verweigert, d. h. von seinem Recht Gebrauch gemacht, «neuen kirchlichen Einrichtungen oder Veränderungen die Genehmigung zu verweigern». Vertreten wurde diese Haltung von dem liberalen Staatsminister des Innern für Kirchen- und Schulangelegenheiten Johann von Lutz (1826–1890), getragen jedoch von König Ludwig II., dem die romhörige Haltung des Münchner Erzbischofs von Scherr ohnehin nicht zusagte. Lutz war ein energischer Verfechter der Trennung von Kirche und Staat; auf ihn geht der sogenannte Kanzelparagraph des Strafgesetzbuches zurück. Er hatte veranlaßt, daß in das soeben – am 1. Januar 1871 – in Kraft getretene Gesetzeswerk am 10. Dezember 1871 der Paragraph 130 a eingefügt wurde, der «Geistliche und andere Religionsdiener» unter Strafe stellt, die in Ausübung ihres Berufs «Angelegenheiten des Staates in einer den öffentlichen Frieden gefährdenden Weise zum Gegenstand einer Verkündigung machen». Der Kanzelparagraph war (mit geringen Unterbrechungen) bis 1953 gültig, eine Erinnerung gleichsam an das Ministerium, das Döllinger zum Präsidenten vorschlug. Fraglos wurde Döllinger als Gelehrter geschätzt. Zugleich aber diente er der Regierung als Galionsfigur der Unabhängigkeit von jeglicher kirchlichen Entscheidung. Die Absicht, Döllinger an die Spitze der Akademie zu stellen, hatte zu nicht geringem Teil politische Gründe. Der Verfasser der Eingabe Dr. Wilhelm von Völk († 1883) war ein enger Mitarbeiter Lutzens, der sicherlich dessen Sprache sprach; 1871 hatte der König ihm, der seit 1849 im Kultusministerium diente, das Ritterkreuz des königlichen Verdienstordens der Bayerischen Krone und damit den persönlichen Adel verliehen, gewiß nicht ohne Anregung von Lutz.

Die lange Amtszeit

Vom 1. Juni 1873 bis zu seinem Tod Januar 1890, fast 17 Jahre, war Döllinger Präsident der Bayerischen Akademie der Wissenschaften: keiner der 35 Präsidenten seit der Gründung 1759 bis heute hat länger amtiert, auch wenn Schelling mit 15 und Liebig mit 14 Jahren nahe heranreichen. Er ist zudem unter den 35 der einzige Theologe in diesem Amt, und kaum ein anderer Präsident hat in Stadt und Umkreis München so stark gewirkt wie Döllinger, zumal er das Tätigkeitsfeld der Universität verlassen hatte und sich ganz auf die Akademie konzentrierte.

Es wäre jetzt der Ort, Nachrichten aus den Akten der Akademie vorzutragen, und sicherlich waren sie reichlich vorhanden. Aber sie alle – Personalakte, Sitzungsprotokolle, Korrespondenz – gingen 1944 zugrunde, als das Stammgebäude der Akademie, das alte Jesuitenkolleg, durch Bomben zerstört wurde und ausbrannte. Man ist hauptsächlich auf das Publizierte angewiesen, auf den umfangreichen Nachlaß, auf die reiche Korrespondenz (allein drei Bände seines Briefwechsels mit Lord Acton und ein ganzer Band Korrespondenz mit Lady Blennerhasset), auf die Resonanz, die Döllingers Wirken in der Literatur und in der Gesellschaft gefunden hat, denn Döllinger war ein geselliger Mensch, der es nicht unter seiner Würde fand, z. B. interessierten Damen gelehrte Auskünfte zu geben, sei es Anna Gramich, Louise von Kobell, Lady Blennerhassett (geb. Gräfin von Leyden) oder der salongierigen Frau Rosalie Braun-Artaria. Und vor allem gibt es das Leitseil der dreibändigen Biographie des altkatholischen Schülers und Kollegen Johannes Friedrich, deren rechthaberische Tendenz und provinzielle Intimität («wie die älteren Mitglieder [der Akademie] sich noch erinnern werden») freilich den Blick auf Döllingers Wollen und Leistung manchmal mehr versperren als öffnen.

Döllingers Tod 1890 hat eine größere Anzahl umfangreicher und verständlicherweise im Ton zuweilen überhöhter (aber auch schmähender) Nachrufe veranlaßt, am gehaltvollsten einen ausführlichen Aufsatz von Lord Acton, unter den Zeitgenossen wohl der intimste und vor allem urteilsfähigste Kenner von Döllingers Leben und Werk. Seine durchaus kritische Betrachtung trägt den vielleicht überraschenden, aber bezeichnenden Titel: *Doellinger's Historical Work*. Für Acton zählt der Historiker, nicht der Theologe. In der Tat: Die Frage, was historisch überliefert und als Glaubensgut anzunehmen sei, beschäftigte Döllinger immer stärker und entfernte ihn Schritt für Schritt von der hauptsächlich von Jesuiten getragenen und verteidigten amtskirchlichen Meinung.

Die Entfremdung

Ärgerlich in den Augen der Amtskirche waren schon 1861 Döllingers Odeonsvorträge über Kirche und Kirchenstaat, wo Döllinger die Möglichkeit einräumte, daß der Verlust des Kirchenstaates durchaus hinnehmbar und im Sinne einer Befreiung von weltlichen Lasten vielleicht sogar günstig sei. Noch provokanter wurden Döllingers *Papst-Fabeln des Mittelalters* 1863 empfunden.

Mehr als die Hälfte dieses Buches nimmt die Untersuchung der Silvesterlegende und der auf ihr aufbauenden Konstantinischen Schenkung ein, und hier lag für römische Kreise ein besonderer Stein des Anstoßes. Zwar hielt ernsthaft niemand mehr die Konstantinische Schenkung für echt, auch wenn immer wieder abseitige Verteidigungsversuche auftauchten, aber die These von Cesare Baronio (1538–1607) war noch lebendig, daß Griechen die Fälschung in ihrer Sprache abgefaßt hätten; im Westen hingegen sei das Falsum gutgläubig hingenommen und übersetzt worden; Rom sei unschuldig an diesem den Kirchenstaat und die weltliche Oberherrschaft legitimierenden falschen Dokument. Döllinger versuchte nachzuweisen, daß die Urfassung lateinisch gewesen sein müsse, daß sie schlecht woanders als in Rom entstanden sein könne und daß durchaus der Klerus der römischen Lateranbasilika, der «Mutter aller Kirchen», als Täterkreis in Frage komme.

Im selben Jahr wie die *Papst-Fabeln*, 1863, erschien die kritische Ausgabe der pseudoisidorischen Dekretalen, jener mit Fälschungen, hauptsächlich von Briefen früher Päpste, durchsetzten kirchenrechtlichen Sammlung, die um die Mitte des 9. Jahrhunderts im Westfrankenreich entstanden ist und nicht wenige die Primatialgewalt des Papstes stützende Sätze enthält. Döllinger war von dem Werk fasziniert und begann, zu dem Thema von Fälschungen, die den päpstlichen Jurisdiktionsprimat begünstigen, intensiv Belege zu sammeln, aufgestört zudem durch den 1864 verkündeten päpstlichen Syllabus, der die «Hauptirrtümer der Zeit» aufzeigen und zurückweisen wollte. In ihm werden neben philosophischen und gesellschaftlichen Lehren, wie Sozialismus und Kommunismus, auch die Trennung von Staat und Kirche und die Zurückweisung der weltlichen Herrschaft des Papstes als Irrtümer verworfen.

Döllinger sah, wie sich die Zeichen mehrten, die auf eine Dogmatisierung des Universalepiskopats und der Unfehlbarkeit des Papstes hinausliefen, und sein Forschungseifer wuchs, den Ursprung dieser Ansprüche in Fälschungen, an der Spitze in den pseudoisidorischen Dekretalen, nachzuweisen. «Die Forschungen [über die Fälschungen] wurden», so urteilte Acton, «die Hauptbeschäftigung in seinem Leben.» In seinem *Janus*, unter welchem Pseudonym er die erweiterte Buchausgabe seiner Artikel in der Augsburger Allgemeinen Zeitung Ende August 1869 herausbrachte, kurz vor Eröffnung des Ersten Vatikanischen Konzils, ist kaum ein Gegenstand so ausführlich behandelt wie «die großartige Erdichtung der Isidorischen Decretalen, deren Wirkung weit über die Absichten der Urheber hinausreichte, und, wenn auch langsam, allmählich eine Umwandlung der kirchlichen Verfassung und Verwaltung herbeiführte... Sie ist seit Jahrhunderten enthüllt, aber die Grundsätze, welche durch sie verbreitet und praktisch verwirklicht werden sollten, haben so tiefe Wurzeln in den Boden der Kirche getrieben und sind so verwachsen mit dem kirchlichen Leben, daß die Aufdeckung des Betrugs nicht einmal eine nachhaltige Erschütterung des herrschenden Systems zur Folge gehabt hat.» Döllinger warnte: Wenn die römische Kurie allen Ernstes die Unfehlbarkeit und den Universalepiskopat des Papstes als Glaubenssätze verkünden wolle, dann werde eine Entwicklung zu Ende geführt, die durch einen Betrug eingeleitet sei, denn es sei «nun einmal nicht zu läugnen, daß für jeden Kenner der Geschichte mit Pseudo-Isidor auch der ganze historische Boden des Papalsystems» verschwinde.

Freiheit der Wissenschaft – Gefahr für das Dogma?

Döllinger drückte nicht nur die Sorge, daß Lehrsätze, die nicht aus der Geschichte begründbar seien, als festes Glaubensgut der katholischen Kirche verkündet würden; er sah in dem Dogmatisierungsvorgang eine Knebelung der Geistesfreiheit, die «alle geistige Bewegung und wissenschaftliche Thätigkeit in der katholischen Kirche» lahmlegen würde. «Der Wissenschaft ist diese Freiheit [der geistigen Entfaltung] so unentbehrlich als dem Körper die Luft zum Athmen, und wenn es Theologen gibt, welche ihren Fachgenossen diese Lebensluft unter dem Vorwand der Gefahr für das Dogma entziehen wollen, so ist dieß ein kurzsichtiges und selbstmörderisches Beginnen», so hatte sich Döllinger schon 1863 vor einer Versammlung katholischer Gelehrter vernehmen lassen.

Zugleich empfand es Döllinger als bedrückend, daß der national-katholische Anteil am deutschen Geistesleben im

---

30 Der harte Kern der Gegner der vatikanischen Beschlüsse, der über Ländergrenzen und Konfessionen hinwegreichte, traf sich verschiedentlich auf Schloß Arco-Valley am Tegernsee. Von links: Franz Lenbach, der an seiner braven Katholizität nicht zweifeln ließ und 1885 im Vatikan Papst Leo XIII. (1878–1903) portraitiert hatte. – Lord Gladstone nach seiner dritten Amtszeit als britischer Premierminister (zuletzt 1886); der liberale Gladstone (1809–1898), ein Anhänger des anglikanischen Staatskirchentums, hatte sich in Streitschriften gegen den nachvatikanischen Katholizismus gewandt (Rome and the Newest Fashions in Religion, 1875, deutsch 1876). – Rechts neben ihm seine Tochter. – Emmerich Graf von Arco-Valley

(1852–1909), der Gastgeber, hatte für die Armenpflege der Stadt München einen großen Teil seines Vermögens ausgegeben und trat im selben Jahr 1887 in den diplomatischen Dienst des Reiches. – Louise von Kobell (1827–1901), Tochter des Mineralogen und Schriftstellers Franz von Kobell, Ehefrau des liberalen Kabinettssekretärs Johann August von Eisenhart, des Vertrauten König Ludwigs II.; in ihren «Erinnerungen» an Döllinger (1891) ist dieses Bild als Frontispiz wiedergegeben. – Der protestantische Theologe Constantin Schlottmann (1809–1887), dessen lateinisch abgefaßte Schrift «Erasmus redivivus s. de curia Romana hucusque insananbili» (Auszüge 1881, vollständig 1883) am Schicksal Döllingers zeigen wollte, wie der vom Vaticanum ausgehende Ultramontanismus die Wissenschaftsfreiheit beschnitt; es kam wegen dieser Schrift zu einem Eklat im preußischen Abgeordnetenhaus. Schlottmanns Schrift wurde von anderer Seite in Teilen ins Deutsche übersetzt, von Schlottmann mit einem Vorwort versehen und unter dem Titel «Der deutsche Gewissenskampf gegen den Vaticanismus» herausgegeben. Schlottmann war auf dem Rückweg von Meran, wo er Heilung von einem Herz-Lungen-Leiden gesucht hatte, bei Döllinger zu Besuch. Er starb wenige Wochen später (8. November 1887). – Sitzend der 88jährige Döllinger. – Lord Acton-Dalberg, der häufig in Tegernsee einkehrte und hier auch 1902 verstarb. Actons Mutter war Marie Louise Pauline von Dalberg, das einzige Kind des Emmerich Joseph von Dalberg (1773–1833), der im gegennapoleonischen Kabinett Minister in Frankreich war; Acton heiratete 1865 Marie, die Tochter des Grafen Maximilian Arco-Valley.

öffentlichen Bewußtsein in seinen Augen zu wenig sichtbar war und jetzt noch zu schrumpfen drohte. Als er 1863 in die Historische Kommission bei der Bayerischen Akademie gewählt wurde, nahm er den seit der Gründung der Kommission 1858 bestehenden Plan eines deutschen biographischen Verzeichnisses auf und spitzte ihn in besonderer Weise zu. Er fand, daß der Protestantismus zu sehr das Feld beherrsche, der doch erst seit der Reformation bestehe, während die vorausgehende «reiche katholische Geschichte» verdunkelt werde. Man müsse mit dem 8. Jahrhundert einsetzen, so daß ein «Deutschland und die Katholiken ehrendes Werk» zustande käme. Döllingers Vorschlag eines solchen «katholisch-literarischen Unternehmens» wurde von der Plenarversammlung der Historischen Kommission durchaus positiv aufgenommen, doch konnten die Mittel nicht bereitgestellt werden. Für Leopold Ranke indes – damals Präsident der Historischen Kommission – gab der Döllingersche Plan Veranlassung, ein umfassendes biographisches Übersichtswerk zu entwerfen. Es war die Geburtsstunde der *Allgemeinen Deutschen Biographie* mit ihren zwischen 1875 und 1912 erschienenen 56 Bänden. Zu ihr hatte Döllinger auf seine Weise in nicht geringem Maße einen Anstoß gegeben.

Daß die Sorge und die Warnung Döllingers vor einer Verkümmerung des katholischen Geisteslebens nicht grundlos waren, zeigen die Angriffe protestantischer und speziell nationalliberaler Gelehrter. Kein Geringerer als Theodor Mommsen – und er möge als Kronzeuge genügen – rief mitten im Kulturkampf (1877) den in seinen Augen romhörigen und dogmatisch eingeschnürten Zentrumsabgeordneten im preußischen Abgeordnetenhaus zu: «Sie, meine Herren, haben verschuldet..., daß auf dem Boden des Ultramontanismus die höchsten geistigen Leistungen nur spärlich wachsen, daß in dem giftigen Schatten des Baumes die Talente ausgehen.»

Der Ursprung der päpstlichen Primatsrechte in Fälschungen

Döllinger und eine Konzilsminorität hatten nicht verhindert, daß das Vatikanische Konzil am 18. Juli 1870 das Dogma der Infallibilität und des Universalepiskopats beschloß und Pius IX. es verkündete. Döllinger blieb bei seiner Ablehnung und sammelte weiter Material über den Fälschungszusammenhang der Lehrsätze, speziell über Pseudoisidor. Aber zu welchem Ende? Was er unter dem Pseudonym «Janus» zu dieser Frage 1869 andeutend veröffentlicht hatte, blieb bis zu seinem Tod die einzige zusammenhängende Darstellung. Für Acton war es lediglich «das Fragment einer kirchlichen Leidensgeschichte» (the fragment of an ecclesiastical pathology). Acton hatte bereits 1869 beim Erscheinen des *Janus* geschrieben: «Ein zweiter Band, von gleichem Gewicht, würde den Gnadenstoß geben.» Doch ein solcher Band blieb aus. Geradezu ungehalten über das vom verehrten Meister nicht Erbrachte heißt es im Nachruf: «Aber die Geschichte selbst, die das zentrale und charakteristische Schaffen seines Lebens bestimmte und die er bis zu seinem Lebensende verfolgte, wurde nie veröffentlicht oder abgeschlossen. Er starb ohne Kenntnis zu geben..., die Grundideen, mit denen er so lange identifiziert wurde, wurden durch seine späteren Forschungen überdeckt, und was für ein breiter Graben hat sich aufgetan zwischen seinem früheren und seinem späteren Leben. Zwanzig Jahre seines historischen Schaffens gingen der Geschichtswissenschaft verloren» (Twenty years of his historical work are lost for history).

Döllinger sah den Ursprung der Lehre von der päpstlichen Unfehlbarkeit in Fälschungen, besonders in den Pseudoisidorischen Papstdekretalen. Er prüfte die Rezeption der Fälschungen und machte mehrere Stufen der Herausbildung des, wie er es nannte, «Papalsystems» aus. Besonders verantwortlich fand er Papst Gregor VII. (1073–1085) und die Kanonisten der gregorianischen Reform. «Die Fictionen der gregorianischen Partei» – so seine Wortschöpfung – seien Bestandteile des Kirchenrechts, des Corpus Juris Canonici geworden, des zu Döllingers Zeiten und bis 1918 gültigen Rechtsbuches der katholischen Kirche. Der heutige Forschungsstand läßt es zu, den Anteil der Falschen Dekretalen genauer zu bestimmen. Rund ein Zehntel kommt aus dieser trüben Quelle.

Der Allround-Redner

Nach dem Ausscheiden aus der Universität war die Akademie Döllingers Wirkungsfeld, und er nahm die neue Aufgabe mit Eifer wahr. Ein damaliger Präsident hatte zwei öffentliche Auftritte: zum Stiftungsfest am 28. März in Erinnerung an den Gründungstag der Akademie im Jahre 1759 und zum Geburtstag des Monarchen. Döllingers Vorgänger Liebig klagte, ihm sei «die Präsidentenstelle in der Akademie ganz unleidlich» wegen der öffentlichen Reden, die er «jährlich zu halten» habe. Aus Döllingers Mund kennen wir diese Klage nicht, ihm lag der öffentliche Auftritt. Döllinger nahm die Vorträge sehr ernst. Achtundzwanzig Mal hat er in der Akademie bei den öffentlichen Sitzungen Vorträge gehalten. Er veränderte bei Amtsantritt sogleich den Stil der Darbietung. Hatte Liebig wohl die dem Präsidenten auferlegte Begrüßungs- und Jahresrede gehalten, dann aber das Wort einem Kollegen weitergegeben, der nicht selten in seinem Fachgebiet versank, so daß das «nicht akademische Auditorium», wie Friedrich aus eigenem Erleben berichtete, «auseinanderstob», so übernahm Döllinger selbst den thematischen Teil, und das mit großem Arbeitsaufwand.

Von seinem ersten Auftreten als Akademiepräsident am 25. Juli 1873 – ein Vierteljahr nach Liebigs Tod – haben wir einen erlebnisfrischen Bericht des Engländers Alfred Plummer (1841–1926), eines Neutestamentlers aus Durham, der von 1870 bis 1890 fast jedes Jahr nach München kam und Döllinger besuchte; er übersetzte mehrere Werke Döllingers ins Englische und war einer der Begleiter Döllingers auf dessen ausgiebigen Spaziergängen, die bis zu drei Stunden dauern konnten. Unter dem Titel *Conversations with Dr. Döllinger* sind die Tagebuchaufzeichnungen Plummers sechzig Jahre nach seinem Tod vor nicht langer Zeit, 1985, kritisch und kommentiert ediert worden: eine überraschende und den direkten Blick auf Döllinger freigebende Quelle. Döllinger hatte ihn eingeladen, am St. James-Tag, wie der anglikanische Reverend den 25. Juli notierte, zur Festsitzung zu kommen. Unmittelbar nach dem Ereignis schrieb er in sein Tagebuch: «Ungefähr die Hälfte des Saales [es war der Akademiesaal im alten, 1944 zerstörten Jesuitenkolleg] war mit Mitgliedern der Akademie besetzt, viele von ihnen nahmen sich sehr großartig aus (very magnificent) in Uniform und anderen Auszeichnungen. Dr. Döllinger erschien wie die Würde selbst. Er war in schlichtem Schwarz gekleidet, trug aber etliche Orden; auf der linken Brustseite hing der Ordensstern, den er im letzten Jahr [1872] anläßlich des Universitätsjubiläums vom König erhalten hatte [es handelt sich um das Großkomturkreuz der Bayerischen Krone] und den er mir zeigte, als ich mich von ihm verabschiedete, wobei er sagte: Vanitas vanitatum, omnia vanitas. ... Ich war nur wenige Meter von ihm entfernt und konnte ihn klar und deutlich hören und hielt mich für sehr glücklich, bei einer solchen Gelegenheit dabei zu sein. Man kann mit Sicherheit vorhersagen, daß die Präsidentschaft Döllingers eine Epoche in der Geschichte der Bayerischen Akademie darstellen wird... Er ist der einzige Mensch in Bayern, dessen Name der Nachwelt wahrscheinlich mehr bekannt sein wird als sogar der Schellings und der Liebigs.»

Die Akademie war für Döllinger der Ort, durchaus auch Grundsatzthemen zu behandeln, und man kann den frischen Mut eines Gelehrten, der zwischen dem 75. und dem 90. Lebensjahr steht, nur bewundern: *Die Juden in Europa* (1881), die souveräne Antwort auf den in Berlin ausgebrochenen Antisemitismusstreit, der mit dem Namen Heinrich von Treitschkes und seinem bösen Wort «Die Juden sind unser Unglück» verbunden ist; *Die Beziehungen der Stadt Rom zu Deutschland im Mittelalter*

(1882), ein Vortrag, den der Geschichtsschreiber Roms, zugleich Mitglied der Bayerischen Akademie, Ferdinand Gregorovius gehört haben dürfte. Welche unbekümmerte Zuversicht, über den *Antheil Nordamerikas an der Literatur* zu sprechen (1888), eine Geistesgeschichte des Landes, wo dem Einfluß deutscher Geschichtsdarstellungen ebenso nachgegangen ist («Ranke's Geschichte der Päpste ist in vier Ausgaben verbreitet; auch die ersten Theile seiner Weltgeschichte sind übersetzt»), wo der «Liebling der heutigen Lesewelt» Mark Twain vorgestellt wird, der aber «in sprachlicher Meisterschaft» den «älteren Edgar Allan Poe nicht erreicht». Aufsehen erregten seine Vorträge *Über Religionsstifter* (1883), über «Dante als Prophet» (1887) und sein Schwanengesang über den *Untergang des Tempelordens* (1889), wo er mit ergreifenden Worten gegen den Schuldspruch Rankes das an den Ordensrittern begangene Unrecht herausstellte; seiner Sicht sollte die Zukunft gehören.

Eine eigene Gruppe von Reden beschäftigt sich mit den Leistungen der Akademie selbst, deren Präsident er war, und noch heute genießt der Leser diese höchst informative Mischung von Spott und Stolz. Wie mit Kurfürst Karl Theodor von der Pfalz nun auch in Bayern der Stellenkauf eingeführt wurde: «Die Stadt [München] wimmelte von Kammerherren, deren Zahl Karl Theodor auf 500 bis 600 brachte, während König Friedrich II. in Berlin mit 60 auskam. Da mochte es allerdings schwer sein, auch nur ein Dutzend Männer aufzubringen, die man anderswo als wirkliche Gelehrte hätte gelten lassen... Die historische Classe fuhr dabei am schlimmsten; sie glich dem Vogel unter der Glasglocke, dem man die Luft auspumpt... Herr von Eckartshausen hielt als Redner der historischen Classe einen Vortrag über die Liebe, welcher sich wie die prosaische Umschreibung einer Opernarie ausnahm.»

Es ist eine Lust zuzuhören, und so wird es auch damals das Publikum empfunden haben, zumal das geschliffene Wort aus dem Munde eines wundersam jugendlich wirkenden, adrett und priesterhaft gekleideten Greises kam, dem bis in die letzten Wochen seines über neunzigjährigen

Lebens eine allseits bewunderte körperliche Beweglichkeit eigen war. Rosalie Braun-Artaria schilderte als Siebzigjährige 1918 den Eindruck, den Döllinger bei seinem letzten Auftritt 1889 machte, zwei Monate vor seinem Tod: «An dem erhöhten Rednerpult des Festsaales der Akademie habe ich den Neunzigjährigen im November 1889 zum letztenmal gesehen, wie er mit seiner schwarzen Kleidung, die goldene Kette um den Hals, gerade aufgerichtet und mit noch wesentlich braunen Haaren über die vielen vor ihm sitzenden Grau- und Kahlköpfe weg seine letzte Rede über den Templerorden hielt. Der Saal war, wie immer, wenn Döllinger sprach, gedrängt voll und alles lauschte gespannt auf seine nicht sehr starke Stimme, die doch in der tiefen Stille zu vernehmen war.»

Vom Mißerfolg der letzten Bände

Wer sich solcherart Vortragsanstrengungen unterwirft, wie Döllinger es getan hat, und weit auseinanderliegende und meist zentrale Themen innerhalb vergleichweise kurzer Zeit behandelt, hastet von Vorbereitung zu Vorbereitung und kann sich der Drucklegung des Textes kaum annehmen. Meist war es die Allgemeine Zeitung, die Abdrucke brachte, doch es gab Unregelmäßigkeiten; nicht selten war der Text nicht vollständig oder Döllinger war mit mancher Formulierung nicht einverstanden und behielt das Manuskript bei sich oder es kamen dem Autor Bedenken, und er wollte auf eine Publikation gänzlich verzichten oder Majestät hatte es sich geben lassen und reichte es nicht zurück. Auch improvisierte Döllinger nicht selten, zumal er sich offenbar keine «Vorlesungshefte» anlegte; «er zog nur bisweilen ein wörtliches Zitat aus seiner Mappe oder hatte gar nur einen Bogen aus dem Buch irgend eines verschollenen Autors vor sich» (Hyacinth Holland). Mancher Vortrag wurde mitstenographiert und – unautorisiert – einer Zeitung weitergereicht.

Es waren der Akademie-Sekretär Max Lossen (1842–1898), der Döllinger als seinen Lehrer betrachtete, und vor allem der Verleger Oscar Beck (1850–1924), die Döllinger drängten, die Akademievorträge, redigiert und angereichert mit anderen Reden, herauszugeben. Die beiden ersten Bände konnten noch unter Aufsicht und Beteiligung Döllingers 1888/89 erscheinen, der dritte postum 1891. Es ist zu bedauern, daß die vielen Briefe, die Döllinger an den ihm seit Jahrzehnten verbundenen Beck-Verlag geschrieben haben dürfte – die meisten seiner späteren Veröffentlichungen sind in diesem protestantischen Verlag erschienen, der gerade in jenen Jahren, 1888/89, sein Verlagshaus von Nördlingen nach München (Wilhelmstraße 9) verlegte –, daß auch diese Briefe, wie die in der Akademie liegende Korrespondenz, den Bomben des letzten Krieges zum Opfer gefallen sind. Immerhin hat Oscar Beck, der Döllinger zum Abdruck gedrängt hatte, 1913 in seiner Jubiläumsschrift zum 150jährigen Bestehen des Verlags die Zusammenarbeit geschildert und schließlich gestanden: «So interessant die Rückerinnerung an die Beziehungen zu Döllinger und seinem Kreise für den Verleger auch sind..., so handelt es sich doch dabei, rein geschäftlich angesehen, um eine in der Hauptsache schon abgeschlossene Epoche... Diese Werke hatten ihre Zeit, da sie lebendig waren; heute gehören sie großenteils selbst schon der Geschichte an. Man sucht sie an den öffentlichen Bibliotheken, aber nur ausnahmsweise noch beim Verleger.» Mit anderen Worten: der dem Autor sachlich und menschlich eng verbundene Verleger ist auf den Exemplaren sitzengeblieben. Und auch Döllingers treuer Knappe Johann Friedrich schreibt 1901 melancholisch: «Man hätte ... erwarten können, daß die ‹Akademischen Vorträge› zu einem Hausbuch der deutschen Nation oder wenigstens zu einem Lesebuch der studierenden Jugend geworden wären. Aber um sich in solche Werke zu vertiefen, dafür gebricht... unserm Volk... heute die Zeit und wohl auch der Sinn.»

Vielleicht waren damals wohl selbst die an Döllingeriana Interessierten übersättigt. Mehrere tausend Seiten wurden in den wenigen Jahren von 1888 bis 1892 auf den Markt geworfen. Bei dem hastigen Kehraus wurde

– trotz der beteuernden Vorworte – da und dort der Eindruck erweckt, als sei alles auf dem Stand des Erscheinungsdatums. So konnte der französische Ketzerforscher Charles Molinier 1894 in einer ausführlichen Rezension über Döllingers Sektengeschichte herfallen («Die besten Kapitel bieten nichts Neues, die neuen nichts Gutes») in der Annahme, es sei alles kurz vor 1890 entstanden; in Wirklichkeit stammte das Manuskript aus dem Jahre 1839.

Die Enttäuschung des Verlegers und des Schülers über die geringe Resonanz der letzten Bücher Döllingers, die von beiden sicherlich als die Lebensernte des Kirchenhistorikers angesehen wurden, läßt das Münchnerische an Döllingers Präsidentenwirkung deutlich werden, die Suggestion, die von seinem öffentlichen Auftreten ausging und die eine große Gemeinde zusammenbrachte. Den unmittelbaren Eindruck seiner Persönlichkeit konnte kein Buch ersetzen, das nur durch seine Lettern wirkt. Auch war manches Beschaulich-Münchnerische hineingeraten, zumal bei den Universitätsvorträgen, was außerhalb des Kenner- und Huldigungskreises kaum mit Interesse rechnen konnten. Die *Akademischen Vorträge* tragen unverändert weiter den Charakter des Referats in einem internen Zirkel: «unser College Giesebrecht», «unser College Preger», «unser College Kluckhohn». Man vergleiche Döllingers die Gesellschaft unterhaltendes Auftreten mit den öffentlichen Sitzungen der Preußischen Akademie in Berlin, wo Theodor Mommsen die «Großwissenschaft» ausrief und begründete, 1874 eine totale Umstrukturierung und eine Finanzerhöhung einforderte, um trotz Wunscherfüllung in einer für Gelehrte typischen Unzufriedenheit 1880 zu donnern: «wir können Dankbarkeit gegen das greise Oberhaupt unseres Staates [den damals 83jährigen Kaiser Wilhelm I.] nicht empfinden.» Man brauche mehr Munifizenz, und die ist der Preußischen Akademie denn auch zuteil geworden. In Berlin gab es rücksichtslose Rechenschaftsberichte, Abrechnungen mit den «Zuwendungsgebern», in München gesellschaftliche Matineen.

Döllingers historische Sicht und Arbeitsweise

Und doch ging von den *Akademischen Vorträgen* eine Botschaft aus: die des Ausbrechens aus dogmatischer Enge. Adolf Harnack, der protestantische Kirchen- und Dogmenhistoriker, fand 1889 emphatische Töne in seiner Rezension der ersten beiden Bände der *Akademischen Vorträge*: «Wo gäbe es heutzutage einen zweiten Historiker, der mit diesem Fleiß, mit dieser Umsicht, mit dieser Fähigkeit, fremde Eigenart zu verstehen, sich in der Geschichtschreibung aller Zeit heimisch gemacht hat, wie Döllinger?» Im Geiste des Historismus fanden beide zusammen, Döllinger und Harnack, der eine, der die Glaubenslehre allein auf dem, was er historische Wahrheit nannte, aufgebaut sehen wollte, der andere, der die Theologie als Wissenschaft geschichtlich begriff. Döllinger, im letzten Jahr des 18. Jahrhunderts geboren, war die «historisch-kritische Methode» fremd; er war kein Waitz und kein Mommsen, die mit Quellen kritisch umgingen und sie unter peinlicher Beachtung der Überlieferung edierten; wo er sich um Ausgaben bemühte, kam recht Unzulängliches heraus – er gehörte zur Generation eines Jacob Burckhardt, der Döllinger übrigens sehr schätzte, oder eines Wilhelm Heinrich Riehl (1823–1897), die in bildender Absicht das universale Geschehen im Blick haben, nicht eine auf penibler Detailforschung und häufig in Einzelheiten auseinanderfallende Darstellung. Es ist bezeichnend, daß Döllinger, was Plummer erstaunt registrierte, von Theodor Mommsen, dem «Macaulay der Römischen Geschichte», wie Plummer ihn nannte, keine hohe Meinung hatte, dem er den heute weitgehend vergessenen Königsberger Althistoriker Wilhelm Drumann (1786–1861) vorzog, dessen Bücher von den *Arbeitern und Kommunisten in Griechenland und Rom* (1860) bis *Papst Bonifaz VIII., 1294–1303* (1852) reichten. Mommsen hat als Historiker keinen einzigen Schritt außerhalb der römischen Geschichte getan. Themenbeschränkung – das kannte Döllinger nicht.

Die historische Betrachtungsweise hat Döllinger vom strikten Dogma weggeführt, und viele, die ihm anhingen, erwarteten von ihm den großen geschichtlichen Beweis. Noch 1886 beteuerte er: «... das Material ist gesammelt... Als Titel denke ich mir ‹Die Vatikanischen Dekrete im Lichte der Geschichte›.» Im Nachlaß Döllingers findet sich kein Entwurf einer solchen Darstellung, wohl aber der Beleg für einen intensiven und von vielfältigen Themen gesteuerten Sammeleifer. Die Hauptmasse des wissenschaftlichen Nachlasses Döllingers liegt in der Bayerischen Staatsbibliothek, bis auf einen kleinen Rest 1941 übernommen von der Altkatholischen Gemeinde Münchens. Rechnet man diese Papiermasse nach Archivarsart zu laufenden Metern zusammen, so dürfte man auf etwa 20 Meter kommen, eine erdrückende Masse.

Die riesige Privatbibliothek Döllingers hat zum Glück – sie war zum freien Verkauf bereitgestellt – die Ludwig-Maximilians-Universität erworben: 18 500 Titel mit sage und schreibe rund 30 000 Bänden, die fast 900 laufende Regalmeter füllen. Die für ungewöhnlich groß geltende Privatbibliothek des wenige Jahre vor Döllinger gestorbenen Leopold von Ranke (1795–1886), die von der Syracuse University aufgekauft wurde und dort in einem schönen neuen Gebäude auf dem Campus geschlossen untergebracht ist, zählt um die 25 000 Bände, nicht unerheblich weniger also als die Büchersammlung Döllingers.

Der Nachlaß und die Bibliothek machen es möglich, dem Gelehrten Döllinger gleichsam über die Schulter zu schauen. Nehmen wir die für Döllinger zentrale und von ihm immer wieder behandelte Frage, die der Falschen Dekretalen. Darüber liegen im Nachlaß rund ein halbes Tausend Blätter, meist Notizen über Literaturrecherchen, punktuelle Probleme sind erörtert – z. B. gibt es einen Entwurf über die Entstehung der Dekretalen in Le Mans –, geschlossen ausgearbeitet ist nichts. Vor allem ist die Döllingersche Frage, ob die Fälschung den Gang der Kirchengeschichte «verbogen» hat, kaum behandelt.

Döllingers nicht eingelöster Wechsel

Es fehlen offensichtlich faßbare Vorbereitungen zum großen Plädoyer – seine ausgreifende Rednerrolle als Präsident hinderte ihn daran. Freunde erinnerten ihn an seine historische Aufgabe, schließlich war er der Altmeister der altkatholischen Kirchengeschichtsforschung, auch wenn es ihm fernlag, zum Altkatholizismus überzutreten. Die meisten katholischen Geschichtsprofessoren an den deutschen Universitäten – etwa zwei Drittel – lehnten mit Döllinger das vatikanische Dogma ab, verließen die Amtskirche und schlossen sich im Gegensatz zu Döllinger den Altkatholiken an: «a disaster for the Roman Catholic study of history» stellt Owen Chadwick fest, der Nachfolger Lord Actons als Regius Professor for Modern History in Cambridge, in seiner soeben (1998) erschienenen *History of the Popes, 1830–1914*. Diese altkatholischen Kollegen, die seines Geistes und nicht selten seine Schüler waren und ihr Leben umgestellt hatten, erwarteten von Döllinger den großen Beleg für die Richtigkeit ihrer Haltung, den er immer wieder in Aussicht gestellt hatte. Franz Heinrich Reusch (1825–1900) fuhr Döllinger in einem Brief grimmig an: «Nun schreiben Sie, Sie hätten sich ... losreißen müssen, um sich zu einer anderen Arbeit zu wenden. Ich irre wohl nicht, wenn ich vermute, daß das die nächste Rede in der Akademie ist ... Lassen Sie doch einen anderen eine Rede halten.» Aber das ließ Döllinger nicht zu; erst die Rede am Stiftungstag des Jahres 1890, die Trauerrede auf ihn am 28. März, sprach ein anderer.

Von daher die harsche Kritik seines Lieblingsschülers Lord Acton. Er sah die Präsidentenjahre für vergeudet an: «Zwanzig Jahre seines historischen Schaffens gingen der Geschichtswissenschaft verloren.» Taten sie das, oder kamen Döllinger doch Bedenken, ob mit der Aufdeckung mancher Sätze als Fälschungsgut und mancher römischen Unrechtshandlung wirklich «der ganze historische Boden des Papalsystems» verschwindet?

Waren es die Fälschungen, die das «Papalsystem» herbeigeführt haben? Die Falschen Dekretalen mögen mit diesem oder jenem Satz bestätigend gewirkt haben, doch die Ausrichtung der Rechtswelt auf eine heilsmäßig notwendige Übereinstimmung mit Rom hatte ekklesiologische Gründe und außerhalb der Fälschung liegende Argumente. Nicht eine Fälschung hat die Kirchenvorstellung verändert, sondern umgekehrt: Eine veränderte Kirchenvorstellung hat Fälschungen zur Bestätigung aufgenommen. Keine Fälschung wurde wirksam, die nicht im Kirchenbild der Zeit ihre Entsprechung hatte; die Rezeption spricht das Urteil, nicht eine der Wirklichkeit aufgezwungene Fiktion. Auch bei Döllinger mögen solche Gedanken aufgekommen sein, aber sie konnten ihm die Überzeugung nicht nehmen, daß mit den im 9. Jahrhundert gefälschten Papstdekretalen die Kirchenverfassung und das Kirchenverständnis verändert worden seien. Als er sich am 11. März 1871 von seinen theologischen Hörern verabschiedete, gab er ihnen den Rat, sie sollten «das Studium mit einem gewissen Mißtrauen beginnen». Es sei kein Geheimnis, es sei «vielmehr eine laut von den Dächern verkündete Tatsache, daß auf keinem Gebiet des menschlichen Wissens der Trug, die Fälschung, die Fiktion eine so große Rolle gespielt» hätten wie in der Kirchengeschichte. Jetzt könne man in den großen Fragen, welche die Kirche bewegen, keinen Schritt tun, ohne zu klären: «Liegt hier eine Fälschung vor?» Wenn sie – seine Hörer – das alte Kirchenrecht «mit eigenen Augen ... mit den Isidorischen Dekretalen» verglichen, würden sie feststellen, daß der Primatsrang des römischen Bischofs in seiner Herausgehobenheit im alten Recht fehle. Für Döllinger blieben die Falschen Dekretalen ein zentrales Thema. Er beobachtete den Gang der Forschung bis zuletzt, ohne das erwartete Belegwerk zu verfassen. Aber (so konnte sich Döllinger fragen): Braucht ein Dogma überhaupt den Beleg historischer Wahrheit? Vielleicht traute sich Döllinger nicht oder er vermochte nicht, den von ihm selbst ausgestellten Wechsel einzulösen, vielleicht lief Döllinger vor sich selbst davon, der Präsident vor dem Historiker. Der Titel gilt: Döllinger als Akademiepräsident und Historiker.

Paul Fridolin Kehr
«Urkundione» und Weltmann

Als ich mich Mitte der fünfziger Jahre von meinem Lateinprofessor, bei dem ich das Staatsexamen und den Doktor gemacht hatte, zu den Monumenta Germaniae Historica verabschiedete, dem zentralen deutschen Forschungsinstitut für die Geschichte des Mittelalters, gab er mir die Bemerkung auf den Weg: «Sie werden es unter Kehr nicht leicht haben, er soll zynisch und ungerecht sein» – aber Kehr war seit zwei Jahrzehnten aus dem Amt und seit einer Reihe von Jahren tot (1944). Doch für Erich Burck, Professor der klassischen Philologie und ein Mann umfassender Bildung, bildeten Name und Einrichtung über die Zeit hinweg eine Einheit: Die Monumenta, das ist Kehr. In der Tat war Kehr die überragende Gestalt an der Spitze der Monumenta Germaniae Historica in der ersten Hälfte des 20. Jahrhunderts; seine Wirksamkeit reichte indes über die Geschichtswissenschaft hinaus. Die Ausstrahlung ist um so erstaunlicher, als Kehr ein Mann war, der sich in dem engen Gebiet mittelalterlicher Urkunden bewegt und kaum eine Zeile einer Geschichtsdarstellung verfaßt hat. Er ist das, was Jacob Burckhardt einen «Urkundionen» nannte: Wie es Ezzonen und Brunonen gibt, so gibt es eben «Urkundionen», ein Geschlecht, das an der Urkunde klebt und über das Detail nicht hinauskommt.

Die Hinterlassenschaft seines gelehrten Lebens liegt fast gänzlich auf dem Gebiet der früh- und hochmittelalterlichen Diplomatik, der Urkundenforschung: zehn Bände Regesten von Papsturkunden für Italien, wo sein Ansehen deshalb fast gegenwärtiger ist als in Deutschland, und drei Bände Urkunden deutscher karolingischer Könige des 9. Jahrhunderts. Die Ausstrahlung, die von ihm ausging, die Macht, die er genußvoll und auch verletzend ausübte, die losen Sprüche und die Anekdoten: Sie zehren von der mündlichen

Überlieferung; zahlreiche Briefe, die von seiner Sprachkraft und rücksichtslosen Zielgerichtetheit zeugen, lagern zum Teil ungehoben an verschiedenen Orten. Nur seine Umgebung hörte die Geschmacklosigkeiten: daß er von einer fleißigen, wenn auch etwas verhuschten Mitarbeiterin sagte, sie sei «unfruchtbar an Körper und Geist». Oder den durchaus angesehenen und später zu hohen Ehren aufgestiegenen Südtiroler Archivar Leo Santifaller (1890–1974), dem beim Korrekturlesen ein Versehen unterlaufen war – eine durchaus läßliche Sünde –, hartnäckig den «Sündenfaller» nannte. Seine privaten Briefe wimmeln von abschätzigen und geradezu abwegigen Urteilen; sie wollten vielleicht auch gar nicht ganz ernst genommen werden (s. seine Beschreibung Karl Jordans unten S. 291). Kichernd und wohl auch ein bißchen hämisch hat man sich das erzählt, und wo diese Überlieferung aussetzt, geht auch ein Stück Farbigkeit im Bilde des groß-kleinen Kehr verloren.

Das Thema Kehr ist ohne Ende: Entscheidungshärte und menschliche Fürsorge, Durchtriebenheit und Großherzigkeit, Weltläufigkeit und Taktlosigkeit, politische Umsicht und zugleich Naivität in Fragen der Politik, wissenschaftliche Enge und kulturelle Offenheit: Belege für alle diese Charakterzüge lassen sich bei Kehr finden. Trotz dieser wahrgenommenen Vielfalt gibt es immer noch Überraschungen. Unbeachtet von seiner Umgebung sammelte Kehr, der sich gern als Kulturbanause aufführte, antike Kleinkunst; den Bestand erschließt jetzt ein eigener Katalog des Germanischen Nationalmuseums in Nürnberg, wo die Stücke als Schenkung der ihn als einziges der drei Kinder überlebenden Tochter einen eigenen Fonds bilden (W. Püllhorn, *Antike Kleinkunst: Die Sammlung Paul Fridolin Kehr...* Nürnberg, Germanisches Nationalmuseum 1987).

Herkunft und Familie

Alexander Paul Fridolin Kehr (denn so lautet sein voller Name), geboren 1860 im thüringischen Waltershausen, gestorben 1944 im unterfränkischen Schloß Wässerndorf seines Schwiegersohnes Götz Freiherrn von Pölnitz (1906–1967), hat über seine Herkunft und seinen Lebensgang selbst wenig verlauten lassen. Da ist seine mehr kokettierende Bemerkung, er sei ein «gelehrter Bauersmann, dessen Leibessen Thüringer Käse und Schwarzbrot ist». Da sind seine *Italienischen Erinnerungen*, im Januar 1940 im Palazzo Zucchari, der heutigen Bibliotheca Hertziana, vorgetragen, fast ganz der Zeit bis 1915 gewidmet, die noch zu behandeln sein wird. Aus ihrem nostalgischen Ton spürt man, wie sehr sich Kehr in den Salons der Welt vor dem Ersten Weltkrieg wohlgefühlt hat. Er führt einen durch die verschwundenen engen Gassen Roms, die der Faschismus noch nicht zu Boulevards erweitert hat, an einem Tiber entlang, der eben erst reguliert wurde und den jahrhundertealte Baufälligkeiten begrenzten. Man wird eingeführt in die kulturbestimmende deutsche Kolonie, lernt die Botschafter kennen, wobei fast immer die Verbindung zu Bismarck lobend erwähnt wird, Kurd von Schlözer (1822–1894) etwa, der Kehr mit dem zweifelhaften Lob bedenkt, er sehe «auf den ersten Blick aus wie Caligula» (woran etwas ist, wenn man eine Büste des Caligula besieht). Herrlich seine Reminiszenz an Franz Liszt, mit dem er «und mit zwei sehr alten Damen Whist» spielte, doch Liszt verlor «und war darüber sogar etwas verstimmt». Diese *Italienischen Erinnerungen* bringen viel erlebte Atmosphäre, aber wenig biographische Daten. Dennoch wäre es ungerecht, sie abwertend zur Seite zu legen (Th. Schieffer: «im Plauderton»). Sie geben mehr Auskunft über die Menschen und über die Welt, denen sich Kehr im ersten Abschnitt seines Lebens geöffnet zeigte, als seine abgezirkelten und stets absichtsvollen Berichte. Es bleibt dabei: Biographisches existiert nicht viel aus der Feder Kehrs. Als 80jähriger hat Kehr Memoiren schreiben wollen, aber dazu ist er offenbar nicht mehr gekommen. Für seine Tochter Gudila hatte er eine Mappe bereitgelegt: «Curiosa aus meinem Leben».

Dabei sind schon Herkunft und Familie Paul Kehrs höchst interessant. Paul Kehr wurde als viertes von zehn Kindern des damaligen Rektors der Bürger- und Gewerbeschule Waltershausen Karl Kehr geboren, allerdings sind drei der Kinder vor dem 5. Lebensjahr verstorben. Den 1885 im Alter von 55 Jahren verstorbenen Vater haben sieben Kinder überlebt, und man wird nicht sagen können, daß unser Paul Kehr mit seiner Lebensleistung die anderen Geschwister haushoch überragt hätte. Auf ihren Feldern haben auch Huldreich (1858–1929) und Hans (1862–1916), die beiden vor und nach ihm geborenen Brüder, Bedeutendes geleistet. Der ältere, Huldreich, war ein mit hohen Auszeichnungen bedachter Schulmann, dem die seltene Ernennung eines «Geheimen Studienrats» zuteil wurde, ein in unseren Ohren merkwürdiger Titel. Huldreich Kehr war Oberstudiendirektor der Ritterakademie Brandenburg und stand in Personalunion dem dortigen evangelischen Hochstift vor, so daß er sich – ein reiner Titel – «Kanoniker» nennen durfte. Bruder Paul Fridolin nutzte, wie er selbst bekannte, diesen Umstand. Er ließ in die Rede mit geistlichen Größen Italiens, wenn es angebracht erschien, die Bemerkung einfließen: «mio fratello è canonico di Brandeburgo», was ihm, dem acattolico, manches Diözesan- und Kapitelarchiv öffnete. Der jüngere Bruder Hans war ein begnadeter Chirurg, spezialisiert auf Gallenoperationen, für die er wegweisende Verfahren entwickelte. Er war ein Mann sozialen Anstands, der vor dem Eingriff mit dem Patienten das Honorar vereinbarte, vom Großindustriellen viel, vom Arbeiter wenig verlangte. Hätte man einem dieser Brüder die Frage gestellt, ob er – auf Paul zielend – ein Bruder des «berühmten Kehr» sei, so hätte jeder der beiden antworten können, wie es Karl Gustav Jacobi (1804–1851), der Mathematiker, Bruder des Galvanoplastik-Erfinders Moritz Hermann Jacobi (1801–1874) gehalten hat: «Nein, das ist mein Bruder.»

»Thüringer Käse und Schwarzbrot.» Im Hause von Pauls Vater Karl mag es betont einfach zugegangen sein, aber man wird die Familie fraglos zum soliden Bürgertum rechnen. Karl Kehr, Sohn eines Holzhauers und verheiratet mit der Tochter eines Pfeifenkopfdrehers, hatte sich nach Besuch einer einklassigen Volksschule und ohne akademische Ausbildung zum Schulrat hochgearbeitet, war Stadtverordneter, Kirchenvorsteher geworden, Ehrendoktor der Universität Jena, Verfasser wirkungsvoller pädagogischer Schriften, so daß man ihn den «Pestalozzi Thüringens» nannte. Sein Hauptwerk, *Die Praxis der Volksschule*, erlebte 13 Auflagen mit 80 000 Exemplaren und Übersetzungen in sieben Fremdsprachen. Paul Kehr, so läßt sich sagen, kam aus einer leistungsstarken bürgerlichen Familie und war in diesem Rahmen keine Ausnahmeerscheinung.

Er war in diesem Kreise auch nicht der einzige Historiker. Wer die Urkunden der normannisch-sizilischen Könige bearbeitet, kennt den Namen Karl Andreas Kehr (1878–1903) und dessen diplomatische Untersuchungen. Er ist der jüngste Sohn, das zehnte Kind, des Schulrats Kehr. Aus gleich welcher Not, Andreas Kehr beging 1903 mit 25 Jahren Selbstmord, offenbar ohne sich dem älteren Bruder Paul, der schließlich sein Fachkollege, in gewisser Weise sogar sein Erzieher war, in seiner Seelennot anvertraut zu haben. Unter Anleitung Paul Fridolins hatte Karl Andreas 1896 in Göttingen Geschichte und Hilfswissenschaften, die Fächer des Älteren, zu studieren begonnen und in Berlin beim strengen Paul Scheffer-Boichorst (1843–1902) abgeschlossen. In Begleitung des Bruders Paul, der für sein Papsturkundenwerk unterwegs war, bereiste er 1899 Süditalien und Sizilien, woraus dann sein allseits gelobtes Werk über die Urkunden der normannisch-sizilischen Könige entstand (erschienen 1902). 1901 trat er als Mitarbeiter in den Kreis der Monumenta Germaniae Historica in Berlin ein und war wegen seiner zupackenden Tüchtigkeit und, wie es in einem Nachruf heißt, wegen seiner «glückstrahlenden Lebhaftigkeit» geschätzt. Der nüchterne und sonst kaum Gefühlsregungen zeigende Oswald Holder-Egger schrieb von ihm: «Seine Augen konnten den Trübsinnigen zur Heiterkeit stimmen.» Um so unverständlicher erschien seiner Umgebung der Selbstmord. Der Meldung vom Tod des Bruders gab Paul Kehr in einem Brief an den Göttinger Freund Rudolf Smend folgenden Wortlaut: Karl Andreas «hatte sich am Sonnabend mit der Tochter des Ministerialdirector Caspar verlobt, Sonntag hat er in dieser Familie fröhlich seine Verlobung gefeiert, Montag hat er sich erschossen». Auf den Gedanken, daß er, der ältere Bruder, dem der jüngere «besonders nahe» gestanden habe (A. Brackmann), vielleicht das Schlimmste hätte verhindern können, kommt dieser gar nicht.

Von ganz anderer Art war ein weiterer Historiker-Verwandter, Eckart Kehr (1902–1933), Sohn des Bruders Huldreich, ein Neffe also. Eckart Kehr provozierte mit radikalen sozio-ökonomischen und politischen Analysen die gesetzten Vertreter der vorwiegend konservativ eingestellten Zunft der deutschen Neuhistoriker. Paul Kehr hielt, wie Gutachten und Briefe belegen, die Hand über ihn, riet ihm zur Mäßigung gegenüber dem im Januar 1933 zur Macht gekommenen Regime, doch bevor Eckart Kehr irgendwelchen Repressalien hätte ausgesetzt sein können, starb er knapp 31jährig 1933 an einem angeborenen Herzfehler in Washington, wohin ihn ein Rockefeller-Stipendium geführt hatte, das ihm nicht ohne Zutun seines Onkels Paul, des Vorsitzenden der Stipendienkommission, zugesprochen worden war.

Inspiriert auf dem Gymnasium – gelangweilt auf der Universität

Paul Kehr hatte eine vor allem in den altsprachlichen Fächern vorzügliche Schulausbildung genossen. Thüringen war nicht nur die Heimat des berühmten Schulpforta, in das Fichte, Ranke, Nietzsche und Wilamowitz gegangen waren; auch die anderen Gymnasien dieser Landschaft hatten einen guten Ruf. Bis 1873 besuchte Paul Kehr das Gothaer Ernestinum, um dann an das Königliche Domgymnasium in Halberstadt überzuwechseln, wo sein Vater Direktor des Lehrerseminars geworden war. 1879 machte er dort das Abitur.

Was ihm das Halberstädter Domgymnasium mitgegeben hat, darüber schweigt Kehr, aber es existiert ein interessantes indirektes Zeugnis. Seiner Dissertation hat Kehr den üblichen Lebenslauf beigefügt, und der langen Liste von rund zwanzig mechanisch aufgezählten Universitätsprofessoren und Dozenten ist der Name des Halberstädter Gymnasialdirektors Gustav Schmidt (1829–1892) hinzugesetzt, und dieser ist der einzige, dem der frühere Schüler «lebhaften Dank» sagt. Gustav Schmidt war der Typ des ungemein tüchtigen preußischen Gymnasialdirektors, Altphilologe von Hause aus, wie es sich gehörte, und neben der ernst genommenen Schulpflicht wissenschaftlich tätig, nicht dilettantisch nach heutiger Hobbyart, sondern gekonnt und professionell, ein harter Arbeiter. Schon in Göttingen, wo er als junger Lehrer am Gymnasium unterrichtete, hatte er zwei Bände eines Urkundenbuches der Stadt Göttingen herausgegeben (1863, 1867), 1871 nach Halberstadt berufen, war er der Mann der Halberstädter Urkundenbücher; 1878/79 – in der Schulzeit Paul Kehrs – erschienen die Bände der städtischen Diplome, 1883 bis 1889 kamen die vier Bände der Urkunden des Hochstifts Halberstadt heraus, und dazwischen hatte er noch die Kraft zu einem Urkundenbuch des Halberstädter Kollegiatstiftes S. Bonifatii und S. Pauli: eine schier unglaubliche Leistung, denn neben dem Tagesgeschäft des Gymnasialdirektors behandelte er in kleinen Aufsätzen zudem anfallende historische Fragen. Sollte der Schüler Kehr nicht von dem Diplomatiker Gustav Schmidt zukunftsweisend beeinflußt worden sein, Kehr, der sozusagen zur Komplettierung 1899 den mächtigen ersten Urkundenband des zur gleichen Landschaft gehörenden Hochstifts Merseburg ediert hat? Man möchte es für um so wahrscheinlicher halten, als Gustav Schmidt in den achtziger Jahren in Rom im Vatikan arbeitete und beide gemeinsam päpstliche Urkunden und Regesten der Jahre 1353 bis 1378 herausgaben, soweit sie die Provinz Sachsen betrafen: «gesammelt von Paul Kehr, bearbeitet von Gustav Schmidt» (1889).

Im Wintersemester 1879 schrieb sich Kehr an der Universität Göttingen ein, machte zugleich den verkürzten Militärdienst als «Einjährig-Freiwilliger», den das Gesetz «jungen Leuten von Bildung, die sich während der Dienstzeit selbst bekleiden, ausrüsten und verpflegen», einräumte und der in den Reserveoffiziersstand einmündete. 1883 wurde er mit einer historiographischen Dissertation über *Hermann von Altaich und seine Fortsetzer* promoviert, eine Arbeit, die im Zusammenhang steht mit einer Aufarbeitung der Regensburger Geschichtsschreibung, die der Doktorvater, der mit den Monumenta Germaniae eng verbundene Göttinger Professor Ludwig Weiland (1841–1895), abschnittsweise untersuchen ließ. Die Arbeit wirkt lustlos, und so betrieb Kehr auch sein Studium: «Wie als Student so habe ich auch später als Universitätsprofessor den damaligen akademischen Unterricht mit großer Skepsis betrachtet.»

Was an Kehr auffällt, ist von Jugend an eine ungewöhnliche Zielstrebigkeit bei der Lebens- und Arbeitsplanung, sowohl in den Dingen, die er ablehnte, wie in denen, die er anstrebte. Am Lehrberuf, zumal an dem eines Professors an einem Gymnasium, wo die meisten Absolventen eines Geschichtsstudiums landeten, hatte er kein Interesse. In der Wissenschaft zu bleiben, vielleicht in der ihm von Gustav Schmidt nahegebrachten Diplomatik, war seine Absicht, aber nicht in Göttingen bei seinem etwas larmoyanten Lehrer Ludwig Weiland, den eine zunehmende Augenschwäche plagte.

«Gelangweilt durch die nüchternen Vorlesungen», so sollte er später schreiben, habe er in Göttingen die *Geschichte der Stadt Rom im Mittelalter* von Ferdinand Gregorovius zur Hand genommen und beinahe instinktiv gefühlt, «daß dieses Rom einmal Gegenstand meiner Arbeiten sein würde». Es sei ihm jedoch sehr bald klar geworden, «daß der einzige Weg nach Rom ... über Wien ging, wo der berühmte Diplomatiker, mein Landsmann Theodor Sickel, bereits mit der italienischen Wissenschaft eine nähere Fühlung gewonnen hatte».

Lehrjahre sind keine Meisterjahre: Theodor Sickels Huld und Tadel

Die gesuchte Begegnung mit Sickel war entscheidend für den weiteren Lebensweg Kehrs; die Urkundenforschung wurde sein geradezu einziger wissenschaftlicher Gegenstand, einschließlich einiger von Sickel gepflegter Eigentümlichkeiten bei der kritischen Herausgabe der Texte. Theodor Sickel (1826–1908), als Sohn eines evangelischen Pastors in Aken an der Elbe geboren, hatte in Paris die Ecole des chartes, die französische Archivschule, durchlaufen und das 1854 gegründete Institut für österreichische Geschichtsforschung, das er 1869 übernahm, zu einer strengen Ausbildungsstätte der historischen Hilfswissenschaften mit dem Schwerpunkt der Urkundenlehre ausgebaut.

Kehr ging 1884 für ein Jahr nach Wien zu Theodor Sickel und nahm als Gast an dem Kurs des Instituts für österreichische Geschichtsforschung teil, bis er 1885 Sikkel nach Rom begleitete, wo die Österreicher ein historisches Institut unterhielten. Denn Papst Leo XIII. hatte 1881 das Vatikanische Archiv geöffnet, und die europäischen Staaten machten sich daran, historische Forschungsstationen einzurichten. Kehrs römischer Aufenthalt mündete schließlich in eine feste Anstellung als Mitarbeiter Sickels in Wien zur Vorbereitung einer Ausgabe der Urkunden Ottos III., doch endete dieses Arbeits- und Vertrauensverhältnis mit Sickel abrupt 1888, ohne daß wir den tieferen Grund kennen. War es eine von Sickel als Vertrauensbruch ausgelegte Verwendung des Diplomata-Materials für die vorbereitete Habilitationsschrift, hatte Kehr mit seiner lockeren Feder Theodor Sickel verletzt oder sich gegenüber Frau Sickel nicht *comme il faut* benommen? Wie immer: Es war zu einem Zerwürfnis gekommen, und es ist keine Frage, daß Kehr darunter litt.

Im Februar 1890 versuchte er, sich Theodor Sickel wieder zu nähern: «Hochgeehrter Herr Hofrat, Schon seit Jahr und Tag, ja unmittelbar seit ich Wien verlassen, empfinde ich den inneren Drang, mich vertrauensvoll an Sie zu wenden, Sie zu bitten, mir zu verzeihen, was ich Ihnen angetan. Aber immer wieder ließ ich mutlos und ohne Hoffnung was mich drängte und drückte unausgesprochen.» Jetzt sei ihm die «frohe Botschaft» zugegangen, daß Verzeihung möglich sei. «Nach Entschuldigungen für mein Verhalten zu suchen und was ich getan beschönigen zu wollen würde dieses Bekenntnis nur beeinträchtigen.» An

Frau Sickel sich zu wenden, wage er nicht, «Habe ich sie doch nicht weniger gekränkt wie Sie».

Der Ton dieses Briefes und einiger weiterer aus dieser Zeit an Sickel ist außergewöhnlich, ganz und gar nicht der eines vor Selbstbewußtsein und Ironie strotzenden Kehr, was er später zu seinem Charaktermerkmal stilisierte, eher der eines schmachtenden Jünglings, der mit Liebesentzug bestraft worden ist, nichts auch von der späteren kraftvollen und bildhaften Sprache. Der grollende Wiener Altmeister ließ sich nach und nach milder stimmen: «Den grossen Unterschied zwischen dem Briefe den Sie mir im Sommer 88 ... sandten um sich zu verabschieden, und Ihrem jüngsten Briefe weiß ich wohl zu würdigen... Nur da Sie mehr als ein Jahr zubrachten um einen anderen Ton anzuschlagen, vermag ich nicht so plötzlich über persönliche Erfahrungen hinwegzugehen.» Kehr antwortet in einem mehrseitigen Brief voller Selbstanklage und mit einer Zerknirschung, die wir sonst nirgends in seiner Korrespondenz finden: «Es hat viel trüber Erfahrungen bedurft, ehe ich zur Einsicht meines Unrechts und meiner Fehler gekommen bin; und ich urteile jetzt nicht mehr mit der Selbsttäuschung und Empfindlichkeit von ehedem. Denn dieses, eine kindliche Empfindlichkeit und ein grenzenloser Eigenwille, waren bei mir so ausgeprägt, daß sie all' mein Tun beherrschten. In jungen Jahren von gütigen und nachgiebigen Frauen erzogen, hatte ich diese Empfindlichkeit zur Virtuosität ausgebildet, und gerade wo meine Empfindungen ins Spiel kamen, überwucherte jene unglückliche Eigenschaft alle vernünftige Überlegung. ... Ich litt furchtbar darunter, wenn mir mein Chef eine verdiente Rüge hatte zukommen lassen, und ich grollte deshalb dem väterlichen Freunde.»

Am selben Tag schreibt er an Frau Sickel: «Glücklich darüber, dass Ihr Herr Gemahl meine Bitte um Verzeihung gütig aufgenommen hat, fühle ich doch, dass mein Versuch seine Verzeihung zu erlangen nur ein unvollkommener ist, und dass ich damit nur zum Teil sühne, was ich in leidenschaftlicher Verblendung getan. Denn auch Ihnen gegenüber ist mein Schuldkonto schwer belastet...:

vergessen Sie, wenn es Ihnen möglich ist, die unselige Zeit seit dem März 1888» (dem Datum seiner Kündigung).

Das Ehepaar Sickel akzeptierte Kehrs Canossa-Gang und vergab ihm, den sie vor Jahren in ihr Haus aufgenommen hatten. Aber kann man nicht auch sagen, Kehr habe sich arrangiert? Es war gefährlich, das Wohlwollen Sickels, der die diplomatische Provinz beherrschte, zu verscherzen. Die um 1890 aufwallende *contritio cordis* hielt Kehr nicht davon ab, seinen demütig angegangenen Mentor Sickel ein Jahrzehnt später abermals wenn nicht zu hintergehen, so doch gezielt und geradezu beleidigend im unklaren zu lassen – aber da war er schon ein mächtiger Mann mit Lehrstuhl und Ansehen und kam ohne Abbitte aus.

Der große Plan eines Papsturkundenwerks

Die Stationen zu seiner Mächtigkeit: Kehr strebte, zunächst jedenfalls, nach einer akademischen Karriere, dem einzigen Weg zur Wissenschaft, und suchte Anschluß an eine deutsche Universität. Er bat seinen Göttinger Lehrer Weiland um Rat, der ihm Marburg empfahl. Dort wurde Kehr mit einer Arbeit über die Urkunden Ottos III. 1889 habilitiert, rückte 1893 zum außerordentlichen Professor auf und übernahm 1895 in Göttingen ein Ordinariat. Wichtig für ihn und das Fach wurde seine Wahl zum ordentlichen Mitglied der Göttinger Akademie. Er nutzte diese Zugehörigkeit zum Entwerfen eines Planes, dessen Erfüllung er der Akademie anvertraute. Der gerade einmal ein Jahr Dazugehörende hielt einen Festvortrag über das Vorhaben einer kritischen Ausgabe der Papsturkunden bis 1198, bis zum Einsetzen einer kontinuierlichen Registerführung in der päpstlichen Kanzlei, und das schwungvoll vorgetragene Projekt wurde von der Göttinger Akademie als von ihr zu betreuende Aufgabe übernommen. Kehr hat am Ende seines Lebens seine Fehleinschätzung eingestanden: er habe damit gerechnet, mit ein paar Mitarbeitern den Plan in drei Jahrzehnten erfüllt zu haben; 1997 hat die Göttinger Akademie das hundertjährige Bestehen des Unternehmens gefeiert und ist von der Erfüllung noch weit – unendlich weit – entfernt, denn man steht noch bei den Regesten, die zudem erst zu geringen Teilen vorliegen, noch fehlt so gut wie ganz die kritische Edition der Volltexte. Dennoch hat dieses Unternehmen der gesamten Papstgeschichtsforschung einen ungeheuren Schub verliehen. Kehr und seine Mitarbeiter haben mit ihrer systematischen Suche zahlreiche unbekannte Urkunden aufgestöbert und ihre Funde hauptsächlich in den Schriften der Göttinger Akademie veröffentlicht.

So weit und geradezu vermessen der Plan ausgriff, so war es Kehr Ernst mit der Realisierung, doch dafür bedurfte es einer guten Ausgangslandschaft. Das Land, das sich anbot, das die meisten Urkunden empfangen hatte (hier waren, bezogen auf die Landesgröße, die meisten Diözesen und religiösen Einrichtungen, hier hatte noch wenige Jahre zuvor ein Kirchenstaat bestanden), war Italien. Es empfahl sich, mit einer *Italia Pontificia* zu beginnen, einer Regestensammlung italienischer Empfänger von Papsturkunden, und Kehr stürzte sich mit Feuereifer in die Aufgabe. Allerdings war der beste Ort für diese Arbeit Rom mit den vatikanischen Beständen, der Bibliothek und dem seit kurzem geöffneten Archiv. In Rom hatte auch Preußen 1888 ein historisches Institut eingerichtet, und Kehr wäre nicht der große Taktiker gewesen, als welchen er sich selbst gern bezeichnete, wenn er nicht einen Weg gefunden hätte, sich in die zentrale Lage als Leiter dieses Instituts zu manövrieren. Zunächst mußte freilich der amtierende Direktor den Platz freimachen. Kehr kannte das Institut in- und auswendig, wußte um die Lage *intra et extra muros*.

Der Kampf um Rom

Anonym veröffentlichte Kehr im Januar 1901 einen das römische Institut in seiner Arbeitsweise und in seiner Leitung bloßstellenden Artikel in der Münchner Allgemeinen Zeitung, gespickt mit geistreichen Bosheiten und kenntnisreichen Empfehlungen. Der künftige Direktor habe die schwierige Aufgabe, das Institut zu wirkungsvollerer Leistungsfähigkeit umzubauen: «Der einzige, der das guten Mutes wagen dürfte, führt leider eine gar zu grobe Feder.» Das war er selbst. Kehr bestritt zunächst seine Autorschaft, selbst seinem Mentor Sickel gegenüber, der sich dann bloßgestellt fühlte, da er die Beteuerung Kehrs gutgläubig weitergegeben hatte. Als außer Kehr andere Kandidaten für das Amt genannt wurden, legte Kehr in dem ihm eigenen, Verletzungen nicht scheuenden Stil nach, wiederum anonym: «Am Pregel und am Dreisam, an der Ill und an der Spree, an der Lahn und an der Leine, wo nur irgend ein historisches Bächlein fließe, hat man nach dem starken römischen Mann gefischt. Professoren gibt es ja genug, wenn sich nur einer fände, der die nötigen Qualitäten hätte. Aber der eine, der vielleicht der beste Kenner Roms ist, hat das Unglück gläubiger Katholik zu sein, ein anderer in ganz Italien bekannter Forscher [wohl Kehr selbst] ist den Berliner Akademikern äußerst mißfällig, ein Dritter hat eine zum Repräsentieren nicht wohl geeignete Gattin.» Hartnäckig und mit häufig wechselnden Koalitionen, nicht frei von Winkelzügen erreichte Kehr sein Ziel.

Im Herbst 1903 wurde er zum Direktor des Preußischen Historischen Instituts in Rom bestellt. Manche hatten privat und öffentlich mitgeholfen, ihn auf diesen Posten zu bringen; sie machten jetzt ihre Rechnung auf, wie zum Beispiel Johannes Haller (1865–1947), ein mit Rom und Italien vertrauter und wortgewaltiger früherer Mitarbeiter, der zwar im Jahr zuvor eine Marburger Professur übernommen hatte, aber sich auf eine römische Position, die ihm eigene Freiheiten ließ, Hoffnungen machte. Im Nachlaß Friedrich Althoffs ist ein scharf und klar formuliertes Gutachten Johannes Hallers vom September 1902 aufbewahrt, das mit den Worten schließt: «Unter den lebenden Historikern Deutschlands ist wohl nur einer, der (die notwendigen) Eigenschaften alle in vollem Maße besitzt: Prof. Paul Kehr... Nicht unerwähnt darf dabei bleiben, daß Prof. Kehr sich bei den maßgebenden Persönlichkeiten der Vatikanischen Kreise ebenso großer Beliebtheit und Achtung erfreut, wie bei den Fachgenossen des italienischen Königreiches. Ja, er ist zur Zeit vielleicht der einzige, der in Italien die achtunggebietende Stellung der deutschen Geschichtsforschung in vollem Maße vertritt.»

Offenbar waren schon Vereinbarungen mit Kehr getroffen, an die Haller jetzt erinnerte, um seiner ihm vorschwebenden Forschungsfreiheit sicher zu sein. Am 17./18. August 1903 hatte sich Kehr für Rom entschieden. Unmittelbar danach wechseln Haller und Kehr Karten und Briefe, an deren Ende die Trennung steht. Die beiden Schlußbriefe der Auseinandersetzung lauten in Auszügen, zunächst Haller an Kehr (Marburg, 1.9.1903):

Sehr verehrter Freund,
... Ich habe den Gedanken, daß Sie mich Ihrem persönlichen Befehl unterwerfen wollen, als eine verletzende Zumutung aufgenommen, doppelt verletzend, weil Sie damit wochenlang hinter dem Berge gehalten hatten... Daß diese persönliche Unterwerfung nichts weniger als etwas Selbstverständliches ist, werden Sie vielleicht am besten erkennen, wenn Sie sich an den Statuten-Entwurf erinnern, den wir vor fünf Vierteljahren zusammen aufsetzten. Dort war nichts davon enthalten, und ich entsinne mich, als wäre es gestern gewesen, wie wir darüber sprachen, und wie Sie mir Recht gaben, daß der Direktor ein formelles Imperium über die Mitglieder des Instituts gar nicht bedürfe, weil er durch seine Persönlichkeit schon das erforderliche Übergewicht haben müsse. Wenn Sie darüber heute anderer Meinung sind, so will ich nicht widersprechen. Aber das – dabei bleibe ich – hätten Sie mir zu allererst sagen müssen. So konnte ich mich des Eindrucks nicht erwehren, als hätte man versucht, mich in einen Hinterhalt zu lotsen. Und daß ich es nur gestehe: mein persönliches Vertrauen zu Ihnen hatte einen Stoß erlitten. Ich sah auch schon nach Empfang Ihrer ersten dahin zielenden Mitteilung keine Hoffnung mehr auf eine Verständigung. Wenn Sie nun aber gar meine Antwort, die mir wahrlich bitter schwer geworden war, nur mit Spott und Hohn erwiderten und mit einer versteckten Drohung, daß meine Zukunft in Ihrer Hand sei, so darf ich wohl mit mehr Recht als Sie fragen: womit habe ich das verdient?... Ich grüße Sie und werde des Guten, das Sie mir früher erwiesen haben, auch künftig stets eingedenk bleiben.

Ihr

J. Haller

Und die prompte Antwort Kehrs (Quedlinburg, Münchenhof 2.9.1903):

Verehrter Freund,
Schade daß Sie mein Gesicht nicht haben sehen können, das ich machte, als ich Ihren Brief las: Es mag sehr dumm ausgesehen haben. Verzeihen Sie mir, aber es ist schwer zu sagen, wer in diesem Fall von uns beiden der größere Esel gewesen ist. Doch da ich der Ältere und Verständigere bin, so will ich die grösseren Ohren auf mich nehmen. Denn ich hätte wissen müssen, das der Teufel und Obersäemann der Zwietracht nicht in der Hölle, sondern in der Tinte sitzt, und daß er in die Feder kriecht, um gute Freunde und Brautleute auseinanderzubringen. Geschäftsleute mögen Geschäfte schriftlich abmachen, Freunde sollten es nicht tun. Was für ein demütigendes Ergebnis, wenn erwachsene und ernsthafte Männer schließlich deshalb auseinandergehen wie höhere Töchter. Die persönliche Zuspitzung unserer Streitfrage war mir schriftlich geradezu eklich.

Ich freue mich nun doppelt, daß Sie entschlossen mir geschrieben und einfach Ihre Meinung gesagt haben. Wir hätten das freilich alles billiger und schmerzloser haben können, aber es ist doch ein wahres Glück, daß Sie überhaupt damit herauskommen.

Für was halten Sie mich eigentlich, verehrter Freund? Einen Schneidermeister, der seinen Gesellen hermetisch die Teile zuweist, dem einen die Knöpfe, dem andern die Nähte? Für einen Fallensteller, der ehrliche und vertrauensselige junge Männer in seinen Schlingen fängt? Ihre Idee eines «Hinterhalts» ist beinahe großartig. Am Ende wäre es zu einem falschen Wechselchen gar nicht mehr so weit. Nun hören Sie auch meine Rede. Ich liebe Sie mit der Freundschaft, die ich, ein innerlich kalter Mensch, überhaupt aufbringen kann, und ehre in Ihnen immer großes Talent. Sie sind mein Vertrauter in der römischen Sache geworden, und ich habe Ihnen kaum eine Falte meiner Anschläge verborgen. Ihre Mitwirkung war mir etwas so selbstverständliches, daß ich sie überhaupt nur zu erwirken wünschte und hoffte gleichsam ohne alle Conditiones. Mein Verhältnis zu Ihnen in dieser Frage ist vor allem ein gemütliches gewesen. Daher mein Staunen, als Sie bei unserer ersten Zusammenkunft in Göttingen zuerst Bedenken äusserten. ... Jetzt wird mir das Bedenkliche in solchem Verhältnis klar: Sie sind ein stolzer, eigenwilliger und mißtrauischer Mann, dem ein Freundschaftsverhältnis in amtlicher Stellung drückend sein würde. Aber zu irgendwelchem Mißtrauen haben Sie gar keinen Anlaß gehabt.

Aber meine Stellung als Chef des Instituts habe ich mir ganz anders gedacht, als Sie annehmen. Ich bin heute wie immer der Meinung, daß in der Wissenschaft kein Commando statthat. Ich hätte schwerlich in irgend einer Angelegenheit des Instituts gehandelt ohne mit Ihnen zu sprechen, aber umgekehrt muß dasselbe statthaben. Ein formelles Imperium, eine Banngewalt, ein Zwangsrecht kann ich schon darum nicht wollen, weil es ganz grundlos wäre; kein Dummer wird auf Commando klug und kein Widerwilliger auf Commando willig. Aber auf der andern Seite muß eine Einheit und ein Mittelpunkt da sein. Das kann nur der Director sein. ... In Wirklichkeit liegt die Sache so: Sie als reizbarer und mißtrauischer Mensch haben sich mit einem profunden Mißtrauen gegen mich erfüllt und Angst gekriegt, ich könnte Sie übers Ohr hauen, Ihre Talente mißbrauchen usf. Und so haben Sie mit steigender Schärfe Ihre Forderungen aufgestellt. Nun weiter: meine Antwort sei voll Spott und Hohn gewesen und habe sogar eine versteckte Drohung enthalten. Wären Sie nicht so empfindlich, so würde ich Ihnen antworten: Werter Herr, Sie sehen weiße Mäuse. Ich sage nur die Wahrheit, wenn ich bekenne, daß ich Ihre Einwände als nicht sachlich ansehen konnte, und Sie geben mir ja jetzt Recht: sie sind die Früchte Ihres Mißtrauens. Und gar eine versteckte Drohung? Aber Teufel auch, verkehrter Freund, bin ich Tom der Negerhändler?... Alle Welt hält Sie für einen Krakehler (ich bis dato nicht) oder doch für «schwierig». Also ein neuer Fall. Sie schlagen die römische Chance, die für Sie eine große Zukunft bedeutete in den Wind. Und da darf ich nicht sagen: Achtung! Selbstschüsse! Es ist schade, Sie sind nach meiner Meinung hinter einem Phantom hermarschiert, und Sie haben eine Sache verteidigt, die kein Mensch angegriffen hat. ... Ich sehe aber nach alledem gar keinen Grund, Ihnen dauernd böse zu sein oder gar meine Freundschaft für Sie zu mindern. Nun seien Sie zunächst gegen Ihr Mißtrauen mißtrauischer.

In Treue
Ihr Kehr

PS. Entschuldigen Sie meinen burschikosen Ton; er kommt aus der Freude, daß Sie mir doch offen und ehrlich geschrieben haben. Ich schrieb wie mir ums Herz war; legen Sie also meine Worte nicht auf die Wagschale Ihrer kritischen Distinctionen. Nach einem heißen Jagdtag immer

Ihr Kehr

Wer diese Auszüge aus Kehrs Briefen liest – sie mögen als Beispiele vieler solcher Briefe dienen – wird sagen müssen, daß keine biographische Darstellung die Farbigkeit und die Brutalität, die Phantasie und die Präzision, die taktische Raffinesse und die gesamthistorische Blindheit, die einen Widerspruch nicht zulassende Einseitigkeit und den perspektivischen Entwurf wiedergeben kann. Eine sich zwischen das Kehrsche Original und den heutigen Betrachter stellende Darstellung verdirbt den starken Eindruck. Und Haller? Haller ging nicht nach Rom und machte seinen Weg von Marburg über Gießen nach Tübingen, wo er vier Jahrzehnte später, 1944, seine Memoiren schrieb. In ihnen sind die Vorgänge um die Stelle des römischen Direktors mystagogisch umschrieben. Am Ende heißt es, der Kampf um den Posten habe mit einer Neuordnung des Instituts geendet, «an dessen Spitze endlich der richtige Mann gestellt wurde, Paul Kehr. Unter seiner tatkräftigen und sachkundigen Leitung hat es in den zehn Jahren bis zum ersten Weltkrieg eine Blüte erlebt, die den Beweis lieferte, was an dieser Stelle geleistet werden konnte, wenn berufene Hände es führten.» Mit keinem Wort erwähnt Haller seine eigene Rolle und seine römischen Hoffnungen.

Die römischen Jahre

Kehr hatte den Posten – wenn wir seinen Alterserinnerungen glauben dürfen – seit Studententagen angestrebt, und er hat die römischen Jahre von 1903 bis 1915 als die glücklichsten seines Lebens bezeichnet. An Institutsplänen hat er manches vorgefunden. Für ihn jedoch war entscheidend, daß er seinen eigenen großen Plan, die Papstregesten, beginnend mit Italien, bearbeiten konnte. Kehr hatte die Gabe, tüchtige Helfer zu gewinnen, darunter auch einige vorzügliche italienische Kollegen wie Luigi Schiaparelli und Pietro Fedele, der in faschistischer Zeit zu hohen Ehren aufsteigen sollte. Die Hauptarbeit freilich leistete er selbst.

Hier zeigt sich eine Werkhingabe, die man bei einem Zyniker wie Kehr nicht erwarten würde, der sich nicht selten darin gefiel, die eigene Arbeit herabzusetzen. Er ging in die Archive, geistliche wie weltliche, arbeitete acht bis zehn Stunden ohne Unterbrechung, und wenn es ihm gestattet wurde, ließ er sich zur Mittagspause einschließen, achtete nicht der Kälte und der Hitze in den häufig

31 Die Villa Falconieri bei Frascati, im 16. Jahrhundert erbaut und im 17. von Francesco Borromini (1599–1667) ausgestaltet, war vor dem Ersten Weltkrieg von Kaiser Wilhelm II. als Haus für deutsche Gelehrte zur Verfügung gestellt worden (heute das Centro Europeo dell' Educazione des Erziehungsministeriums). Hier residierte Kehr mit seiner Familie; spitze Zungen nannten ihn «Paolo fuori» nach der berühmten Apostelkirche, wohl mit dem versteckten Hintersinn «raus mit Paul». Das Bild zeigt Kehr 1915, kurz bevor er Rom verließ, mit seinen beiden Söhnen Romulus und Ivo.

verstaubten und ungepflegten, manchmal durch Wochen nicht gelüfteten Kammern, mußte nicht selten die Stücke sich selbst heraussuchen. Ein Schweizer Kollege staunte, wie Kehr, fast siebzig Jahre alt, «ohne Unterbruch von morgens 8 ½ bis abends 6 Uhr, einzig ausgerüstet mit einem kleinen Paket Zwieback, sich seiner Arbeit hingeben konnte» (O. Vasella). 1906 erschien der erste Band der *Italia Pontificia*, der bis zum Jahre 1198 reichenden Papstregesten für Italien, und bis zum Ersten Weltkrieg kam fast jedes Jahr ein neuer Band heraus, bis zum 2. Teil des 6. Bandes 1914: 7 Bände in acht Jahren, rund 3000 Seiten lateinischen Textes, denn die Einleitung, die Regesten selbst, der Kommentar, alles war lateinisch, in der Gelehrtensprache, abgefaßt.

Neben der zeitaufwendigen Arbeit an der Italia Pontificia standen die zahlreichen Verpflichtungen, denen der Direktor eines römischen Instituts unterworfen war. Im Frühjahr 1904, ein halbes Jahr nach Kehrs Amtsantritt, und ein knappes Jahr später abermals besuchte Kaiser Wilhelm II. Süditalien, und Kehr war ihm attachiert. Er entledigte sich dieser Aufgabe mit Witz und Bravour und war mit seiner Rolle durchaus zufrieden: «Ich bin nicht nur als Historiker, der gern mal sieht, wie es oben eigentlich zugeht, sehr befriedigt, sondern auch als Mensch und Patriot, denn S. M. [seine Majestät] hat mir sehr gut gefallen», so schrieb er an einen Freund. Auch hier ließ er sein Pfund wuchern. Die Fahrt durch die staufische Landschaft Süditaliens mit ihren Burgen, Kastellen, Hafenanlagen ließen den Plan entstehen, dem Institut eine kunsthistorische Abteilung anzugliedern und die «Bauten der Hohenstaufen in Unteritalien» kunsthistorisch und nach schriftlichen Quellen aufzuarbeiten. Kehr, aus dessen Mund manches abfällige Urteil über kunstgeschichtliche Forschung bekannt ist, warb zwei vorzügliche Mitarbeiter an, Arthur Haseloff (1872–1955) und Eduard Sthamer (1883–1938), selbständige Köpfe, die die Aufgabe übernahmen und zu einem vernünftigen Abschluß brachten; ihre Publikationen, erst kürzlich ins Italienische übertragen, sind bleibende Standardwerke.

Des Kaisers Huld brachte ihm noch einen weiteren Zugewinn. Der Berliner Bankier Ernst von Mendelssohn Bartholdy hatte Wilhelm II. die Villa Falconieri in Frascati als Erholungsheim für Künstler und Gelehrte geschenkt, und Kehr wurde mit der Aufgabe des Verwalters betraut. Er bezog von Zeit zu Zeit Residenz in der Villa Falconieri mit ihrem prächtigen Park, und war er schon vorher häufig abwesend vom Institut, so erschien er jetzt noch seltener; oft – und wohl auch gezielt – war es der Sonntag, daß er in die Stadt kam.

Kehrs Regiment und seine gesellschaftliche Stellung

Mitarbeiter damaliger Tage hatten sehr unterschiedliche Erinnerungen an den römischen Direktor Kehr vor dem Ersten Weltkrieg. Das römische Flair wog vieles auf, aber es scheinen auch – zumindest zeitweise – Mißstimmungen aufgekommen zu sein. Ein Assistent jener Zeit spricht von «Verdrossenheit», die nicht zuletzt wegen der entwürdigenden Behandlung durch Kehr um sich gegriffen habe (Philipp Hiltebrandt). War eine «bessere» Abendgesellschaft in die Wohnung Kehrs geladen, so nahmen die Institutsmitglieder wohl teil, aber sie mußten sich in einem eigenen Zimmer aufhalten, das im Institutsmund die «Gesinde-Stube» hieß. «Einer von den Insassen hatte die Ehre, den Ganymed zu spielen und den Honoratioren Brötchen und Wein zu präsentieren.» Die Abneigung gegen solcherart Behandlung äußerte sich in der Weigerung mehrerer Institutsmitglieder, eine Silvestereinladung Kehrs anzunehmen, was wiederum beim Direktor üble Laune auslöste, die die wenigen, die gekommen waren, zu spüren bekamen.

Damals hat Kehr viele jener Verbindungen geknüpft oder vertieft, die ihm später von Nutzen waren: die Freundschaft mit dem Präfekten der Mailänder Biblioteca Ambrosiana und später der Biblioteca Vaticana Achille Ratti, dem späteren Papst Pius XI., mit dem Philosophen und Historiker Benedetto Croce, dem nachmaligen Unterrichtsminister, mit Angelo Mercati, dem Kardinal Franz Ehrle, mit Friedrich Althoff, dem allmächtigen Ministerialdirektor, dessen gestaltender Grobianismus ihm lag, und mit Friedrich Schmidt-Ott, dessen wertvollen Mitarbeiter, der ihm in seinen letzten Lebensjahren zum vertrauten Freund wurde, dem er die Intimität häuslicher Misere anvertraute. Adolf Harnack hatte Kehrs Einsetzung in Rom Althoff gegenüber befürwortet («der Mann, der schließlich nach Rom in die leitende Stellung gebracht werden muß») und gehörte beim groß aufgezogenen Internationalen Historikerkongreß in Rom April 1903, zusammen mit Kehr, Wilamowitz, Otto Gierke und dem Altphilologen Franz Bücheler, zur deutschen Delegation. Harnack machte in Rom Eindruck auf den sonst nicht leicht zu beeindruckenden Kehr. Er schrieb an seinen Göttinger Freund, den Alttestamentler Rudolf Smend: «Sie werden vielleicht wissen wollen, wie die große Komödie des historischen Congresses in Rom verlaufen ist. Äußerlich sehr anständig. Und sehr lehrreich für einen Philosophen. Den Harnack am Handwerk zu sehen, ist ein Genuß gewesen, den ich nicht missen möchte. Er nahm alles mit, Minister, alte Damen, Militärattachés, Monsignori, Journalisten, und wenn eine einflußreiche Cocotte zu Händen gewesen wäre, wäre Ihr College in ministerio sacro sicher zu ihr hingestiegen. Ihm gegenüber machte Wilamowitz, der doch das Geschäft auch kennt, einen wahrhaft seriösen, akademischen, erhabenen Eindruck. Vater Gierke ist ein sehr brauchbarer national-akademischer Bombardeur in gutem Sinne: er hat meine italienische Rede sehr gut mit langen Vocalen u. breiten Consonanten abgelesen u. viel Beifall gefunden, da er sie herausbrüllte, als ob er den Kanonendonner von Sadowa übertönen wollte.»

Trüge man die Namen derjenigen zusammen, denen er begegnet ist und in deren Mitte er wirkte, so hätte man eine umfangreiche Liste vieler damals die Kultur und die Gesellschaft bestimmender Persönlichkeiten. So abschätzig Kehr über Kollegen, Mitarbeiter und Professoren sprach, an den Großen dieser Welt fand er fast immer etwas Positives, sei es bei Papst Pius X. (1903–1914), dessen wissenschaftsfremden Antimodernismus er eigentlich kritisch hätte beurteilen müssen («klug, zielstrebig und hartnäkkig»; «nicht würdevoll, doch würdig ohne alle Ceremonien»; ein Grund für die positive Beurteilung: er war «ein guter Urkundenkenner»), bei Pius XI. (1922–1939) ohnehin, aber auch bei Pius XII. (1939–1958), den er schon als Nuntius Eugenio Pacelli kennengelernt hatte, oder beim sozialdemokratischen preußischen Ministerpräsidenten Otto Braun, mit dem er auf Kur in Bad Gastein verkehrte. Selbst Hermann Göring, den er wie einst den Kaiser begleitete, und sogar Adolf Hitler konnte er etwas abgewinnen. Den Satz Jacob Burckhardts, daß Macht an sich böse sei, hätte Kehr nicht gelten lassen.

Der Erste Weltkrieg beendete Kehrs italienische Schaffensperiode, die in der Tat eine Zeit der «Blüte» des Instituts (J. Haller) darstellte. Zwar hatte Kehr in Personalunion mit der Präsidentschaft der Monumenta Germaniae die Leitung des Instituts bis 1936 inne, aber er war in Rom nur durch einen Statthalter gegenwärtig, zuletzt durch den ihm treu ergebenen, zuweilen in einer romfremden SA-Uniform auftretenden Friedrich Bock; er selbst kam nur gelegentlich hin. Die «glücklichsten Jahre» seines Lebens beendete der Eintritt Italiens in den Ersten Weltkrieg an der Seite der Entente. Kehrs Finale in Rom war für seine Stellung bezeichnend. Kehr war zu einem Repräsentanten der deutschen wissenschaftlichen Kultur in Italien aufgestiegen, so daß er durchaus dem damals nach Rom geschickten deutschen Botschafter Bernhard von Bülow als Gesprächspartner dienen konnte. Bülow, Reichskanzler von 1900 bis 1909, hatte eine in Neapel geborene Prinzessin di Camporeale zur Frau und war vor seiner Reichskanzlerzeit bereits drei Jahre Botschafter in Rom gewesen; im Dezember 1914 entsandte man ihn auf den gleichen Posten, um einen Übertritt Italiens auf die Seite Frankreichs zu verhindern. Kehr schrieb an Bülow, den er noch von dessen ersten Botschafterzeit her kannte, und schilderte dem neuen Botschafter die deutschfeindliche Stimmung, gerade unter jungen und die Stimmung bestimmenden Gelehrten; er stellte eine negative Prognose. Kehrs Pessimismus behielt recht. Italien erklärte am 23. Mai 1915 Österreich-Ungarn den Krieg, fünf Vierteljahre später, am 26. August 1916, Deutschland.

Kehr als Generaldirektor der Preußischen Archive und als Plänemacher

Als einer der letzten Deutschen verließ im Mai 1915 Kehr Rom, wie Walther Holtzmann es ausdrückte, die für ihn «Ewige Stadt». Kehr ging zum Sitz seiner vorgesetzten

Behörde nach Berlin, wo man bald Verwendung für ihn hatte. Im August 1914 war der Generaldirektor der preußischen Archive Reinhold Koser (1852–1914) gestorben, und man wies Kehr in dieses Amt ein, wie er selbst in der ihm eigenen nüchternen Selbstironie gestand: «teils weil man mir einiges Verwaltungstalent zutraute, teils weil im Augenblick ein anderer Kandidat nicht zur Hand war». Kehr verwaltete dieses Amt in schwerer Zeit. Zunächst waren es die personelle und materielle Notlage des Krieges, die Schwierigkeiten der Aufrechterhaltung des Archivbetriebes. Zu Preußen gehörte auch die Provinz Posen, und hier begegnete er einem alten Bekannten, mit dem ihn eine gelehrte Freundschaft verband: Achille Ratti, der im April 1918 als Apostolischer Visitator nach Polen entsandt worden war. Noch schwieriger wurde die Lage nach dem Friedensschluß von Versailles. Zwei Großarchive, Posen und Danzig, mußten abgetreten, nordschleswigsche Bestände an Dänemark überstellt werden, das Archiv von Wetzlar, das die Akten des alten Reichskammergerichts bewahrte, wurde aufgelöst. Dennoch hielt Kehr sich frei für die Wissenschaft.

Es ist ein Freisein zugleich für Entwürfe, für Möglichkeiten der Entwicklung, das ihn als Plänemacher empfahl, und darin war er groß, wie er bereits bei der Gestaltung des römischen Instituts gezeigt hatte. 1911 war die Kaiser-Wilhelm-Gesellschaft, weitgehend entworfen von Adolf Harnack, gegründet worden, und Kehr versuchte sogleich, seine Pläne einzubringen. Er empfahl als Ergänzung der naturwissenschaftlichen Ausrichtung ein Institut für Geschichte, das ganz der Forschung dienen sollte, unbelastet von dem Lehrbetrieb der Universitäten. Als einen ersten Schritt schlug er eine historisch-statistische Bestandsaufnahme der deutschen Kirche (Bistümer, Domkapitel, Kollegiat- und Pfarrkirchen, Klöster und sonstige Institute) bis 1803 vor, bis zum Reichsdeputationshauptschluß. In Aufnahme bereits bestehender Pläne und eines alten Namens nannte Kehr die Reihe *Germania Sacra*. 1917 wurde das Institut formell gegründet, kümmerte aber die nächsten Jahrzehnte mit Kehr als Direktor und einer später hinzugezogenen Sekretärskraft dahin, brachte es zwar auf immerhin fünf Bände (1929–1938), erstellt von auswärtigen freiwilligen Miarbeitern, wurde aber in der Forschungslandschaft kaum wahrgenommen.

Die Zuordnung auf seine Person war Kehr wichtig, und er wagte, mit dieser Idee einer zentralen Position sogar über sein engeres Fach hinauszugreifen. Als 1911 die Pläne für ein kunsthistorisches Institut in Rom aufkamen – die spätere Bibliotheca Hertziana –, entwickelte er ein Modell mit einem Generaldirektor, dem sämtliche deutschen wissenschaftlichen Einrichtungen in Rom unterstehen sollten. Anfang der zwanziger Jahre, bei der Rückgabe der deutschen Institute in Rom, machte er einen ähnlichen Vorschlag. Aus den Entwürfen wurde zwar nichts, aber sie zeigen Kehrs Herrschaftsvorstellung, denn selbstverständlich dachte er an sich als allein passenden Mann für einen solchen Posten.

Die «Zugabe» der Monumenta Germaniae Historica

Im Juni 1919 wählte die Plenarversammlung der Zentraldirektion der Monumenta Germaniae Historica Paul Kehr zu ihrem Vorsitzenden; er trat das Amt, zunächst kommissarisch, am 1. September an. Die Zentraldirektion, ein von den Akademien beschickter und durch Zuwahl ergänzter Beirat, hatte die Wahl widerwillig vollzogen, aber das Versagen des vorläufigen Vorsitzenden Michael Tangl – ein fünfjähriges Provisorium – war so offensichtlich, daß Kehr herbeigewünscht wurde, zumal dann eine Situation eintrat, die bereits unter Koser bestanden hatte: Der Generaldirektor der Preußischen Archive war zugleich Vorsitzender der Zentraldirektion.

Gratulationen zur Übernahme des Amtes gingen ein, darunter eine von Karl Hampe (1869–1936), dem Stauferhistoriker, der in den neunziger Jahren selbst Mitarbeiter der Monumenta gewesen war und seit 1917 der Zentraldirektion angehörte. Ihm, dem Insider, den Kehr schätzte, teilte Kehr seine «ersten Beobachtungen» mit:

Man arbeite zu teuer; sowohl die Abteilungsleiter wie die Mitarbeiter seien überaltert, und dann die rücksichtslose Pranke des Löwen: «die 6 gleichaltrigen Mitarbeiter Wibel – Schmeidler – Caspar – Krammer – Perels – Hofmeister» seien «sitzengebliebene akademische Mauerblümchen, unlustige Herren und Familienväter, mit gänzlich unzureichenden Gehältern und meistens anderen Interessen zugewandt: so sitzen sie da und verstopfen jüngerem Zuwachs alle Zugänge». So geht es fort: die Zeitschrift, das Neue Archiv, sei «Tangls müdem Szepter» entglitten. Mit Hampe entwickelte sich eine Korrespondenz über die Zukunft der Monumenta Germaniae, die «nur sehr tüchtige und sehr fleißige Leute» brauchen, «Männer von Passion für ihre Arbeit, meinetwegen von einseitiger Begabung», und hier ringt sich der im allgemeinen misanthrope Kehr zu einem Lob durch, das ihm in ruhigen Stunden auch in die Feder floß: «Levison, Hofmeister, Wibel und Schmeidler, auch Perels sind in der Tat vorzügliche Monumentisten», was mit dem vorigen Urteil kontrastiert, nur seien sie, «indem sie unter ihrem Werte honoriert werden, mit Recht unzufrieden».

Der Freund des Papstes

Als Walther Holtzmann dem Generaldirektor der Preußischen Staatsarchive am Morgen des 7. Februar 1922 die Nachricht überbrachte, er habe soeben in der Zeitung gelesen, daß Kardinal Achille Ratti, kürzlich erst zum Erzbischof von Mailand kreiert, als Pius XI. zum Papst erhoben worden sei, holte Kehr aus der noch daliegenden Neujahrspost einen Glückwunsch Rattis hervor. Nicht nur für Kehr und die Geschichtsforschung, sondern für die Wissenschaft überhaupt bedeutete die Wahl dieses ersten Gelehrten nach zwei Jahrhunderten, nach dem großen Kanonisten Benedikt XIV. (1740–1758), ein Glück: Der Widerstand gegen die Einbeziehung naturwissenschaftlicher Erkenntnisse in das Leben wurde lärmlos abgebaut, die Spannung zu einem zeitfremden Anti-Modernismus, den der bigotte Pius X. ge-

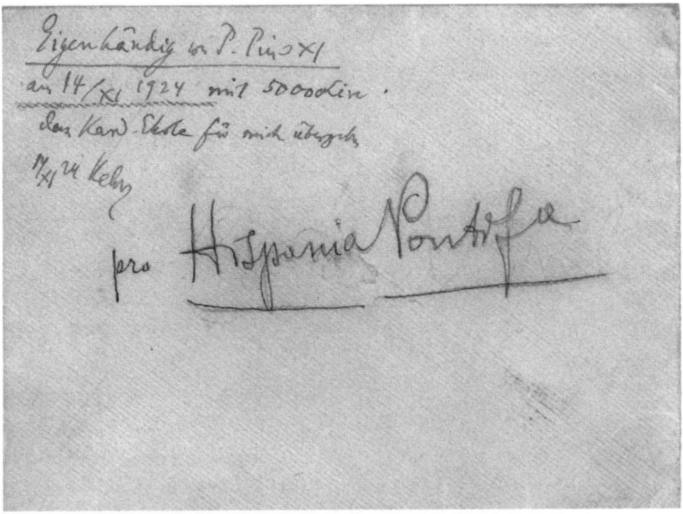

32 Kehr, der sich einen «ziemlich unchristlichen, positiv skeptischen deutschen Gelehrten» nannte und das Papsttum «eine höchst unsympathische Institution» fand, hatte dennoch seine Devotionalien. In seinem Nachlaß, sorgsam aufbewahrt, findet sich ein Umschlag, den Papst Pius XI. mit «pro Hispania Pontificia» beschriftet hat und auf dem Kehr notierte: «Eigenhändig von P. Pius XI am 14/ XI 1924 mit 5000 Lire dem Kard. Ehrle für mich übergeben. 14/ XI 24 Kehr». Die Schriftzüge Pius' XI. sind nachträglich verstärkt.

züchtet hatte, aufgehoben. Der Vatikan öffnete sich der Welt: Ein Radiosender wurde installiert, das modernisierte und neu bestückte Vatikanische Observatorium aus dem Stadtdunst nach Castel Gandolfo verlegt, die Vatikanische Bibliothek energisch erweitert, ein Institut für christliche Archäologie und eine päpstliche Akademie der Wissenschaften gegründet, deren sich der jetzige Papst Johannes Paul II. eifrig bedient. Vor allem aber war es nach dem Herzen Paul Fridolin Kehrs, daß der Papst die italienischen Bischöfe anwies, sich sorgfältig um ihre reichen und häufig mangelhaft erschlossenen Archive zu kümmern.

Die Zuwendung des Papstes richtete sich auch auf Kehr persönlich, der trotz der schlimmen Zeit 1923 und 1925 zwei weitere Bände der *Italia Pontificia* herausbrachte, in deren Vorwort er jedes Mal die Förderung durch Papst Pius XI. hervorhob. Der Papst selbst und seine Hilfestellung gaben Anstoß zu einem neuen Unternehmen: zu einem Durchforsten der spanischen und portugiesischen Archive nach Papsturkunden zur Vorbereitung einer *Hispania Pontificia*. Der Mittsechziger machte sich selbst ans Werk. Von einem Kuraufenthalt in Bad Gastein schrieb er: «Ich steige viel, die Bäder sind herrlich, das Essen mäßig, das Trinken macht mir kein Vergnügen, aber auf jedem Anstieg konjugiere ich los verbos irregulares. Ich finde diese Übung sehr schön und beabsichtige jetzt, jedes Jahr eine neue Sprache zu lernen. Keine Gymnastik ist für das cervello besser.» Kehr begab sich zwischen 1925 und 1927 auf Reisen und legte den Ertrag in zwei mächtigen Bänden *Papsturkunden in Spanien* nieder. Kehr hatte persönlichen Zugang zum Papst; ein- bis zweimal im Jahr, so gut wie jedesmal, wenn er nach Rom kam, war ihm eine private Audienz eingeräumt. Des Papstes besondere Aufmerksamkeit galt dem Papsturkundenwerk, das nach der Inflation materiell darniederlag, und so erhielt Kehr am Ende einer Audienz häufig einen Scheck oder einen Umschlag mit Bargeld. Kehr hielt sparsam Haus, ließ einen gewissen Betrag auflaufen und legte ihn 1931 mit Einverständnis des Papstes in Zürich nach schweizerischem Recht als «Pius-Stiftung für Papsturkunden und mittelalterliche Geschichtsforschung» an. Wenn auch finanziell nicht erheblich, überstand die «Pius-Stiftung» Zusammenbrüche und Geldabwertung und existiert heute noch.

Kehr hing an Rom. Zwar kündigte er immer wieder an, er werde die Leitung des Instituts demnächst abgeben, aber er verschob es von Jahr zu Jahr, und so kam die Überzeugung auf, «dass alle Absichten Kehrs darauf gerichtet sind, das Institut noch recht lange hinaus selbst in der Hand zu behalten» (so Friedrich Baethgen, 1927–1929 Sekretär am Institut). Erst am 31. August 1936 gab Kehr – fünfundsiebzigjährig – die Leitung ab oder besser: Er verlor sie, zusammen mit dem Amt des Präsidenten der Monumenta Germaniae Historica, das er nur wenige Monate zuvor abgegeben hatte. In Personalunion hatte er beide über die Altersgrenze hinaus verwaltet.

Die Bewahrung der Monumenta Germaniae Historica

Die Notlage der Wissenschaft zu Beginn der Weimarer Zeit war bedrückend. Damals wurde die «Notgemeinschaft der deutschen Wissenschaft» ins Leben gerufen. Die Monumenta standen in der Gefahr, wegrationalisiert zu werden, «eine so abgelegene, unmodern mittelalterlich dumpfe, halbklerikale Sache», wie Kehr selbst sie in seiner unnachahmlichen Rücksichtslosigkeit formulierte. Die Finanzlage allgemein und die der Monumenta speziell war verzweifelt. 1924 wurde die letzte Etatstelle eingezogen; die Monumenta lebten allein von einer Zuwendungspauschale. In den Akten finden sich immer wieder Zeugnisse Kehrs über die Not, die auch seine Situation betraf. Am 28. September 1923, auf dem Höhepunkt der Inflation, «beehrte» er sich, dem Herrn Reichsminister des Innern mitzuteilen, daß er nicht in der Lage sei, «den mir bewilligten Betrag von 24 955 000 M. Vergütung für die Zeit vom 1. April bis 15. Sept. anzunehmen»; er stelle den Betrag Wohltätigkeitszwecken zur Verfügung. Wenig später beklagte er gegenüber dem zuständigen Staatssekretär die unwürdige Behandlung des Vorsitzenden, der für seine «verantwortungsvolle Tätigkeit» den «Gegenwert eines $^1/_2$ Pfunds Margarine» erhält. Die Plenarversammlung müsse aus Finanznot verschoben werden, ein Vorgang, der sich wiederholt.

Während seiner ganzen Amtszeit, deren Ende sich bis in die nationalsozialistische Zeit hinzog, hatte er mit Finanzproblemen zu kämpfen. Zunächst war es die allgemeine Finanznot. So mußte er den Mitgliedern der Zentraldirektion im Januar 1932 mitteilen: «Die finanzielle Lage der MG hat sich durch die vom Reichsministerium des Innern vorgenommene Kürzung der Dotation (von 5400 RM im Monat auf 3000 RM) so verschlechtert, daß nur mit Mühe die Zahlung der Vergütung und Honorare erfolgen kann, auf die ich, soweit ich in Betracht komme, verzichtet habe.» Für eine Sitzung der Zentraldirektion sei kein Geld vorhanden; dieses Kollegialorgan entsprach freilich auch gar nicht Kehrs Geschmack, er hielt es für eine obsolete Einrichtung des «deutschen Staatsföderalismus», die – so schrieb er 1931 in einer Eingabe an das Ministerium – «schon seit Jahren nicht einmal mehr als Dekoration» funktioniere. Er begrüßte die neue Satzung, die 1935 unter Abschaffung der Zentraldirektion aus den Monumenta ein «Reichsinstitut für ältere deutsche Geschichtskunde» machte, parallel zu dem neueingerichteten nationalsozialistischen «Reichsinstitut für Geschichte des neuen Deutschlands». Kehr glaubte offenbar, alles wohlgerichtet zu haben: das Institut wurde nach dem Führerprinzip von einem vom Wissenschaftsminister ausgewählten und ernannten Präsidenten geleitet; sein Kandidat, der fraglos tüchtige, ganz dem Nationalsozialismus ergebene Karl August Eckhardt war als sein Nachfolger bereits kommissarisch eingesetzt. Dann aber ging es gar nicht mehr nach Kehrs Plan. Eckhardt wurde aus dem Amt gedrängt, der 31jährige Provinzarchivar Wilhelm Engel wurde sein Nachfolger; aber auch er mußte weichen, es kam Edmund Stengel, der sein Amt resignierend mit Theodor Mayer tauschte. Was sich hier abspielte, berührte Kehr kaum noch, auch war er im nationalsozialistischen Getriebe so gut wie ohne Einfluß.

Obwohl er im Altersruhestand ohne Amtsmacht war, wurde ihm bei den Monumenta dank seines Ansehens als Gelehrter und unübertrefflichen Diplomatiker die Unterstützung junger Mitarbeiter wie selbstverständlich zuteil: vornehmlich des später als Offizier gefallenen Dieter von Gladiß und Theodor Schieffers, der die Karolingerdiplome nach dem Krieg in eigener Regie, doch ganz im Geiste Kehrs zu einem glanzvollen Ende brachte. 1940 erschien der Band der Urkunden Arnulfs von Kärnten, die letzte große Leistung des damals achtzigjährigen. Die nächsten Jahre banden Kehr immer stärker ans Haus, und es stellte sich, hauptsächlich seiner Sehschwäche und seiner menschlichen Isolierung wegen, von der auch der eigene Haushalt nicht frei war, so etwas wie Resignation ein. In den letzten vier Jahren seines Lebens, von 1941 bis 1944, erschien nichts mehr von ihm.

Hin und wieder fuhr Kehr noch nach Rom – zuletzt im Winter 1941/42 –, wo man ihm im Historischen Institut ein Wohnrecht eingeräumt hatte. Im Januar 1940 hielt der Achtzigjährige im Palazzo Zuccari, der Bibliotheca Hertziana, so etwas wie einen Abschiedsvortrag: «Italienische Erinnerungen», ein fast nostalgischer, heiterer Rückblick im Abendsonnenschein mit Tönen des Lobes und der Dankbarkeit gegenüber Menschen, denen er begegnet ist, frei von ironischen Spitzen, aber in einer für Kehr typischen Koketterie mit der eigenen Unzulänglichkeit: Er habe trotz 65jähriger Italienverbundenheit die fremde Sprache «niemals richtig gelernt». An wissenschaftliche Arbeit war in jener Zeit nicht mehr zu denken. Seine Gesprächspartner waren, wenn er auf dem Monte Pincio spazierenging, die dort die Sprößlinge ihrer Herrschaften ausführenden Kindermädchen.

Von der Schwierigkeit, sich Paul Kehr zu nähern

Die Urteile über Paul Kehr – so unterschrieb er meist – fallen höchst unterschiedlich aus, und das müssen sie auch, je nachdem, wie man sich seiner Person nähert. Da ist der Gelehrte, der seine Mitarbeiter scheinbar rücksichtslos, nur auf Ertrag bedacht, behandelt: «Ich stelle um 1^{h} ein und entlasse um 4^{h}», soll einer seiner Kraftsprüche gewesen sein. Helfer und Kollegen werden bedenkenlos ausgenutzt: «Meister Kehr schenkte nichts, sondern schöpfte den Rahm ab», so schilderte der Schweizer Mitarbeiter Marcel Beck (1908–1986) in der Abgeklärtheit des Alters seine Berliner Zeit (1933–1935) unter Kehr, bei dem es ihm ergangen sei «wie Erzvater Jakob in Labans Haushalt», der sieben Jahre umsonst dienen mußte. Kehr nannte sich einen «innerlich kalten Menschen», und doch setzt er sich selbstlos für in Not geratene Kollegen ein, sorgt für Witwen, wie für Frau Tangl, die ihr Mann «in trauriger Lage» hinterlassen habe, und deren Tochter Georgine er mit einer Eingabe unmittelbar an den Minister eine Stelle in Berlin-Mitte verschafft: «Ich wende mich direkt an Sie, hoch zu verehrender Minister, weil ich annehme, daß es Ihrem Herzen willkommen sein dürfte, von sich aus die Initiative in einer guten Sache ergreifen zu können.» Der vorgebliche Zyniker hatte sich sogar ein Mitgefühl für gescheiterte Existenzen bewahrt, so beim unglücklichen Paul Willem Finsterwalder, der keine Stelle gefunden hatte und sich auf verschiedenen Feldern versuchte.

Seine eigene wissenschaftliche Leistung ist imposant, wenn auch einseitig: zehn Bände Italia Pontificia, drei Urkunden-Bände der ostfränkischen Karolinger, dazu zahlreiche Kanzleiuntersuchungen, aber alles auf quellenkundlichem, so gut wie ganz diplomatischem Gebiet. Wie er zu Beginn der neunziger Jahre in Marburg die Preußische Archivschule anregte und ähnliches später in Berlin-Dahlem ins Leben rief, so sah er die Qualität der Historikerausbildung allein durch die Beherrschung der mittelalterlichen Hilfswissenschaften gegeben. Quellenkunde mit dem Schwerpunkt Diplomatik, das ist für ihn wahre Geschichte. Als er 1932 in die Friedensklasse des Ordens Pour le mérite als Nachfolger für den klassischen Philologen Ulrich von Wilamowitz-Möllendorff gewählt wurde, schrieb er einem Freund, dies sei eine endlich vollzogene «Huldigung an die reelle Historie». Ob das wohl der Grund für die Zuwahl war oder nicht eher seine weite Sichtbarkeit auf dem Felde der Wissenschaftsorganisation?

Den Universitätsbetrieb verachtete er und hielt den Lehrplan für verfehlt: «Ganz unerträglich ... ist die Spezialisierung auf die neuere und neueste Geschichte hin mit bewußter Abkehr von der Geschichte des Mittelalters und ihren Hilfsdisziplinen: mit solcher für Mädchenlyzeen passenden Ausbildung läßt sich keine gelehrte Forschung größeren Stils treiben.» Abfällige Urteile über die Universität und die Professoren aus dem Munde und der Feder Kehrs gibt es zuhauf. Seine abschätzige Meinung tritt in der gnadenlosen Empfehlung zutage, die er der Kultusbehörde über den Monumenta-Mitarbeiter Adolf Hofmeister gab: Hofmeister sei ein guter Textbearbeiter, «kein Denker, kein Mann von Horizont. Also der geborene Professor einer mittleren

Universität.» Seine Verdikte waren ebenso erbarmungslos wie zuweilen albern-peinlich. Den angesehenen Ranke-Schüler und Geschichtsschreiber der Universität Berlin Max Lenz (1850–1932) taufte er einen «Historiker für den Wurstelprater». Und was soll man von einem solchen Satz halten, geschrieben Anfang der dreißiger Jahre über erste Namen des Fachs: «Was ist doch unsere wissenschaftliche Welt für ein Gesindel: die gekränkte Leberwurst Brackmann, der eitle Brandi, die giftige Kröte Erdmann» usw.

Mit seinen Vorlesungsverpflichtungen ging Kehr sorglos um, fehlte zuweilen ganze Semesterwochen und ließ offenbar mit der Rückendeckung des mächtigen Althoff sogar mehrere Semester ausfallen (so das Sommersemester 1903, bevor er nach Rom ging). Von Vorlesungen hielt er nicht viel, wie ihm der Vortrag vor einem größeren Publikum wegen eines Stimmschadens, den er als Kind in Folge einer Polypenätzung davongetragen hatte, Schwierigkeiten machte; selbst ein Referat vor dem nicht großen Kreis der Mitglieder der philosophisch-historischen Klasse der Preußischen Akademie kostete ihn erhebliche Anstrengungen.

Lässigkeit im Amt gehört zum Kehrschen Lebensstil. Als Generaldirektor der staatlichen Archive Preußens, deren es immerhin fast zwanzig gab, genügten ihm, ganz im Gegensatz zum stets gegenwärtigen Reinhold Koser, dessen Nachfolger er war, zwei halbe Tage – Dienstag- und Freitagvormittag –, um die anfallenden Geschäfte zu bewältigen, er besuchte allerdings häufig auswärtige Archive. Einer seiner damaligen Mitarbeiter, der strenge und mit dem Archivbetrieb vertraute Johannes Schultze, nannte ihn, der im Archivar vornehmlich den in Hilfswissenschaften aufgehenden Urkundenbearbeiter sah, «völlig ahnungslos» vom Archivwesen. Die Verwaltungsaufgaben eines Monumenta-Präsidenten erledigte er nach Belieben. Der Hauptteil seiner Energie ging in die Arbeit an den Papsturkunden und später – nachdem er den von Bresslau übernommenen Band der Diplome Heinrichs III. abgeschlossen hatte – in die Editionsarbeit an den ostfränkischen Königsurkunden, die er geschickt zu organisieren wußte.

Sein Organisationstalent, vielfach beschrieben, war sprichwörtlich, wozu auch seine Gabe gehörte, Geld für verschiedene Unternehmen aufzutreiben. Friedrich Meinecke nannte ihn ein «Klingelbeutelgenie». Es ist keine Frage, daß die Monumenta zweimal, 1923 und 1933, vor dem Aus standen; man war bereit, die Einrichtung zu kassieren, und auch dem römischen Institut drohte fast zeitgleich zweimal das gleiche Schicksal. In allen diesen Fällen war es die Autorität Kehrs, die das Schlimmste verhinderte. Andererseits war Kehr ein energischer Gegner einer Unterstützung und der Beaufsichtigung der Wissenschaft durch den Staat, und daß die Monumenta 1923/24 ihre beiden festen Stellen verloren, war ihm sicherlich gar nicht unlieb. Kehr wirtschaftete am liebsten nach Gutdünken aus dem eigenen Portefeuille wie ein Rittergutsbesitzer. Und in der Tat hatte der kleine, nur etwas über 1,65 m große, im späteren Leben zu Korpulenz neigende, breitköpfige und mit seinem Hindenburg-Schnurrbart wilhelminisch wirkende Herr, den man auf Fotos bis weit in die 1930er Jahre hinein mit der alten Kragenmode des «Vatermörders» geschmückt sieht, etwas Junkerhaftes; er ging mit Leidenschaft auf die Jagd nach Niederwild, sein Umgangston atmete zuweilen Kasinoatmosphäre, er fühlte sich wohl in den Salons der römischen Botschafter Bülow und Rotenhan.

Die Einsamkeit des Alters und das Ende

Als der Historiker Siegfried August Kaehler (1885–1963) ihn 1942 am 80. Geburtstag seines Lehrers Friedrich Meinecke (1862–1954) sah, notierte er: «Kehr mit der eleganten Frau, ein wandelndes Denkmal wilhelminischen Lebensstils». Schon 1915 hatte Alfred Dove ihn «ganz ein(en) Mann Wilhelms II. und dessen Zeitalters» genannt.

Politisch möchte man Kehr konservativ-liberal nennen, ohne Parteibindung, mit jenem bürgerlichen Antisemitismus, den man auch bei Leuten wie Gustav Freytag und Theodor Fontane antrifft, souverän in seiner Haltung, wenn Plebejertum anrückte. Auf die Frage des Ministeri-

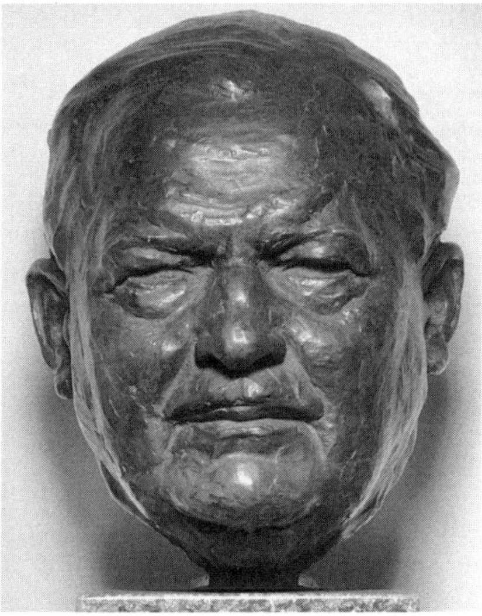

33 Zu Kehrs 70. Geburtstag 1930 veranlaßten Frau Kehr und Walther Holtzmann (1891–1963) die Anfertigung einer Büste, doch flossen die Beiträge offenbar ungewöhnlich zäh. Kehr wußte um seine «geringe Beliebtheit» und schrieb an Holtzmann am 31. Oktober 1930 aus Rom: «Daß die Leute nicht in Begeisterung ausbrechen, wenn ich ihnen sage, daß sie Esel seien, ist doch sehr natürlich. Nun sollen die armen Tröpfe auch noch einen Beitrag dafür zahlen, daß man von mir noch eine Maske abnimmt pro immortalitate. Das ist auch wirklich etwas viel verlangt.» – Bronzebüste von Grete Budde.

ums im Jahre 1933, ob Juden bei den Monumenta tätig seien, antwortete er kurz angebunden, deutlich indigniert über die Einmischung: in seiner Amtszeit nicht, trotz Caspar, Levison und Perels. Den Nationalsozialismus empfand er als nationale Befreiung und gab seiner Genugtuung Ausdruck über den Krieg gegen Polen.

Wie er zu den Großen der Welt eine merkwürdige Distanzlosigkeit an den Tag legte, so fand er mit dem Handeln der Obrigkeit bereitwillig sein Auskommen. Am 17. September 1939, kurz vor Ende des Polenfeldzugs, offenbarte er in einem langen Brief an Walther Holtzmann seine weltpolitische Sicht: «Indessen als Mann der historischen Wirklichkeit, der zu sein ich mir einbilde, habe ich Hitlers großartige und kühne Politik aus voller Überzeugung begrüßt, denn Deutschland kann mit seiner zunehmenden Urbanisierung und schwindendem Ackerboden ohne eine große Erweiterung im Osten nicht leben – das ist eine historische Fatalität. Das Bündnis mit Rußland und den eben gemeldeten Einmarsch der Russen habe ich sogleich begrüßt; hoffentlich bleiben die beiden Mächte d'accord; dann ist die Sache bald erledigt: Ich will nicht profezeien und mich eventuell nicht Ihrem Spott aussetzen; Sie kennen mich ja genug um zu wissen, daß ich keineswegs glaube was ich wünschen möchte: aber der Instinkt des Historikers sagt mir, daß der große europäische Knoten seiner Lösung entgegengeht. Sobald die polnische Sache liquidiert ist, wird Mussolini die Vermittlung mit den Westmächten übernehmen. Natürlich kann es auch anders gehen und schließlich ist nichts auf dieser Kugel von ewiger Dauer.»

»Mehr gefürchtet als geliebt», so hat man seine Stellung in der gelehrten Gesellschaft umschrieben (Th. Schieffer); auf sein Lebensende zu war Einsamkeit sein Schicksal. Er selbst gestand Ende der dreißiger Jahre, daß er nur noch zu seinem römischen Statthalter Friedrich Bock und zu Walther Holtzmann, der das Papstregestenwerk mit seinen Dekretalenforschungen förderte, Verbindung habe, Holtzmann, der sein Vertrauter war und den er, da er als Offizier im Felde stand, allen Ernstes um seine Erlebnisse im großen Kriegsgeschehen beneidete.

Seiner Familie war er im Laufe der Jahre immer fremder geworden. 1908 hatte er die aus belgischem Großbürgertum stammende 25 Jahre jüngere Doris vom Baur (1885–1979) geheiratet, die das Familienleben auf ihre Art gestaltete. Aus der Ehe gingen drei Kinder hervor. Es war ein Schock für die Eltern, als der älteste Sohn, dem sie den Namen Romulus gegeben hatten, 1924 vierzehnjährig an einer Streptokokken-Vergiftung plötzlich starb. Kehr, der sein Inneres gern mit einer Portion Zynismus umgab, war tief getroffen. Gegen seine Art widmete er den Band VII, 2 der *Italia Pontificia* «In memoriam dulcissimi filii Romuli Kehr» und datierte das Vorwort «am traurigen Jahrestag, da Romulus mir durch einen frühzeitigen Tod verschied» (*ipso lugubri die anniversario, quo Romulus immatura morte mihi decessit*). Frau Kehr, von Haus aus Calvinistin, die sich bereits vorher mit den anthroposophischen Gedanken Rudolf Steiners befaßt hatte, trat der «Christengemeinde» näher, mit der Paul Kehr

34 Grab Paul Fridolin Kehrs in der privaten von Pölnitzschen Grablege in Hundshaupten Kreis Forchheim.

nichts im Sinn hatte, ein Schritt der Entfremdung. Der zweitgeborene Sohn mit dem kaum vom Vater gewählten Namen Ivo ergriff einen Beruf fernab von Diplomatik und Geschichte; er wurde Architekt, lebte abgewandt vom Vater. Ivo (1911–1943) fiel zweiunddreißigjährig als Offizier an der Ostfront bei Noworossisk. Das jüngste Kind, die 1913 geborene Gudila – benannt nach der Stadtheiligen von Brüssel, wohin Frau Kehr gern zur Entbindung fuhr – war es, die durch ihr historisches Interesse den Vater aufheiterte. Sie studierte Geschichte und wurde Diplomatikerin. Die Arbeiten des Vaters an den ostfränkischen Karolingern flankierend, beschäftigte sie sich mit den Urkunden des auf das *regnum Italiae* beschränkten Kaisers Ludwig II., über dessen energische Gemahlin Angilberga sie einen ausführlichen Aufsatz veröffentlichte.

Auf einem Schloß seines Schwiegersohnes, des Fugger-Historikers und späteren Gründungsrektors der Universität Regensburg Götz Freiherrn von Pölnitz, den Gudila 1937 geheiratet hatte, verbrachte Paul Kehr seinen Lebensabend, der freilich überschattet war von einer Ehe, die man gestört nennen muß. Doris Kehr ging andere

Wege, und in einem seiner letzten Briefe schreibt Kehr von dem «Advokatengejaule» in seinem Hause, von dem «ewigen Gezänk», das «auf die Dauer nicht zu ertragen» sei. Er klagt sein Leid seinen alten Freunden, so dem einstigen engen Mitarbeiter Althoffs, dem späteren preußischen Kultusminister und dann Präsident der Notgemeinschaft der deutschen Wissenschaft, dem gleichaltrigen Friedrich Schmidt-Ott (1860–1956), der überaus verständig und einfühlsam antwortet: «Ich will auch kein Wort über Ihre schöne und geistig hochstehende Frau sagen, obwohl ihr Verhalten uns oft gewundert hat. Wir haben Ihre Liebe und Bewunderung für sie doch immer verstanden. Dass sie für Ihre große Lebensaufgabe schliesslich kein Verständnis aufgebracht hat, ist eine harte Enttäuschung, enthüllt aber ein Inneres. Verzeihen Sie, wenn ich das zu sagen wage, Sie sind zu sehr Sie selbst, als dass Sie sich Vorwürfe zu machen hätten» (22. 11. 1940).

Am 9. November 1944 ist Paul Kehr, fast blind und, wie es in der Traueranzeige heißt, «nach langem und geduldig getragenem Leiden» kurz vor Vollendung seines 84. Lebensjahres auf dem mainfränkischen Schloß Wässerndorf bei Würzburg gestorben. Wenig später rückten die Amerikaner ein, die vom Gelände des Schlosses aus von SS-Einheiten heftig beschossen wurden; bei dem anschließenden Feuergefecht ging das Schloß in Flammen auf. Mit dem Schloß ging der gesamte Nachlaß Paul Kehrs verloren, darunter sein Handexemplar der *Italia Pontificia*. Kehrs Grab liegt einsam in einem kleinen Privatfriedhof, den Tochter Gudila pflegt, bei Hundshaupten in der Nähe von Forchheim, mitten im Wald und geschmückt mit einem schmiedeeisernen Kreuz, erd- und landschaftsverbunden, fast folkloristisch. Auf einem kleinen schwarzen Blechschild steht in Goldbronze mit der Hand geschrieben: «Paul Fridolin Kehr», dazu die nackten Lebensdaten. Es ist zwar ein «stilles Plätzchen», aber nicht eins bei der Cestiuspyramide, das er bei seinem römischen Abschiedsvortrag als «allerletzten Wunsch» genannt hatte.

Kehr als biographisches Problem

Woher kommt die merkwürdige Anziehungskraft dieses Paul Kehr? Er war in seiner Forschungsrichtung nicht originell, denn die Hervorkehrung des besonderen Wertes des Empfängerarchivs bei der Urkundenbearbeitung hat wahrlich keine neue Welt erschlossen, zumal Sickel ähnliches im Sinn hatte; seine Vorstellungen vom Beruf des Historikers kann man nicht anders als grotesk nennen, nicht minder seine Einschätzung einer historischen Darstellung als eines Romans, wobei in Kehrs Urteilen fast immer ein Unterton des sich und andere nicht ganz Ernstnehmens mitschwingt; sein blitzender und beißender Witz, seine originelle, jedoch nicht minder bis zur Geschmacklosigkeit gehende Sprache hat ihn unter seinesgleichen weitgehend isoliert; ein Meister organisatorischer Wendigkeit, hat er neue Strukturen nicht eingeführt – er war mehr ein bewahrender, kein gestaltender Typ. Der Mann der Papsturkunden hatte keine Beziehung zum religiösen Gehalt seines Gegenstands; er sei, so bekannte er öffentlich, «ein ziemlich unchristlicher, positiv skeptischer deutscher Gelehrter von allerdings wenig sehenswerter protestantischer Provenienz». Seine überragende, wenn auch einseitige und mit einem eisernen Fleiß gepaarte Gelehrsamkeit, verbunden mit weltmännischem Charme, führte ihm die Freundschaft gerade bedeutender katholischer Gelehrter zu, an der Spitze die Achille Rattis/ Pius' XI., aber auch die der Mercati, sowohl Angelos wie Giovannis, der Präfekten des Archivs und der Bibliothek des Vatikans, des mächtigen und wegen eines Vetos Österreichs 1903 nicht zum Papst gewählten Kardinals Rampolla, der ihm das schmeichelnde Lob spendete, er sei «un altro Mommsen», und des Kardinals Ehrle, der die historische Forschung im Vatikan reformierte und organisierte, eines Erich Göller, eines Karl August Fink, eines Oskar Vasella.

Er lädt freilich nicht ein zu einer siebenbändigen Biographie wie der Werner Kaegis über Jacob Burckhardt (1947–1982), dessen Einsichten gefangennehmen, und nicht zu einer vierbändigen (1959–1980) wie der Lothar

Wickerts über die unglaublich breite Gelehrsamkeit und die Gestaltungskraft Theodor Mommsens. Man kann Kehrs Tricks und Winkelzüge schildern, aus seinen überaus zahlreichen Briefen und Eingaben Sottisen zusammentragen, sich an seinen treffsicheren Schnödigkeiten und an zahlreichen, noch heute lebhaft umlaufenden Anekdoten erfreuen, so bleibt er doch der große Quellenhantierer, kaum mehr. Er hätte auf die berühmte Frage des kleinen Sohnes von Marc Bloch, wozu denn die Geschichte eigentlich nütze, sicherlich eine ironische, vielleicht sogar zynische Antwort parat gehabt, jedenfalls kaum eine, die Geschichte als Lebensform begriffen hätte. Einem römischen Mitarbeiter (Ph. Hiltebrandt) soll Kehr im privaten Gespräch auf die Frage, weshalb er denn Historiker geworden sei, geantwortet haben: «Andere gehen botanisieren, andere präparieren Käfer, andere sammeln Schmetterlinge, ich sammele Papstregesten, und ich tue es, obwohl das Papsttum für mich eine höchst unsympathische Institution und Gregor VII. mir geradezu widerwärtig ist. Aber ich bin ja kein Historiker, in mir hat der gelehrte Stumpfsinn geradezu phänomenale Höhen erklommen, ich bin ja nichts weiter als ein Regestenschuster und meine Mitarbeiter sind meine Wurmfortsätze.» Schwadronierender Unernst bei strengem Arbeitsernst war für Kehr bezeichnend.

Was aber macht den Respekt aus, den man ihm dennoch entgegenbringt? Es ist die Persönlichkeit, ob man sie nun mit Goethe – etwas inhaltsleer – als höchstes Glück der Menschenkinder bezeichnet oder mit Jacob Burckhardt umschreibt. Größe richte sich nicht – so Burckhardt – nach dem gehabten Verdienst, auch nicht nach der Fähigkeit, ja nicht einmal nach historischer Wichtigkeit; das am Ende Entscheidende sei die Persönlichkeit, und Burckhardt beschließt an dieser Stelle seine Überlegung mit einem Nebensatz, der das letztlich Unerklärliche deutlich hervortreten läßt: es bleibe die Persönlichkeit, «deren Bild sich magisch weiterverbreitet», es bleibe etwas Charismatisches. So geht es wohl uns allen mit Alexander Paul Fridolin Kehr.

IV
Vertriebene Meister: Emigrantenschicksale

Felix Gilbert, «Botschafter des Weimarer Geistes»

Felix Gilbert, der Historiker, ist am 21. Mai 1905 in Baden-Baden geboren und am 14. Februar 1991 in Princeton (New Jersey) gestorben. Diese beiden Daten lassen einen Lebensweg ahnen, der von einem Ort des Reichtums und der materiellen Sicherheit ausgeht und hinführt zu einer Stätte interdisziplinärer und internationaler Wissenschaft, zum Institute for Advanced Study in Princeton. Und so ist es auch: Felix Gilbert war Sohn eines englischen Arztes, der in Baden-Baden eine renommierte und hauptsächlich Patienten der oberen Schichten geöffnete Privatklinik betrieb. Aber prägender war der Einfluß der Mutter, die nach dem frühen Tod ihres Mannes in den Kreis ihrer Familie nach Berlin zurückkehrte: Cécile Gilbert war eine geborene Mendelssohn, und über sie lief die verwandtschaftliche Verbindung zu den reichen Oppenheims und zu Felix Mendelssohn-Bartholdy, dem Urgroßvater, dessen Name unter denen der ersten Ritter der Friedensklasse des Ordens Pour le mérite 1842 zu finden ist und von dem der Vorname unseres Gilbert genommen ist. Der Salon der Mendelssohns war ein Treffpunkt des damaligen Berliner Künstlertums und der Intelligenz. Alexander von Humboldt hatte engen Kontakt mit den Mendelssohns, die ihm seine erste große Reise nach Amerika kreditierten und vorübergehend eine Wohnung in ihrem Haus einräumten. Über 250 Briefe haben sich erhalten, die Humboldt an Mitglieder der Familie Mendelssohn geschrieben hat. In hohem Alter, als Siebzigjähriger, hat Felix Gilbert einen Teil des Briefschatzes herausgegeben und mit einem instruktiven Vorwort versehen, wie es nur ein

35 Felix Gilbert (1905–1991)

Insider verfassen kann: *Bankiers, Künstler und Gelehrte* (1975). Für das Haus Mendelssohn erhärtet sich Fontanes Wort über die jüdischen Salons: «Die Kunst, die Wissenschaft, die sonst betteln gingen, hier haben sie ihre Stätte» (s. oben S. 24).

Die Bewährung in der Emigration

In dem behüteten Milieu der Mendelssohnschen Familie in Berlin wuchs Felix Gilbert auf, absolvierte das humanistische Gymnasium und konnte sich, finanziell sorglos, den Gegenstand seines anschließenden Geschichtsstudiums aussuchen. Es zog ihn nach Italien zur florentinischen Renaissance und zu Jacob Burckhardt, der in der Kultur Italiens jener Zeit den Aufbruch zur Moderne sah. Doch als Gilbert seinem Berliner Lehrer Friedrich Meinecke ein Thema aus diesem Bereich für eine Dissertation vorschlug, erhielt er, wie er selbst berichtet, zur Antwort, er möge sich einen Stoff aus dem 19. Jahrhundert aussuchen; die Handschriften der Renaissance seien doch so schwierig, und der Renaissance könne er sich später immer noch zuwenden. Gilbert nahm den Rat an, und so wurde er 1931 mit einer Dissertation über den Historiker und Politiker Johann Gustav Droysen (1808–1884) promoviert. Schneller Arbeiter, der er war, ergänzte er die Darstellung mit einer Edition von Droysens politischen Schriften.

Die Bahn schien nun frei für eine unbeschwerte und in die Habilitation einmündende Beschäftigung mit der italienischen, speziell der Florentiner Renaissance, aber die Ereignisse des Jahres 1933 vertrieben ihn aus Deutschland und lehrten ihn, den bislang Behüteten, materielle Not. Er ging über England 1936 in die USA. Der Anfang in den Staaten war für den Gelehrten Felix Gilbert schwer, einen Mann von zierlicher Gestalt, der sich zurückhielt, sich niemandem aufdrängte und geradezu schüchtern wirkte. Ein interner Bericht des Academic Assistance Council, das Einwanderern aus dem Universitätsmilieu bei ihrer Arbeitssuche behilflich war, rubrizierte ihn als «exceedingly shy»; eine Lehrposition sei für ihn kaum das Richtige. Gilbert fand zunächst ein Unterkommen in der Umgebung des Institute for Advanced Study in Princeton. 1943 erhielt er die amerikanische Staatsbürgerschaft und trat in das State Department als Research Analyst des Office of Strategic Services ein; mit der amerikanischen Armee kam er nach Europa und nach Deutschland.

Nach seiner Ausmusterung 1946 fand er eine Stelle zunächst als *lecturer*, doch bald als *full professor* an dem kleinen, aber angesehenen Bryn Mawr College, einem Mädchencollege in Pennsylvania. Seine Unterrichtsverpflichtungen ließen ihm genügend Zeit, seine nie unterbrochenen Forschungen energisch voranzutreiben. Hier auch fand er seine Ehegefährtin, deren Mitarbeit er an vielen Stellen seines Spätwerks erwähnt. Gilberts akademisches Leben mündet 1962 in eine Professur an der School of

Historical Studies des Institute for Advanced Study in Princeton, die er bis zu seiner Emeritierung 1975 innehatte.

Renaissance und Zeitgeschichte

Wer sich einen Überblick über das Gesamtwerk Felix Gilberts verschaffen will, hat es nicht leicht. Nicht nur die teilweise weit auseinanderliegende Thematik irritiert. Gilbert selbst, den man vielfach geehrt hat, ohne ihn mit einer Festschrift zu behelligen, hilft einem wenig; einen durchaus seriösen Fragebogen, in dem Gilbert um bibliographische Angaben seiner Bücher und wichtigsten Aufsätze gebeten wurde, hatte er auszufüllen begonnen, um mit dem Satz abzubrechen: «this questionnaire is simply too long and life is too short», man solle im Who's Who in America nachschlagen.

Im Zentrum seiner Arbeiten standen die Forschungen zur italienischen, zur Florentiner Renaissance, und hier haben ihn besonders Machiavelli und Guicciardini, ihr Verhaftetsein in der Zeit wie ihre Originalität, angezogen. Grundlegend sind seine Bücher: *Niccolò Machiavelli e la vita culturale del suo tempo* (1964), eine Aufsatzsammlung, und seine große Darstellung *Machiavelli and Guicciardini, Politics and History in Sixteenth-Century Florence* (1965). Ausführlich ist hier die Zeit des *governo libero* in Florenz behandelt, als die Medici 1494 bis 1512 vertrieben waren und eine fast anarchische Situation entstand, in der um die rechte Staatsform gerungen wurde. Gilbert zeichnete ein anschauliches, recht dunkel gehaltenes Bild der Epoche und kann nachweisen, daß damals nicht weniges vorgebildet und vorgedacht wurde, was an leitenden Vorstellungen bei Machiavelli begegnet. Dennoch bleibt die Leistung Machiavellis. Es ist die unerbittliche gedankliche Konsequenz ohne Rücksicht auf den schockierenden Kontrast zum gängigen Tugendsystem, die Behauptung, daß die Macht im politischen Lebensbereich eigenen Gesetzen folgt, für die Moral nicht Richtschnur sein kann. Guicciardinis Leistung sieht Gilbert darin, daß er sich vom Schematismus mittelalterlicher Geschichtsbetrachtung, für die die Vergangenheit nur eine lehrhafte Beispielsammlung gewesen sei, gelöst und seine archivalisch unterbaute *Storia d' Italia*, die erste Geschichte Italiens, ohne jeden heilsgeschichtlichen Einschlag als Geschichte handelnder Menschen verfaßt habe. Zeitlich benachbart, aber auf anderem Felde bewegt sich die geradezu kriminalistisch angelegte Untersuchung *The Pope, His Banker and Venice* (1980), die die Gründe des Umschwenkens des Papstes von einer Gegnerschaft in der Liga von Cambrai von 1508 zu einer Verbindung mit Venedig aus bislang ungehobenen Quellen aufzeigte.

Neben den Renaissanceforschungen stehen Arbeiten zur Ideengeschichte und zur Methodenlehre, zur Geschichte der Geschichtsschreibung und zur Neuesten Geschichte. Wie sehr er sich in die amerikanische Geschichte eingearbeitet hatte – eine Ausnahme unter den immigrierten Historikern –, zeigen seine Bücher *To the Farewell Address* über die Grundsätze und den Wandel der frühen amerikanischen Außenpolitik, aufgezeigt anhand der Abschiedsbotschaft Washingtons, und das Studienbuch *The End of the European Era, 1890 to the Present* (1979), das eine weite Verbreitung über die Colleges hinaus gefunden hat. So ließe sich fortfahren mit Zitieren von Aufsätzen und Büchern: Hitlers Lagebesprechungen, über die *Higher Education* im amerikanischen Unterrichtssystem, *The Diplomats, 1919–1939* (1953) – ein Band, den er zusammen mit Gordon Craig herausgegeben hat – und viele Beiträge zur Geschichte der Geschichtsschreibung: zu Lorenz von Stein, Friedrich Meinecke, Otto Hintze (dessen Historische Essays er herausgegeben hat), Marc Bloch, Federico Chabod, zu Ranke und Burckhardt; mit Kenntnis und Verständnis hat er die Wesenheiten europäischer und amerikanischer Geschichtswissenschaft beschrieben. Nur ihm konnte ein so erhellender Aufsatz über *Einstein und das Europa seiner Zeit* gelingen, der in einer für Gilbert typischen apodiktischen Art einsetzt: «Ich bin Historiker. Ich habe keine andere Legitimation, um... über

Einstein und das Europa seiner Zeit zu sprechen. Ich hatte keine engeren, persönlichen Beziehungen mit Einstein, und ich weiß nicht mehr als der durchschnittliche Laie über die modernen Naturwissenschaften und ihre Entwicklung. Aber ich bin von dem Fehlen solchen persönlichen oder fachlichen Wissens nicht sehr beunruhigt. Historiker sind geneigt zu glauben, daß die Möglichkeit oder Notwendigkeit, den Gegenstand ihrer Forschung aus der Ferne zu betrachten, eher ein Vorteil als ein Nachteil ist.» Gilbert sah sich auf Distanz, nicht nur aus Gründen der Geschichtsmethodik.

Gilberts Gespür für Atmosphärisches

In Peter Gays wegweisendem Buch über die Weimarer Kultur (*Weimar Culture, The Outsider as Insider*, 1968) steht vorn die Widmung «To Felix Gilbert. Ambassador of the Weimar Spirit». Dabei hat Gilbert kein spezielles Buch über Weimar verfaßt, aber er hat Gay mit seinen Berichten über Geist und Kultur, über das Atmosphärische von Weimar, so beeindruckt, daß diese Widmung zustande kam. Von diesem Spürsinn für das Existenzgefühl von Menschen und Zeiten ist auch Gilberts bis 1945 reichende Autobiographie *Lehrjahre im alten Europa* getragen, deren Besonderheit nicht darin besteht, daß unbekannte Daten und Ereignisse mitgeteilt werden, sondern in der Vermittlung eben des Atmosphärischen, ein Wort, das Gilbert gern gebraucht hat: bei der Schilderung der wirren Lage während des *libero governo*, bei der Beschreibung des Schülerkreises um Friedrich Meinecke, aus dem mehrere seine Kollegen in den Staaten wurden (Hajo Holborn, Dietrich Gerhard, Hans Rothfels).

Der größte Einbruch in Gilberts Leben war die Art und Weise, wie sich ihm Deutschland mit der Herrschaft des Nationalsozialismus als Land der Humanität entzog. Das hautnahe Spüren des Totalitarismus beschreibt Gilbert mit folgenden, seine Sensibilität anzeigenden Worten, die auch das Umfeld deutlich werden lassen, aus dem er gestoßen wurde: «Ich weiß wirklich nicht, wie sich das, was in Deutschland vor sich ging, anders bezeichnen läßt, als daß ein ganzes Volk begann, seine Seele zu verlieren. Ich meine das gar nicht in einem religiös-dogmatischen Sinne, ich meine ganz allgemein, daß das Organ für das, was im Leben schön und menschlich ist, zu verkümmern scheint... Ob ich mit dem Portier meines Hauses sprach, oder ob ich in dem Odenwalddorf die Kellnerin, die mir den Wein brachte, nach den Dingen fragte, nach denen man so fragt, nach dem Wetter und der Familie, nach dem Dasein im allgemeinen und den Dingen, die die Menschen gemeinsam haben – immer erschien dieses abweisende Lächeln, dieses völlige Desinteressiertsein, als existierten diese Dinge nicht... Es ist, wie wenn jeder einzelne in Deutschland in der Spannung und Konzentration einer Kampf- und Abwehrstellung lebt – mag ihm eingeredet sein, daß die äußeren Feinde nur darauf lauern, sein Vaterland zu überfallen, mag er befürchten, daß ihn sein Nächster bespitzelt... Es ist so ein abstraktes Wort, dieser Begriff: totaler Staat... aber was es wirklich bedeutet, das weiß man erst, wenn man diese gespannten und doch leeren Gesichter der Deutschen gesehen hat.»

Stephan Kuttner – Kirchenrecht als Harmonielehre

Man möchte es nicht Zufall nennen: Am Eröffnungstag des 10th International Congress of Medieval Canon Law, der zentralen, in jeweils vierjährigem Abstand stattfindenden Veranstaltung für alle am mittelalterlichen Kirchenrecht Interessierten, am 12. August 1996, starb Stephan Kuttner. 1958 hatte er diese Kongreßfolge eingerichtet, und das Organisationskomittee mußte an jenem Augusttag 1996 das bereits konzipierte Grußwort an den Begründer, den Krankheit seit langem am Reisen hinderte, in eine Trauerbotschaft umwandeln; der Kongreß war bestimmt vom Andenken an Kuttner, und gerade seine Abwesenheit bewirkte eine spirituelle Gegenwärtigkeit seiner Gestalt und seines Geistes. Trauer mischte sich freilich mit der fragenden Betroffenheit, ob mit ihm nicht eine Ära zu Ende gegangen sei, eine menschliche, eine wissenschaftliche, für viele nicht minder eine private.

Von der Musik zur Jurisprudenz

Stephan Kuttner, 1907 in Bonn als Sohn des Zivilrechtlers Georg Kuttner (1877–1916) geboren, war sich zunächst gar nicht sicher, ob er nicht, ein brillanter Pianist, einer musikalischen Berufung nachgehen sollte, wie es merkwürdigerweise außerordentliche juristische Begabungen gibt, denen die Musik auch eine Karriere eröffnet hätte, wie etwa dem Rechtshistoriker Heinrich Mitteis (1889–1952), der auf ernsthaftem Dirigentenwege war, oder dem Arbeitsrechtler Arthur Nikisch (1888–1968), dessen Vater das Leipziger Gewandhausorchester leitete. Stephans musische Begabung reichte zugleich ins Literarische hinüber; sein Freund Hellmut Wilhelm, der Sohn des berühmten Tsingtauer Chinamissonars und Übersetzers der chinesischen

36 Stephan Kuttner (1907–1996)

Klassiker Richard Wilhelm (1873–1930), der selber ein angesehener Sinologe wurde (1905–1990), hatte ihm die chinesische Literatur und Kultur nahegebracht. Gemeinsam mit dem in Berlin zum Dr. iur. promovierten Daoling Hsü (1906–ca. 1990), der in Nationalchina enger Berater Chiang Kai-sheks wurde und später in Taiwan zum führenden nationalchinesischen Rechtslehrer aufsteigen sollte, übersetzte er Gedichte des berühmten und auch in der heutigen Volksrepublik verehrten Malers und Dichters Wang Wei (699–759) und verfaßte einen Aufsatz über *Altes und neues Strafrecht in China*, was beides – 1930 und 1932 erschienen – in der offiziellen, sich streng an Kuttners späteres Arbeitsgebiet, die Kanonistik, haltenden Bibliographie fehlt.

Die Leistung des jungen Gelehrten Stephan Kuttner ist atemberaubend und hätte genügt, seinen Namen in der Wissenschaftsgeschichte auf Dauer präsent zu halten. Die Werke, die ihn berühmt gemacht haben, sind bis zu seinem dreißigsten Lebensjahr erschienen. Kuttner behielt in seiner Erscheinung zeit seines Lebens – auch später, als schwere Krankheit ihn heimsuchte – etwas Frisches, Jugendliches, und als eben in die Monumenta Germaniae eingetretener Mitarbeiter erlebte ich in den fünfziger Jahren die Überraschung eines Hermann Heimpel, als er Kuttner begegnete: Er habe sich Kuttner als einen beleibten und betagten Prälaten vorgestellt; jetzt stehe vor ihm ein schlanker sportlicher Laie, dem man die vor Jahrzehnten verfaßten Bücher nicht zutrauen möchte. Mit wenig über Zwanzig hatte Kuttner die erste Staatsprüfung abgelegt, 1928 war er zu dem Strafrechtler Eduard Kohlrausch nach Berlin gegangen, wo er neben der Belastung als Referendar und Seminarassistent Zeit und Konzentration fand für seine Doktor-Dissertation *Die juristische Natur der falschen Beweisaussage* (1930, als Buch erschienen 1931), mit der ihn Kohlrausch promovierte, und Kohlrausch war es auch, mit dem die Habilitation abgesprochen war. Das Thema der Schrift war zwar die Schuldlehre, aber sozusagen deren gedankliche Ursprünge in der klassischen Kanonistik.

Kuttners seit längerem gehegtes Interesse an der kirchlichen Rechtsgeschichte, speziell der des Mittelalters, war in Berlin in den Seminaren von Ulrich Stutz vertieft worden, und hier bereits zeigte sich Kuttners geistige Souveränität: Er schätzte wohl die Forschungsintensität der Stutz'schen Schule, aber er ließ sich nicht auf die *verba magistri* einschwören und behielt Distanz zu der von Stutz geradezu fanatisch verkündeten «germanischen» Eigenkirchenlehre. Vielleicht war er auch durch seine Freundschaft mit dem Jesuiten Ivo Zeiger (1898–1952) gegen derartige Einengungen immun. Dem in Theologie und Kanonistik promovierten Zeiger, den eine ungewöhnliche Biographie auszeichnete (hochdekorierter Offizier, schwer verwundet, Freicorpskämpfer, 1931 Professor für Kirchenrecht an der Università Gregoriana, später Rektor des Germanicum, nach dem Zweiten Weltkrieg in schwierigen diplomatischen Missionen eingesetzt, zuletzt Herausgeber der «Stimmen der Zeit»), sagte man ein «feines Mitgefühl für die Daseinslast der heutigen Menschen», zugleich Einfallsreichtum und geistige Ausstrahlungskraft nach. Nicht zuletzt unter Zeigers Einfluß konvertierte Kuttner, der aus einem jüdisch-protestantischen Hause kam, 1932 zum Katholizismus.

Flucht und Frucht: die großen Jugendleistungen

Die nationalsozialistische Machtübernahme veränderte Kuttners Leben total. Die mit Kohlrausch vereinbarte Habilitation kam nicht zustande; nach den Rassegesetzen war er Jude und hatte keine Zukunft. Im August 1933 führte er noch in Berlin seine junge, damals neunzehnjährige Braut heim, Tochter eines renommierten hauptstädtischen Anwalts, doch der Ausdruck «heimführen» nimmt sich in diesem Zusammenhang fast wie Zynismus aus, denn die Heimführung führte in kein Heim, sondern in die Heimatlosigkeit, nach Italien, wohin das junge Paar am Tag nach der Hochzeit in eine ungewisse Zukunft ausreiste. Die Ehe mit seiner Frau Eva, geborener Illch, aus der neun Kinder hervorgegangen sind, war für den zu Schwermut neigenden Stephan Kuttner – eine Erbschaft von Vaters Seite, den Depressionen in den Selbstmord getrieben hatten – ein fester Rückhalt, und er würde sicherlich gelten lassen, was Thomas Mann rückblickend über seine Ehe – Mann wählte den Ausdruck «Bündnis» – mit seiner Frau Katia sagte: er wisse nicht, wie sein Leben «sich ohne den klugen, tapferen und zartenergischen Beistand dieser außerordentlichen Gefährtin auch nur, wie geschehen, hätte behaupten sollen».

In Rom fand Kuttner eine Anstellung in der Biblioteca Vaticana, und bald, 1937, übertrug man ihm eine Professur an der von Papst Pius XI. erneuerten, aus dem päpstlichen Institutum utriusque iuris hervorgegangenen Lateranuniversität, hatte sich doch Kuttner, auch in internationalem Maßstab, glänzend eingeführt. Die noch in Berlin begonnene *Kanonistische Schuldlehre von Gratian bis auf die Dekretalen Gregors IX.*, 1935 in der Publikationsreihe Studi e Testi des Vatikans als mächtiger Band veröffentlicht, wurde als «ganz erstaunliche Arbeitsleistung» begrüßt, der man «meisterhafte Methodik» attestierte; Dank, Bewunderung und Glückwunsch dürfe man ihr nicht vorenthalten (so E. Eichmann). Paul Hinschius hatte in seinem umfassenden *System des katholischen Kirchenrechts* das Strafrecht wohl breit, aber die Schuldlehre auffallend kurz behandelt. Sie hätte ihn auf ein stark theologisch bestimmtes Feld gezogen, und dem wich er aus. Man hat zu bedenken, daß das Frühmittelalter die Untat rein äußerlich bemaß: die Strafe folgt der Tat – Motiv und Umstände wurden vernachlässigt. Die Scholastik brach diese Primitivität auf und führte solche Begriffe wie Sünde, Schuld und Wille ein. Die Annahme, daß sich diese Differenzierung in der Rechtslehre niederschlug, lag nahe, und Kuttner zeigte im Detail, wie in den kirchlichen Rechtsquellen zwischen 1140 und 1234, in der Epoche der klassischen Kanonistik, Motiv und Umstände des schuldhaft Handelnden berücksichtigt wurden.

Aus dem Zwang, für seine Analyse der Schuldlehre im Zeitalter der Dekretisten zahlreiche Handschriften heranziehen zu müssen, machte Kuttner, ermuntert von dem ihn schätzenden und ihm zugeneigten gelehrten Papst Pius XI., einen Vorteil. Er ergänzte seine Handschriftenfunde in systematischer Suche und schuf das Werk, das wie kein anderes mit seinem Namen verbunden ist, das *Repertorium der Kanonistik (1140 bis 1234)*, 1937 als Band 71 der Studi e Testi erschienen. Selbst der wegen seiner rücksichtslosen Kritik berüchtigte Geoffrey Barraclough fand hymnische Worte für das Werk, nannte dessen Erscheinen ein «hochwichtiges Ereignis» und lobte «die Tüchtigkeit und unvergleichliche Wichtigkeit des Buches». Das *Repertorium* bildet bis heute eins der Hauptwerkzeuge jedes über das Hochmittelalter arbeitenden Kanonisten.

Missionar der Kanonistik in den USA

Unter dem Druck des nationalsozialistischen Deutschland führte das faschistische Italien im August 1938 eigene Rassegesetze ein, und der Aufenthalt wurde für die junge, nun schon fünf Köpfe umfassende Familie zunehmend gefährlich. Römische Freunde boten Hilfe an, Daoling Hsü, damals Chiang Kai-sheks Abgesandter in Rom, machte den abenteuerlichen Vorschlag, Eva Kuttner gemäß chinesischem Eheverständnis als seine «Zweite Dame» auszugeben. Das Risiko stieg, zumal der Ausbruch des Zweiten Weltkriegs die Lage weiter verschärfte. Den Ausweg brachte 1940 ein Ruf an die Catholic University of America in Washington, jene von Leo XIII. 1889 im Geiste des Neothomismus begründete Hochschule, die in den geisteswissenschaftlichen Bereichen über die Klerikerausbildung hinaus so etwas wie ein Zentrum nordamerikanischen Geistes- und Universitätslebens darstellte. Die Ausreise aus Europa über den unvermeidlichen Nachrichten- und Menschenumschlagplatz Lissabon, wo die meisten südeuropäischen Amerikaschiffe ablegten, verlief dramatisch. Zunächst war es schwer, die nötigen Visa zu bekommen, denn die portugiesische Botschaft war nur dann bereit, eine Transitgenehmigung auszustellen, wenn die Amerikaner das Einreisevisum erteilt hatten. Diese wiederum forderten als Voraussetzung die Durchreiseerlaubnis der Portugiesen. In dieser Situation half die römische Wohnungsnachbarin Pina, die sich im Gespräch als Nichte des faschistischen Geheimdienstchefs offenbarte und sich erbot, gegen eine gehörige Bestechungssumme die Papiere zu besorgen. Pina schaffte es dank ihrer Verbindungen und brachte die Familie sogar zum Flughafen – ohne Stephan Kuttner, der getrennt reiste und erst in Lissabon seine Familie mit vatikanischer Hilfe auslösen konnte: in letzter Minute, denn es drohte die Gefahr, daß Eva Kuttner, in deren Paß der Name Eva Sarah – der von den Nazis erzwungene Zusatz zu dem Vornamen einer jeden Jüdin – und ein Stempel «J» (Jude) stand, mit ihren Kindern, die man bereits zusammen in einem eigenen Raum untergebracht hatte, den Deutschen übergeben wurde.

Der zunächst als Visiting Professor nach Washington Berufene wurde 1942 zum Full Professor for History of Canon Law befördert und blieb der Hochschule ein Vierteljahrhundert erhalten – bei schmalem Salär für eine große Familie. Mancher spätere Bischof und Kardinal ist hier durch seine Seminare gegangen, und mit Augenzwinkern konnte Kuttner von schlechten Abgangsnoten hoher Prälaten berichten, unter Wahrung strenger Diskretion selbstverständlich, zumal manche von ihnen, fast im Sinne einer Wiedergutmachung, kanonistische Studien materiell förderten.

Es bedurfte in den Staaten einiger Zeit, bis sein Wirken und sein Forschen Aufmerksamkeit und eine der Leistung entsprechende Anerkennung fanden. Der Gegenstand und die Art seiner Behandlung waren neu. Um es in der Sprache eines seiner amerikanischen Schüler auszudrücken: «Kuttner introduced a new level of scholarship into American legal history... Kuttner brought an ardor for uncovering the textual foundation of works that had been published in printed form and for making known hundreds of legal texts that existed only in manuscripts... His publications illustrated to Americans – he began writing in English immediately after his arrival – that medieval texts were not chiseled in stone, but grew and lived – they were textes vivantes» (K. Pennington). Man könne nicht sagen, so heißt es in dem Schülerbericht weiter, daß sich sein Land dieser Form präziser Gelehrsamkeit spontan geöffnet gezeigt habe. 57 Jahre habe Kuttner alt werden müssen – europäische Universitäten hätten ihm längst Ehrendoktorate verliehen –, bis eine der großen amerikanischen Universitäten ihn an sich zog. 1964 ging Kuttner als Riggs Professor of Roman Catholic Studies nach New Haven an die Yale University. Dem mittelalterlichen Kirchenrecht hatte er inzwischen in doppelter Weise Heimatrecht verschafft, zum einen mit der von ihm mitgetragenen Gründung der Zeitschrift *Traditio* 1943, zum anderen durch die Errichtung eines Institute of Medieval Canon Law 1955, das zunächst in der *Traditio*, später separat ein jährliches Forschungsbulletin herausgab.

Korrespondierte man mit Stephan Kuttner über einen Beitrag oder schickte ihm ein Druckmanuskript zu, so war man überwältigt von der Fürsorge und Umsicht, mit der er den eingereichten Text behandelte, und stets lernte man etwas hinzu. Kein Assistent, er selbst besorgte die Druckeinrichtung. Im Rückblick schrieb einer seiner Söhne: Stephans «Hinwendung zum Detail war sagenhaft, und für seine Familie wird die Redensart ‹er liest Druckfahnen› für alle Zeiten sein Bild heraufbeschwören: sitzend am Schreibtisch, brütend über eines anderen Manuskript, den Stift in der Hand, das Weinglas in Reichweite und stets bei Stereomusik». Das Eingebettetsein in der Familie war für Stephan Kuttner eine Leistungsvoraussetzung, und der Zusammenklang von Familie und Wissenschaft fand mancherlei Ausdruck, zum Beispiel in der Namengebung der Söhne. Unauffällig, weil meist abgekürzt zitiert, tragen manche von ihnen als *second name* Namen großer mittelalterlicher Juristen wie Gratian und Huguccio. Als der bis zur Bösartigkeit spitzzüngige Ernst Kantorowicz, auch er wegen seines Judentums in die Staaten emigriert, davon hörte, soll er gesagt haben: «Mein Gott, und welcher Sohn heißt Pseudo-Isidor?»

Die weltweit betriebenen Forschungen zum mittelalterlichen Kirchenrecht hatten in der Gestalt Stephan Kuttners ihren Mittelpunkt gefunden; er war der Garant des Zusammenhalts in polyglotter Manier – bis hin zu einem ungemein gewandten Gelehrtenlatein, das er bei feierlichen Anlässen gern einsetzte. Das Institut wurde zugleich zur zentralen Forschungsstätte, hatte doch Walther Holtzmann in seinem Testament verfügt, daß sein umfassender kanonistischer Nachlaß – Transskriptionen und Analysen nachgratianischer Dekretalensammlungen, entstanden im Zusammenhang mit der von der Pius-Stiftung betriebenen Erfassung der hochmittelalterlichen Papsturkunden – seinem Freund Stephan Kuttner übergeben wurde. Hinzu kam bei dem spendenempfänglichen Institut eine jährlich wachsende Zahl von Mikrofilmen kanonistischer Handschriften. 1970 erreichte Kuttner ein Ruf nach Berkeley, wo ihm die Leitung der an der Universität angesiedelten reichen Robbins Collection angetragen war, der Stiftung eines Rechtsanwalts aus San Francisco, deren Mittel in die Errichtung und Pflege einer Forschungsbibliothek für religiöse Rechte fließen sollten, unter denen das Kirchenrecht verständlicherweise eine herausragende Rolle spielt.

Hier in Berkeley erlebte das Institute of Medieval Canon Law eine Blütezeit, und der dort 1980 abgehaltene 6. Kanonistenkongreß, aus dem ein mächtiger Aktenband hervorgegangen ist, war so etwas wie eine Dankeshuldigung an den allseits verehrten Promotor. 1988 zog sich Kuttner von der Professur und von der Leitung der Robbins Collection zurück. Das Institute of Medieval Canon Law mit seinen wertvollen Beständen wurde im Frühjahr 1995 nach München verlegt und der Obhut von Peter Landau anvertraut.

Rechtsgeschichte vom «Geist Mozartscher Musik»

Trotz der großen Last, die er sich mit der Fürsorge für die kanonistische Forschung aufgeladen hatte, fand Kuttner Kraft und Zeit zu eigenen und stets originellen Beiträgen. Einen Teil hat er thematisch gebündelt in vier Bänden (zwischen 1980 und 1990), versehen mit «Retractationes», mit aktualisierenden Nachträgen, herausgegeben. Neben richtungweisenden Stellungnahmen (*Methodological Problems Concerning the History of Canon Law*; *Reflections on Gospel and Law in the History of the Church*) sind wahre Perlen der Interpretationskünste darunter: über das Nachleben platonischer Vorstellungen im Kirchenrecht bis Gratian, über die Frage, ob, wie behauptet worden ist, während der kirchlichen Reformzeit unter Papst Urban II. (1088–1099) die Einstellung zum Kirchenrecht sich verändert habe, über eine rätselhafte, aus der Spätantike kommende Definition des Begriffs der Gerechtigkeit (sie sei «eine stillschweigende Übereinkunft der Natur, gefunden zur Unterstützung vieler», «naturae tacita conventio in adiutorium multorum inventa»). Und dann jenes kleine Buch *Harmony from Dissonance. An Interpretation of Medieval Canon Law*, eine an den berühmten benediktinischen Erzabt von St. Vincent Bonifatius Wimmer (1809–1887) erinnernde *memorial lecture*, wo er den Charakter mittelalterlichen Kirchenrechts beschreibt, bei dem die divergierenden irdischen Rechte in ihrer widersprüchlichen Vielfalt in einem überhöhten göttlichen Recht aufgehoben erscheinen, wo Theologie und Jurisprudenz sich vereinen. Bei aller Tiefgründigkeit und kaum überbietbarer Gelehrsamkeit kommen Kuttners Beiträge leicht und elegant, fast poetisch daher, und man hat von der Art, wie er Themen behandelt, gesagt, es lebe in ihr etwas vom «Geist Mozartscher Musik» (K. W. Nörr). Solcherart Musik, sagt Nietzsche, schreite leicht, biegsam, mit Höflichkeit; sie sei liebenswürdig, sie schwitze nicht: «Das Gute ist leicht, alles Göttliche läuft auf zarten Füßen.» Vielleicht war diese sensible Musikalität, eingesetzt für Ziele der Wissenschaft, der Urgrund seines Wirkens.

Als der durch mehrere lebensbedrohende, jedoch immer wieder überwundene Krankheitseinbrüche geschundene Körper den Kreis der Aktivitäten enger zog – eine schwere Krebsoperation hatte er bereits 1965 überstanden –, ließ Kuttner seinen musisch-musikalischen Begabungen, die der Tagesdienst unterdrückt hatte, freien Lauf. Er, der sich in seiner Jugend im berühmten Frankfurter Konservatorium eingeschrieben hatte, kehrte zur Urmutter Musik zurück. Zu seinem achtzigsten Geburtstag, als die Familie mit den Kindern, Enkeln und Urenkeln versammelt war – eine halbe Hundertschaft –, erklang nach Schubert und Mozart als letztes Stück ein Quartett, das er in den zwanziger Jahren komponiert hatte, und 1990 wurde in Boston seine neuentstandene «Missa brevis» aufgeführt. Hölderlin, dessen Zwischentöne in anderer Sprache schwer zu treffen sind, übersetzte er ins Englische, Stellen aus Goethes Faust ebenfalls, dazu traten eigene Gedichte, deutsche wie englische, und wenn es die Laune brachte, ließ er Christian Morgenstern seinen intellektuellen Unsinn auf englisch verfassen: «Palmström builds himself an organ of scents / Thereon to play the Sneezewort Sonata by Von Korff» (Palmström baut sich eine Geruchsorgel / Und spielt darauf von Korffs Nieswurzsonate). Stephan Kuttner lehnte sich zurück; das Lebenswerk war getan: *Videant sequentes.*

Reicher Beifall ist diesem Lebenswerk von über sechs Jahrzehnten angestrengter und häufig selbstloser Arbeit zuteil geworden. Nicht allein die Zahl von mindestens siebzehn Ehrendoktoraten ist erstaunlich, nicht minder deren Verteilung auf die verschiedenen Länder: Italien, Spanien, Belgien, Frankreich, England, Deutschland (in Bonn zudem eine Honorarprofessur), und ähnlich steht es mit den Mitgliedschaften in wissenschaftlichen Akademien, einschließlich der Medieval Academy of America, der er eine Amtszeit präsidierte. Das Institut de France wählte ihn zum Mitglied. Es waren Danksagungen nach dem Spruch «reddo unde sumpsi». Seinen sechzigsten Geburtstag feierte eine vierbändige Festschrift hochrangiger Autoren, zugleich mit einer *tabula gratulatoria*, die von fünf Kardinälen angeführt wurde. Zum siebzigsten Geburtstag taten sich amerikanische Freunde und Schüler zu einer ungemein gehaltvollen Festschrift zusammen, zum achtzigsten wurde ihm ein Jahresband der kanonistischen Abteilung der Zeitschrift der Savigny-Stiftung zugeeignet.

Wo Kirchenrecht des Mittelalters traktiert wurde, war Stephan Kuttner gegenwärtig, im Werk oder auch in Person; es war wie die Anrufung eines Nothelfers. Aber man wußte auch um seine bis in das moderne Kirchenrecht reichende Kompetenz. Papst Paul VI. berief ihn 1967 in die Kommission zur Ausarbeitung des neuen Codex Iuris Canonici, und er hat vor ausgesuchtem Fachpublikum in Anwesenheit Papst Pauls VI. den Eröffnungsvortrag gehalten, der das fünfzigjährige Jubiläum des Codex Iuris Canonici von 1917 zum Thema hatte. 1969 wurde er in den Orden Pour le mérite gewählt und hat in diesem Kreise manchen Nachruf gesprochen. Er gedachte François Louis Ganshofs († 1980), des großen Verfassungshistorikers, und Karl Rahners († 1984), dessen lebendigen Dogmenbegriff er mit innerer Anteilnahme und deutlich persönlicher Zustimmung umschrieb. Stephan Kuttner starb im neunzigsten Lebensjahr, und über seinem Grab zitierte man den Genesis-Vers von Erzvater Abrahams Tod: «Er schwand dahin und starb in einem guten Alter, bejahrt und lebenssatt, und er ward zu seinem Volk gesammelt.»

Walter Ullmann, Lehrmeister «mit Rute und Liebe»

Am 18. Januar 1983 ist Walter Ullmann (1910–1983) in Cambridge gestorben. Zeitungen internationalen Zuschnitts brachten die Nachricht vom Todes des in Österreich geborenen und ausgebildeten Rechts- und Mittelalter-Historikers, der in Großbritannien zu weltweitem Ansehen aufgestiegen war. Ungewöhnlich im Ton waren die Nachrufe in britischen Zeitungen; fast jeder der Autoren bekannte sich zu einer direkten oder indirekten Schülerschaft, und trotz des traurigen Anlasses wurden reihenweise Anekdoten vorgetragen, viele offenbar aus eigenem Erleben: «There are no Dark Ages. I, Ullmann, have made them Light» (so berichtet der Autor eines Nachrufs von einem Ausspruch Ullmanns). Aus allen diesen Artikeln spricht eine tiefe Dankbarkeit und zugleich die Trauer, einen Lehrmeister «mit Rute und Liebe» verloren zu haben.

Der österreichische Jurist

Sicherlich hatte sich der junge Walter Ullmann den Gang seines Lebens anders vorgestellt. 1910 als Sohn eines Arztes in Pulkau (Niederösterreich) geboren, besuchte er das altsprachliche Gymnasium im nahe gelegenen Horn. Die Matura-Arbeit über Thukydides lenkte die Aufmerksamkeit des «Feldgehers» (wie im niederösterreichischen Idiom damals ein Fahrschüler hieß) auf das Studium der Altphilologie, wenn man sich auch den Radiobastler Ullmannn in einem technischen Beruf denken konnte. Schließlich aber immatrikulierte sich Ullmann bei der vielseitig verwendbaren Jurisprudenz. Sein erster Studienort Wien enttäuschte ihn. Zwar brillierte der Romanist Wenger, der – obwohl Professor in München – in Wien, wo er sein erstes Ordinariat erhalten hatte, Einführungen in

37 *Walter Ullmann (1910–1983)*

das Römische Recht vortrug, aber der Massenbetrieb, die über die Köpfe hinweg gepredigten Vorlesungen ohne Gesprächskontakt mit dem Dozenten stießen ihn ab; trotz familiären Rückhalts in Wien – die Künstlerfamilie Engelhart, aus der z. B. der Architekt des Burgtheater-Neubaus Josef Engelhart hervorgegangen ist, gehörte zur Verwandtschaft – wechselte Ullmann zur Universität Innsbruck. Die Studienzeit an der *Oenipontana* hat er später als die glücklichsten Jahre seines Lebens bezeichnet, und daß diese Universität ihm später den Ehrendoktor verlieh, hat ihn mit besonderer Freude erfüllt. In Innsbruck 1934 zum Dr. iur. promoviert, war Ullmann mehrere Jahre am Gericht in Korneuburg tätig, wo er Wohnung genommen hatte, um nach «Amtsschluß» die Texte der mittelalterlichen Kanonisten und Postglossatoren in den Bibliotheken zu studieren. «Das Wesen der strafbaren Schuld» lautete der Titel der juristischen Habilitationsschrift. Aber der «Anschluß» Österreichs an das Deutsche Reich 1938 veränderte die Situation. Durch seine Tätigkeit in gerichtlichen Strafabteilungen, die sich auch mit politischen Delikten zu befassen hatten, war Ullmann ebenso gefährdet wie durch das vorher gar nicht wahrgenommene Nichtariertum eines Großvaters.

Vom Lehrling zum Lehrer

Innsbrucker Freunde rieten ihm, nach England zu gehen, und um nicht aufzufallen, beantragte der Wehrpflichtige Ullmann eine sechswöchige Auslandsreise, kaufte sich eine Rückfahrkarte und verließ Österreich mit Handgepäck. Die Tschechenkrise und das Münchner Abkommen ließen den in Cambridge studierenden und von der Society for the Protection of Learning and Science unterstützten Stipendiaten endgültig zu dem Entschluß kommen, in England zu bleiben. Der Anfang war hart. Der Landessprache nur rudimentär mächtig, so daß er beim ersten Zusammentreffen mit dem Rechtshistoriker W. Buckland mit diesem lateinisch konversierte, lebte er mittellos zunächst von der Gastfreundschaft einiger Kollegen. Im Sommer 1939 hat ihm eine katholische Internatsschule in Leicestershire (das vom Rosminianer-Orden unterhaltene Ratcliffe-College) eine Stelle angeboten. Nach dem Zusammenbruch Frankreichs und angesichts einer drohenden Invasion in England meldete sich Ullmann 1940 als Kriegsfreiwilliger und wurde der Pioniertruppe zugeteilt, die ihn drei Jahre später aus gesundheitlichen Gründen ausmusterte, so daß er an das Ratcliffe-College zurückkehren konnte.

Sich in diesen Jahren über Wasser zu halten, wäre schon Aufgabe genug gewesen, aber Ullmann hatte immer – ob in der Kaserne oder im College – ein wissenschaftliches Thema im Kopf und unter der Hand. Er war ein besessener Arbeiter, dem freilich seit 1940 seine Frau Elizabeth helfend und ihn abschirmend zur Seite stand. Staunend durchmustert man seine Bibliographie: kein Jahr seit 1940 (mit Ausnahme von 1943), in dem nicht

Aufsätze und Bücher erschienen sind. Die Themen zeigen deutlich, daß Ullmann sich die Aufgabe gestellt hatte, das Studium des kontinentalen *ius commune* und des Kirchenrechts gleichsam auf die Insel zurückzubringen. Ullmann machte gern die Rechnung auf, daß er nach dem Verbot Heinrichs VIII. der erste sei, der wieder mittelalterliches Kirchenrecht an einer englischen Universität traktiere. Einen Teil seiner vorbereiteten Habilitationsschrift (*Der Versuch nach der mittelalterlichen italienischen Lehre*) konnte er noch auf deutsch 1940 in den Niederlanden herausbringen, und 1946 erschien sein erstes Buch: *The Medieval Idea of Law as represented by Lucas de Penna*, zu dem sein Gönner, der Cambridger Rechtshistoriker H. D. Hazeltine, die Einleitung geschrieben hatte. An das erste Buch knüpfte das zweite über das Große Abendländische Schisma (*The Origins of the Great Schism*, 1948) an. Ullmanns Begabung, gedankliche Strukturen holzschnittartig darzustellen, fand starke Beachtung; 1948 wurde er – inzwischen Lecturer in Leeds – eingeladen, die nach dem berühmten Rechtshistoriker Maitland (1850–1906), dem englischen Savigny, benannten Erinnerungsvorlesungen in Cambridge zu halten. Ullmann wählte zum Thema *Medieval Papalism* und hatte den Stoff seines Lebens gefunden. Ullmanns Stoffbehandlung bedeutete einen Einbruch in das englische Unterrichtsschema; er führte ihm Autoren zu, die man bislang unbeachtet gelassen hatte: «Ein gebildeter Engländer mag lesen und sich daran erfreuen, was Dante oder was Marsilius von Padua geschrieben hat. Ein Gelehrter mag seine Aufmerksamkeit Thomas von Aquin oder Wilhelm von Ockham oder sogar dem unbotmäßigen Wicliff zuwenden. Aber Baldus und Bartolus, Innozenz und Johannes Andreae, sie zu behandeln, wurde er nicht unterrichtet... Walter Ullmann ist der Lehrer, der mich unterrichtet hat, sie zu behandeln», so einer seiner Meisterschüler (Brian Tierney).

Die Maitland-Vorträge, die bald in Buchform erschienen (1949), trugen ihm einen Ruf nach Cambridge ein, wo er in verschiedenen Positionen (seit 1959 war er Fellow des Trinity College) tätig war und trotz mehrerer Rufe auch blieb. Er glaubte, keinen idealeren Lebens- und Arbeitsort finden zu können als Cambridge und hat in geradezu hymnischen Tönen den Ort als Stätte gelehrter Begegnungen und Anregungen geschildert. Hier auch kam er zu seinem außergewöhnlichen Lehrerfolg. Seine Schüler waren des Lobes voll über den geistigen Gewinn, den sie aus seinen Seminaren zogen, und klingende Namen sind aus diesem Kreis hervorgegangen: Anthony J. Black, Alan B. Cobban, Charles Duggan, John Gilchrist, Peter Linehan, Janet L. Nelson, Brian Tierney, Michael Wilks, von denen mancher selbst wiederum ein neues Kapitel in der Wissenschaftsgeschichte eröffnet hat. In einer qualitätvollen Festschrift bedankten sie sich bei Ullmann, indem sie, wie es im Vorwort heißt, zu den Gegenständen zurückkehrten, «die sie einst unter seiner genialen Anleitung erforscht hatten».

Von der theokratischen Struktur der Kirche

Über vierhundert Nummern umfaßt die Bibliographie Ullmanns. Bei aller Vielfalt der Probleme, die Ullmann behandelt hat, sind es doch einige Generalthemen, die er immer wieder anging. Wie kommt das Recht in die Welt? «Steigt die Herrschermacht auf dem Wege der Delegation von oben herab oder steigt sie von unten vermittels Repräsentation nach oben?» Indem die lateinische Bibel, die Vulgata, viele römisch-rechtliche Termini aufgenommen habe, sei sie Wegbereiterin geworden für manche aus dem römischen Recht sich ableitenden Folgerungen: der in die Welt hineingeborene Mensch sei mit der Taufe zugleich Empfänger des Rechtsgebots geworden, Untertan eines deszendenten, eines von Gott kommenden Rechts; Humanismus und Renaissance hätten den diesseitigen Bürger als rechtskonstitutives Element entdeckt, und bis in die Verfassungskämpfe des 19. Jahrhunderts hinein habe die Frage der Rechtsetzung eine zentrale Rolle gespielt. Was hier abstrakt angedeutet ist, hat Ullmann an konkreten Beispielen erläutert. Die Verknüpfung von Recht und Geschichte nannte er die «integrative Methode», die ihrem

Autor etwas Divinatorisches, um nicht zu sagen: den Hauch von Infallibilität verlieh. Ullmanns wahrscheinlich erfolgreichstes Buch *The Growth of Papal Government in the Middle Ages* (1. Auflage 1955) behandelt die Beziehung zwischen weltlicher und kirchlicher Gewalt im Mittelalter; das Papsttum sei wesensmäßig auf hierokratische (keinesfalls dualistische) Strukturen festgelegt und habe «zwischen Kaiser Gratian» im 4. Jahrhundert und dem «Magister Gratian» im 12. Jahrhundert seine im Kern stets gleichbleibende monarchische Form gefunden. Das Buch hat eine Diskussion auf hohem Niveau ausgelöst, und es imponiert nach über vierzig Jahren immer noch durch die Eindringlichkeit, mit welcher der Autor seine Linien zieht. In einer Art von missionarischem Eifer befand sich Ullmann immer im Dienst. Als ihn ein Besucher in seinem Hause fragte, warum er neben der gängigen Gratian-Ausgabe von Emil Friedberg, einem mächtigen Quartband, noch ein zweites Exemplar in Duodezformat liegen habe, soll er geantwortet haben: «For reading in bed.»

Ullmann war eine emotionale, eine Kämpfernatur. Als Rezensent konnte er mit Vehemenz dreinfahren: zum Beispiel einem Verleger anraten, die gesamte Auflage eines Buches zur Papiermühle zu karren, oder einem Autor vorrechnen, er halte sich Widerspruch dadurch vom Hals, daß er Lebende emsig lobe und nur bei Toten abweichende Meinungen entdecke. Die auszehrende Krankheit der letzten Jahre hat ihn milder gestimmt, aber seinen enormen Fleiß und seine synthetische Kraft nicht gemindert; in seinem letzten Buch über den richtungweisenden Pontifikat des Papstes Gelasius I. (492–496) hat Ullmann noch einmal das Generalthema seines Lebens angeschlagen: die wesensmäßige Existenz von geistlicher und weltlicher Gewalt und die selbstverständlich hierokratisch zu verstehende Zweigewaltenlehre des Papstes Gelasius.

Der Oxfordianer Karl Leyser

Am 21. November 1991 hat Karl Leyser im Rahmen des Historischen Kollegs in München die alljährliche «Theodor-Schieder-Gedächtnisvorlesung» gehalten, am 27. Mai 1992 ist er überraschend nach kurzer Krankheit gestorben, nach einem harten und ständig Bewährung fordernden Leben. Seinem wissenschaftlichen Werk sieht man die Schwierigkeiten nicht an, die der Autor durchzustehen hatte. Ruhig und originell werden Einsichten geboten, als seien sie Früchte unbeschwerter meditativer Muße.

Karl Josef Leyser wurde 1920 als Sohn eines jüdischen Fabrikanten in Düsseldorf geboren, wo er Volksschule und Gymnasium besuchte, bis er 1937, getrennt von seinen Eltern, die nach Holland flüchteten und dort untertauchten, nach England emigrierte. Entfernte Verwandte seines Vaters, zu denen auch der Mittelalterhistoriker Wilhelm Levison (1876–1947) gehörte, sowie ein *refugee committee* sorgten für ihn, der ansonsten auf sich allein gestellt war; vor allem aber: er gewann durch eigene Leistung ein Stipendium am Magdalen College in Oxford.

Highlander-Captain und Kenner der deutschen Kaiser

Sofort nach Kriegsbeginn meldete sich Leyser, der als «feindlicher Ausländer» zunächst interniert war, freiwillig zum englischen Pionierkorps, doch gelang es ihm bald, zu einem schottischen Eliteregiment, den Black Watch von Perth, überstellt zu werden. Karl Leyser scheint ein vorzüglicher Soldat gewesen zu sein; mehrfach im Heeresbericht rühmend erwähnt, brachte er es bei den harten und für ihre kämpferischen Tugenden berühmten Highlanders bis zum Captain und später bis zum Major – er, der aus dem Ausland gekommen war und erst 1946 die britische Staatsan-

38 Karl Josef Leyser (1920–1992)

gehörigkeit erhielt. Von seinen Kriegserlebnissen erzählte er so gut wie nichts, doch war ihm die Zunge gelöst, wenn er vom Auffinden seiner Eltern im holländischen Versteck berichtete. Wie ihm der Regimentskommandeur einen Jeep mit Fahrer zur Verfügung stellte, um seine Eltern in dem Ort zu suchen, der ihm als deren Unterschlupf gerüchteweise genannt worden war, wie er dort durch leergefegte Straßen fuhr, keinen Menschen antraf, bis er endlich eine ängstlich die Straße überquerende alte Frau fragen konnte, ob sie nicht wüßte, wo sich ein älteres jüdisches Ehepaar verborgen hielte, sie hießen Leyser und er sei der Sohn. Nach wenigen Minuten führte man ihm beide Eltern zu; die Einwohner hatten als gemeinsame Aufgabe den Schutz der alten Leysers übernommen, und aus den Häusern tretend feierten sie mit den Geretteten den Sohn und das gute Ende.

Der Dienst bei den Black Watch hat ihn tief geprägt. So ist es nicht verwunderlich, daß, wie seine Schüler und Freunde berichten und wie die erstaunlich zahlreichen, ebenso respekt- wie liebevollen Nachrufe versichern, die

Kriegsgeschichte zum «special subject» des Soldaten Karl Leyser wurde, «the history of war», «for which he delighted to take pupils through Clausewitz» – es war abendfüllend, wenn er von dem Waterloo-Helden Sir Thomas Picton oder dem gemütsrohen Kommandeur der «leichten Brigade» Lord Cardigan sprach, der während des Krimkriegs 1854 die mörderische Attacke bei Balaklava angeführt hatte, um am Abend, unbeeindruckt vom Tode so vieler Soldaten, auf der mitgeführten Luxusyacht mit ungebrochenem Appetit sein Dinner einzunehmen.

Leyser, den die Engländer, um das Deutsche abzustreifen, gern Lyser schrieben und sprachen, wurde nach dem Krieg und der Ausmusterung ein nicht minder tüchtiger, international anerkannter Forscher und akademischer Lehrer, der von 1948 bis 1984 Fellow des Oxforder Magdalen College war und von 1984 bis 1988 als Fellow des All Souls College die berühmte, im 15. Jahrhundert vom College-Gründer Chichele, Erzbischof von Canterbury, gestiftete Professur für Geschichte versah. Oxford, das war sein Ort, der ihm nötig war wie dem Antäus die Erde. Sein English hatte in Syntax und Ton eine so starke Oxford-Färbung, daß englische Kollegen auf ihn verwiesen, wenn die Frage aufkam, was denn das Oxfordische ausmache.

Man hat Karl Leyser «the leading authority in the English-speaking world on the medieval German empire» genannt. Ein Wesensmerkmal von Leysers Forschungen ist deren Originalität in Fragestellung und Stoffbehandlung. Mit gutem Grund hat er es abgelehnt, sich an dickleibigen Handbüchern zu beteiligen; es widerstrebte ihm, in einer Synthese Forschungen anderer zusammenzutragen und zu referieren. Der Schwerpunkt seiner Arbeiten lag auf der Zeit vom 10. bis zum 12. Jahrhundert, der Epoche der Ottonen, Salier und frühen Staufer. Leyser fand vielfach Zugang zu neuen Quellenaussagen; niemand hat zum Beispiel die Eigenart und das Selbstverständnis des sächsischen Adels so genau umschrieben wie er. Zugleich war Leyser ein Meister geraffter Präzision. Auf nicht einmal vierzig Seiten legte er in einer der berühmten Raleigh Lectures «The Crisis of Medieval Germany» dar: wie durch Entfremdung des

Reichs- und Hausguts das Königtum seiner Ressourcen beraubt war und, als es seine Rechte einforderte, auf erbitterten Widerstand stieß, der das Reich in den siebziger Jahren des 11. Jahrhunderts im Bürgerkrieg zu ertränken drohte.

Die «Revolution» des 11. Jahrhunderts

In die Nachbarschaft dieses Themas, der Krisis des 11. Jahrhunderts, stellte er seinen letzten öffentlichen Vortrag, die «Theodor Schieder-Gedächtnisvorlesung», mit dem Titel: *Am Vorabend der ersten europäischen Revolution.* Karl Leyser nahm auf seine Weise einen Gedanken auf, der gerade in der deutschen Geschichtswissenschaft vor Jahrzehnten diskutiert worden war. Der Soziologe und Rechtshistoriker Eugen Rosenstock-Huessy (1888–1973) hatte in seinem Buch *Die europäischen Revolutionen und der Charakter der Nationen* (1931; Nachdruck 1987) die These einer Revolution im 11. Jahrhundert vertreten, die von Rom ausgegangen sei, und prägte den Ausdruck der «Papstrevolution», doch fand sein Vorschlag im damaligen Deutschland, das er 1933 verließ, nicht viel Resonanz.

Leyser ging das Problem des Umbruchs anders an. Er konstatierte eine plötzlich auftretende «Intoleranz» gegenüber Zuständen, die man bislang hingenommen, ja gepflegt hatte: verheiratete Priester, Ämterkauf, Laieneinfluß auf geistliche Ämter. Das revolutionäre Element der Veränderung seien allerdings nicht die in vielen Schriften erhobenen erhobenen Forderungen gewesen, sondern die von der neuen Religiosität erfaßten Unterschichten, die «Massen». Es sei eine Revolution, «deren Auswirkung teilweise tiefer greifend waren als die der französischen oder russischen». Nach dieser Revolution habe es keine Restauration gegeben. Diese Thesen näher auszuführen, dazu ist Karl Leyser nicht mehr gekommen, aber auch in ihrer fragmentarischen Form machen sie vieles Unbeachtete sichtbar – stets originell und anregend. In seiner Leistung und in seinem Charakter war Leyser unverwechselbar; auf seinem Grabstein auf dem kleinen Dorffriedhof von Islip bei Oxford stehen unter den Daten die Worte: *talis vir*, solch ein Mann.

Golo Mann, «historisierender Schriftsteller»

Fünfundachtzigjährig verstarb in Leverkusen, wo ihm Pflege in seiner schweren Krankheit zuteil wurde, Golo Mann (1909–1994), «Schriftsteller und Historiker»: Unter dieser Doppelbezeichnung wurde er 1973 in den Orden Pour le mérite eingeführt. «Ich kann nur meiner Ergriffenheit Ausdruck geben darüber, daß ich ein Mitglied dieses Ordens, dieser Gesellschaft geworden bin», waren seine Dankesworte, und er hat sich den Obliegenheiten, die ihm die Zugehörigkeit zum Kapitel auferlegte, gestellt, hat Redepflichten übernommen und Nekrologe gehalten, nicht auf Dichter und Schriftsteller merkwürdigerweise, nicht auf Erich Nossack, Marie Luise Kaschnitz oder Carl Zuckmayer, sondern auf den Soziologen Raymond Aron und auf Historiker, auf seinen Laudator Theodor Schieder und auf den von ihm wegen seines großen Tacitus-Buches verehrten Sir Ronald Syme.

Mann bleibt Mann

Wer das Lebenswerk Golo Manns betrachtet, könnte versucht sein, ihn einen Spätentwickler zu nennen. In seinen *Erinnerungen und Gedanken* – seiner bis 1933 reichenden Autobiographie, der er in einer ihn stets auszeichnenden Unbekümmertheit diesen eigentlich durch Bismarcks Alterswerk besetzten Titel gegeben hat –, hat Golo Mann als Grund für das späte Einsetzen seiner schriftstellerischen Tätigkeit mit geradezu brutaler Direktheit angegeben: «weil ich den Tod meines Vaters abwarten wollte». Er haderte mit seiner familiären Einschnürung; in einem Interview zu seinem 75. Geburtstag entwickelte er folgende Vision: «Wenn ich als Neugeborenes in der Klinik verwechselt worden wäre und wäre dann in einem norma-

39 *Golo Mann (1909–1994)*

len, gesunden, schlichten Bürgerhaus aufgewachsen, dann, glaube ich, wäre etwas Besseres aus mir geworden als tatsächlich geworden ist. Das glaube ich in der Tat.» Merkwürdigerweise hat sich der alte Golo Mann nicht die Frage gestellt, ob er als ein Fritz Schulze, unbekannt und unbeschützt, so viel Resonanz und Akzeptanz gefunden hätte, wie er sie als Sohn von Thomas Mann gefunden hat. Als Historiker hätte man von ihm strikte Quellenforschung erwartet – sich als solcher zu bewähren, ging schrecklich schief –, und als ein auf sich gestellter Schriftsteller war er vielleicht nicht originell und sprachmächtig genug. Bei aller Klage: Er war und blieb der Sohn des Vaters (den er übrigens respektvoll pantomimisch imitieren konnte) – Belastung, aber auch Förderung.

Der Zuordnung zum Vater ist er selbst im Orden Pour le mérite nicht entgangen, denn auch Thomas Mann gehörte ihm an, ohne sich freilich zu vergegenwärtigen, daß der Orden nicht eigentlich als Dekoration, sondern als, wie es in der Satzung heißt, «freie, sich selbst ergänzende Gemeinschaft» begriffen wird. Als Thomas Mann 1954 gefragt wurde, ob er, der Vertriebene, der sich bei seiner Rückkehr nach Europa, mißtrauisch gegenüber den Deutschen, ob West, ob Ost, in der Schweiz niedergelassen hatte, eine Zuwahl in das Kapitel annehme, antwortete er: «Das Kapitel soll... [den Orden] mir frischweg verleihen». Vater und Sohn im Orden sind so selten nicht: Jean Louis und Alexandre Agassiz, die Naturforscher, Karl Friedrich und Otto Lessing, sowie die beiden Schadows, Bildhauer und Maler, die Astronomen Friedrich Georg und Otto Wilhelm von Struve, aber alle diese Paare, kaum noch in allgemeiner Erinnerung, gehören vergangenen Zeiten an und sind Künstler und Naturwissenschaftler, keine Literaten. Die Manns sind eine Ausnahme – auch hier.

Über kaum eine andere deutsche Familie ist die Öffentlichkeit so umfassend unterrichtet wie über diese, deren Schreibeeifer Mutter Katia bewog, eine Selbstbiographie zu verweigern, damit es, wie sie sagte, in dieser Familie wenigstens einen Menschen gebe, der nicht schreibe. Die Biographie Golo Manns liegt offen zutage. Da sind die herzlosen Indiskretionen des Vaters vom lügenden, häßlichen Knaben (der Herabgesetzte hat den Abdruck nicht verwehrt), die Erinnerungen der Mutter an den ungelenken Sohn, der sich neben dem älteren brillanten und brillierenden Geschwisterpaar Erika und Klaus so merkwürdig tolpatschig ausnahm und auf einer üppig blühenden Wiese stets die kümmerlichsten Blumen pflückte. Biographische Einzelheiten die Fülle, nicht nur durch die Jugenderinnerungen: Kindheit in München, das von der europäischen Hocharistokratie mitbeschickte Elite-Gymnasium Salem des Reformpädagogen Kurt Hahn, die wenig glanzvolle Promotion eines Doktoranden, dem das Deskriptive mehr lag als das Reflexive, beim Philosophen Karl Jaspers, 1933 der tiefe Lebenseinbruch durch den Nationalsozialismus, Wege der Emigration, Lehrer in St. Cloud und Rennes, Lektor in Zürich, Übersiedlung nach den Staaten, Geschichtsprofessor an mehreren Colleges, nicht gerade angesehenen, dazwischen tätig im amerikanischen Regierungsauftrag, dann die Wende: ein Zurücktasten nach Europa, nach Deutschland, Gastprofessor in Münster und schließlich Inhaber eines neu eingerichteten Lehrstuhls für Politische Wissenschaften an der Technischen Universität Stuttgart.

Geschichte als Literatur

Vier Jahre nur, von 1960 bis 1964, hatte Golo Mann das Professorenamt inne, dann zog er sich ins Private zurück, blieb Honorarprofessor – die Universität Stuttgart erinnerte sich seiner über lange Zeit und widmete ihm noch anderthalb Jahrzehnte später zum 70. Geburtstag eine ungewöhnlich gehaltvolle Festschrift – und wucherte mit dem Pfund seiner Begabung, die ihm gegeben war, die eines Publizisten und, wie er sich selbst häufig nannte, eines «historisierenden Schriftstellers». Der freischaffende «historisierende Schriftsteller» hat seinem Publikum nicht selten mehr zu sagen als der Berufshistoriker, zumindest sagt er ihm mehr zu, wenn man an Namen wie Edward Gibbon (1737–1794) oder George P. Gooch (1873–1968) denkt, der eine akademische Karriere ausgeschlagen hat, oder an Thomas Carlyle (1795–1881) und Ferdinand Gregorovius (1821–1891), die sich zunächst durch Unterrichten, dann durch journalistische Arbeiten über Wasser gehalten haben, bis ihre «historisierende Schriftstellerei» sie wirtschaftlich unabhängig machte. Auch der habilitierte Germanist Gustav Freytag (1816–1895) ließe sich hinzuzählen.

Nach dem Verzicht auf die Stuttgarter Professur siedelte Golo Mann nach Kilchberg am Zürichsee in das elterliche Haus über, das für die nächsten Jahrzehnte seine Hauptarbeitsstätte blieb. Am Klingelschild ließ er den Namen Thomas Mann stehen. Die Zeit der Bedrängungen war vorbei, die des TM und die des «Scheusals» H oder AH, wie er beide – Thomas Mann und Adolf Hitler – als einzige abgekürzt in seiner Autobiographie auftreten ließ. Daß erst der Tod des Vaters den Sohn zu einer seiner Begabung entsprechenden Leistung freigesetzt hätte, wie dieser im Rückblick es sah, ist nicht ganz richtig. In den umtriebigen Jahren 1936 bis 1941 hatte er ein Buch zustande gebracht, das 1945 auf englisch und 1947 auf deutsch erschien: *Friedrich von Gentz, Geschichte eines europäischen Staatsmannes*, und bereits dieser Erstling zeigt die Eigenheiten Golo Mannscher Geschichtsschreibung.

Man kann sich fragen, warum Golo Mann sich gerade diesen Helden, einen denunziantenhaften Metternichagenten, den der Freiherr vom Stein von «wurmstichigem Gehirn und verbranntem Herzen» befand, zum Gegenstand seiner Studien ausgesucht hat, und man geht wohl nicht fehl in der Vermutung, daß hier der Publizist zum Publizisten fand: Gentz, ohne Regierungsamt und Vermögen, lebte von seiner Feder und von seinen orientierenden Ratschlägen. Golo Mann baut das Geschehen gleichsam von Innen aus, beschränkt sich nicht auf das trockene Gerüst der Quellen, von denen Jacob Burckhardt sagte, daß sie, wenn man es ehrlich nimmt, stets fremd und langweilig wirken, sondern läßt den Helden denken, meditieren, durch Überlegungen Entschlüsse fassen, und wenn ein Akteur der historischen Bühne etwas sagt oder leistet, was der «historisierende Schriftsteller» Golo Mann vortrefflich findet, durchbricht er die Darstellung, zum Beispiel mit einem «Bravo Humboldt». Der Propyläen-Verlag hat zeitig Golo Manns gestaltend darstellerisches Talent erkannt und ihm als Galionsfigur die Herausgeberschaft seiner zehnbändigen Weltgeschichte angetragen.

In der dünnen Luft der quellenkritischen Historie freilich fühlte sich Golo Mann nicht wohl (seine Edition der Erinnerungen des Prinzen Max von Baden ist von den Rezensenten – man kann es nicht anders nennen – rundweg verrissen worden), wie er auch keine Untersuchungen verfaßt und auf ausgiebige Archivstudien so gut wie ganz verzichtet hat. Als auf einem Historikertag der frühen sechziger Jahre, während er sprach, Unruhe entstand, weil die angesetzte Redezeit durch die Schuld des vorher aufgetretenen Referenten überzogen war, brach er seinen Vortrag mit den Worten ab, es sei wohl in der Tat besser, wenn er schlösse, er habe hier, vor Historikern, wenig zu sagen.

Aber gerade das war nicht der Fall. Golo Mann steht für eine Tugend, die im weiten Raum deutscher Geschichtsbeschäftigung selten geworden ist: für die Erzählfreude, und gerade bei Golo Mann bestätigt sich, was der grundgelehrte Theodor Mommsen, selbst ein Stilist von hohen Graden, vom Geschichtsschreiber gesagt hat: er gehöre «vielleicht mehr zu den Künstlern als zu den Gelehrten». War Golo Manns Studie *Vom Geist Amerikas* (1954) noch ein wenig dem Missionsauftrag der *reeducation* verhaftet, so schlug seine zu hohen Auflagen gekommene *Deutsche Geschichte des 19. und 20. Jahrhunderts* (1958) voll ein. Bezeichnend der Einstieg; das Buch empfiehlt sich als vierten Band zur *Deutschen Geschichte* (1934–1949) Ricarda Huchs, einer «historisierenden» Literatin, doch tritt bei Golo Mann zu der von Huch gepflegten Geschichtserzählung das Raisonnement, die «Betrachtung», das Zurücktreten vom Geschehen, um es in den weiten Horizont der Menschheitsgeschichte einzuordnen.

Der große Wurf aber war die Wallenstein-Biographie (1971), die sich gegen harte Konkurrenz durchsetzte, ein mächtiger Band von fast 1400 Seiten. Nicht alle, die von den hymnischen Besprechungen bewogen sich das Werk zulegten, werden es von Deckel zu Deckel durchgelesen haben, aber auch Teillektüre bereichert: ein Wallenstein, der handelt, ein Wallenstein, der denkt, ein Wallenstein, der träumt. Die ganz und gar erfundenen Wachträume des wendigen kaiserlichen Feldherrn – an ihnen hat Golo Mann so sehr gelegen, daß er sie als *Nachtphantasien* getrennt veröffentlichte – haben die Fachhistoriker dem Autor übelgenommen, und der Abstand wuchs, als das Werk zunächst durch einen Bildband und bald auch durch einen aufwendigen Fernsehfilm mit erster Besetzung ergänzt, beziehungsweise umgesetzt wurde. Spätestens mit dem *Wallenstein* war Golo Mann eine eigene geistige Größe, nicht der Sohn des Vaters, zumal sich Schreibe und Sujet der beiden jetzt für jeden sichtbar unterschieden: «der kurze Satz Golo Manns und die Segmentierung seiner Sätze stehen der Prosa Thomas Manns konträr entgegen»; Golo Mann hielt sich fern vom Stil des «Zauberers», auch wenn es bei ihm ein «bewußt-unbewußtes Anschreiben gegen Thomas Mann» (H.-M. Gauger) gegeben haben mag. Hier, beim «historisierenden Schriftsteller», gab es keinen Mynheer Peeperkorn, in dem sich Gerhart Hauptmann pikiert abkonterfeit erkannte, und nicht – «von mondäner Häßlichkeit, mit elegantem Schafsgesicht» – eine Jeanette Scheurl, für die Annette Kolb, die Freundin des Hauses, Modell gestanden hatte. Höchstens daß die Frankfurter Adorno und Horkheimer, deren Sprache und Haltung er ohnehin abstoßend fand, «Lumpen» geschimpft wurden, weil sie seinen Ruf nach Frankfurt verhindert haben sollen, aber das Salz verletzender Persiflage wurde niemandem in die Wunde gerieben.

Der Kleinmeister

Als Figur öffentlichen Interesses fand Golo Mann zunehmend die Aufmerksamkeit der Medien. Seine Ratschläge und Urteile waren hie und da widersprüchlich, manchmal sogar absonderlich, immer aber originell, und sie zeigten jene Sicht der Dinge, die schon dem Kind mit dem verhutzelten Blümchenstrauß eigen war. Der *Wallenstein* wurde, wenn man von der gattungsverschiedenen Jugendbeschreibung absieht, durch ein anderes großes Werk nicht überholt, die neu behandelten Gegenstände gingen stärker ins Literarische: Horaz, Tacitus, Augustin, Hölderlin, Kleist, Rückert etwa; das Sprachvermögen bewährte sich in Übersetzungen, deren Eigenheiten er auch theoretisch überdachte. Es entstanden Kostbarkeiten darstellerischer Kleinkunst über Rathenau und Wilhelm II. zum Beispiel; von nicht überbietbarem erzählerischem Charme ist seine «historische» Novelle *Lavalette*. Sie handelt von jenem Antoine-Marie Lavalette, dem späteren Grafen Lavalette, Napoleons Generalpostmeister, der 1815 in der Todeszelle seine Kleidung mit der seiner Frau wechselte, aus dem Gefängnis entwich und so der Hinrichtung entrann. In mehreren Fassungen hat Golo Mann die Erzählung herausgebracht und der Kernversion den Untertitel «Eine wahre Geschichte» gegeben; man möchte den Hinweis in dem Sinne verstehen, daß hier – im Menschlichen – wahre Geschichte vorläge.

Ein eigenes Kapitel ist Golo Manns Beziehung zur Poesie; sie floß in seine Schreibkunst ein, gehörte aber auch zu seiner Lebensausstattung. «Meine historische, literarische Bildung war nahezu ausschließlich deutsch; ich konnte ein paar hundert deutsche Gedichte auswendig», schrieb er in seinem Erinnerungsbuch, und daß achtzig ihm präsent seien, versicherte er noch wenige Jahre vor seinem Tod. Wenn er nicht einschlafen könne, sage er sich Gedichte auf, wie sich Blaise Pascal durch Lösen mathematischer Aufgaben den Kopfschmerz vertrieben habe. Es seien vor allem Balladen – bezeichnenderweise: Heine, vor allem Rückert («einer der liebenswertesten unter den deutschen Dichtern»), aber auch Uhland und Bürger, dessen Gedicht «Der Kaiser und der Abt» über die Pfiffigkeit des St. Galler Schäfers Hans Bendix ihn besonders ergötzte: geschlagene 39 Strophen, die er – Sprache und Geschehen genießend – vorzutragen in der Lage war.

In den letzten Jahren lebte Golo Mann zurückgezogen, arbeitete an der Fortsetzung seiner Memoiren, von denen er Teile in Lesungen vortrug, die ihm aber offenbar immer schwerer von der Hand gingen und die schließlich aus dem Nachlaß erschienen sind (1999). Sie reichen bis zum Ende seiner Frankreich-Zeit, bis 1940. Golo Mann war damals etwas über dreißig Jahre alt. Den Verlag ließ er 1990 wissen, daß er seine Darstellung, wenn man sie denn als «Entwicklungsroman» betrachte, nicht weiter zu führen gedenke: «Mit dreißig oder Anfang dreißig ist man fertig oder sollte es sein», basta. Die erzwungene Abkehr von der Öffentlichkeit bekümmerte ihn wenig; er war ohnehin, trotz aller Fähigkeit zur Repräsentanz und zu gestandener Rede, letztlich ein scheuer Mensch, und so ist er in Abgeschiedenheit gestorben. Seinem Wunsch entsprechend ist er auf dem Friedhof in Kilchberg bei Zürich beigesetzt worden, nicht im Grab der Eltern, sondern für sich, ein wenig abseits. Im Kreise der Familie bestattet zu sein hat er abgelehnt; die für ihn vorgesehene Grabplatte blieb leer. Er liegt begraben zwischen Bürgern, zwischen Dora Schrepfer und Hans Ruedi. So wollte es Golo Mann, «Schriftsteller und Historiker», der eine Lücke hinterläßt, die der Historiker nicht schließen kann und auch der Schriftsteller nicht. Nicht minder fehlt der Mensch Golo Mann, der sich zu aller Zeit ein freies, manchmal sogar wunderliches, aber stets nur sich selbst verpflichtetes Urteil bewahrte.

V
Die Zunft der Historiker

Jacob Burckhardt und die Zunft der Historiker

Wie Erasmus von Rotterdam den Rückgang der *bonae litterae* beklagte – einer Philologie, an der das Seelenheil hängt – und darin eine gefahrvolle Verschlechterung der Menschheitssituation erblickte, so sah Jacob Burckhardt (1818–1897) mit der zunehmenden Spezialisierung der Geisteswissenschaften, die parallel lief zur Modernisierung der Welt, das alte Bildungsideal versinken, das für ihn eine Wesenheit menschenwürdiger Existenz ausmachte. Der neue Typ des Historikers – diese *viri eruditi* oder *viri doctissimi*, wie Burckhardt sie abschätzig nannte, sogar zu dem Wort «Holzböcke» verstieg er sich – vermittele nicht mehr Kultur, sondern auseinanderfallendes, handwerkliches Detailwissen. Hier hört Alteuropa auf.

Klarsichtige Gelehrte, Kollegen Burckhardts, gerade solche, die führend waren in ihren Fächern, sahen nicht minder den Bildungsverlust und gaben das Defizit ehrlich zu. Der mit Burckhardt fast gleichaltrige Theodor Mommsen (1817–1903) beklagte in einer vielfach zitierten Rede 1895 die Einbuße: die von der Wissenschaft geforderte Spezialisierung sei zwar «richtig und notwendig», sie sei «unentbehrlich und wirksam, aber nicht unbedingt gesund und nicht unbedingt erfreulich». «Die Wissenschaft... schreitet unaufhaltsam und gewaltig vorwärts; aber dem emporsteigenden Riesenbau gegenüber erscheint der einzelne Arbeiter immer kleiner und geringer». Und dann der Satz: «Wie die Dinge jetzt liegen, kann die Wissenschaft nur den Fachmann brauchen und schließt den Dilettanten aus». Als wolle er Mommsen

40 Die Bildtradition Jacob Burckhardts geht in der Hauptsache auf dessen Großneffen Hans Lendorf zurück, der Burckhardts Aussehen in den Jahren 1892 bis 1895 in verschiedenen Photographien und Portraits festgehalten hat. Seine Bilder haben eine ziemlich stereotype Portraitvorstellung Jacob Burckhardts begründet – bis zum Tausend-Franken-Geldschein (s. unten S. 263).

antworten, riet Burckhardt seinem Schüler und Nachfolger Heinrich Wölfflin (1864–1945): «Bleiben Sie dilettantisch. Glauben Sie, daß das, was gut schmeckt, auch gut ist. Wenn man selber Freude an einem Gegenstande hat, so kann man auch Freude bei andern erregen, und das ist mehr wert als das freudlose sogenannte wissenschaftliche Arbeiten, das in sinnlosem Materialsammeln jedes Gefühl abstumpft und von diesem unglücklichen Standpunkt aus allen Genuß für dilettantisch erklärt.»

In die Lebenszeit Burckhardts fiel bei den Geistes- und Geschichtswissenschaften das Aufblühen der historisch-kritischen Methode, die mehr war als ein trainiertes Tun; es ist eine bis heute wirksame Gesinnung. Um wiederum Mommsen zu zitieren: diese Methode heiße «einfach die rücksichtslos ehrliche, im großen wie im kleinen vor keiner Mühe scheuende, keinem Zweifel ausbiegende, keine Lücke der Überlieferung oder des eigenen Wissens übertünchende, immer sich selbst und andern Rechenschaft legende Wahrheitsforschung». Die erforschte Wahrheit aber, sie ist keine auf den Menschen bezogene Wahrheit:

es ist die buchstabenbezogene, auf Einzelheiten gehende Präzision. Das Spezialistentum stand in Blüte, und Hoffnung auf einen Lehrstuhl konnte nur haben, wer sich bewährt hatte, wer durch die strengen Seminare z. B. eines Georg Waitz (1813–1886) gegangen war. Der Basler Gelehrte verstand sich dagegen zu Vorlesungen über die gesamte Geschichte, von der Antike bis in die Neuzeit, deutlich von dem Gedanken geleitet, Menschheitsgeschichte zu treiben und nicht im Vorfeld bei Fragen der Quellenüberlieferung und der Kollegenschelte zu versinken. Burckhardts große Werke, sein *Constantin* (1853), seine *Kultur der Renaissance in Italien* (1860), wandten sich bewußt an ein breiteres Publikum, nicht an die Zunft.

«Geschichtsforscher von einer gewissen Sorte»: Fachidioten

Burckhardt hat, was er über die vielfach in Spezialstudien und Positivismen auseinanderfallende Zunft dachte, nicht dem gedruckten oder öffentlichen Wort anvertraut, sondern, ohnehin jeder Polemik abhold, dem privaten Gespräch und den an Familienmitglieder, Freunde und Schüler gerichteten Briefen. Schon 1847 schreibt er aus Berlin über die karrierebewußten Anhänger einer historisch-kritischen Schule (vielfach seine ehemaligen Kommilitonen und Konkurrenten): «Der liebe Gott will auch bisweilen einen Jocus haben, und dann macht er Philologen und Geschichtsforscher von einer gewissen Sorte, welche sich über die ganze Welt erhaben dünken, wenn sie wissenschaftlich ermittelt haben, daß Kaiser Conrad II. am 7. Mai 1050 zu Goslar auf den Abtritt gegangen ist und dergleichen Weltinteressen mehr. Es sitzt hier eine rechte Clique dieser Art beisammen und gönnen sich vor Neid den Sonnenschein nicht». Über den Unterschied zwischen dem eingängig und umfassend schreibenden Forscher, dessen Werke unter die Gebildeten kommen, und dem Spezialisten, dessen Beiträge lediglich in öffentlichen Bibliotheken gehortet werden, heißt es: «Ich zweifle, ob man auch nur ein Duzend Forscher (von Abschreibern spreche ich nicht) wird aufzählen können, welche ihre eigenen Resultate in deutscher Sprache für alle Gebildeten wahrhaft maulbar gemacht haben. Wie viele haben denn eingesehen, daß eine Zusammenstellung lauter wahrer, gut geforschter Thatsachen doch noch immer keine Wahrheit, d. h. keinen wirklichen geschichtlichen Eindruck ausmacht? – Gegen das Nasenrümpfen der jetzigen Gelehrsamkeit muß man sich mit etwas Gleichgültigkeit panzern und sich damit zufrieden geben, daß man vielleicht gekauft und gelesen, nicht bloß in Bibliotheken mit saurem Schweiß excerpirt wird». Allmählich gebe es «fast nur noch Specialisten».

Durch diese Einzelstudien gehe mit der Fähigkeit zum Überblick auch der Wille zu sorgsamen Vorlesungen und zum Vortrag verloren, womit man den Menschen gewinne. «Die Weckung des Geistes in einem einzigen Schüler ist meines Erachtens mehr werth als zehn Seiten Excerpte aus Depeschen zweier Cabinete die einander angelogen haben», bekennt er gegenüber dem jungen Otto Markwart (1861–1919), der ihm besonders nahestand und der später als erster eine Biographie Burckhardts versuchen sollte (s. unten S. 269).

Das Räsonieren über die Auflösung menschenbildender Geschichtsbetrachtung in Detailstudien und in ein Anhäufen von Daten findet sich durchaus auch bei zeitgenössischen Kollegen Burckhardts, nicht nur bei Theodor Mommsen, auch bei Johann Gustav Droysen (1808–1884) zum Beispiel, dessen Sohn unter die Editoren gegangen war. Er glaube zu sehen, schrieb Droysen, «wie unsere Jugend bei aller Schulung dumm wird und bei aller Methode gedankenleer, und wer es hoch bringt, zum Spezialisten reift». Aber selbst sie blieben dem Fach zugewandt und sahen in der Spezialisierung einen vom wissenschaftlichen Fortschritt geforderten Zwang. Das Abseitsstehen Burckhardts, ja seine Abseitigkeit hat umgekehrt der Zunft selbst eine Beurteilung der Größe und Bedeutung Burckhardts schwer gemacht, eines Burckhardt ohne *Weltgeschichtliche Betrachtungen* und ohne *Griechische Kulturgeschichte*, die erst aus dem Nachlaß herausgegeben wurden, und ohne fast zweitausend weiser, leiser höchst privater Briefe. Wie Burckhardt von seinen gelehrten Kollegen beurteilt wurde, soll an einigen Beispielen aufgezeigt werden, die im Umkreis bayerischer gelehrter Einrichtungen spielen: der Bayerischen Akademie der Wissenschaften und der 1858 auf Empfehlung Rankes von König Maximilian II. gestifteten Historischen Kommission bei der Bayerischen Akademie der Wissenschaften.

Ein windiger Vorschlag: korrespondierendes Mitglied

1869 wurde Jacob Burckhardt, 51jährig, zum korrespondierenden Mitglied der historischen Klasse der Bayerischen Akademie der Wissenschaften gewählt. Damals zählte die Bayerische Akademie drei Klassen: eine philologisch-philosophische, eine mathematisch-physikalische und eine historische Klasse. Jede Klasse wiederum hatte verschiedene Stufen bzw. Gruppen der Zugehörigkeit: neben den ordentlichen Mitgliedern außerordentliche, auswärtige, korrespondierende und Ehrenmitglieder. Wahlberechtigt waren allein die ordentlichen Mitglieder, deren Zahl in jeder Klasse zwölf betrug, doch wurde unter Wahrung der Rechte entpflichtet, wer das 70. Lebensjahr vollendet hatte. Der Kreis der anderen Mitglieder – außerordentliche, auswärtige, korrespondierende und Ehrenmitglieder – durfte die Zahl 6 nicht überschreiten. Burckhardt wurde am 5. Juni 1869 einstimmig von den Herren der historischen Klasse gewählt; auf der konstitutiven Plenarsitzung vom 30. Juni 1869 erhielt er – es wurde nach altem Akademiebrauch mit schwarzen und mit weißen Kugeln gewählt – 27 weiße und 3 schwarze Kugeln. Mit Burckhardt zusammen wurden gewählt der Historiker Felix Dahn (1834–1912) aus Würzburg, der Archivar Roger Wilmans (1812–1881) aus Münster und der Tübinger Historiker Julius Weizsäcker (1828–1889). Dahn war von

Wilhelm von Giesebrecht (1814–1889) vorgeschlagen worden, Wilmans – der einzige von den vieren übrigens, der einstimmig gewählt wurde – von seinem archivarischen Amtskollegen Ludwig von Rockinger (1824–1914) und Weizsäcker vom Juristen und Oberbibliothekar Paul von Roth (1820–1892).

Die «Motivierung» des Wahlvorschlags Burckhardt, wie es im Protokolldeutsch heißt, war von Franz von Löher (1818–1892) verfaßt worden, dem ehemaligen Privatsekretär König Max' II., der 1859, wie Felix Dahn in seinen Erinnerungen formulierte, am Anfang zwar sein Gehalt aus der Kabinettskasse bezogen habe, später aber der Münchner Universität «nicht nur als Zierde und Geschenk, sondern auch zur Bezahlung überwiesen» worden sei. 1864 war er zum Professor für allgemeine Literaturgeschichte, dann der Völkerkunde und schließlich zum Direktor des Münchner Reichsarchivs ernannt worden, der er bis Ende 1888 blieb, bis ihn, den zugleich wendigen politischen Publizisten, der Wirbel um den Rücktritt und den Tod König Ludwigs II. zwang, ein Gesuch um «Quieszierung» einzureichen.

Löher war zwar Archivar, aber ein Quereinsteiger, vom Studium her Jurist, bekannt geworden als westfälischer Publizist. Königliche Gunst hatte ihm Amt und Ansehen verschafft, und die Tugenden eines Archivars, Zuverlässigkeit im Umgang mit dem Überlieferungsgut, werden ihm nicht nachgesagt. Seine Abschriften seien, so beurteilte Walter Goetz Löhers Vorarbeiten für die Historische Kommission, von «unzuverlässiger Beschaffenheit». Die Begründung des Wahlvorschlags für Burckhardt ist es auch. Sie hat folgenden Wortlaut:

Jacob Burckhardt
Professor in Basel
Seine beiden Hauptwerke:

Die Zeit Constantin des Großen. Basel 1853.

und

Die Cultur der Renaissance in Italien. Basel 1860.

sind jedem höher Gebildeten bekannt, da sie sich auszeichnen durch gründliche, allseitige und ergiebige Forschung, durch Ideengehalt, und auch durch den schönen Reiz der Darstellung. Jedoch auch Burckhardt's übrige Werke zeigen den kundigen und sorgfältigen Forscher. Deren seien hier nur folgende genannt:

Die Gegenreformation in den ehemaligen Vogteien Zwingen, Pfeffungen und Burseck [statt: Birseck] des untern Bistums Basel am Ende des 16. Jahrhunderts. 1855. Aus den Akten.

Conrad von Hochstaden, Erzbischof von Köln 1231–1261. 1843.
Über Inhalt und Werth italienischer Staatsschriften des XVI. und XVII. Jahrhunderts. Endlich unter seinen kunstgeschichtlichen Arbeiten verdient besondere Erwähnung die in Gemeinschaft mit Wilh. Lübke verfaßte

Geschichte der neueren Baukunst 1867.

Der ehrerbietigst Unterzeichnete erlaubt sich daher, diesen hervorragenden Gelehrten und Geschichtsschreiber zum korrespondierenden Mitglied vorzuschlagen.
München den 5. Juni 1869
Löher

Bei der Aufzählung der Werke Burckhardts ist Löher ein Mißgriff unterlaufen, Zeichen seiner geringen Kenntnis. Als erstes unter den «übrigen Werken», die «den kundigen und sorgfältigen Forscher» Burckhardt zeigen, nennt Löher die Darstellung über die Gegenreformation im Bistum Basel, aber dieses Werk stammt nicht von unserem Burckhardt, sondern von dessen Vater, von «Jacob Burckhardt, Antistes» (1785–1858).

Löher beeilte sich am 4. Juli 1869, vor der offiziellen Mitteilung und der Diplomzusendung, Burckhardt von der Wahl (und von seinem eigenen Anteil daran) zu unterrichten, und Burckhardt dankte Löher am 6. Juli mit artigen Worten. Der in formalen Belangen offenbar unbekümmerte Löher irrte sich auch in der Schreibweise des Namens des Adressaten:

Herrn
Professor Jacob Burckhart
Hochwohlgeboren
Basel

Hochverehrter Herr College!
Die historische Klasse der hiesigen Akademie der Wissenschaften, sowie die Gesammtakademie, indem sie die Wahl der ersteren (wie

nach den Statuten zu einer Aufnahme in die Akademie erforderlich) wiederholte, haben sich selbst geehrt, indem sie Sie zum Mitgliede erwählten. Ich mache mir selbst die Freude, dies Ihnen anzuzeigen, da ich den schönen Auftrag hatte, Ihre Wahl durch das herkömmliche schriftliche Gutachten zu motiviren. Die Bestätigung des Königs wird unfehlbar nachfolgen, und werden Sie dann die offizielle Zufertigung durch den Präsidenten der Akademie Hrn. v. Liebig erhalten.

In vorzüglicher Hochachtung
München den 4. Juli 1869
FvLöher

Breite Resonanz: auswärtiges Mitglied

Von anderer Seite als Löher kam 1885 der Vorschlag, Burckhardt vom korrespondierenden Mitglied auf die höhere Stufe eines auswärtigen Mitglieds zu befördern. Es war diesmal der Kulturhistoriker und Novellist Heinrich von Riehl (1823–1897), der den Antrag stellte: ein Akademiemitglied, das durch seine Interessen und sein auf Bildung zielendes Wirken Burckhardt nahestand. Riehl hatte am 6. Juni 1885 die historische Klasse für seinen Vorschlag gewinnen können, darunter Döllinger, Cornelius, Rockinger, Friedrich, von Druffel, Heigel, Riezler und den Sekretär Giesebrecht, alles klingende Namen, und nicht ohne Pathos vertrat Riehl seinen Vorschlag auf der Gesamtsitzung am 20. Juni 1885. Es werden unter den Leistungen Burckhardts dieselben Hauptwerke wie 1869 angeführt, aber diesmal wird auf die «tiefgreifend nachhaltige Wirkung» abgehoben. Es heißt:

Im Jahre 1869 wurde Professor Jakob Burckhardt in Basel zum korrespondirenden Mitglied der histor. Klasse erwählt. Damals war es der gründlich forschende Gelehrte u. geistvolle Darsteller, dem wir diese Auszeichnung darbrachten. Die Hauptwerke Burckhardt's, – seine «Kultur der Renaissance in Italien», der «Cicerone», die «Zeit Konstantin's d. G». pp – haben sich inzwischen behauptet, sie sind in neuen u. neu bearbeiteten Auflagen erschienen, u. Burckhardt ist uns heute, wo wir auf die tiefgreifend nachhaltige Wirkung seiner Werke zurückblicken können, einer der hervorragendsten Vertreter seines Fachs, der bahnbrechende Mann, welcher eine neue Auffassung der Kunst u. Kultur der Renaissance erschlossen hat. Dem trefflichen Gelehrten galt vor 16 Jahren der «Korrespondent», dem epochemachenden Meister gilt heute die Ehre des Auswärtigen Mitgliedes, zu welcher die histor. Klasse Jacob Burckhardt einstimmig vorschlägt.

Der Vorschlag passierte in der Plenarsitzung «mit 32 gegen 1 Stimme». Auf die Zusendung des Diploms, das die Unterschrift des Präsidenten der Akademie Ignaz von Döllinger (1799–1890) trug, und auf einen separaten Brief des Sekretärs der historischen Klasse Wilhelm von Giesebrecht antwortete Burckhardt mit leichter Verwunderung, die nicht gespielt sein dürfte. Es habe ihn «die Beförderung... um so mehr überrascht», als er sich sagen müsse, «daß ein angestrengtes akademisches Amt» ihn daran gehindert habe, «der Wissenschaft durch eigentliche Forschung so nützlich zu werden», wie er es gerne gewollt hätte.

Der Abstand zur Zunft

Burckhardt wußte sehr wohl, daß seine Art Geschichte zu vermitteln – darstellerisch und hauptsächlich im mündlichen Vortrag –, dem damaligen Wissenschaftsverständnis nicht entsprach: unter seinen Werken findet sich keine Textedition, was damals als besonders wertvolle Leistung galt, auch keine textkritische Untersuchung; ein Regestenwerk hat er nicht verfaßt, keinen Band der *Jahrbücher der deutschen Geschichte* übernommen, wie es der Zürcher Kollege Gerold Meyer von Knonau (1843–1931) getan hat, mit dem er einen einzigen belanglosen Brief wechselte. Daß am Anfang seiner akademischen Laufbahn eine kumulative Promotion *in absentia* stand (wie auch der windige Löher sich hatte in Abwesenheit promovieren lassen), war bei Universitätsprofessoren nicht gerade üblich, aber Burckhardt hatte damals – wie er einem Freund gegenüber gestand – gefunden, die von Berlin an die Basler philosophische Fakultät eingereichten Arbeiten hätten ihm «ein odiöses Examen erspart und den hiesigen Leutchen [den Baslern] Sand in die Augen gestreut; denn zehn Bogen machen hier mehr Aufsehen als in Berlin zehn Bände». Burckhardt hatte den Doktorgrad im Billigverfahren erworben. Die Freunde nannten ihn spöttisch den «Eminus», den aus der Ferne, und Burckhardt nahm den Namen selbstironisch auf.

Mit dem Erwerb des Doktortitels in Abwesenheit steht Burckhardt in merkwürdiger Gesellschaft. Den Weg einer «Promotion in absentia» sind zum Beispiel gegangen: Emanuel Geibel (Jena 1838), Karl Marx (Jena 1841), der Eisenbahnspekulant Bethel Henry Strousberg (Jena 1857) und Heinrich Schliemann (Rostock 1869). Die Form des Doktorerwerbs *in absentia* wuchs sich im Laufe der Zeit zu einem Übel aus; es kam zum Skandal, als eine 1873 an der Universität Rostock eingereichte Arbeit sich als reines Plagiat herausstellte und der Fall strafrechtlich geahndet wurde. Theodor Mommsen nahm 1876 in den Preußischen Jahrbüchern gegen *Die deutschen Pseudodoktoren* Stellung, und die Promotionsordnungen wurden geändert.

Wie der Einstieg, so verlief auch Burckhardts fernerer Weg neben der Heerstraße wissenschaftlicher Arbeit. Als die Monumenta Germaniae Historica ihre Editionen, als die Historische Kommission bei der Bayerischen Akademie der Wissenschaften mit ihren Deutschen Reichstagsakten, die Preußische Akademie mit den großen Ausgaben der Schriften Kants und Friedrichs des Großen und dem Corpus Inscriptionum Latinarum, als alle diese gelehrten Einrichtungen, inländische wie ausländische, Jahr für Jahr ihre mächtigen Bände herausbrachten, gefertigt von Spezialisten, von *viri eruditi*, deren Leistung von einem neidgeladenen und teilweise brutalen Rezensionswesen argwöhnisch überwacht wurde, was Burckhardt mit einem gewissen Schaudern, aber auch mit Erleichterung, nicht dazuzugehören, vermerkte: Zu dieser Zeit schrieb Burckhardt für ein allgemeines Publikum.

Burckhardts Briefpartner

An dem Briefwechsel Burckhardts, der jetzt in der präzisen und bewundernswert einfühlsam kommentierten Ausgabe von Max Burckhardt vollständig vorliegt (10 Bände 1949–1986, Register 1994), läßt sich ablesen, wie sich der Basler Gelehrte vom Wissenschaftsbetrieb und von den großen Historikernamen der Zeit ferngehalten hat. Die rund 1800 Briefe verteilen sich auf etwa 380 Adressaten, wobei nicht wenige Empfänger mit nur einem einzigen Schreiben bedacht sind: Gelegenheitsbriefe, denn Burckhardt blieb ungern eine Antwort oder eine höfliche Reaktion schuldig. Da war zum Beispiel der Berliner Postdirektor Paul David Fischer (1836–1920), der sich als Reiseschriftsteller betätigte und unter dem 16. Juni 1879 Burckhardt beifällige Worte über dessen *Cicerone* und die *Kultur der Renaissance* schrieb. Es gehörte offenbar zu Fischers Eigenheiten, Schriftsteller anzuschreiben, die sich über die von ihm besichtigten Örtlichkeiten und Landschaften ausgelassen hatten. Am 7. April 1888 schrieb derselbe Fischer an Gustav Freytag (1816–1895), um diesem zu bestätigen, wie sehr dessen im Vorjahr erschienene *Erinnerungen* ihm beim Besuch von Freytags Geburtsstadt Kreuzburg in Oberschlesien behilflich und lehrreich gewesen seien. Freytag scheint nicht geantwortet zu haben; Burckhardt hat «nachweislich geschrieben», aber sein Brief ist verloren.

Die meisten Briefe hat Burckhardt an Mitglieder seiner Familie geschrieben, häufig nur Informationen, aber auch Ratschläge und Schreiben in der Art schriftlichen Parlierens. Neben diesen Adressaten hat Robert Grüninger (1849–1924), der Basler jüngere Freund und Reisebegleiter, die meisten Briefe erhalten, von Hause aus Jurist, aber mit starken kunsthistorischen Interessen. An ihn gingen 125 Briefe, an den basellandschaftlichen Architekten Max Alioth (1842–1892) 95, an Friedrich von Preen (1823–1894), den hochgebildeten badischen Beamten, dem Burckhardt die zweite Auflage seines *Constantin* gewidmet hat, fast gleich viele (93). Die Zahl der Briefe an die weiteren Partner nimmt dann ab: auf 50 beim unruhigen, aber stets interessanten Studienfreund Gottfried Kinkel (1815–1882), auf 40 bei Gustav Stehelin (1842–1901), dem jungen kunstverständigen Kaufmann, der sich in italienischen Dingen auskannte, auf 34 bei Paul Heyse (1830–1914), dessen heiter-witzige Salonsprache Burckhardt schätzte.

Es gibt keine Briefe, geschweige denn Korrespondenzen, an oder mit Georg Waitz oder Johann Gustav Droysen, Theodor Mommsen oder Julius Ficker, Moriz Ritter, Theodor von Sickel, Heinrich von Sybel, von Heinrich von Treitschke ganz zu schweigen. Zwar taucht mancher Name auf, der einen Kontakt zu den *viri eruditi* signalisieren könnte, aber es bleibt bei Förmlichkeiten. An Ignaz von Döllinger geht der Dank für die Zuwahl als korrespondierendes Mitglied der Bayerischen Akademie, an Wilhelm von Giesebrecht ein entsprechendes Schreiben wegen der Beförderung zum auswärtigen Mitglied. An Wilhelm Wattenbach (1819–1897) sind einige Zeilen gerichtet, er – Burckhardt – habe seinen «bescheidenen Beitrag» (von 30 Schweizer Franken) abgeliefert: eine Dotation aufgrund eines Spendenaufrufs, um Theodor Mommsen die abgebrannte Bibliothek, soweit es ging, zu ersetzen. Auch dem Namen Pertz begegnet man, aber es ist Frau Leonora Pertz, die zweite Frau des Berliner Oberbibliothekars Georg Heinrich Pertz (1795–1876), eine gebürtige Engländerin, die um Vermittlung einer englischen Übersetzung angegangen worden ist. Aber wenn der in Basel lehrende Archäologe Ferdinand Dümmler (1859–1896) sich um Felix Staehelin (1873–1952), Burckhardts schwermütigen Schüler, kümmert, so wird des Vaters Ferdinands, des Mediävisten Ernst Dümmler (1830–1902), nicht gedacht. Gerold Meyer von Knonau – in Burckhardts Augen sicherlich ein *eruditissimus* – wird mit der kargen Auskunft bedacht, daß er – Burckhardt – Erbetenes (Aufzeichnungen des Vortrags eines Jugendfreunds) nicht habe, überhaupt: «der Scherz jener frühen Tage [eigne sich nicht] für ein größeres Publicum».

Es gab freilich durchaus zaghafte Annäherungen. Burckhardt schickte seinem Lehrer Ranke sofort nach Erscheinen seinen *Constantin* sowie eine Untersuchung zu, die einen auch von Ranke behandelten Gegenstand berührte. Fast gleichzeitig wechselte er freundschaftliche Briefe mit dem Inschriftenforscher Wilhelm Henzen (1816–1887), dem er Exzerpte aus einer Florentiner Handschrift mitteilte und dem gegenüber er auch die Machart seines *Constantin* verteidigte: «Hätte ich einen Constantin für die Gelehrten geschrieben, so hätte ich keinen Verleger gefunden und kein Honorar bekommen, ich hätte tausend Details, die noch nicht oder unzulänglich in deutscher Sprache gesagt worden sind, ungesagt lassen müssen. Glauben Sie mir, ich wußte ehe ich das Buch anfing, daß die ‹Männer der Wissenschaft› es nie anerkennen würden. Einstweilen geht es gut und kommt ziemlich weit herum. Ich gedenke noch ein Mehreres der Art zu schreiben ...» Mit Ludwig Friedländer (1824–1909), Heinrich Gelzer (1847–1906), Eberhard Gothein (1853–1923) wechselte Burckhardt Briefe, aber es blieb die bewußt gepflegte Distanz zu den «Männern der Wissenschaft».

Die «Männer der Wissenschaft» waren in ihre Geschäfte und Aufgaben eingebunden, und die meisten von ihnen dürften die Werke des Basler Gelehrten in ihre Arbeiten kaum einbezogen haben. Für viele war Burckhardt ein popularisierender Außenseiter, wobei zu bedenken ist – es sei wiederholt –, daß die *Griechische Kulturgeschichte* und die *Weltgeschichtlichen Betrachtungen*, beide aus dem Nachlaß herausgegeben, noch nicht erschienen waren.

Bei den Spezialisten durchgefallen

Vom 7. bis 9. Juni 1892, in der Woche nach Pfingsten, fand in München die Jahressitzung der Historischen Kommission bei der Bayerischen Akademie der Wissenschaften statt. Es war die Creme der Geschichtsforscher versammelt, darunter Carl Adolf Cornelius, Ernst Dümmler, Karl von Hegel, Karl Theodor Heigel, August von Kluckhohn, Sigmund Riezler, Ludwig von Rockinger, Theodor von Sickel, Felix Stieve, Wilhelm Wattenbach, Franz Xaver Wegele, Georg von Wyss; dazu traten die außerordentlichen Mitglieder Friedrich von Bezold, Max Lossen und Ludwig Quidde. Heinrich von Sybel, der Vorstand der Kommission, nahm aus gesundheitlichen Gründen an der Sitzung nicht teil. Es wurden zur Wahl zu ordentlichen Mitgliedern der Kommission «mit kurzer mündlicher Motivierung» vorgeschlagen: Friedrich von Bezold, Moriz Ritter, Heinrich Brunner, Wilhelm von Planck, Jacob Burckhardt, Richard Schröder, Max Lehmann, Max Lossen, Ludwig Quidde, Alphons Huber, Wilhelm Preger.

Auf der zweiten Wahlsitzung am 8. Juni wurden die Vorschläge sortiert: wer in die erste Kategorie der «um ihrer besonderen Verdienste um die Wissenschaft und ihres berühmten Namens willen» und wer in die zweite Kategorie der aus dem Kreis der außerordentlichen Mitglieder zu wählenden eingeteilt werden solle, zugleich wurde die Reihenfolge der Kandidaten bestimmt: Brunner, Burckhardt, Lehmann, Maurer, Huber, Preger waren die Kandidaten für die Zuwahl zur «I. Kategorie», Ritter, von Bezold, Quidde, Lossen die zur «II. Kategorie». Am selben Tage sollten die «schriftlich motivierten Anträge dem Sekretär» übergeben und von diesem zur Verlesung gebracht werden. In der damals üblichen formlosen Art und mit rascher Feder hat der Sekretär Carl Adolf Cornelius (1819–1903), Sohn des berühmten Malers Peter Cornelius und selbst Historiker hauptsächlich der Reformationszeit, einen Wahlvorschlag konzipiert und vom langjährigen Präsidenten der Schweizer Geschichtforschenden

---

41 *Während die Basler Umgebung Jacob Burckhardts – die Schüler, deren Schüler wiederum, die Verehrer – und die Geschichtswissenschaft ihren Blick bislang hauptsächlich auf den «Geschichtsdenker» richteten und sein Werk dieser Leistung zuordneten, wird neuerdings sein «blanker Antisemitismus» (Fritz Stern) in seiner unschönen Form ans Licht gezogen, der «handfester» sei, «als wir ertragen können» (so Hanno Helbling, Historiker und früherer Feuilletonchef der «Neuen*

Zürcher Zeitung»). Das 100. Todesjahr Burckhardts war 1997 ohne Mißklang gefeiert worden, als 1998 die Herausstellung seiner judenfeindlichen Haltung einsetzte («Judenpack»; «bekannte Nasen»; in Frankfurt a. M. könne er nicht leben: «Jeder Winkel eine Bud', Und die dritte Nas' ein Jud'»; in Locarno in den Ferien fühle er sich wohl: «kein Berliner Jud und sonst nichts von diesen odiosen Kerlen» usw.), die sogar in der Vermutung gipfelte, man habe diese Seite Burckhardts bewußt verschwiegen, um die Emission der 1000-Franken-Note mit Burckhardts Bild – der höchste Wert – nicht zu gefährden. Es kam die Frage auf, ob man nicht die im Frühjahr 1998 in einer Stückzahl von 15 Millionen ausgegebene «neue Tausendernote einstampfen» solle («Basler Zeitung» vom 15. Mai 1998 und «Israelitisches Wochenblatt» vom gleichen Datum). Die Schweizerische Nationalbank sah sich genötigt, eine Art Entschuldigung für Burckhardts Äußerungen nachzuliefern. Die Banknote ist im Umlauf geblieben. – Es ist auffällig, wie sehr die antisemitischen Urteile sich gerade in konservativ-liberalen Kreisen ähneln: Man vergleiche Fontanes Aversion gegen die «Kakel-Architektur» Pringsheims und die protzigen jüdischen Tiergartenvillen in Berlin (s. oben S. 82) mit Burckhardts giftiger Beschreibung vom «heftigen Palastbauen von Juden» in Frankfurt a. M., deren Gebäude er mit den Bewohnern kontrastieren läßt: «... was in italienischer Renaissance gebaut wird, ist bei allem Reichthum zum Teil gräßlich, ... Und vollends das Classische! Denn die reichen Jüden / Bau'n mit Caryatiden / was sich dann gar schön ausnehmen muss, wenn auf den Balcon zwischen die entlehnten Pandroseionsfrauen die Kalle und das Schickselchen und der Papa mit ihren bekannten Nasen vortreten». Fontane sieht bald 80 Prozent des Berliner Hausbesitzes in Judenhand (s. oben S. 24), Burckhardt behauptet, 90 Prozent aller neu errichteten Mietsbauten in Wien gehörten dem «Jud».

Gesellschaft Georg von Wyss (1816–1893) unterschreiben lassen. Der Vorschlag hat den Wortlaut:

Die Unterzeichneten beehren sich, zur Wahl zum ordentlichen Mitglied der Commission Herrn Professor Jakob Burckhardt in Basel vorzuschlagen. Sie dürfen denselben als eine der ersten Celebritäten der deutschen Historiographie bezeichnen. München 8. Juni 1892

C. A. Cornelius
G. v. Wyß

Am nächsten Tag fand die dritte und entscheidende Wahlsitzung statt. Jacob Burckhardt fiel mit 3 Ja- und 11 Neinstimmen durch: Keiner der Kandidaten hat ein so schlechtes Ergebnis erzielt. Allerdings sind von neun Kandidaten (ein Wahlvorschlag war zurückgezogen worden) ohnehin nur vier Kandidaten durchgebracht worden; die Nichtwahl Burckhardts ist also eingebettet in eine breite Ablehnung weiterer Vorschläge. Immerhin hat – wenn man voraussetzt, daß Cornelius und von Wyss für ihren Mann gestimmt haben – nur ein einziges Mitglied über die beiden Vorschlagenden hinaus seine Stimme Burckhardt gegeben.

Wie kamen auch ein Dümmler, ein Riezler, ein Rockinger, ein Sickel, ein Wattenbach dazu, Gelehrte der handfesten Quellenarbeit, einen darstellerisch zwischen der Antike und kunsthistorischen Themen schweifenden Kollegen, mit dem sie nichts verband, zu den Ihren zu zählen? Betrachten wir etwas genauer die zwei Vorschlagenden, Carl Adolf Cornelius und Georg von Wyss. Beide waren nicht nur Burckhardts Altersgenossen – alle übrigen sind bis zu mehr als einer Generation jünger –, sie waren auch die einzigen, die Burckhardt persönlich kannten. Cornelius hatte ihn 1843 in Emmerich im Rheinland, wo er Gymnasiallehrer war, kennen und schätzen gelernt (noch ein halbes Jahrhundert später war der starke Eindruck, wie wir einem Brief entnehmen können, nicht verwischt), und von Wyss hatte als Herausgeber des *Archivs für schweizerische Geschichte* 1849 Aufsätze Burckhardts abgedruckt und war auch mit ihm zusammengekommen. Alle anderen kannten kaum mehr als den Namen Burckhardts, dieses merkwürdigen Kollegen, der seit über dreißig Jahren nichts mehr veröffentlicht hatte und der offenbar vor kränzchenartigen Zirkeln in Basel Vorträge hielt. Bei diesem Mann sollten sie «besondere Verdienste um die Wissenschaft» erkennen? Das war doch zu viel verlangt. Ob Burckhardt freilich den bösen Ausdruck von den «Urkundionen», den an Quisquilien klebenden Detailforschern, auf die Münchner gemünzt hat, wie vermutet worden ist, mag offenbleiben. Jedenfalls konnten die meisten Herren der Historischen Kommission Verständnis oder gar Förderung ihrer Arbeit von Burckhardt nicht erwarten. Aus ihrer Sicht erscheint die Zurückweisung Burckhardts durchaus gerechtfertigt, und Burckhardt selbst hätte sich ihnen kaum zugeordnet. Martin Heidegger hatte schon recht, als er in seinen «Vorlesungen über Grundfragen der Philosophie» (1937/38) sagte: «Jacob Burckhardt, der sich so ausnimmt wie ein zuweilen nicht ganz ‹exakt› arbeitender Historiker und wie ein Schulmeister mit schriftstellerischem Ehrgeiz, ist alles andere, nur kein Historiker, sondern durch und durch ein *Geschichtsdenker*, dem die historische Wissenschaft und die Philologie nur Hilfsdienste leisten».

Werner Kaegi und seine Großbiographie Jacob Burckhardts

Mit dem Namen Werner Kaegi (1901–1979) sind mehrere herausragende und nicht nur das Fachpublikum erreichende Leistungen der europäischen Geschichtswissenschaft verbunden, über allen jedoch jene in sieben Teilbänden angelegte – man ist versucht zu sagen: komponierte – Biographie Jacob Burckhardts. Burckhardts Werk, Sichtweise und Lebensform als Bürger Basels haben Werner Kaegi schon in den Anfängen seines wissenschaftlichen Arbeitens geradezu existentiell angezogen. Dabei sei Kaegi, so vermerken Schweizer Kollegen immer wieder mit einer gewissen Verwunderung, von Geburt gar nicht Basler, sondern Zürcher, so als habe die Natur hier ausnahmsweise einen Sprung vollbracht und einen Nichtbasler mit einem entsprechenden, sonst nur Einheimischen vorbehaltenen Sensorium ausgestattet. Aber Kaegis Lebenskreis war überhaupt weit gezogen.

Der 1901 als Sohn eines Pfarrers im Zürcher Oberland Geborene hatte sich intellektuell und geographisch in mehreren geistigen Landschaften umgesehen. Zu Beginn seines Geschichtsstudiums, in das er bewußt die Nationalökonomie einbezog, ging er «auf Basel», vermochte dem Ort aber zunächst nichts Anziehendes abzugewinnen und wandte sich Florenz und seiner Renaissancelandschaft zu. Den Doktor holte er sich 1924 in Leipzig beim fortschrittlichen «Institut für Kultur- und Universalgeschichte» mit einer bei Erich Brandenburg und Walter Goetz eingereichten und mit der höchsten Note ausgezeichneten Dissertation über *Erasmus und Hutten, ihre Freundschaft und ihr Streit*. Nach seiner Rückkehr nach Basel suchte er bewußt engen Kontakt mit der länderkundlichen Romanistik; Frankreich nahm er stärker in sein Gesichtsfeld auf, arbeitete mehrere Jahre während längerer Aufenthalte in den dortigen, vor allem den Pariser Archiven und Biblio-

42 *Kaegi fühlte sich frühzeitig zu seiner späteren Lebensaufgabe, der Biographie Jacob Burckhardts, hingezogen, obwohl sein Lehrer Ernst Walser (1878–1929), ein Kenner der italienischen Renaissance, Burckhardts Sicht ablehnte.*

theken, um sich 1934 mit einem Buch über den in seiner Zeit auch politisch einflußreichen französischen Historiker Jules Michelet (1798–1874) zu habilitieren, dessen stark reflektierende und politisch eingestimmte Geschichtsbetrachtung ihn ebenso anzog wie die künstlerische Form der Darbietung.

Kaegis Weg zum Biographischen

Deutlich und bezeichnend für Kaegis Entwicklung ist sein immer stärker wachsendes Interesse für das Biographische. Kaegi ging es nicht eigentlich um die Leistung des einzelnen Historikers, um das Sichtbarmachen eines wissenschaftlichen Fortschritts, sondern um den Historiker, der wohl eingebunden ist in seine Zeit, sie zugleich aber überschreitet mit Einsichten und Irrtümern. Kaegi ist hier Vermittler und Bewahrer, und er hat sich bewußt in diesen Dienst gestellt. Es war nicht nur Verehrung gegenüber dem Meister, wenn Kaegi das Erasmus-Buch Johan Huizingas ins Deutsche übersetzte (1928), später auch dessen *Wege der Kulturgeschichte* (1930) und schließlich die von düsterem Optimismus durchzogene Schrift *Im Schatten von morgen* (1936); das für die menschliche Existenz Mitteilenswerte dürfte Kaegi bewogen haben, in einem doppelten Sinne als Dolmetsch tätig zu werden.

Als Kaegi jene letztgenannte Schrift Huizingas übersetzte, die den Untertitel trägt «Eine Diagnose des kulturellen Leidens unserer Zeit», war er bereits Ordinarius für mittlere und neuere Geschichte an der Universität Basel; in der Schweizer Öffentlichkeit wurde seine Berufung am Ort 1935 begrüßt, zumal in ihr eine deutliche Distanzierung von dem damaligen deutschen Geiste sich anzeigte. Neben Edgar Bonjour (1898–1991), dem stärker auf die neuere Zeit und die politische Geschichte ausgerichteten Kollegen und Freund, hat Kaegi 36 Jahre den Basler Lehrstuhl innegehabt; er hat die Unterrichtsaufgaben ernst genommen in anspruchsvollen Seminaren und in ausgreifenden und in präziser Sprache vorgetragenen Vorlesungen; gegen sechzig Dissertationen sind aus seiner Schule hervorgegangen – und es waren die Doktoranden und Schüler, die ihm die Vereinsamung im Alter erträglicher machten.

Seine Frau Adrienne von Speyr (1902–1967), von Haus aus Medizinerin, war 1940 zum Katholizismus konvertiert und gründete 1945 gemeinsam mit dem Jesuiten Hans Urs von Balthasar (1905–1988) das Säkularinstitut «Johannes-Gemeinschaft», das Balthasar von 1949 an leitete, nachdem er aus dem Orden ausgetreten war. Dies alles spielte sich unter dem Dach des Hauses Kaegi ab, ein Kosmos für sich. Adrienne Kaegi-von Speyr empfing Visionen und Karfreitagserlebnisse, deren Niederschrift der «Sekretär» Balthasar besorgte (62 Bände). Balthasar selbst, dessen riesiges theologisches Gebäude, wie man sagt, Karl Barths *Kirchlicher Dogmatik* standhalten könne, hat unter seinen zahlreichen Werken besonders die Gattung der Biographie gepflegt: auf die innere Entwicklung ausgerichtete Lebensskizzen vom Kirchenvater Origenes († um 254) bis Romano Guardini (1885–1968) und Henri de Lubac (1895–1991). Kaegi mag von dieser Häuslichkeit eine erhöhte Sensibilität empfangen haben, die ihn aber nicht von den von ihm ernst genommenen Pflichten eines Universitätslehrers abzog. Erstaunlich unbeschwert wirken seine ins Essayistische hinübergehenden *Historischen Meditationen* (1942; 1946), deren Themen von der Völkerwanderung bis ins 19. Jahrhundert reichen.

Jacob Burckhardt – ein biographisches Gebirge

Jacob Burckhardt. Eine Biographie: so steht es auf den einzelnen Bänden, ergänzt durch eine kurze Charakterisierung des Inhalts des jeweiligen Teiles. Kaegi hatte früh Berührung mit dem Werk Burckhardts: 1928 treffen wir auf seine Absicht, Bemerkungen Burckhardts zum Renaissanceproblem aus dessen Kollegheften und Nachlaßpapieren zu publizieren. Kaegi gibt der von ihm selbst besorgten, von störendem Beiwerk gereinigten Neuausgabe (Basel 1930) von Burckhardts *Kultur der Renaissance in Italien* eine tiefgreifende Einleitung, die seine Vertrautheit mit Werk und Gedanken deutlich macht. Wichtig war jedoch, daß er durch seine Editionsproben das Vertrauen der Jacob-Burckhardt-Stiftung und das Albert Oeris (1875–1950) gewonnen hatte, Jacob Burckhardts Großneffen, der als Erbe seines Vaters Jacob Oeri (1844–1908), des Herausgebers von Burckhardts *Weltgeschichtlichen Betrachtungen* (1905), den Nachlaß verwaltete. Albert Oeri war über die Altphilologie und die Geschichte zum Journalismus gekommen und leitete, Mitglied des Basler Großrats und Nationalrat, in schwierigen Jahren von 1925 bis 1949 die für die Meinungsbildung in der Schweiz wichtigen *Basler Nachrichten.*

Die Pflege von Jacob Burckhardts Werk hatten zunächst weitgehend die Schüler übernommen; 1919 war der Band *Jacob Burckhardt. Persönlichkeit und Jugendjahre* von Otto Markwart (1861–1919) erschienen; der Autor, der seinen Lehrer noch persönlich gekannt und mit ihm korrespondiert hatte, war vor dem Erscheinen gestorben. Im Auftrag der Freunde schrieb der Bibliothekar Hermann Escher im Vorwort: «Der Fortführung bedarf die Biographie freilich unter allen Umständen». Markwart hatte sie bis 1843 geführt, bis zu Burckhardts Studium bei Ranke in Berlin. Die Darstellung der entscheidenden Zeit, als Burckhardt zu seiner Größe heranwuchs, stand also noch aus. Daß Kaegi diese Aufgabe übernehmen durfte, gab der Aufarbeitung, ja der Wahrnehmung von Burckhardts Werk und Leben eine neue Wendung. Den Auftraggebern war dieser Schritt zu einer neuen Stufe biographischer Behandlung sicherlich klar gewesen. Der neue Autor war kein Schüler Burckhardts, hatte nicht einmal in Basel studiert; er gehörte einer neuen Generation an, die Burckhardts Persönlichkeit nicht mehr erlebt hatte.

1947, genau fünfzig Jahre nach dem Tode Burckhardts, erscheint der erste Band, keine Fortsetzung, sondern ein Neubeginn. Kaegi stellt seine Annäherung an Burckhardt unter das Wort Goethes: «Dieses scheint die Hauptaufgabe der Biographie zu sein, den Menschen in seinen Zeitverhältnissen darzustellen». Der ausgreifende Umfang des Werkes deutet sich an. Für die von Markwart behandelte Periode braucht Kaegi die doppelte Seitenzahl. In bewundernswerter Unbeirrbarkeit kommt nun Band für Band heraus (darunter ein Doppelband), den letzten, den siebenten, hat Kaegi nicht mehr zu dem von ihm geplanten Ende bringen können. Mit einem Register zum Gesamtwerk erschien der fragmentarische Schlußband 1982, 35 Jahre nach dem ersten Band.

Keiner Größe der Wissenschaft hat man je eine so umfassende Biographie gewidmet. Die Ausnahme einer derart monumentalen Lebens- und Werkbeschreibung wurde einem Gelehrten zuteil, der es sich in seinem Testament verbeten hat, daß man seinen Nachlaß durchwühle «zur Abfassung und vollends zur Veröffentlichung einer Biographie»; der in den letzten Jahrzehnten seines Lebens nichts mehr veröffentlicht hat; der sich bewußt außerhalb des wissenschaftlichen Fortschrittsbetriebs gestellt hat, indem er es z. B. bei Neuauflagen seiner Werke strikt ablehnte, sie «auf den neuesten Stand» der Forschung zu bringen; der auf die Mappe, die die *Weltgeschichtlichen Betrachtungen* enthielt, geschrieben hat: «Zum Verbrennen».

Unwillkürlich drängt sich die Frage auf: Was würde wohl Burckhardt sagen zu Kaegis Unterfangen, wo allen biographischen Details nachgegangen ist, Burckhardts (abgerissene) Wohnung ebenso durchstöbert wurde wie die Tintenschichten der Vorlesungen und Vorträge geprüft und verifiziert sind, um sie chronologisch richtig einzuordnen. «Dasjenige Andenken an mich», so heißt es in seinem Testament, «welches mir erwünscht ist, mag allmälig aussterben mit denjenigen welche sich meiner noch unmittelbar erinnern». Kaegi sichert das Andenken an Burckhardt über die «unmittelbar» Erinnernden hinaus, und das in überbordender Weise. Das aber ist eben das Wundersame an Kaegis Mammutbiographie: Sie wirkt in keiner Zeile pietätlos und ist trotz der 4000 Seiten nirgendwo langweilig oder überdehnt. Es ist eine Einstimmung auf den Geist und die Weltbetrachtung eines Menschen, von der man gern geleitet wird und die den Leser bereichert, ihn nachdenklicher, vielleicht sogar «weiser» macht. Es bedarf nicht der Gabe der Prophetie, um die Unvergänglichkeit von Kaegis Burckhardt-Biographie vorherzusagen, solange das Humanistische und das Humane wachbleiben: solange jene Unbeirrbarkeit etwas gilt, mit der auf die Grundverhältnisse menschlichen Lebens und geistiger Entfaltung hingewiesen wird «in einer Welt, die im Lärm der Betörungen den Sinn für jene angeborene Proportion, die dem Menschen als Geschöpf gegeben ist, zu vergessen» Gefahr läuft. Dieses Wort hat Kaegi auf Huizinga angewandt, es gilt auch für ihn und sein Werk.

Kaegi ist viel Anerkennung entgegengebracht worden, Mitgliedschaften in Akademien und gelehrten Gesellschaften, Ehrendoktorate. Preise wurden ihm zugesprochen, die zugleich seinen schriftstellerischen Rang anzeigen: 1954 der Gottfried Keller-Preis, 1971 der Jacob Burckhardt-Preis und 1977 der Erasmus-Preis, über den er sich besonders freute. In einer der Laudationes ist darauf hingewiesen, daß die Auszeichnung seinen Werken gelte, die in seltener Weise «mit dem bedeutenden Gehalt auch eine sprachschöpferische Leistung verbinden». Burckhardts Individualität ist nicht zu ersetzen, die seines Biographen ist es auch nicht.

Geschichte als Fest: Hermann Heimpel

«Es gibt Menschen, die sogar in ihren Worten und Ausdrücken etwas Eigenes haben, da doch Redensarten durch eine lange Mode so und nicht anders sind. Solche Menschen sind immer einer Aufmerksamkeit würdig; es gehört viel Selbstgefühl und Unabhängigkeit der Seele dazu, bis man so weit kommt». Ein Göttinger hat diese Beobachtung notiert, Georg Christoph Lichtenberg, und sie scheint für einen anderen Göttinger wie geschaffen, denn wer beginnt schon eine – mit Verlaub – alltägliche Detailstudie über eine mittelalterliche Handschrift mit den Worten: «Nach der bewährten Regel, jeweils den Wein der Gegend zu trinken, in der man sich aufhält, schien es angemessen» usw., um am Ende zu sagen: «Diese Handschrift gehört eigentlich nach Heidelberg. Diese Handschrift gehört eigentlich nach Speyer. Diese Handschrift gehört eigentlich nach Wien. Aber in der Geschichte gibt es kein ‹Eigentlich›. Es gibt nur kleine Anlässe und große Ursachen. Die Handschrift liegt heute (an ihrem Ort), weil ein Gelehrter ein Buch nicht zurückgab, eine Bibliotheksordnung nicht einhielt und weil es die Weltgeschichte so wollte». Das ist die Sprache Hermann Heimpels (1901–1988), Professor für mittelalterliche Geschichte in Göttingen, und diese Sätze sind nicht etwa einer Abhandlung des Vierzigers oder Fünfzigers entnommen, sondern einem Aufsatz des an der Schwelle der Achtziger stehenden Gelehrten.

Die «Unabhängigkeit der Seele», die in dieser Probe seines von Konventionen losgelösten Stils erscheint, ging bei Heimpel einher mit einer bis ins hohe Alter ungehemmten Schaffensfreude, so daß eine der größten bundesrepublikanischen Tageszeitungen wenige Monate, bevor ihn die tödliche und in die Vereinsamung drängende Krankheit überfiel, nach einem Interview schreiben konnte: «Wer ihn kennt, verliert die Angst vor dem Alter». Eine gewisse Jugendlichkeit hatte Heimpel auch in späten Jahren nicht verlassen; angesichts seiner geistigen Frische scherzte ein Gratulant zum 80. Geburtstag in einer öffentlichen Adresse, man könne ihn ein Talent nennen, «das – wie man so sagt – zu den schönsten Hoffnungen berechtigt». Zu einer Zeit, da manche sich mit Ordnungsarbeiten eines Auszüglers beschäftigen, hat Heimpel sein großes dreibändiges Werk über *Die Vener von Gmünd und Straßburg 1162–1447* verfaßt (erschienen 1982), die Geschichte des gesellschaftlichen Aufstiegs einer bürgerlichen Familie vom 12. bis zum 15. Jahrhundert, die schließlich «Meister Job Vener» († 1447) stellte, einen der Hauptratgeber in königlichem und rheinisch-pfalzgräflichem Dienst und Gegner des Nikolaus von Kues auf dem Konzil von Basel 1432. «Genies sterben jung», hat Gottfried Benn verkündet, womit gemeint war, daß sie sich an ihrer Aufgabe aufrieben oder in ihrer Schaffenskraft nachließen. Auf der anderen Seite befand der über 90 Jahre alt gewordene Ranke, ein Historiker müsse alt werden, um zu voller Einsicht und Leistung zu gelangen.

Das eben ist das Erstaunliche: Hermann Heimpel hat in nicht nachlassender Frische und Leistungshöhe von Jugend an «durchgehalten»; hat «als Forscher von ebenso hoher fachlicher Kompetenz wie Originalität des Blicks und der Frage die Kenntnis und die Deutung der Geschichte des deutschen Mittelalters vertieft, in Wort und Schrift sein Nachdenken über Geschehenes und Geschichte ... auf eine unverwechselbare Weise mitgeteilt und einer breiten Öffentlichkeit nahegebracht». Das Zitat stammt aus dem Vorwort der ihm gewidmeten dreibändigen Festschrift (1971) von weit über zweitausend Seiten. Kurienkardinäle oder Präfekten von Archiv oder Bibliothek des Vatikans, denen die Legion der Benutzer Dank abstatten will, erhalten solche Festgaben, ein Inhaber eines Lehrstuhls für Geschichte an einer deutschen Universität «eigentlich» nicht. Festschriften, Zugehörigkeit zu Akademien, Bundesverdienstkreuz, Dr. h. c. und was der Ehren mehr sind, das alles verschlug in Heimpels Augen nicht viel, aber es gab schließlich jenen alternden Münchner Geheimrat Hermann Grauert (1850–1924), der seinem Neffen mit der Miene eines Menschen, der um die Nichtigkeit der Welt weiß, Orden und Ehrenzeichen, Diplome und Medaillen wortlos ausbreitete, um am Ende zu sagen: «Immerhin». Hermann Heimpel, selbst Schüler Grauerts, hat die Szene überliefert, und vielleicht hat der Bericht auf dem Wege vom Munde Heimpels zu dieser Niederschrift an Präzision und Würze etwas eingebüßt: Immerhin...

«Der letzte deutsche Ordinarius»

Hermann Heimpel, 1901 in München geboren, war früh zu Ansehen und Ämtern gekommen. 1924 in Freiburg mit noch nicht einmal 23 Jahren von Georg von Below, dem Senior politisch-konservativer Geschichtsschreibung, mit einer wirtschaftshistorischen Arbeit (*Das Gewerbe der Stadt Regensburg im Mittelalter*, 1926) promoviert, 1930 bereits auf einem Lehrstuhl in Freiburg, 1934 nach Leipzig berufen, ging er, dem der Begriff der Nation noch viel bedeutete, 1941 an die «Reichsuniversität Straßburg». Die Kriegsereignisse ließen ihn im Winter 1944/45 nach Göttingen gelangen, wo er zunächst als Gast, dann als ordentlicher Professor neben Percy Ernst Schramm lehrte. Hier hatte er bis zu seiner Emeritierung 1966 seine große Zeit und seinen höchsten Wirkungsgrad. Der Fachhistoriker, der geschichtlich Interessierte, der Gebildete, sie alle kannten ihn, mußten ihn kennen: den Herausgeber der «Großen Deutschen», den Rektor der Universität Göttingen und Vorsitzenden der Westdeutschen Rektorenkonferenz, den Vizepräsidenten der Deutschen Forschungsgemeinschaft, den von manchen ins Auge gefaßten Kandidaten für das Amt eines parteilosen Bundespräsidenten: «Er hätte jene Tradition origineller Geistigkeit fortsetzen können, die Theodor Heuss begründete», lautete damals eine von nicht wenigen Pressestimmen, «schade, unendlich schade».

Als noch nicht, wie heute üblich, an der nächst gelegenen Universität studiert wurde, sondern der über die Ausbildung hinaus nach Bildung und geistiger Bereicherung strebende Schüler zum berühmten Lehrer zog, war kaum ein Katheder

43 Mit Thomas Masaryk (1850–1937) war ein Universitätsprofessor Staatspräsident geworden, warum nicht auch Hermann Heimpel? Was wie ein Designationsakt des Göttinger Ordinarius durch den amtierenden Bundespräsidenten Theodor Heuss aussieht, ist Ausdruck weitgehender Übereinstimmung beider, die zusammen mit Benno Reifenberg (1892–1970) das fünfbändige Sammelwerk «Die Großen Deutschen» (1956–1957) herausgegeben haben: eine Stärkung des darniederliegenden deutschen Selbstbewußtseins. – Je älter Heimpel wurde, um so mehr belastete ihn die Frage, ob er sich während des Dritten Reiches richtig verhalten habe: In Leipzig hatte er 1934 die Nachfolge seines entlassenen jüdischen Lehrers Siegmund Hellmann angetreten, der 1942 in Theresienstadt umkam (Heimpel: «von uns allen verlassen»), 1941 widerstand er nicht dem Ruf nach Straßburg. Er empfand Versagen und Schuld: «Gegenüber der parteiamtlichen Ideologie und den ihr stramm folgenden Kollegen schwankte er zwischen Vorsicht und intellektueller Verachtung. Begabter für historische Erkenntnis als für die Erfassung der politischen Gegenwart, tat er sich also möglichst selten eindeutig hervor, weder dafür noch dagegen; er wirkte und umhüllte sich mit seinem glänzenden, schillernden, mehrdeutigen Stil, und gerade das empfand er später als persönliche Schuld» (E. Schulin).

eines deutschen Geschichtsprofessors so umlagert wie das Hermann Heimpels. Trotz allem Lehrerfolg: Heimpel ließ sich zum frühestmöglichen Zeitpunkt emeritieren, um sich ganz den Aufgaben des 1956 wiederbegründeten Max-

Planck-Instituts für Geschichte in Göttingen zu widmen, dessen erster Nachkriegsdirektor er war. Noch im Jahre seiner Emeritierung 1966 druckte Heimpel – »der letzte deutsche Ordinarius», wie ein Kritiker schrieb – eine «Liebeserklärung an die deutsche Universität», um wenig später den Zusammenbruch der Hochschule alten Stils erleben zu müssen: Er, der sich in der Öffentlichkeit hartnäckig für eine Läuterung, aber auch für die Beibehaltung der Humboldtschen Universität eingesetzt hatte («im Kern gesund»), war tief getroffen von der Verunglimpfung des Hochschullehrers («Unter den Talaren...») und sprach nun vom «unehrenhaften Beruf des Professors».

«Die Welt im Wassertropfen»

Was Heimpel sagte und schrieb, hatte häufig den Charme musischer Leichtigkeit. Was Wunder, könnte man sagen, man spürte den passionierten Violinisten und Bratschisten, dem ein gutes Geschick Begabung und Sensibilität in die Wiege gelegt hatte. *Die halbe Violine* (1949) zeigt es, jene Geschichte einer «Jugend in der Haupt- und Residenzstadt München» in der Zeit um den Ersten Weltkrieg, vorgetragen in einer unnachahmlichen, packend-schwebenden Sprache, dicht am Geschehen und doch entfernt, privat-individuell und doch gemeingültig, würdig des Sigmund Freud-Preises für wissenschaftliche Prosa der Deutschen Akademie für Sprache und Dichtung, der Medaille «München leuchtet» und des bayerischen Maximiliansordens für Wissenschaft und Kunst. Aber man täusche sich nicht: Wie der Geigenspieler hart an sich arbeitete und sich jedes Jahr unerbittlich einer mehrwöchigen Quartettklausur unterwarf, so beruhte seine Leistung und die sich häufig in Aperçus zeigende Souveränität als Historiker auf eisernem Fleiß und tiefem sachlichem Ernst. Heimpel legte großen Wert auf solides Handwerk, und hartnäckig bis zum Drill waren die Proseminare, die zu halten er nicht unter seiner Würde fand. Sein Vorbild hat in Göttingen die gängigen «Einführungen in das Studium der mittelalterlichen Geschichte» entstehen lassen. Daran lag Heimpel: «Für die Geschichte der Neuzeit braucht man Intelligenz, für die mittelalterliche Geschichte braucht man Methode».

Mit dem Rückhalt hart am Text erarbeiteter Editionen ist eine ganze Reihe von Büchern und Beiträgen entstanden: über den zaghaften Reformer Dietrich von Nieheim etwa, über Alexander von Roes, die Reformatio Sigismundi oder die Darstellungen des Spätmittelalters voll prallen Lebens. Heimpel kannte keinen Unterschied zwischen bauendem König und karrendem Knecht, und es hatte etwas Ergreifendes, wie in seinen letzten Lebensjahren der verständlicherweise nach Fortführung und Abschluß eigener Arbeiten trachtende Gelehrte – Heimpel hatte zuletzt eine Darstellung des Basler Konzils (1431–1437) unter der Hand – sich abrackerte an Gemeinschaftsaufgaben: an der *Bibliographie zur deutschen Geschichte* (Dahlmann-Waitz), den *Staatsschriften des späteren Mittelalters*, für die *Reichstagsakten, Ältere Reihe*.

Was macht Heimpels Ausführungen so überzeugend und eingängig? Es ist nicht nur die Quellennähe und die kunstvolle Darbietung allein, die Direktheit und Bildhaftigkeit der Sprache: Es ist die spürbare Bereitschaft des Autors zum Erleben und zum Erleiden, die fremde Betroffenheit gleich der eigenen zu spüren, «den Menschen in seiner Gegenwart» zu begreifen (wie einer seiner Essays überschrieben ist, der gleichzeitig den Titel einer Sammlung abgab). Daher die Kraft seiner Darlegungen: *Europa und seine mittelalterliche Grundlegung*, *Kapitulation vor der Geschichte?*, *Über Geschichte und Geschichtswissenschaft in unserer Zeit*, um einige zu nennen. Im Einzelschicksal wird Wesentliches deutlich, mag es ein Mensch, ein Ereignis oder eine Eigentümlichkeit sein: an dem burgundischen Landvogt Peter von Hagenbach, der nach dem Aufstand 1474 zur Rechenschaft gezogen und hingerichtet wurde, der politisch motivierte Prozeß (ein Verteidiger im Nürnberger Kriegsverbrecherprozeß bediente sich dieses Falls); an dem Pfauengedicht eines Kölner Kanonikers die Weltsicht und heilsgeschichtliche Erwartung eines reichsbewußten Geistlichen des 13. Jahrhunderts; an dem Angelgerät der «Federschnur» die Rechtlosigkeit der unterprivilegierten spätmittelalterlichen Bauern – sie sollten wenigstens mit kleinem Gerät, der «Federschnur», für den sofortigen Verzehr Fische fangen dürfen. *Mundus in gutta*, in einem Wassertropfen spiegelt sich die Welt. In der Nähe solcher Absicht bewegen sich auch andere Historiker, doch ist Heimpels Stimme unverkennbar. Ihm zuzuhören, der keine Schule bildete, wohl aber viele Schüler fand, machte einfach Spaß. Wie sagte Marc Bloch? «Selbst wenn die Geschichte zu nichts anderem zu gebrauchen wäre, eines muß man ihr sehr zugute halten: Sie ist unterhaltsam». Heimpel beweist es: «Und jedermann erwartet sich ein Fest».

«Gott mit dir, du Land der Bayern»

Heimpels Bindungen an Bayern und an seine Geburtsstadt München waren eng und reichten über das Familiäre der «halben Violine» hinaus. Da sind seine Jubiläumsvorträge: 100 Jahre Münchner Türkenschule, an deren «Eingang für Knaben» ihn seine Mutter, wie er schreibt, am 18. September 1907 «abgeliefert» habe, und die Hundertjahrfeier der Markus-Kirche, in der er am 16. April 1916, Palmsonntag, konfirmiert wurde, bedrängt von einer Abendmahlsangst (1. Kor. 10,29: «Denn welcher unwürdig isset und trinket, isset und trinket sich selber zum Gericht»), die Dekan Lembert, ein donnernder Abraham-a-Santa-Clara-Typ, ihm eingejagt hatte.

1946 hatte ihn die Universität München als Geschichtsprofessor gewünscht, doch kam der Ruf nicht zustande. Dem Vernehmen nach wurde, als in den Universitätsgremien sich der Beschluß abzeichnete, Hermann Heimpel vorzuschlagen, die mediävistische Professur in dem von Alois Hundhammer geleiteten Kultusministerium überraschend mit einem Konkordatsvermerk versehen, so daß der Protestant Heimpel nicht berufen werden konnte. Fraglos hätte sich die Geschichtswissenschaft in München, in Bayern unter der charismatischen Suggestion Hermann Heimpels anders entwickelt, als sie es getan hat. Heimpel war frei von der Gesinnung *extra Bavariam nulla salus*, aber man wird es ungern Zufall nennen, wenn aus seinem Munde und aus seiner Feder unter der Überschrift «Für Bayern» in einem Aufsatz mit der ernsthaften Leichtigkeit, die Heimpel eigen war, darauf hingewiesen wird, daß in der Freistaatshymne «Gott mit dir, du Land der Bayern» in der ursprünglichen Form von 1858 «deutsche Erde» gestanden habe, nicht «Heimaterde», die seit 1952 hineingekommen sei. Es hat Heimpel gefreut, daß die Staatsregierung sich bereit fand, «Heimaterde» gegen «deutsche Erde» einzutauschen, so daß bayerische Kehlen jetzt singen: «Land der Bayern, deutsche Erde, Vaterland». Heimpel, der Loden und eine Art Trachtenhut nicht ungern trug, repräsentierte eine Form der Geistigkeit, die mit dem Rückhalt einer oberbayerischen Bürgerkultur ins Weite strebte, sozusagen von der Residenzstadt in die freie Reichsstadt, und Heimpel pflegte auf die Frage, wo er sich hingehörig fühle, zu antworten: Jetzt sei die freie Reichsstadt seine Heimat.

Eng war auch das Band zu gelehrten Einrichtungen in München: zur Bayerischen Akademie der Wissenschaften, zu den Monumenta Germaniae Historica, zur Historischen Kommission bei der Bayerischen Akademie.

Der Helfer beim Wiederaufbau

Bei der Neubegründung der Monumenta Germaniae Historica, des Instituts für Erforschung des Mittelalters, nach dem Zweiten Weltkrieg war Hermann Heimpel eine treibende Kraft. Wie sehr er, der zuvor nie in den engeren Kreis der Monumenta getreten war, deren Sache zu seiner eigenen gemacht hatte, zeigt ein Manuskript des Fünfundachtzigjährigen, das sich in seinem Nachlaß fand: «1946: Monumenta Germaniae und Anderes». Es ist die Aufarbeitung seiner Korrespondenz der Jahre 1945 bis 1947, als die Zukunft der Monumenta Germaniae Historica ungewiß war. Wo sollten sie ihren Sitz haben? In Berlin, durch Jahrzehnte der Ort der Monumenta Germaniae, in

Nürnberg, das einmal vorgeschlagen war, aber warum sollte es nicht Göttingen sein? «Ich erinnere mich noch ganz genau daran», schreibt Heimpel im Rückblick, «daß ich damals den Gedanken an Göttingen als künftigen – dauernden – Sitz der Monumenta mit mir herumtrug», und er setzt hinzu: «in Furcht und Hoffnung». Nicht nur über den Ort war zu entscheiden. Die Legitimität des bis 1945 amtierenden, noch vom nationalsozialistischen Reichsminister für Wissenschaft, Kunst und Volksbildung Bernhard Rust eingesetzten und von den Amerikanern vorübergehend in «automatische Haft» genommenen Präsidenten Theodor Mayer war ebenso unklar wie der Rechtsstatus der Monumenta Germaniae Historica, die 1935 in ein «Reichsinstitut für ältere deutsche Geschichtskunde» (so lautete der amtlich verordnete Name) umgewandelt worden waren: eine Art Pendant zum nationalsozialistischen «Reichsinstitut für Geschichte des neuen Deutschlands» des berüchtigten Nationalsozialisten Walter Frank, als seien die ehemaligen Monumenta dessen ältere Abteilung.

Die wiedergegründete Zentraldirektion, das von den Nazis aufgelöste Beratungs- und Beschlußorgan, trat 1946 zum ersten Mal zusammen. Heimpel erinnert sich: «Für mich war ein Erlebnis die Begegnung mit einem so großen Gelehrten wie Grabmann [dem Erforscher der Scholastik] – ich sehe noch vor mir seine hochgewachsene massige Gestalt mit dem mächtigen, etwas geröteten Kopf und dem freundlichen Klerikerblick». Der achtzig Jahre alte Walter Goetz, dem man als «Verfolgtem des Nationalsozialismus» den Vorsitz anvertraut hatte («der unermüdlich plaudernde, nie das Auge von der guten Chance wendende»), suchte in München eine Unterkunft für die Monumenta und glaubte sie in dem schwer beschädigten Bayerischen Armeemuseum am Hofgarten gefunden zu haben: «Wir [so wird Goetz von Heimpel zitiert] haben jetzt von neuem mit Regierungsvertretern die Räume des Armeemuseums begangen und alles Verwendbare für unsere Zwecke beschlagnahmt. Nun kommt es nur darauf an, ob das Landbauamt willig ist und rasch arbeitet». Heimpel hat die kühne Behauptung Goetzens mit einem Ausrufezeichen versehen – «beschlagnahmt(!)» – und das Exzerpt mit einem Satz eingeleitet, wie ihn in seiner atmosphärischen Bildhaftigkeit nur Heimpels Feder schreiben konnte: «Als sei in München immer Föhn, sah Goetz alles ganz nah». Der Föhn verflog. Das Armeemuseum blieb über vierzig Jahre Ruine, und den als Glaspalast wiederhergestellten Bau bezog die Staatskanzlei des Freistaates Bayern.

Die Monumenta Germaniae Historica wurden 1948 in einem Verwaltungsbau der NSDAP untergebracht, einem der sogenannten «Führerbauten», die Ludwig Troost 1934 anstelle der dort stehenden Villen (u. a. des Pringsheim-Palais) errichtet hatte. Wo einst die Mitglieder- und Anwärterkarteien der Partei untergebracht waren, standen jetzt die Bücher der Monumenta. Heimpel betritt das Gebäude. «Im Erdgeschoß lagerten, zum Teil aber auch: hingen die von der amerikanischen Zonenverwaltung im ‹Collecting point› gesammelten und verwalteten Kunstwerke. Im Vestibül klebten allerlei Plakate amerikanischer Kulturbemühungen, Kunstbetrachter durften eintreten, Mappen waren abzugeben, die (deutschen) Wächter verloren im Lauf der Jahre jede Grimmigkeit und gewannen an Leibesumfang. Im zweiten, obersten Stock waren nun die Monumenta untergebracht, wie oft – zwanzigmal allein bei den Plenarversammlungen – bin ich diese Treppe gegangen... Es gibt wohltuende und wehtuende Treppen: die [bei den Monumenta] gehörten zu der letzteren Art, die ganze Unmenschlichkeit des ‹Systems› griff Füße, Knöchel, Rückgrat an: nicht federnd, zu breit und nicht breit genug, unbarmherzig wie der ganze Bau, wie die klobigen Türen, Möbel und engen Garderobenschränke, alles von abweisendem Hartholz. Im mittleren Stock aber war eine Welle von Chemikalien-, zumal Firnisduft zu durchschreiten: die Unterkunft des weltberühmten ‹Doerner-Instituts›, der Renovierung von Kunstwerken gewidmet. Halbgeöffnete Türen verrieten komplizierte Apparaturen, Historiker und weißgekittelte Restauratoren begrüßten sich immer freundlich. Die Treppen liefen um einen quadratischen Lichthof. Von der Marmorbrüstung des Doernerstocks hing viele Jahre lang, als lose Leinwand, ein Riesenteppich, das Jüngste Gericht von Rubens». Von 1946, vom Jahr der Wiederbegründung, bis 1988 hat Hermann Heimpel der Zentraldirektion angehört, so lange wie keiner zuvor, selbst wenn man die alte Zentraldirektion von 1875 bis 1935 zum Vergleich heranzieht. Bis 1982, bei 36 Sitzungen, hat er nur ein einziges Mal gefehlt.

Kaum weniger eng war Heimpels Verbindung zur Historischen Kommission bei der Bayerischen Akademie der Wissenschaften. Wer die Geschichte der Historischen Kommission und ihrer 150 Mitglieder seit 1858, dem Gründungsjahr, durchsieht, findet auch hier keinen Namen, bei dem eine so lange Zugehörigkeit festzustellen ist wie bei Hermann Heimpel; 1936 hineingewählt, gehört er ihr 52 Jahre an. Heimpel hatte bereits im Rahmen seiner Dissertation über das Gewerbe im mittelalterlichen Regensburg mit der Historischen Kommission Verbindung aufgenommen und den mit der Edition des Handlungsbuches der Regensburger Runtinger beschäftigten Kommissionsmitarbeiter Franz Bastian an die Kommission näher herangeführt, einen schwierigen und jeden abweisenden Eigenbrötler, dessen Forschungen er schätzte und förderte. Von 1937 an war Heimpel durch Jahrzehnte Leiter der Abteilung Reichstagsakten, Ältere Reihe, ein delikates Amt.

Der Name Heimpels steht am Anfang einer ganzen Reihe neuer Einrichtungen. Er gehört zu den Begründern der Westdeutschen Rektorenkonferenz, und daß in Göttingen ein Max-Planck-Institut für Geschichte eingerichtet wurde, wird ihm verdankt. In Verantwortung für das gesamte Fach und entsprechend der Zielsetzung der Max-Planck-Gesellschaft, Grundlagenforschung zu treiben, nahm er Projekte übergreifenden Interesses in das Institutsprogramm auf wie die Neubearbeitung der umfassenden *Bibliographie zur deutschen Geschichte*, des Dahlmann-Waitz, und die *Germania Sacra* (s. oben S. 196). Dabei war er nicht eigentlich der Typ des großen Organisators und Managers, der raffinierte Strategien zur Durchsetzung seiner Projekte entwickelte. Die Sache galt ihm etwas, nicht aber Organisation oder Satzung.

Ein histrionischer Einschlag, «was ihn kleidet»

Die besten Worte können die Ausstrahlung der Persönlichkeit Hermann Heimpels nicht wiedergeben: jenen Ernst, der nie verbissen war, und jenes Spielerische, das den Ernst nicht aus den Augen verlor, selbst im Tadeln menschlich, und mit einem den anderen beschämenden Gefühl eigener Unzulänglichkeit. Zugegeben: Auch etwas Komödiantisches war ihm eigen; wie kein anderer konnte er mit sprachlichen Mitteln Atmosphäre erzeugen, durch das Wort Menschlichkeit vermitteln: Wenn er zum Beispiel von seiner Münchener Kindheit erzählte, von seinem ersten Zeugnis, in welchem keine besonderen Leistungen zu nennen gewesen seien, aber der gutmütige Lehrer habe dem strebsamen Erstkläßler den tröstenden Satz eingetragen, «im Singen tat er sich rühmlich hervor», und unerschöpflich war er in der Schilderung von Situationen, erlebten und erarbeiteten. Nicht nur Kollegen haben sich daran erfreut. «... am Abend spielte mir der freundliche Zufall», so schrieb der Schweizer Publizist und Literaturhistoriker Max Rychner (1897–1965) unter dem 25. Juli 1963 an seinen Freund Carl Jacob Burckhardt, «einen charmanten und im Gespräch einfallsreichen, schlagfertigen Mann zu, einen Historiker ...: Hermann Heimpel. Einen Abend lang war er in köstlicher Form, auch mit leicht histrionischem Einschlag, was ihn kleidet. Sprach über die geschichtlichen Konstanten, die man viel zu wenig würdige neben den ewigen Umwälzungen: z. B. die Fischerei-Rechte seien von 1300 bis heute fast gleich geblieben, oder doch annähernd. Ich betonte, welch ein Trost das sei. Aber es wurde kaum ernst gesprochen, (es)... bleibt alles im Leichten, Beweglichen».

Gegenstand und Datum des Gesprächs sind aufschlußreich: Fischerei-Rechte 1963. Damals beschäftigte sich Heimpel mit der «Federschnur, dem Wasserrecht und dem Fischrecht in der ‹Reformation Kaiser Sigismunds›», wie ein genau in diesem Jahr erschienener Aufsatz belegt. «Was hat Heimpel... geschrieben?» fragte der Laudator für den Sigmund Freud-Preis Ernst Schulin, als er das Werk Heimpels durchging, «Zum Beispiel eine Abhandlung über die ‹Federschnur›. Ein ganz nebensächlicher, geradezu überspezieller historischer Sachverhalt, den er aber von Grund auf, buchstäblich vom Titelwort an, selber erarbeiten mußte. ‹Federschnur› mußte erst als richtige Lesung in einer Reformschrift des 15. Jahrhunderts erkannt werden, damit von da aus die spezifischen Rechte und Forderungen auf Mitfischen im fremden Wasser deutlich wurden». Mit diesem «nebensächlichen, geradezu überspeziellen historischen Sachverhalt» hat Heimpel den in Göttingen kurz Zwischenhalt machenden Max Rychner unterhalten: «in köstlicher Form, auch mit leicht histrionischem Einschlag, was ihn kleidet». Wer Sitzungen mit Hermann Heimpel mitgemacht hat, Vor- und Nachsitzungen im Franziskaner oder im Donisl («hier bin ich früher mit meinen Schwestern immer nach dem Theater gewesen»), weiß von solchen manchmal fast szenisch mitgeteilten Bereicherungen: vom Vorrecht des Königs, das Weihnachtsevangelium zu singen (Lukas 2), von der Sitzordnung des Basler Konzils und dem Warten der Konstanzer Konzilsväter auf König Sigismund über viele Stunden – in Kot, Hunger und Durst.

Es sei auch gern zugegeben, daß Hermann Heimpel sein Publikum brauchte und daß er, den Vulgäres abstieß, die akademische Welt in einer gewissen Einseitigkeit, problemverkürzend, schätzte: daher Heimpels Ausspruch von der «im Kern gesunden» Universität und daher seine mahnende Verehrung des geheimrätlichen Studienbetriebs, bei dem «Sprechstunden werktäglich» in der Wohnung des Professors von «9–13 Uhr» angeboten waren. Die Kehrseite dieser Art Lehrbetrieb, eine manchmal menschenverachtende Egozentrizität, hat er nicht wahrgenommen: Daß z. B. jene Geheimräte die Anschaffung eines Buches für das Seminar kurz angebunden mit dem Hinweis ablehnen konnten, sie besäßen es bereits. Aber selbst da, wo man Heimpels Wertschätzung und Meinung nicht teilte – sie war häufig in einer von ihm tief empfundenen Dankbarkeit begründet –, ging von ihm eine Menschlichkeit aus, die auch dem Widerpart Respekt und Contenance abforderte. Dem Charme von Heimpels Persönlichkeit konnte sich kaum jemand entziehen.

Chevalier Percy Ernst Schramm

Ein Kunsthistoriker war es, ein Mann vom grünen Holze, der in einer gelehrten Diskussion über mittelalterliche Herrscherbilder Percy Ernst Schramm (1894–1970) «seinen Fachkollegen» nannte und – als «P. E. S». (so unterschrieb er seine schnell hingeworfenen Karten) für die Historie, speziell für die mittelalterliche Geschichte, reklamiert wurde – die volle kunsthistorische «Zünftigkeit» der Schrammschen Beiträge unterstrich. Zu dieser Konkurrenz könnten noch der Zeithistoriker, der Wirtschaftshistoriker, der Genealogieforscher, der Kulturhistoriker, der Liturgiker hinzutreten und Ansprüche auf die Zugehörigkeit Schramms zur eigenen Disziplin anmelden; es bietet sich eine wissenschaftliche Vielfalt an, mit der sich kaum ein Historiker vergleichen kann: «Schramm, Percy Ernst, Dr. phil., emeritierter ordentlicher Universitätsprofessor, [. . .] (geboren Hamburg 14. X. 1894), Dozent Heidelberg 1924, o. Professor Göttingen 1929, emeritiert 1963; Mitglied der wissenschaftlichen Akademien zu Göttingen, Stockholm, Spoleto, der Medieval Academy of America, der Historischen Kommission der Bayerischen Akademie der Wissenschaften; Pour le Mérite für Wissenschaften und Künste», so im Deutschen Gelehrtenkalender, und wer weiß, was alles weggelassen ist.

P. E. S.: Hanseat und Husar

Schramm stammte aus einer alten Hamburger Familie – sein Vater Max (1861–1928) war von 1925 bis 1928 zweiter Bürgermeister der Hansestadt –, und er bekannte selbst: «Ich bin in einer traditionsgesättigten Atmosphäre aufgewachsen, aber ich habe das nicht als Beengung empfunden». Mit Hamburg und mit der eigenen Familie, die

44 *Bei aller Lockerheit im Umgang legte Schramm Wert auf das Ritual, das Zeremoniöse, und so war er als Kanzler des Ordens Pour le mérite für Wissenschaften und Künste am rechten Platz. Schramm 1968 bei der Überreichung des Ordenszeichens an Theodor Eschenburg in Tübingen. Von links der Architekt Schmitthenner, der Neuhistoriker Rothfels, Schramm, der Politologe Eschenburg, der klassische Philologe Schadewaldt.*

eine Reihe bedeutsamer Großkaufleute und Senatoren gestellt hat, fühlte sich Schramm zeit seines Lebens eng verbunden; schon ein Blick in seine Bibliographie zeigt es, wo neben vielen kleineren Abhandlungen, die fünf Bände gesammelter Aufsätze (*Kaiser, Könige und Päpste*) füllen, mehrere umfangreiche Werke stehen: *Kaufleute zu Haus und über See* (1949); *Deutschland und Übersee* (1950); *Hamburg, Deutschland und die Welt* (1943; 2. Aufl. 1952); *Neun Generationen. Dreihundert Jahre deutscher «Kulturgeschichte» im Lichte der Schicksale einer Hamburger Bürgerfamilie* [d. i. der Familie Schramm 1648–1948], 2 Bände, (1963–64).

Das andere große Erlebnis Schramms war das des Soldaten: Der Geschichtsstudent, der sich gerade beim «Hamburger Kolonialinstitut» eingeschrieben hatte – einem Vorläufer der Universität, an dem Historiker wie Erich Marcks und Max Lenz gelehrt haben – meldete sich bei Ausbruch des Ersten Weltkrieges «in Schleswig bei den 16. Husaren», und es mag damit zusammenhängen, daß Schramm in der Art des Sichgebens etwas Chevalereskes geblieben ist. Nach dem Ersten Weltkrieg und nach

45 *Karikatur des «Kladderadatsch» vom 6. Juni 1937 auf Schramm, der bei den Feierlichkeiten der Krönung Georgs VI. zugegen war. – Über der Karikatur: «Die oberste Instanz. Professor Schramm ist als einziger deutscher Zivilist zur englischen Königskrönung eingeladen. Er ist der Verfasser eines Buches über die Zeremonien bei englischen Königskrönungen. Das Buch wurde bereits in die englische Sprache übersetzt». Darunter als Ausspruch des gehetzten Pagen: «Herr Erzbischof, heute müssen wir aber mächtig aufpassen! Professor Schramm ist da».*

einer kurzen Freikorpszeit setzte er sein Studium vornehmlich in Heidelberg fort, wo damals, «in den fast goldenen Zwanzigern» (Schramm), ein Kreis junger profilierter Historiker sich zusammengefunden hatte: Gerhard Ritter (1888–1967), Friedrich Baethgen (1890–1972), Ernst Kantorowicz (1895–1963). In Nachbarschaft zu dessen *Friedrich II.* ist dasjenige Werk Schramms entstanden, das ihn mit einem Schlag international berühmt gemacht hat: *Kaiser, Rom und Renovatio* (1929; 2. Aufl. 1957), die Erneuerung des Kaiser- und Reichsgedankens in der Zeit und Umgebung des jugendlichen Kaisers Otto III. (980–1002). Parallel zu diesem Buch, das selbst dem großen Greiner Johannes Haller Respekt abnötigte, erarbeitete sich der «Augenmensch» Schramm – vielfach bahnbrechend – neue Gebiete: die Bildnisse mittelalterlicher Könige und Kaiser, sodann das Krönungszeremoniell (seit 1929) und in einer weitgespannten Analyse von Staatsidee und monarchischer Selbstdarstellung die Erscheinungsformen mittelalterlichen Königtums: *Der König in Frankreich* (1936–37; 2. Aufl. 1939); *Das englische Königtum* (1937), das gleichzeitig auf englisch erschien, gedacht als historischer Leitfaden zur Krönung Eduards VIII., die nicht stattfand (1936). Eduard VIII. resignierte, und an seiner Stelle bestieg im selben Jahr Georg VI. (1936–1952) den Thron. Bei den jetzt stattfindenden Krönungsfeierlichkeiten hatte man Schramm als international bekannten Krönungsspezialisten zugelassen.

Mittelalterliche Herrschaftszeichen und Kriegstagebuch

Bald jedoch kündigte sich ein von Schramm geradezu entdecktes Forschungsfeld an: die mittelalterliche Symbolwelt, das seine reichste Ernte fand in den von Schramm herausgegebenen und von ihm hauptsächlich selbst bestrittenen drei Bänden über *Herrschaftszeichen und Staatssymbolik* (1954–1956), ergänzt von mehreren Monographien und zahlreichen Aufsätzen.

Zeitlich zwischen den Anfängen und den großen Arbeiten seiner Symbolforschung liegt ein neues Erlebnis: Schramm wird eingesetzt, das Kriegstagebuch des Oberkommandos der Wehrmacht zu führen (1943–1945; publiziert 1961), das «als Quelle für die Erforschung der deutschen Kriegsführung grundlegende Bedeutung besitzt» (so der Kenner der Geschichte des Zweiten Weltkrieges H.-A. Jacobsen). Schramm, der trotz eines starken nationalen Empfindens sich vom Nationalsozialismus nicht hatte vereinnahmen lassen, empfand sich in dieser Rolle als «Notar des Untergangs». Immer wieder hat Schramm, dem es gegeben war, starke persönliche Eindrücke in allgemein-verbindliche Darstellung umzusetzen, zu Problemen des Zweiten Weltkrieges Stellung genommen: *Geschichte des 2. Weltkrieges* (1951); *Die Treibstoff-Frage 1943–1944* (1954); *Die Invasion 1944* (1959); *Hitler als militärischer Diktator* (1961); *Hitler als militärischer Führer* (1962).

Die farbigen Seiten des P. E. S.

Es ist schwer, von der Schrammschen Universalität auch nur halbwegs einen Eindruck zu vermitteln, denn neben diesen Forschungsblöcken stehen Dutzende sehr verschiedenartiger Publikationen. 355 Titel zählt die Liste der Veröffentlichungen, die der von Freunden und Schülern dedizierten Festschrift (1964) beigegeben ist, darunter viele Bücher, teilweise von mehreren hundert Seiten. Aus der Mannigfaltigkeit der Themen und der Masse des bewältigten Materials könnte man das Lebenswerk mehrerer respektabler Autoren machen – aber eben nur einen Schramm. In der Originalität, der Gelehrsamkeit nichts von naiver Frische nahm, in der Art, die Dinge unverblümt beim Namen zu nennen, war Schramms Stimme unverwechselbar. Bei Vorträgen konnte er auch leichtsinnig werden. Kannte er den Stoff, so war er der Meinung, die Form fände sich von selbst, konnte aus seinen Büchern oder Aufsätzen vortragen, interessant paraphrasierend, improvisierend, zuweilen etwas auseinanderfallend, doch welchen Stoff er auch behandelte, wo immer er an Vorträgen, Kongressen, Sitzungen, Gesprächen teilnahm: hier wurde es nicht langweilig. Unabsehbar ist die Zahl der Anekdoten und der kolportierten Aussprüche, vom Anhauen eines Kollegen (er hatte sein Portemonnaie vergessen: «Ham'se nich 'ne Mark für'ne Bockwurst?») bis zur Meldung, er werde bei einem in Göttingen stattfindenden Kolloquium nicht die häusliche Küche aufsuchen, sondern mit den etwas überraschten Kollegen essen gehen: «Ich kann mich nur verbessern».

Wenn Schramm seine Meinung vortrug, so mag sich manche Runde gefragt haben, weshalb man auf diesen doch so naheliegenden Gedanken nicht schon lange gekommen sei. War es die Evidenz der Sache oder die Suggestion des Menschen? Gewiß beides: auf der einen Seite das Gespür für das Wesentliche, auch für das Allzumenschlich-Wesentliche, auf der anderen Seite die Souveränität eines Mannes, der die Umstände seines Lebens mit wachem Interesse registriert hat und unverblümt von ihnen Zeugnis abzulegen fähig und bereit war. Was bei Schramm bestach, war eben nicht nur eine husarengemäße «Sattelgerechtheit» bei den widerspenstigsten Themen – er fühlte sich so unwohl nicht, wenn ihn ältere Kollegen ironisch mit «Herr Rittmeister» titulierten –, es war die entwaffnende Direktheit der sachlichen Aussage. Ihm mochte man die Rolle des Wahrheitssagers in dem Märchen «Des Kaisers neue Kleider» zutrauen: «Majestät», hätte «P. E. S». in seinem unverwechselbar hamburgisch singend-schleppendem Tonfall sagen können, «Majestät haben nichts an; das steht im Gegensatz zu jedem Hoheits- und Herrschaftszeichen».

Karl Jordan, der Lehrer

«Der junge Mann ist liebenswürdig, ... gescheut und nicht ohne Scharfsinn, aber ... egoistisch wie nur je ein Professor, ein schneller Stilist und eiliger Skribent, mit guter Lehrbegabung – also mehr als ein normaler Akademiker. Deshalb habe ich ihn auch auf diese Karriere verwiesen». Dies schrieb Paul Kehr (1860–1944) an Walther Holtzmann (1891–1963), Professor der mittelalterlichen und neueren Geschichte an der Universität Halle, Ende des Jahres 1935; der Abschnitt beginnt mit einem Ausruf: «Der Jüngling Jordan!» Keine Frage: Kehr empfiehlt in dem ihm eigenen süffisanten Stil den 28jährigen Karl Jordan dem Hallenser Ordinarius Holtzmann zur «Karriere», das heißt: zur Habilitation. Begleiten wir Karl Jordan bis zum Datum dieses Briefes.

Das Erlebnis «Johannes Haller»

1907 geboren, verlebte Karl Jordan die frühe Kindheit in Berlin, um dann 1917 bis 1926 in Stargard/Pommern, wohin sein Vater Dr. Botho Jordan als Oberstaatsanwalt versetzt worden war, das Gymnasium zu durchlaufen. Das Studium der Fächer Geschichte, Germanistik und Altphilologie begann Karl Jordan 1926 in Tübingen. Dort lehrte seit 1913 Johannes Haller (1865–1947), dessen Vorlesungen eine Vielzahl Studenten anzogen und prägten. «Ich gestehe gern, daß die Vorlesungen Hallers es gewesen sind, die mich veranlaßt haben, den Beruf des Historikers zu wählen», so bekannte der zu Jordan fast gleichaltrige und mit ihm in ständiger Korrespondenz stehende Walter Schlesinger (1908–1984) in einer autobiographischen Einlassung. Es imponierten das ungebrochene Selbst- und Sendungsbewußtsein Hallers und sein im baltischen Idiom vorgetragener Darstellungsstil, dessen Sprachmelodie sicherlich auch etwas Klangästhetisches hatte. Man mag eine beliebige Untersuchung Hallers vornehmen und lese sie laut vor: Sie klingt mit ihren Höhen und Kadenzen, ungeachtet des vielleicht strohtrockenen Gegenstandes. Haller war ein hervorragender Pianist, mit Musikern eng befreundet; sein Hauptwerk, die Geschichte des Papsttums, hat er dem Thomaskantor Karl Straube (1873–1950) zugeeignet. Hinzu trat die unerbittlich schonungslose und stets mit Polemik gewürzte Kritik, dies alles mochte jede Vorlesung Hallers zu einem Erlebnis werden lassen.

Aber aus Jordans eigenem Mund weiß man um seine Distanz zu dieser Art historischer Darbietung, die bei aller Brillanz vornehmlich den auf den Lehrer schwörenden Schüler, im übrigen meist nur Ignoranten oder Bösartige kannte. Von Karl Jordan auch habe ich jene Anekdote, die Hallers Ablehnung jeder metaphysischen Geschichtsbetrachtung deutlich werden läßt. «Deine Herren», so habe Haller gesagt, der durch den Pedell den Hörsaal zu Beginn einer Vorlesung abschließen und erst nach deren Ende öffnen ließ und der sein Auditorium trotz vorhandener Kommilitoninnen stets mit «meine Herren» apostrophierte, er, Haller, habe auf dem Katheder das Buch eines «jewissen Troeltsch» vorgefunden; er nehme nicht an, daß dieses Buch (es handelte sich um das damals die Gemüter bewegende Buch *Der Historismus und seine Probleme*), das er mit spitzen Fingern wie einen unappetitlichen Gegenstand hochhielt, einem seiner Hörer gehöre, dem Besitzer möge man mitteilen, er könne es sich «bei Herrn Biedermann», dem Pedell, abholen. «Meine Herren», das war keine Marotte Hallers, sondern ein Programm. In seinen *Lebenserinnerungen* zeigt er seine Einstellung. Er habe ein «Herabsinken des Niveaus der Schüler» und Studenten beobachtet. «Es war die Folge von zwei Maßregeln...: Zulassung der Frauen zum Studium und Gleichstellung der Realabiturienten mit denen von humanistischen Schulen». Nur männliche Absolventen humanistischer Gymnasien haben ein Anrecht auf einen

Studienplatz in Geschichte; «die Masse der ungenügend vorgebildeten Elemente» sollte «ferngehalten» werden – so steht es in den *Lebenserinnerungen* einige Zeilen weiter.

Diese egozentrische, positivistische und ungern auf andere achtende Art hat Karl Jordan gewiß nicht zu einem Anhänger Hallers werden lassen. Später hat er in einer weit ausgreifenden Besprechung des ersten Bandes Hallers Geschichte des Papsttums wissenschaftsgeschichtlich eingeordnet, gewiß nicht zum Wohlgefallen des auf Originalität bedachten Haller. Haller tat sich in seinem *Papsttum* mit dem Untertitel «Idee und Wirklichkeit» viel auf die These zugute, daß die Idee des Papsttums spät «als ein Produkt der religiösen Einstellung der Germanen gegenüber dem heiligen Petrus» entstanden sei. Erst die Petrusdevotion der Germanen, speziell der Angelsachsen, habe den Rechtsprimat des römischen Bischofs mit konkretem religiösen Inhalt gefüllt und dadurch erst wirksam werden lassen. Karl Jordan wies darauf hin, daß kein Geringerer als bereits Leopold Ranke (1795–1886) in der Einleitung zu seinem Frühwerk *Geschichten der romanischen und germanischen Völker* (1824) den Gedanken vorgetragen habe, «die eigentliche Macht des Papsttums (sei) nicht vor dem siebenten Jahrhundert gegründet» und hänge mit der auf Rom ausgerichteten Missionierung der Angelsachsen zusammen. Was bei Ranke als ein Grund unter anderen für die Ursachen der Größe des Papsttums auftritt, ist bei Haller weitgehend monokausal zugespitzt.

Über Göttingen zu den Monumenta Germaniae

Nicht Johannes Haller in Tübingen, sondern Karl Brandi (1868–1946) und Percy Ernst Schramm (1894–1970) in Göttingen, wohin er nach Zwischenstationen in Erlangen und Berlin 1928 übersiedelte, sind Karl Jordans Lehrer geworden. Die Doktorarbeit über *Das Eindringen des Lehnswesens in das Rechtsleben der römischen Kurie*, 1930 abgeschlossen und 1931 erschienen, kennzeichnet bereits spätere Hauptarbeitsfelder: die kirchliche und profane Verfassungsgeschichte und die Diplomatik. Jordans Dissertation, die ein ungewöhnlich positives Rezensentenecho fand, zeigt, wie das Papsttum des 11. Jahrhunderts seine theoretischen Weltherrschaftsansprüche durch ein umfassendes Lehnssystem zu realisieren suchte. Es entstand eine neue Form der Leihe: Zu dem aus römischem Recht kommenden Vertrag mit vereinbarter Zinszahlung kamen die dem mittelalterlichen Lehnrecht entnommenen Verpflichtungen der persönlichen Bindung zwischen beiden Vertragskontrahenten, *fidelitas* und *homagium* des Mannes und das Schutzversprechen des Herrn. Als Karl Jordan nach mehr als 40 Jahren seine Dissertation separat in einem Nachdruck erscheinen ließ – er ist dem Andenken seiner beiden Göttinger Lehrer gewidmet –, konnte er mit Recht vermerken, daß das seinerzeit entworfene Bild durch neuere Forschungen in den Grundzügen bestätigt worden sei. Er selbst hatte Ergänzungen geliefert mit seinen Analysen der päpstlichen Finanzverwaltung im Hochmittelalter und mit seinem gleichfalls später als eigenem Band erschienenen Aufsatz über *Die Entstehung der römischen Kurie*.

Einmal Monumentist, immer Monumentist

Was in Göttingen begonnen wurde, wo Karl Jordan nach seiner Promotion zwei Jahre als Assistent wirkte, ist an anderem Ort und in anderem Zusammenhang fortgesetzt worden: in Berlin bei den Monumenta Germaniae Historica. An keiner anderen Stelle außer in Kiel ist Karl Jordan so lange geblieben wie hier beim «Reichsinstitut für ältere deutsche Geschichtskunde», wie es seit 1935 hieß. Alles in allem hat Karl Jordan sieben Jahre hindurch im Rahmen dieses Instituts, das anfangs noch ganz unter der Leitung Paul Kehrs stand, gearbeitet, von 1932 bis 1939. Kehr, damals bereits hoch in den Siebzigern, hat mit ungewöhnlicher Energie innerhalb kurzer Zeit zwischen 1932 und 1940 drei mächtige Textausgaben herausgebracht: die Urkunden der deutschen Karolinger von Ludwig dem Deutschen bis Arnulf von Kärnten. Karl Jordan war zunächst in diese ganz auf Kehr abgestellte gigantische Arbeit eingespannt, bis ihm 1936 die Diplome Heinrichs des Löwen zur selbständigen Edition übertragen wurden. Mit der neuen Aufgabe erschloß er sich ein Gebiet, dem er in Zukunft eng verhaftet bleiben sollte. Aus diesem Bereich stammen einige seiner Hauptwerke: *Die Urkunden Heinrichs des Löwen* selbst, die nach mannigfachen Verzögerungen 1941 bis 1949 erschienen sind und bei den Monumenta Germaniae eine eigene Reihe von «Laien- und Dynastenurkunden» eröffneten, das Buch über *Die Bistumsgründungen Heinrichs des Löwen* (1939), das als Band der Schriftenreihe des Instituts herauskam, und die das Lebenswerk krönende Biographie *Heinrich der Löwe* (1979, 2. Auflage 1980, Taschenbuchausgabe 1993), die auch ins Englische übersetzt wurde.

Die Monumenta Germaniae Historica haben Karl Jordan geprägt, und Jordan steckte voller Anekdoten und Schnurren aus dem Monumenta-Alltag, deren Hauptheld meist der allseits gefürchtete-geachtete Paul Kehr war, der Autor des eingangs zitierten Briefes: fraglos ein genialer Quelleneditor, zugleich jedoch nicht frei vom Hang zu einem menschenverachtenden Zynismus, den er reichlich um sich streute – wie er (selbst wohlpräpariert) Monumentisten mit unlösbaren lateinischen Sprachproblemen konfrontierte, um sich von ihnen mit der Bemerkung abzuwenden, «ich dachte, Sie könnten Latein»; wie er historische Darstellungen verächtlich als «Romane» abtat, den Universitätsbetrieb verachtete («Ich habe zu diesen merkwürdigen Unterrichtsstätten ja auch nie ein näheres Verhältnis gehabt», Brief vom 30. 12. 1935) und Mitarbeiter auf Lehrstühle mit der Bemerkung vermittelte, «für einen deutschen Professor sind Sie nun dumm genug». Kehr war es aber auch, der den Geist des Nationalsozialismus nicht in das Institut eindringen ließ, kaum aus politischer Weitsicht, eher aus einer Abwehrhaltung gegen jeden das Institutsleben störenden Einfluß. Jordans Schwei-

46 Die Italienzüge der mittelalterlichen deutschen Kaiser als nationaler Aderlaß, Heinrich der Löwe als derjenige, der die Zukunft Deutschlands im Osten erkannt hat, das war die Sicht des Nationalsozialismus, und es entwickelte sich – energisch betrieben von Heinrich Himmler – ein eigener Kult um den Sachsenherzog. Auch den Urkunden Heinrichs des Löwen, die Karl Jordan herausgab, galt diese unangenehme Zuneigung, doch konnte Jordan sein Werk von nationalsozialistischer Beeinflussung freihalten.

zer Freund Marcel Beck (1908–1986), damals gleichfalls Mitarbeiter der Monumenta Germaniae Historica, sprach vom «Geist freier Kritik», der, dank Kehr, auch nach 1933 am Institut geherrscht habe, und in seiner Abschiedsvorlesung *Aspekte der Mittelalterforschung in Deutschland in den letzten fünfzig Jahren* trug Jordan 1975 vor: «Es dürfte damals in Deutschland kaum ein Institut gegeben haben, in dem so freimütig über die politischen Verhältnisse gesprochen wurde, wie dies hier der Fall war».

Mit mehreren der damaligen Mitarbeiter fühlte Jordan sich ein Leben lang verbunden, und manchem von ihnen, Opfer des Krieges, schrieb er den Nachruf, wie Dietrich von Gladiß (1910–1943) und Carl Erdmann (1898–

1945). Von der Persönlichkeit Carl Erdmanns zumal, von dem Gerd Tellenbach (1903–1999) vor einigen Jahren schrieb: «Als Forscher auf dem Gebiet der deutschen mittelalterlichen Geschichtswissenschaft ist er bisher selten erreicht, nie übertroffen worden», von der Gradlinigkeit seines Wesens war Karl Jordan stark beeindruckt. Auch Tellenbach war Zeuge der Spannung zwischen Carl Erdmann («giftige Kröte») und Paul Kehr; er hatte beide hautnah in Rom erlebt: Erdmann «litt unter der Differenz zwischen Kehrs wissenschaftlichem Format, das ihm wie das keines anderen Gelehrten imponierte, und seinem ihm zutiefst fremden Charakter». Erdmann, dessen analytische Kraft und spekulative Intelligenz sich schon an seinen Rigorosumfächern Mathematik und evangelische Theologie ablesen lassen, hat aus seiner antinationalsozialistischen Haltung nie einen Hehl gemacht, ungeachtet der Folgen. 1934 in Frankfurt als Nachfolger für Ernst Kantorowicz (1895–1963) vorgesehen, weigerte er sich, eine ehrenvolle Würdigung seines aus dem Amt gedrängten jüdischen Vorgängers aus seiner Antrittsvorlesung, deren Manuskript er der Parteileitung hatte vorlegen müssen, zu streichen. Einen Lehrauftrag an der Universität Berlin hatte ihm die damalige Unterrichtsverwaltung «angesichts der offen zugegebenen Ablehnung des Nationalsozialismus», wie der Bescheid lautete, verweigert. Carl Erdmann hat das Kriegsende nicht überlebt; er starb in einem jugoslawischen Gefangenenlager im März 1945. Karl Jordan stellte häufig Überlegungen an, wie anders der Neuanfang nach 1945 gewesen wäre, wenn Erdmann den Krieg überstanden hätte. Während seiner Tätigkeit als Mitarbeiter der Monumenta Germaniae genoß Erdmann – in seinem tiefgründigen, auch theologisch gefestigten Ernst das Gegenteil von Kehr – ein «unbestrittenes», ja «überragendes Ansehen in der Fachwelt», wie es in späteren Würdigungen hieß (so Friedrich Baethgen), und Karl Jordan selbst hat in einer Rezension des letzten, postum erschienenen Buches den Eindruck, der von Erdmanns Gelehrtenpersönlichkeit ausging, beschrieben: Außer durch seine Forscherleistungen «ist er durch sein hohes menschliches und wissenschaftliches Ethos, das er gerade in den turbulenten Jahren nach 1933 immer wieder bewies, vielen von uns Jüngeren vorbildlich geworden und hat, obwohl er nur kurze Zeit als akademischer Lehrer wirkte, der deutschen Mittelalterforschung stärkste Anregungen gegeben».

«Up ewig ungedelt»: Kiel

1938 wurde Karl Jordan in Halle habilitiert, offenbar auf Grund der «Karriere»-Empfehlung, die Kehr im eingangs zitierten Brief Ende 1935 gegeben hat: Walther Holtzmann hat die Habilitation arrangiert. 1939 wurde er an derselben Universität zum Dozenten befördert, 1941 auf den a. o. Lehrstuhl für mittelalterliche Geschichte und historische Hilfswissenschaften in Kiel berufen, 1943 hier zum ordentlichen Professor ernannt. In schlimmer Zeit hat Karl Jordan sein Lehramt übernommen; er selbst hat im Rahmen der *Geschichte der Philosophischen Fakultät* der Universität Kiel mit der ihm eigenen, das persönliche Leiden zurückdrängenden Nüchternheit die Lage des Lehr- und Forschungsbetriebs in jenen Jahren des Kriegsendes beschrieben: ein Teil der Bibliothek evakuiert, das Seminargebäude mit den wichtigsten Büchern zerstört, so daß der Lehrbetrieb 1944 schließlich zum Erliegen kam; Vertretung des Hamburger Lehrstuhls, nachdem Otto Vehse (1901–1943) samt seiner Familie 1943 bei einem Luftangriff umgekommen war.

Und dann die Jahre nach 1945: «Wie in vielen anderen Bereichen der Universität bildete das Jahr 1945 auch auf dem Gebiet der Geschichtswissenschaft einen neuen Beginn». So schrieb Karl Jordan in dem eben zitierten Abriß. In diesen Notzeiten bewährte sich ein Charakterzug Karl Jordans, der seinen Schülern stets als vorbildhaft erschien: sein außergewöhnliches Pflichtbewußtsein, seine Bereitschaft, Dinge, die auf ihn zukamen, ohne Murren und Zögern zu übernehmen und ihnen nicht auszuweichen, seine Selbstverständlichkeit, Improvisationen einzuleiten und zu ertragen, stets in dem Wunsch, aus der

Sache das angemessen Beste zu machen und einzustehen, wofür man *ex professo* da ist. In Goethes Maximen und Reflexionen steht die Überlegung, wie man sich am besten kennenlerne, am besten zu sich selbst finde: durch Betrachten niemals – «Versuche, Deine Pflicht zu tun, und Du weißt gleich, was an Dir ist. Was aber ist Deine Pflicht? Die Forderung des Tages». Das war es, dem sich Karl Jordan nicht entzog.

Fünfunddreißig Jahre hat Jordan an der Universität Kiel gelehrt, von 1941 bis zu seiner Emeritierung 1975. Seit Georg Waitz (1813–1886), dem ersten Vertreter der Geschichtswissenschaft in Kiel, der eine förmliche Ausbildung als Historiker durchlaufen hat und – wie Jordan – einer der «gelehrten Gehilfen» des Leiters der Monumenta gewesen ist, seit 1842, hatte kein Professor der mittelalterlichen Geschichte so lange gewirkt wie Karl Jordan.

Aus der studentischen Perspektive, der ich als Schüler Karl Jordans auch heute noch verhaftet bin, sieht man fast ausschließlich den Lehrer: seinen Willen, dem Adepten das Handwerk beizubringen in unerbittlichen Paläographie- und Diplomatikkursen, etwas trocken vielleicht, aber mit der Einstellung des Aristoteles, daß Lernen weh tue. Daneben steht die wissenschaftliche Leistung. Man braucht nur die Bibliographie Karl Jordans der Nachkriegszeit anzusehen, als der Universitätsbetrieb mühsam aufgebaut wurde, um die Disziplin zu erkennen, mit der Jordan gearbeitet hat. Durch seinen Standort darauf verwiesen, hat sich Jordan Problemen der norddeutschen und der schleswig-holsteinischen Geschichte angenommen: der Anfänge des Stifts Segeberg, der Geschichte Lauenburgs, Ratzeburgs, des sächsischen Stammes und Heinrich Rantzaus († 1599), die Chronik der Universität Kiel, die 1965 ihr dreihundertjähriges Bestehen feierte; daneben steht die lange Liste der Forschungen über Heinrich den Löwen, dessen stoffreiche Biographie er als eine Ergänzung zu seinen quellenkundlichen Studien angesehen hat. Anders als Paul Kehr wollte er bei den bloßen Urkundentexten nicht stehenbleiben, er schrieb Darstellungen, Romane, hätte Paul Kehr gesagt.

Ein Leben für die Schrift: Bernhard Bischoff

Am 17. September 1991 verstarb in einem Münchner Krankenhaus an den Folgen eines Verkehrsunfalls fast fünfundachtzigjährig Bernhard Bischoff (* 1906), emeritierter ordentlicher Professor für lateinische Philologie des Mittelalters an der Universität München. Dem Grundsatz *numquam otiosus* verpflichtet, hatte er sich beim Umzug in die Klinik mit dem alltäglichen gelehrten Apparat ausgestattet, mit Druckfahnen, Briefen, Büchern, und vom Krankenbett seine umfangreiche Korrespondenz geregelt, denn es gehörte zu seinen Prinzipien, wissenschaftliche Anfragen und Korrekturen prompt zu erledigen. Dieser stets bescheiden und unaufdringlich leise auftretende Gelehrte war ein gefragter Mann; man erbat von ihm klärende Auskunft wie von einem Orakel.

Die Handschriften und die Latinität vom 4. bis zum 16. Jahrhundert waren Bischoffs Forschungsfeld, und er betrieb seine Wissenschaft in einer Breite, daß ihm nur wenige, und diese lediglich auf ihren engeren Kenntnisparzellen, folgen konnten. In seinen *Anecdota novissima* (1984) gab Bischoff eine Auswahl seiner vielen Text- und Handschriftenfunde, von denen ein beträchtlicher Teil in keinem Katalog erwähnt war. Proben von ältestem Italienisch und Rätoromanisch habe er früher veröffentlicht, heißt es im Vorwort, jetzt seien «– um nur Beispiele zu nennen – die provenzalischen Besegnungen, die altfranzösischen Verse, das Gotische und das Armenische ... ans Licht gekommen» – als wäre es nicht der Verfasser, der sie ans Licht gezogen hat. Und es sind die «ans Licht gekommenen» Texte nicht nur in der Sprache verschieden, auch die Gegenstände sind unterschiedlich: Falkenmedizin, astrologisches Lehrbuch, Glasrezepte usw., alle gefunden und erkannt von Bernhard Bischoff.

Der weltweite Helfer

Bischoffs weit über 200 Arbeiten (von kleineren Beiträgen und Rezensionen abgesehen) verteilen sich auf mehrere Themenkreise. Am stärksten vertreten – zumal in den letzten Lebensjahren – ist die Paläographie, in der er es durch Selbstschulung und durch eine jahrzehntelange Mitarbeit am zwölfbändigen, fast 2000 Stücke vorstellenden Monumentalwerk der *Codices Latini Antiquiores* (lateinische Handschriften bis zum Jahre 800) zu einer unüberbietbaren Meisterschaft gebracht hatte. Der Anreger und Verfasser, der auf antike und frühmittelalterliche Schriften spezialisierte Traube-Schüler Elias Avery Lowe (1879–1969), ein geborener Litauer, der über England in die Vereinigten Staaten gelangte und dort die hohe Gunst einer Mitgliedschaft am Institute for Advanced Study in Princeton genoß, hatte auf Empfehlung Paul Lehmanns (1884–1964) – wie Lowe Schüler des Begründers der mittellateinischen Philologie Ludwig Traube (1861–1906) und dessen Nachfolger auf dem Münchner Lehrstuhl – Bischoff als Assistenten auf seinen zahlreichen Reisen zu den Bibliotheken Europas mitgenommen, und je mehr die Kräfte von Lowe schwanden, desto stärker trug Bischoff die Last. «Man kann ernstlich zweifeln», so urteilte rückblickend Lowes damaliger Assistent James J. John, später Professor an der Cornell University, der die Zusammenarbeit aus der Nähe erlebt hatte, «ob die Codices Latini Antiquiores ohne Bischoff je vollendet worden wären; und wären sie vollendet worden, dann würden sie von unermeßlich geringerem Wert sein. Von 1933 an... hat er dem Vorhaben sein gewaltiges, außerordentlich scharfes Gedächtnis für paläographische Einzelheiten zugute kommen lassen, sein unerhörtes Wissen auf dem Gebiet der Philologie wie auch der Paläographie, und diese Gaben waren verbunden mit einer herkulischen Fähigkeit zu harter disziplinierter Arbeit». Bischoffs Name fehlt auf den Titelblättern; seiner ist in den Vorworten zwar nachdrücklich, aber unter Dutzenden von Namen gedacht.

Und auch das ist bezeichnend: Bischoff hat Lowe einen warmherzigen Nachruf gewidmet; von den *Codices Latini Antiquiores* als einer «bleibenden Fundgrube» für alle an den Texten arbeitenden Forscher ist ausführlich die Rede, doch läßt Bischoff kein Wort über den eigenen Anteil an dem Werk verlauten.

Dies ist kein Einzelfall. Bischoffs Forschungen und Erkenntnisse stecken in vielen hundert Beiträgen anderer Verfasser, und häufig erinnert bei Handschriftenbestimmungen nur die knappe Notiz «nach Bernhard Bischoff» an den wahren Urheber. Wohl verfügte Bischoff über eine Photosammlung mit Tausenden von Handschriftenaufnahmen, aber es waren stets sein untrügliches Auge und sein phantastisches Gedächtnis, die den Zusammenhang zum Beispiel einer Handschrift von Monza mit einer von St. Gallen erkannten, nachdem er beide zu verschiedenen, manchmal durch Jahrzehnte getrennte Zeiten gesehen hatte. Hier bot Bischoff einen freigebigen Service. Jeder Auskunftheischende konnte an die Ruffiniallee 27 in München-Planegg schreiben, ob Student oder angesehener Kollege, und um Auskunft über eine Handschrift bitten; die Antwort kam umgehend, und selbst als anderweitige Verpflichtungen den Freiraum für eigene Arbeit immer mehr einschnürten, hat er diesen selbstlosen Dienst weiter geleistet. Kürzlich noch widmete ein italienischer Kollege (Giovanni Orlandi aus Mailand) als «späten Dank» einen Aufsatz dem Andenken Bernhard Bischoffs, «der einen großen Teil seines Lebens der Hilfe und dem Rat für andere Gelehrte gewidmet hat» (*che spese gran parte della sua vita nel dare aiuto e consiglio ad altri studiosi*).

Was Wunder, daß von Berhard Bischoff die differenzierteste Darstellung der *Paläographie des römischen Altertums und des abendländischen Mittelalters* stammt, hervorgegangen aus einem Beitrag zu einem Handbuch und schließlich angewachsen zu einer Monographie von fast vierhundert Seiten, die in jeweils angepaßter Form ins Französische, Englische und Italienische übersetzt worden ist. Bischoff hatte neben einem analytischen Blick für ein-

47 Bernhard Bischoff sprach bescheiden von seiner Kunst, der Paläographie, und stellte zwei ihrer Eigenschaften heraus: sie könne «unabhängig die Ergebnisse anderer Forschungen bestätigen» und sei in der Lage, «Fragen nach Ort und Zeit ... (zu) beantworten», die sonst unbestimmbar blieben.

zelne Schreiberhände auch einen Wahrnehmungssinn für Schreiblandschaften. Berühmt und geradezu ein Orientierungswerk für die frühmittelalterlichen Handschriften der Bayerischen Staatsbibliothek sind seine *Südostdeutschen Schreibschulen und Bibliotheken in der Karolingerzeit*, deren ersten, 1940 erschienenen Band er 1980 mit einem zweiten ergänzte. Seine letzten Jahre konzentrierte Bischoff auf seinen lange geplanten, 1959 und 1963 vorgestellten *Katalog der festländischen Handschriften des neunten Jahrhunderts*, der – nach Bibliotheksorten angelegt – in verschiedenen Fertigkeitsstufen bis zum Buchstaben P (Paris) gediehen ist. Die Aufgabe, den umfangreichen Katalog von mehr als 7000 Handschriften in der von Bischoff hinterlassenen Form zu publizieren, hat die Bayerische Akademie übernommen und 1998 einen ersten Teil herausgebracht (Aachen-Lambach). Die Fähigkeit Bischoffs, Zeit und Herkunft einer Schrift zu bestimmen, war legendär und international berühmt. Auf einer Feier zu Ehren Bischoffs drückte ein ausländischer Kollege seinen Gruß und seinen Dank aus, auf deutsch sogar, und das Ovationspublikum fand es durchaus treffend, daß er

Bischoff – vielleicht vom Lexikon ein wenig dahin gedrängt – einen «Weltmeister der Paläographie» nannte.

Bischoffs ordnendes Auge

Schrift vermittelt Inhalte, und Bernhard Bischoff hat stets die Schrift zugleich als Trägerin des Geistes aufgefaßt: Wohl handelte er in *Studien über die Handschriften von St. Emmeram* (seine Dissertation 1933), doch ergänzte er den Beitrag mit einer Darstellung des Inhalts: *Literarisches und künstlerisches Leben in St. Emmeram.* Die Iren und ihre Rolle als Vermittler antiker Bildung und Sprache fanden seine wiederholte Aufmerksamkeit, die Hofbibliotheken Karls des Großen und Ludwigs des Frommen, «Wendepunkte» der lateinischen Bibelexegese, Federproben, liturgische Fragen, um einige weitere Themen zu nennen. Einige ihm wichtig erscheinende Beiträge hat Bischoff in drei Bänden *Mittelalterliche Studien – Ausgewählte Aufsätze zur Schriftkunde und Literaturgeschichte* (1961–1981) zusammengefaßt. Aber sie machen nur einen kleinen Teil seines Lebenswerkes aus. Da ist sein Anteil an der Ausgabe und der Erschließung der Carmina Burana, dort der Lorscher Handschriftenkatalog, dem die Stadt Lorsch einen Preis zuerkannte und in einer eigenen Feier überreicht hat. Es ist nicht nur der Umfang des Werkes, der imponiert; noch mehr ist es die Vielfalt der Themen. Manches war noch unvollendet; andere brachten es auf den Weg. Auch hier zeigt sich die Vielfalt: eine schwierige grammatische Schrift des 9. Jahrhunderts, Bibel-Kommentare des 8. Jahrhunderts aus Canterbury (1994, besorgt von M. Lapidge, Cambridge), ein Bibel-Epos des 6. Jahrhunderts eines Bischofs von Malaga (1994, übernommen und abgeschlossen von R. Herzog, W. Schetter, O. Zwierlein), alles Texte, die Bernhard Bischoff gefunden hat und die andere nun herausbrachten.

Bernhard Bischoffs weite Gelehrsamkeit ist vielfach umschrieben worden. «Sein geistiger Raum», so heißt es in einem Nachruf (M. Fuhrmann), «war die gesamte Latinität ohne zeitliche oder räumliche Schranken: von der Antike bis zur Schwelle der Neuzeit und in ganz Europa». In der Tat. Es dürfte von Handschriftenforschern durch die Zeiten niemanden gegeben haben, von Bernard de Montfaucon (1655–1741) bis Ludwig Traube, von Wallace Martin Lindsay (1858–1937) bis Lowe, der so viele antike und mittelalterliche Textaufzeichnungen vor Augen hatte und sie geprüft hat wie Bernhard Bischoff. Allein jener Katalog karolingischer Handschriften dürfte fast 8000 Nummern umfassen, und ohne Zahl sind die an ihn gerichteten Anfragen, die er ohne Ansehen des Fragestellers ausnahmslos beantwortete. Schriftheimat sei, so lautete die Antwort an einen Kieler Assistenten, Reims, und dann wörtlich: «Ich schreibe nicht ‹vielleicht›, sondern es ist ein Reimser Schreiber, aus der Provinz Reims, nicht Reims selbst». Die Zeit: 3. Viertel des 9. Jahrhunderts. Der Empfänger konnte nur staunen, und wenn er zudringlich fragte, welches die Anhaltspunkte seien, so erklärte es ihm Bischoff in einer einprägsamen Bildhaftigkeit: wie die Oberschäfte auffällig ausgezogen seien und das lange «s» sich vornüberneige, «als ginge ein Wind über ein Ährenfeld».

Bischoffs unglaubliches Bildgedächtnis konnte Fachkollegen um ihr Selbstbewußtsein bringen. Ich holte vor Jahren einen Mitarbeiter der Monumenta Germaniae Historica aus der Handschriftenabteilung der Bayerischen Staatsbibliothek ab, der zweiten Heimat Bernhard Bischoffs, der er über sechs Jahrzehnte verbunden war und die er wie kein zweiter kannte. Auf der Treppe begegneten wir Bernhard Bischoff. Ich stellte den Mitarbeiter und sein Arbeitsvorhaben vor – eine in einem Codex der Bayerischen Staatsbibliothek überlieferte Briefsammlung –, und sogleich machte Bernhard Bischoff – ein Gelehrter ist immer im Dienst – darauf aufmerksam, daß auf Folio X nach Lage Y ein Handwechsel vorliege; auch ändere sich die Stärke der Lagen. Mein Begleiter war perplex; er hatte bei dem eben abgeschlossenen Studium des Codex nichts von dem bemerkt, und als sich Bernhard Bischoff verabschiedet hatte, sagte er, ich solle ohne ihn essen gehen – der Zweck meiner Abholung –; er müsse zurück in die Handschriftenabteilung, um die Wahrnehmungen Bernhard Bischoffs zu überprüfen. Nach einiger Zeit kam er zu mir und bestätigte Bischoffs Aussage in ihrer kaum glaubhaften Präzision.

Die Familie weiß zu berichten, daß Bernhard Bischoff zuweilen, unterwegs auf irgendeiner Handschriftenreise, von einem fernen Ort aus anrief, um Auskunft aus einem Buch seiner häuslichen Bibliothek zu erbitten; das Buch stehe in dem und dem Regal an der und der Stelle und dort sei ein Zettel eingelegt, den man ihm vorlesen solle. Bischoffs bildhaftes Erinnerungsvermögen war phänomenal. Nach psychologischer Lehre ist eine solche extreme eidetische Anlage, wie sie bei Bernhard Bischoff vorlag, selten, und sie gehe meist mit hohen künstlerischen Fähigkeiten einher, was sich bei Bernhard Bischoff voll bestätigt, wenn man um seine hohe Musikalität weiß. Es stellt sich die Frage, welches Leben diese kaum abschreitbare Leistung vollbracht hat.

Der Mensch hinter dem Werk

Biographische Daten über Bernhard Bischoff zu ermitteln ist schwierig. Bischoff war in dieser Hinsicht ungemein verschlossen: selten nur sprach er von sich und seinem Leben, und so beruhen die spärlichen Angaben mehr oder minder auf zufälligen Informationen. Als er in den Orden Pour le mérite aufgenommen wurde und sich im Kreis der Mitglieder vorstellen sollte, wählte er zum Thema nicht – wie meist üblich – das eigene Leben, sondern einen Hauptgegenstand seiner Forschungen: das mittelalterliche Irland, dessen schwer verständliche Vorstellungswelt, dessen Sprache und Vermittlungsfunktion antiker Bildung. Bescheidenheit hielt Bernhard Bischoff zurück, von den persönlichen Leistungen zu sprechen und von den einzelnen Lebensstationen, obwohl sein Curriculum vitae von eigentümlicher Individualität ist und obschon sich das wissenschaftliche Werk zu einem nicht geringen Teil aus

Dispositionen erklären dürfte, die das Leben getroffen hat.

Bernhard Bischoff wurde 1906 im thüringischen Altendorf bei Altenburg geboren. Seine Mutter, eine von Gersdorff, starb bei seiner Geburt; sein Vater, ein staatlicher Domänenpächter, verzog auf ein Gut ins Brandenburgische und heiratete die Schwester seiner verstorbenen Frau, deren auf Pflichterfüllung achtender Pietismus und deren Anglophilie den jungen Stiefsohn stark beeindruckten. Von den Gersdorffs dürfte manche Anregung gekommen sein. Zur Familie gehörte zum Beispiel jener Carl von Gersdorff (1844–1904), der als Freund des kranken und augenschwachen Nietzsche in Basel dessen Vorlesungen vorgetragen hat; ihm hatte Nietzsche auch Teile der *Unzeitgemäßen Betrachtungen* in die Feder diktiert. Eine Kusine der Mutter war Hofdame bei Auguste Viktoria, der letzten Kaiserin.

Bernhard Bischoffs Begabung für das Wort scheint sich früh gezeigt zu haben. In einer seiner wenigen Einlassungen über sein Leben – als man ihm eine Festschrift zu seinem 65. Geburtstag überreichte – berichtete er, daß er habe sprechen können, bevor er laufen konnte, und daß dem erst Vierjährigen das Lesen geläufig gewesen sei. Das humanistische Gymnasium des kleinen Züllichau, einer jener verschlafenen preußischen Kreisorte mit Garnison und Amtsgericht, rechts der Oder gelegen und daher heute polnisch, gab ihm eine gediegene altsprachliche Ausbildung. Sein Lateinlehrer wies ihn nach München, wo er eigentlich Germanistik hatte studieren wollen, aber der ihm anempfohlene Professor war einem Ruf nach Köln gefolgt, und so trat das ersatzweise gedachte Studium der mittellateinischen Philologie an die erste Stelle. Paul Lehmann wurde bald auf den Studenten aufmerksam, promovierte ihn 1933; 1943 folgte die Habilitation, 1947 die Ernennung zum Privatdozenten, und 1953 wurde er Nachfolger Paul Lehmanns. Im selben Jahr wählte ihn die Zentraldirektion der Monumenta Germaniae Historica zum persönlichen Mitglied. 1956 wurde er in die Bayerische Akademie aufgenommen; in der von

Paul Lehmann formulierten Motivation heißt es, daß «bei dem großen Können und dem starken... Forscherwillen von Professor Bischoff... zu erwarten (sei), daß er den Arbeiten unserer Akademie manchen beträchtlichen Gewinn bringen» werde. In der Tat hat Bischoff einen nicht geringen Teil seiner großen Arbeitskraft in Unternehmen der Akademie gesteckt; zeitweise gehörte er, an dessen Sachkompetenz viele teilhaben wollten, nicht weniger als elf Kommissionen an.

Lehmann nannte in seinem Wahlvorschlag als besonderes Merkmal Bernhard Bischoffs – neben der wissenschaftlichen Breite, die von der klassischen Philologie bis zur Slawistik und Orientalistik reiche – «dessen Sammlernatur», und diese Eigenschaft, die durch sein phantastisches visuelles Gedächtnis unterstützt wurde, galt nicht nur für Handschriften und Texte. Bischoff kannte sich über das Dilettantische hinaus aus bei den Lepidoptera, den Schmetterlingen, und in der Mineralogie, für die er Sammlungen anlegte. Er verblüffte immer wieder mit Kenntnissen, die man bei ihm, einem «Schriftgelehrten», nicht vermutet hätte. Sein Kindheitswunsch, Präparator zu werden, mag mit diesem naturkundlichen Ordnungs- und Deutungssinn zusammengehangen haben, der von Handschriftenbestimmungen nicht so sehr weit entfernt liegt. In gewisser Hinsicht war Bischoff ein Universalgelehrter alten Stils, wie man ihn vor dem Aufkommen engen Spezialistentums kannte. Man sollte aber nicht denken, daß Bernhard Bischoff – voll von Sammlerdrang und einer auf das Klassische gestützten Bildung – künstlerische oder literarische Neuigkeiten heutiger Tage nicht wahrnahm; Ecos *Der Name der Rose* hatte er sofort nach Erscheinen gelesen, lange bevor der Roman ins Deutsche übersetzt wurde, und selbst in einem solchen Buch wie Wolf Jobst Siedlers *Die gemordete Stadt* (1964) – die Zerstörung deutscher Städte nicht durch Bomben, sondern durch Architekten – kannte er sich aus. Bei Plaudereien mit Bernhard Bischoff, so sie bei dem ihm eigenen Ernst überhaupt zustande kamen, mußte man vorsichtig sein, denn immer wieder überraschte er mit umfassendem Wissen, das Flunkereien nicht zuließ. Er liebte die überdachte Präzision und duldete nicht das Ungefähre. Small talk war seine Sache nicht. Kraft für sein Tun schöpfte Bischoff aus der Musik, und das musikalische Leben in seinem Haus, hauptsächlich getragen von seiner Frau, einer vorzüglichen Violonistin, war ihm, dem talentierten Pianisten, ein Bedürfnis.

Ein Leben umgeben von Büchern

Bischoff, der thüringische Brandenburger, war mit München eng verbunden. Außer der Liebe zur Stadt, ihrem Musikleben zumal, an dem das Ehepaar Bischoff regen Anteil nahm, gab es auch äußere Gründe für die Ortsfestigkeit. Bischoff verfügte über eine überaus reiche Bibliothek, wie alle großen Münchner Mittellateiner. Ludwig Traubes einzigartiger Bücherschatz von rund zehntausend Bänden bildet den Kernbestand der Bibliothek der Monumenta Germaniae Historica. Paul Lehmann, auch er gut ausgestattet, verlor seine Bücher durch Fliegerbomben im Zweiten Weltkrieg. Bernhard Bischoff, von Haus aus nicht unbemittelt, konnte sich durch Jahrzehnte eine auf seine weiten Interessen ausgerichtete Bibliothek aufbauen, in die das reiche Büchererbe seines engen Freundes Ernst Schulz (1897–1944) eingegangen ist. Schulz, ein Schüler des Mittelalter-Historikers Bernhard Schmeidler, geradezu ein Bibliomane mit ausgezeichneten Inkunabelnkenntnissen, hat in der Annahme Hand an sich gelegt, die Bomben hätten bei einem Fliegerangriff auf München Ende 1944, nachdem damals schon seine Danziger Heimat als verloren angesehen werden mußte, mit seiner Wohnung nun auch seine Bücher, sein Ein und Alles, zerstört. Aber es zeigte sich, daß wertvolle Bestände noch unbeschädigt geblieben waren, die – gemäß Testament – in die Bibliothek Bischoffs übergingen. Bischoff war auch ein gesuchter Experte zur Beschreibung von Handschriften und Büchern, die in Antiquariaten und Auktionshäusern zum Verkauf anstanden; er ließ sich seine Kennerschaft und

Mühe nicht mit Geld honorieren, sondern mit wertvollem Schriftgut: mit Manuskriptfragmenten oder Druckwerken. Das Leben inmitten dieser Bücher, zusammengestellt nach seinen Bedürfnissen in einer für einen Außenstehenden schwer durchschaubaren Ordnung, gab Bernhard Bischoff Heimatgefühl und Orientierung; häufig sagte er, er bringe einem dieses oder jenes seltene Buch aus seiner privaten Bibliothek mit, und man erhielt es mit dem präzisen Hinweis, wo das Gesuchte stehe.

Das Münchner Mittellateinische Seminar wurde zum Mekka der Paläographen, und die Adepten kamen aus allen Ländern, wo man sich mit lateinischen Handschriften beschäftigte: aus den Vereinigten Staaten, Kanada, England, Irland, vom europäischen Festland. 1960 erhielt Bischoff einen Ruf an das Institute for Advanced Study in Princeton zu äußerst kulanten Bedingungen, zu einer Zeit, da Ernst Kantorowicz, Erwin Panofsky und Elias Avery Lowe, sein paläographischer Senior und Kompagnon, dort tätig waren, aber Bischoff widerstand der Versuchung, sehr zur Freude seiner Schüler und Freunde. Sein Bekanntheitsgrad innerhalb der Zunft nahm stetig zu. Vielfache Ehrungen stellten sich ein. Ein gutes Dutzend in- und ausländischer Akademien wählten ihn zu ihrem Mitglied, mehrere Ehrendoktorate wurden verliehen (darunter solche sowohl von Oxford wie von Cambridge) und Orden überreicht (Bayerischer Verdienstorden, Maximiliansorden für Kunst und Wissenschaft, Kulturpreis der Bayerischen Landesstiftung); 1985 erfolgte seine Aufnahme in den Orden Pour le mérite für Wissenschaften und Künste, wo er als «Paläograph und Philologe» geführt wurde, eine einzigartige Bezeichnung in der Geschichte des Ordens, und für die Einzigartigkeit Bernhard Bischoffs gilt auch der Satz, der auf einem Florentiner Grabmal steht, daß einem solchen Namen kein Lobspruch gerecht werde: *Tanto nomini nullum par elogium.*

Quellenforschung in Partnerschaft:
Raffaello Morghen und Raoul Manselli

Mit Raffaello Morghen (1896–1983) ist der letzte Vertreter der wissenschaftlichen «Einaudi»-Generation, der italienischen Aufbaugeneration nach dem Zweiten Weltkrieg, dahingegangen, und man würde von Raffaello Morghen nur einen Teil seines Wesens und Wirkens erfassen, wenn man allein seine wissenschaftlichen Werke ansähe.

Morghen als Schüler des «Ketzers» Buonaiuti

Der gebürtige Römer empfing seine Ausbildung bei Gelehrten, die geprägt waren von politischen und weltanschaulichen Auseinandersetzungen im Italien der ersten Jahrzehnte des 20. Jahrhunderts: Das historische und texteditorische Handwerk dürfte ihm Pietro Fedele (1873–1943), Professor für mittelalterliche Geschichte an der Universität Rom und eine Zeitlang faschistischer Kultusminister, nahegebracht haben; die verinnerlichte christliche Weltsicht – die sich bei Morghen zum Beispiel darin äußern konnte, daß er unauffällig in seiner Pfarrgemeinde Kindern Katechismusunterricht erteilte – kam von Ernesto Buonaiuti (1881–1946), zur gleichen Zeit wie Fedele Ordinarius für Geschichte des Christentums an der römischen Universität Sapienza. Buonaiuti gehörte 1931 zu jenen elf italienischen Professoren – von 1225 Universitätslehrern, die aufgefordert waren –, die den Eid verweigerten, «dem faschistischen Regime treu ergebene Bürger zu erziehen». Aber nicht nur der Eidverweigerung wegen verlor Buonaiuti seinen Lehrstuhl; durch die Lateranverträge von 1929 war der Katholizismus Staatsreligion geworden, und der Staat übte dementsprechend die Exekutive in kirchlichen Fragen aus.

Buonaiuti, geweihter Priester, stand im Verdacht des vom Vatikan bekämpften «Modernismus». Der Modernismus Buonaiutis war freilich von eigener Art; er predigte nicht einen sinnentleerten Liberalismus oder Amerikanismus, wie die Schlagworte damals hießen. Er litt vielmehr am Auseinanderklaffen von evangelischem Auftrag und der in die Welt verstrickten katholischen Kirche, die gerade dabei war, sich mit den Lateranverträgen an den faschistischen Staat zu verkaufen. In dieser Forderung Buonaiutis nach Rückkehr zu einer lauteren, allein vom Evangelium geleiteten Kirche sah der Vatikan eine viel größere Gefahr. Buonaiuti traf nicht nur die Exkommunikation, er wurde zusätzlich zum *vitandus* erklärt: Jeder gläubige Katholik hatte den Umgang mit ihm zu meiden. Buonaiutis aufrechte Haltung und christliche Weltsicht, die in jüngster Zeit immer stärkere Beachtung finden, hat den jungen Morghen tief beeindruckt. Er hat über seinen Lehrer eine Biographie verfaßt (1956), aus der in gleichem Grade Verehrung wie geistige Nähe sprechen.

Professor, Cancelliere, Schöpfer des «Repertorium»

Morghens Universitätskarriere verlief undramatisch. Nach einer römischen Dozentur kam er über Palermo und Perugia 1948 nach Rom als Nachfolger seines Lehrers Fedele. 1953 wurde er Präsident des Istituto Storico Italiano per il Medio Evo und zugleich Direktor der mit diesem verbundenen Scuola nazionale di studi storici, einer Ausbildungsstätte, die viele der heute an führender Stelle tätigen Mittelalter-Historiker Italiens durchlaufen haben. Daß Morghen auf eine Schaltstelle der italienischen Mediävistik berufen wurde, hatte zunächst wissenschaftliche Gründe. Morghen hatte, wie er es nannte, die «Grammatik der Geschichte», den Umgang mit Texteditionen, gelernt, hatte bereits 1927 eine kritische Ausgabe der Chronik von Subiaco mit reichem Kommentar vorgelegt und außer zahlreichen Aufsätzen mehrere Bücher mit weitreichenden Themen verfaßt: eine Geschichte der letzten Staufer in Italien (*Il tramonto della potenza sveva in Italia*, 1938; 2. Aufl. unter dem Titel: *L'età degli svevi in Italia*, 1974), ein aus vielen Einzelstudien zusammengewachsenes Buch über Papst Gregor VII. (1942, mehrere und veränderte Auflagen); eine Aufsatzsammlung, der man die Nähe zu Buonaiutis Gedankengängen anmerkte: *Medioevo cristiano* (1951, gleichfalls in mehreren Auflagen, zuletzt als Taschenbuch), und mit gutem Grund ist Morghen von Freunden und Schülern eine mächtige, zweibändige Festschrift unter dem bezeichnenden Titel *Studi sul medioevo cristiano* (1974) gewidmet worden. Wie sehr Morghen belebend und reflektierend teilhatte an Gang und Stand der italienischen Geschichtswissenschaft, zeigt ein Sammelband, den er noch vorbereitet hatte und der nun zu einem postumen Denkmal wurde: *Per un senso della storia. Storici e storiografia* (herausgegeben von G. Bragna und P. Vian, 1984).

Doch nicht minder als durch seine Forschungen fiel Morghen durch organisatorische Begabung auf. In erstaunlich jungen Jahren war er Cancelliere (Sekretär) der Accademia Nazionale dei Lincei in Rom geworden, jener mit dem Namen Galileo Galileis aufs engste verbundenen gelehrten Gesellschaft, und der durch Jahrzehnte im herrlichen Palazzo Corsini residierende Cancelliere Morghen gehörte zu dem Kreise von Wissenschaftlern, die nach dem Zusammenbruch der faschistischen Herrschaft den Ausbau der National-Akademie im Geiste politischer Unabhängigkeit betrieben haben. Morghen war zugleich der Historiograph der Accademia Nazionale dei Lincei, und eine seiner letzten Arbeiten galt dem *Galileo Linceo* (1983).

Morghens Organisationstalent bewährte sich in vielfacher Weise. Er spielte eine zentrale Rolle bei dem für die Konsolidierung länderübergreifender Geschichtswissenschaft wichtigen Internationalen Historikerkongreß in Rom 1955, auf dem er einen richtungweisenden Vortrag hielt über die «Movimenti religiosi popolari» im Hochmittelalter. Und er nutzte die Gunst der Stunde, als er ei-

48, 49 *Raoul Manselli (48) starb unmittelbar nach Rückkehr von der Trauerfeier für Raffaello Morghen (49). Beide stammten aus alten italienischen Familien, Manselli aus dem Neapolitanischen mit Vorfahren, die bis in die normannische Zeit zurückreichen; Raffaello Morghen nannte den gleichnamigen berühmten Florentiner Graphiker und Stecher (1761–1833) seinen Ahnherrn, der in Florenz in Santa Croce begraben liegt.*

nen internationalen Forschungsrat mit dem Ziel ins Leben rief, eine totale Neuauflage von August Potthasts *Bibliotheca Historica Medii Aevi* (2. Aufl. 1895/96), dem quellenkundlichen Orientierungswerk zur mittelalterlichen Geschichte, zu betreiben und zu tragen. An diesem von vielen wissenschaftlichen Gesellschaften und Einrichtungen unterstützten «neuen Potthast» wirkt auch als Vertretung Deutschlands die Bayerische Akademie mit einer eigenen Kommission mit. Unter dem Titel *Repertorium fontium historiae medii aevi* erschien – redigiert und verlegt in der römischen Zentrale des Istituto Storico Italiano per il Medio Evo – 1962 der erste Band, der fünfte (1984), bis zum Buchstaben H reichende, trägt noch Morghens Namen. Heute (2001) steht das Repertorium beim Buchstaben «O». Seine internationale Bedeutung brachte Morghen – man ist versucht zu sagen: zwangsläufig – reiche akademische Ehren, auch in Deutschland, für das er in Fragen der Mittelalter-Forschung, auch als Emeritus, der Ansprechpartner blieb.

Raoul Manselli: der Nothelfer

Die Nachricht vom plötzlichen Tode Raoul Mansellis (1917–1984) hatte etwas Unglaubhaftes an sich: Manselli hatte am 20. November 1984 an der Trauerfeier seines Vorgängers und Lehrers Raffaello Morghen im römischen Istituto Storico Italiano per il Medio Evo teilgenommen und war wenige Stunden später am selben Abend, ohne Vorzeichen einer Krankheit, einem Herzinfarkt erlegen. Zahllose Telephongespräche quer durch die Welt wurden geführt, um sich der traurigen Tatsache zu versichern oder sie dem bestürzten Kollegen mitzuteilen. Denn über seine souveräne Gelehrsamkeit hinaus war Raoul Manselli so etwas wie ein Vermittler, ein Nothelfer bei Fragen internationaler Zusammenarbeit, und er unterhielt zahlreiche Kontakte über Landesgrenzen hinweg, auch oder gerade in die damals abgeschotteten Ostblockstaaten.

Der 1917 in Neapel geborene und aus einer alten Neapolitaner Familie kommende Manselli war mit einer gewissen Natürlichkeit in diese Rolle hineingewachsen: Das Gymnasium und das Grundstudium bis zur Promotion hatte er in seiner Heimatstadt absolviert – seine Dissertation über den Ersten Kreuzzug ist kürzlich nachgedruckt worden –, war dann für ein Jahr als Lektor für Italienisch nach Bremen gegangen und gelangte über den Schuldienst in Lucca 1947 nach Rom, wo er in einem Wettbewerb eine Stelle an der Scuola nazionale di studi storici gewonnen hatte, deren Leiter Morghen war. Über Lucca, Perugia, Turin mündete seine Universitätslaufbahn schließlich in die römische Professur für mittelalterliche Geschichte: als Nachfolger Morghens.

Mansellis Lebenswerk ist durch eine ungewöhnliche thematische Breite gekennzeichnet; neben wissenschaftsgeschichtlichen und biographischen Untersuchungen stehen Monographien über die Staufer und über Friedrich Barbarossa, stehen auch Beiträge zur Wissenschaftsorganisation und Arbeitstechnik, insgesamt sicherlich mehrere hundert Nummern, verfaßt von einem rastlos tätigen Gelehrten, der durch Jahrzehnte mit vier bis fünf Stunden Schlaf täglich auskam. Berühmt waren seine Einleitungen und Zusammenfassungen bei Kongressen und in Sammelwerken, wo seine ungeheure Quellen- und Literaturkenntnis zum Tragen kam, die er durch eine gigantische Privatbibliothek von – so sagt man – 30 000 Titeln abstützen konnte. Seine Forschungsschwerpunkte, denen auch die meisten seiner editorischen und analytischen Arbeiten zuzuordnen sind, waren die Häresien und die Volksreligion im Hochmittelalter auf der einen und das Phänomen des Franziskanertums auf der anderen Seite. Schon das erste Buch Mansellis *Studi sulle eresie del secolo XII* (1953) schlug den Grundakkord an, der sich in späteren Abhandlungen immer wieder findet: wie das individuelle religiöse Erlebnis erneuernd oder abweisend der Orthodoxie und der Amtskirche gegenübertritt. Der Eschatologie des 13. Jahrhunderts im Umkreis des ständig in Häresieverdacht stehenden Petrus Johannis Olivi († 1296) widmete Manselli mehrere grundlegende Beiträge, darunter das Buch *Spirituali e beghini in Provenza* (1959), von dem sich Umberto Eco bei seinem sachkundigen historischen Roman *Der Name der Rose* hat inspiriren lassen. Eco hat sich auch direkt von Manselli beraten lassen.

Volksfrömmigkeit und Franz von Assisi

Fast zwangsläufig stieß Manselli auf das Phänomen «Volksreligion», worunter zum einen der Inhalt des nicht selten depravierten orthodoxen Gedankengutes zu verstehen ist, zum anderen die Lebensweise, die Gruppenbildung, das Missionarische der häufig aus den unteren und mittleren sozialen Schichten kommenden Glaubenseiferer am Rande oder außerhalb der offiziellen Kirche. Hier, bei den in das Sozialgeschichtliche übergreifenden Untersuchungen, nahm Manselli manche Anregung der Forschergruppe der französischen *Annales* auf, ohne der Gefahr zu erliegen, das inhaltlich-religiöse Moment zugunsten einer statistisch-mechanischen Beschreibung zu vernachlässigen. Es entbehrt nicht einer in der Sache liegenden Konsequenz, daß sich Manselli parallel ständig mit der Gestalt des Franz von Assisi und mit der hauptsächlich im frühen Franziskanertum sichtbar werdenden Armutsbewegung beschäftigte. Sein 1980 erschienenes Buch *San Francesco* erlebte innerhalb weniger Jahre mehrere Auflagen, und die festgefahrene Quellenforschung um die Biographie des Franz von Assisi und um die sich herausbildenden Franziskus-Legenden befruchtete er mit einem analytischen Neuansatz. «Nos qui cum eo fuimus» (Wir, die wir mit ihm zusammengewesen sind): diese im Neuen Testament für die Apostel eingesetzte und von den Biographen des heiligen Franz verwendete Phrase setzte er über seine quellenkritischen Versuche; er unterschied offiziell abgestimmte und nichtoffiziell wuchernde Franziskus-Legenden, um durch den «magischen Zirkel» (*cerchio magico*), wie Manselli es nannte, zur Individualität des Poverello durchzustoßen. Die Diskussion um die von Manselli definierten distinktiven Merkmale ist noch voll im Gange, doch läßt sich schon jetzt sagen, daß sein methodischer Ansatz das Austauschgut besonders deutlich hat hervortreten lassen.

Raoul Manselli: das ist nicht nur der profunde Gelehrte, der international gerngesehene Redner – auf der Zweitausendjahr-Feier der Stadt Trier ebenso wie bei der Conférence Albert-Le-Grand in Montreal –, der Mann zahlloser treffender *interventi* auf Kongressen; beim polyglotten Kollegen Manselli, der in seinem Partisanenrucksack den Aristoteles auf griechisch bei sich trug, liefen auch viele Fäden der internationalen Mediävistik zusammen; er gehörte dem Organisationskomitee des *Repertorium fontium historiae medii aevi* an, gestaltete als Präsident des Centro Italiano sull' Alto Medioevo die jährlichen internationalen Kongresse in Spoleto, war Mitglied zahlreicher Akademien und gelehrter Körperschaften.

Dabei war er das Gegenteil eines betriebsamen Wissenschaftsfunktionärs; seine Gabe hinzuhören und seine Menschlichkeit schufen freundschaftliche Bindungen, und auf diesem fast privaten Wege wurden viele der organisatorischen Aufgaben bewältigt. Sein Sensorium für das Angemessene in der Sache und im Ton ließ ihn eine Sprache sprechen – vorgetragen mit einem leichten Zungenfehler, und gerade dadurch um so eindrücklicher –, die ihm spontane Sympathie eintrug, ob es sich um den Dank an den Bruder Pförtner in einem Kloster handelte, der gerade eine Kohorte von *congressisti* durch eine Abtei hatte laufen lassen, oder um das zusammenfassende Schlußreferat nach einer Tagung, was manches sichtbar machte, das dem Referenten entgangen war. Auf dem Felde internationaler Mittelalterforschung hat Raoul Manselli eine Lücke hinterlassen, die bis heute niemand geschlossen hat.

Ein Amerikaner in München: Robert L. Benson

Wer als Gelehrter sehr dem Leben lebt, ist in der Erinnerung bald abgestorben, wer aber viel dem toten Buchstaben anvertraut, bleibt lebendig, zumindest in den Anmerkungen – so ein Kollege. Natürlich ist das nicht die volle Wahrheit. Von Max Weber gibt es nur zwei ausgewachsene Monographien, nicht mehr, alles andere sind Reden, Aufsätze, Entwürfe, Anregungen, Begegnungen, und sie sind es, die nachwirken. Und Jacob Burckhardt, der als Mittvierziger ankündigte: «Bücher lasse ich keine mehr drucken»? Burckhardt hielt sich daran, über dreißig Jahre. Aber der «gemeine» Philologe oder Historiker bleibt in der Tat hauptsächlich im Gedächtnis durch das im Druck oder auf andere Weise festgehaltene Wort. Jene Atmosphäre vermittelnder Freundschaft versinkt mit der Erinnerung der Freunde, und so ist es Freundespflicht, das Gedächtnis an Menschen wachzuhalten, die einen durch Wissenschaft und Zuwendung bereichert haben, auch wenn ihre Zitierfähigkeit beschränkt ist. Ein solcher war der amerikanische Mittelalterhistoriker Bob Benson, geformt und geschult von deutschen Emigranten in den Vereinigten Staaten und dann Vermittler, so kann man es nennen, zwischen den Forschungen in der Neuen und in der Alten Welt.

Der Kantorowicz-Schüler

Robert Louis Benson (1925–1996) war in besonderer Weise mit der deutschen Geschichtswissenschaft verbunden. Der in Portland/Oregon als Sohn eines Arztes und einer Biologin Geborene ging Ende der vierziger Jahre nach High School-Besuch und Wehrdienst nach Berkeley, wo der deutsche Emigrant Ernst H. Kantorowicz (1895–

1963) lehrte. Dessen Ansehen ist unmittelbar nach seinem Tod fast ins Vergessen gesunken, so daß sein Name sogar aus den Enzyklopädien verschwand, um in den letzten Jahren wieder starke Beachtung zu finden. Es ist neben der amerikanischen geradezu eine europäische Kantorowicz-Literatur entstanden, von Polen bis Italien und Frankreich; Deutschland holte das Versäumte mit Wucht nach. «Kantorowicz gilt heute als einer der bedeutendsten Mediävisten», schrieb Walter Killy (1997). Kantorowicz hat Benson sowohl in der Auswahl der Forschungsthemen, aber noch mehr im Arbeitsstil geprägt. Jene äußerste Quellennähe und höchste Genauigkeit, die die Werke Kantorowicz' auszeichnen, finden sich auch in Robert Bensons Darlegungen und sind der Grund für seine zeitaufwendige Arbeitsweise, die eine Produktion am Fließband nicht zuließ und die Zahl der ungemein durchgefeilten Beiträge niedrig hielt. In der Umgebung Ernst Kantorowicz' blieb Benson auch, als dieser von Berkeley, wo er den Antikommunisteneid verweigert und deshalb seine Stelle verloren hatte, einen Ruf nach Princeton an das Institute for Advanced Study annahm. An der University of Princeton erwarb Benson 1953 den M. A. und 1958 den Ph. D.

Dazwischen war er volle zwei Jahre – 1954 und 1955 – als Fulbright Scholar in Deutschland, genauer in München bei den Monumenta Germaniae Historica. Die damaligen Mitarbeiter des Instituts wunderten sich über den Ankömmling und seinen Entschluß, Wissenschaft im ausgebombten Deutschland zu betreiben. Deutsche Studenten – vornehmlich allerdings in den naturwissenschaftlichen Fächern, aber auch, wenngleich in geringerem Maße, in den geisteswissenschaftlichen – strebten, soweit möglich, in die Vereinigten Staaten.

Und nun kam umgekehrt ein leibhaftiger amerikanischer Student zu uns: eine sportliche Erscheinung, wie man sich in der deutschen Provinz einen *football star* vorstellte, voller Lebensfreude, mit einer ansteckenden enthemmenden lauten Lache, in der Physiognomie und im Teint leicht mestizenhaft gefärbt (was Benson mit der Behauptung untermauerte, einer seiner Vorfahren sei als Siedler im Westen, weil nichts anderes zur Hand, mit einer Indianerin verheiratet gewesen – streng monogam, wie er versicherte), und dieser *great guy* aus dem goldenen Westen sprach sogar Deutsch, zögernd zwar, aber mit einem unbeugsamen Willen, das richtige Wort an der richtigen Stelle einzusetzen. Später, als man Benson in den Staaten selbst erlebte, konnte man beobachten, daß seine Sprechpausen nicht aus Unvermögen kamen, weil etwa das passende Wort nicht zur Hand war; Benson bemühte sich in jeder Sprache – ob Deutsch, ob Englisch, aber auch im Italienischen – häufig nach einer langen Sortierpause, das genau einschlägige Wort einzusetzen. Amerikanische Freunde haben jetzt, nach seinem Tod, über die Lücke nachgedacht, die Benson hinterläßt, und es war jenes zur Präzision auffordernde Schweigen, das allen in Erinnerung war: Bedenke, was Du sagst und schreibst, bevor Du Dich festlegst.

Der adoptierte Mitarbeiter

Robert Benson bewegte sich unter den Monumenta-Mitarbeitern, als sei er einer von ihnen. Die Monumenta Germaniae Historica hatten damals in München in einem der sogenannten «Führerbauten» am Königsplatz eine provisorische Unterkunft bezogen: alle Mitarbeiter in einem einzigen Raum, sämtliche Besucher in einem anderen Zimmer, die Bibliothek vier Stockwerke tiefer, im Keller und in ungeeigneten Regalen, die alle, jedes Regal für sich, mit abschließbaren Jalousien versehen waren, hatten sie doch die kostbare Mitglieder-Kartei der NSDAP enthalten. Die Kellerräume waren nicht über eine Treppe, sondern nur über einen riesigen Lastenaufzug zu erreichen, der, außer einer schwer erträglichen Langsamkeit, die Heimtücke aufwies, von Zeit zu Zeit zwischen den Stockwerken steckenzubleiben, weshalb es sich empfahl, am Wochenende den Lift nicht zu benutzen. Die enge Nachbarschaft in einem Notquartier, das Leben in einer

Stadt, die zu 80 Prozent zerbombt und noch sehr lückenhaft wiederaufgebaut war, ließen die Mitarbeiter und den amerikanischen Gast zusammenrücken und vieles gemeinsam tun, vom täglichen Kantinenbesuch über das Abenteuer des Oktoberfestes – wobei er einen Rückgang der Rauflust glaubte feststellen zu können, denn sein Landsmann Thomas Wolfe sei in den dreißiger Jahren so zusammengeschlagen worden, daß er Wochen im Krankenhaus zugebracht habe – bis zu Ausflügen zum Heiligen Berg Andechs, berühmt für sein Bier.

Benson arbeitete seinerzeit über die Frage, wie der Kaiser, der deutsche König als römischer Kaiser, ins Amt kam. Seine Hauptquellen waren die Dekretisten, die Kirchenjuristen, der Schwerpunkt war das 12. Jahrhundert. Präsident der Monumenta war Friedrich Baethgen (1890–1972). Die wiedergegründete Zentraldirektion hatte ihn, der von Heidelberg über Rom und Königsberg in die Reichshauptstadt gekommen war, 1947 gewählt, nachdem der letzte Leiter aus nationalsozialistischer Zeit Theodor Mayer (1883–1972), den die Amerikaner vorübergehend in Lagerhaft genommen hatten, in der gewandelten Zeit für nicht mehr tragbar gehalten wurde. Friedrich Baethgen war ein Mann preußischen Zuschnitts, der auf das bayerische «Grüß Gott» mit kühler norddeutscher Stimme hartnäckig «Guten Tag» antwortete. Der Sohn eines protestantischen Professors für Altes Testament, dem die Hefe des Volkes gar nicht schmeckte, hatte bereits durch seine aufragende Gestalt etwas Steifes, Aristokratisches. Baethgen hatte dem Nationalsozialismus fern gestanden, war zwar kein aktiver Widerstandskämpfer gewesen, doch hielt er mancherlei Verbindung zu Vertretern der Opposition. Er gehörte der berühmten Berliner «Mittwochs-Gesellschaft» an, einem 1863 begründeten Freundeskreis, der sich an genanntem Wochentag zu Vortrag und Gespräch in gewissen Abständen in den Wohnungen seiner Mitglieder traf. Unter ihnen waren Männer des 20. Juli 1944 wie Generaloberst Beck, der frühere preußische Finanzminister Popitz und der abgelöste römische Botschafter Ulrich von Hassell, die alle ihre

Gesinnung mit dem Leben bezahlen mußten. In diesem Kreis hielt Friedrich Baethgen am 23. Februar 1944 einen der letzten Vorträge – es folgten nur noch fünf Sitzungen, die 1056. im Juli war die letzte: danach hat die Rache der Nazis die «Mittwochs-Gesellschaft» ausgelöscht.

Baethgen hatte über Kaiser Friedrich II. (1194–1250) und die Frage seiner Volkszugehörigkeit gesprochen. Hier wird schlagartig deutlich, weshalb Benson zu Baethgen und den Monumenta eine besondere Bindung empfand. Mit der Biographie des Stauferkaisers war der Name seines Lehrers Ernst Kantorowicz unlösbar verbunden, mochte sich der Autor später auch von diesem Werk distanzieren, das bei Nazi-Größen in bedrückender Weise Anklang gefunden hatte (Hitler soll es zweimal gelesen haben). Baethgen und Kantorowicz waren befreundet. Sie hatten das gleiche Arbeitsfeld und kannten sich aus gemeinsamen Heidelberger Tagen, der eine habilitierte sich und der andere schrieb an seinem *Friedrich II.* Als Albert Brackmann und fast die ganze Historikerzunft über Ernst Kantorowicz und sein «mythenbildendes» und von Geist und Sprache Stefan Georges durchtränktes Werk herfielen – es trug vorn die mysteriöse Widmung: «Seinen Kaisern und Königen das geheime Deutschland» –, war es Friedrich Baethgen, der eine ungewöhnlich ausgewogene und für die Betrachtungsweise Kantorowicz' eintretende Besprechung schrieb. Man müsse neben der positivistisch-kritischen Geschichtsschreibung auch einer Darstellung Raum geben, bei der ein Autor sich selbst und sein Welterleben einbringe. Baethgen schließt seine zehnseitige Rezension mit einem Wort des großen Klassischen Philologen Wilamowitz-Moellendorff: «Ohne Lernen erreicht zwar niemand etwas in der Wissenschaft, aber das Beste will erlebt sein». Aus Baethgens Feder stammt auch einer der schönsten und würdevollsten Nachrufe auf den 1963 verstorbenen Freund Kantorowicz, aber zu diesem Zeitpunkt hatte Robert Benson München und die Monumenta Germaniae längst verlassen. Vorher allerdings hat er ein Zeugnis der Zugehörigkeit abgelegt, das in seinem Schriftenverzeichnis fehlt.

1955 feierte Friedrich Baethgen seinen 65. Geburtstag, und die Mitarbeiter stellten eine Festschrift zusammen, die dem Jubilar in maschinenschriftlicher Form überreicht werden sollte. Die Einbeziehung Robert Bensons in den Kreis der Mitarbeiter ist daran ablesbar, daß man auch ihm die Möglichkeit der Beteiligung einräumte. Und er nahm die Gelegenheit wahr. Sein Beitrag war der umfangreichste des ganzen Konvoluts, und das Thema lag im Zentrum seines damaligen Interesses: Das kaiserliche Amt im Verhältnis zum päpstlichen, zugleich die Frage, wann der Kaiser, analog zur Papsterhebung, die *plenitudo potestatis* erhielt. Während einer Feier im Zimmer des Präsidenten wurde die Festschrift – eine noble Kassette, die die als Einzelhefte gebundenen Beiträge enthielt – dem Jubilar übergeben, und Friedrich Baethgen war von der Teilnahme Robert Bensons so gerührt, daß er ihn – im Widerspruch zu seiner sonst auf Distanz achtenden fast frostigen Art – mit «Dear Bob» anredete.

Der «Missionar»

Wie es weiterging? Benson verließ 1956 München, um eine Stelle als *instructor* am Barnard College in New York zu übernehmen. 1959 wechselte er an die Wesleyan University, wo er zum *full professor* aufstieg, schlug ein Angebot der Freien Universität Berlin aus, die den Deutsch sprechenden Amerikaner gerne in ihren Reihen gesehen hätte, und ging schließlich 1974 als Nachfolger Gerhart B. Ladners (1905–1993, auch er Emigrant von hohem Ansehen) an die University of California Los Angeles (UCLA), wo er zwei Jahrzehnte lehrte. Mit Benson zusammenzutreffen war immer ein Vergnügen; er war mit allen Fasern seines Wesens gegenwärtig, und man befand sich sofort in einem Sachgespräch mit ihm, wobei im nachhinein es verwundert, wieviel man von ihm über seine Arbeit und die Freunde erfuhr, wie wenig aber von seiner Familie. 1968 kam seine einzige ausgewachsene Monographie heraus: *The Bishop-Elect*. Die einstigen

50 «Benson war ein hingebungsvoller und strenger Lehrer»: Benson bei einem seiner legendären Seminare, locker und doch anspruchsvoll.

Münchner Kollegen waren perplex. Wir hatten ein Buch etwa mit dem Titel «The Emperor-Elect» erwartet. Unter der Hand hatte sich bei ihm der Blickwinkel verschoben, und es gibt im Buch einige Hinweise seines früheren Aspekts. Benson arbeitete an seinem ursprünglichen Thema weiter, und es ist keine Frage, daß eines Tages das Pendant-Werk erschienen wäre. Als Zeugnis seines langen deutschen Aufenthalts existiert sein ungedruckter Beitrag zur Baethgen-Festschrift, der noch heute einen Abdruck verdient und diesen hoffentlich auch findet: «Imperator oeconomus Ecclesiae. Notes on a Decretistic Theory of the Imperial Office». Amerikanische Freunde haben die Publikation in die Wege geleitet.

Ernst Kantorowicz und die Monumenta haben Robert Benson geprägt, und er hat ihren Arbeitsstil weitergetragen. Seine amerikanischen Kollegen schrieben in ihrem Nachruf über ihn: «Benson was... a dedicated and exacting teacher. The number of his graduate students was not very great, but their training was exemplary. His seminar was legendary, and many of his students, like himself, spent at least two years in Germany, often at the Monumenta Germaniae Historica, learning skills that are increasingly rare among scholars today. At very few graduate programs in medieval history in the United States was there as high a standard of technical proficiency in languages and *Hilfswissenschaften* as at UCLA in Benson's time». Die Monumenta, die auf strenge Quellenkritik achtende Geschichtsforschung, und die deutsche Mediävistik haben mit Robert Benson einen Missionar ihres Tuns verloren.

VI
Eine Begegnung der besonderen Art

Die Motivauswahl der letzten deutschen Banknoten
Ein Abgesang

«Ade DM!» Unter diesem Titel hat die Staatliche Münzsammlung in München im Sommer 1999 eine Ausstellung über «die Geschichte der Mark von 1945 bis zum Euro» veranstaltet, die wegen des regen Zuspruchs immer wieder verlängert und auch durch mehrere Städte der Bundesrepublik weitergereicht wurde. Die Ausstellung galt dem Verschwinden des deutschen Münz- und Notendesigns. Dabei sind die in den achtziger Jahren erarbeiteten und zwischen 1990 und 1992 ausgegebenen Banknoten für die Deutschen von besonderer Art: zum ersten Mal nach dem Zweiten Weltkrieg, fast ein halbes Jahrhundert nach Friedensschluß, reiht sich Deutschland in das europäische Notenbild ein, indem durchaus bekennerhaft Persönlichkeiten abgebildet werden, die zur deutschen Kultur, zur deutschen Geschichte gehören.

Die deutsche Geschichte: in ihr lag der Grund für die jahrzehntelange Abstinenz. Man könnte – so war die Befürchtung – durch eine falsche Auswahl in ein schiefes Licht geraten, Luther ein Vorläufer Hitlers, Friedrich der Große der Schöpfer des preußischen Militarismus, Nietzsche der menschenverachtende Übermensch, und was für Etikettierungen noch möglich erschienen. Um solcherart Anwürfen zu entgehen, setzte man Unverfängliches auf die Scheine, bei den Noten der Währungsreform vom Juni 1948, die im Ausland gedruckt worden waren, ohnehin, aber auch bei den Scheinen der Bank deutscher Länder. Man nahm zu Allegorien Zuflucht, und als der 5-Mark-Schein eine auf dem Stier reitende Europa mit nacktem

Oberkörper zeigte, fragte eine Illustrierte höhnisch, «ob die nackte Frauengestalt in das neue Bundesgesetz gegen Schmutz und Schund einbezogen würde». 1957 wurde die Deutsche Bundesbank eingerichtet, und sie sah es als eine vordringliche Aufgabe an, neu gestaltete und fälschungssichere oder besser: eine Fälschung erschwerende Scheine auszugeben. Kopfbildnisse sollten es auf jeden Fall sein, weil es – ohne die heutige Kopiertechnik – schwierig war, sie nachzuahmen. Aber um die Galerie der abzubildenden Köpfe entbrannte eine heftige Debatte. Hier half wiederum nur die Flucht ins Unverbindliche, zu Werken altdeutscher Künstler, zu Albrecht Dürer, Christoph Amberger, Hans Maler von Schwaz, Lucas Cranach d. Ä. oder einem unbekannten schwäbischen Meister. Mit den Abgebildeten konnte niemand irgendwelche Leistungen verbinden, die Hälfte ist anonym: «Junge Venezianerin», «Bildnis eines jungen Mannes», «Portrait eines älteren Mannes». Unter den zeitgleichen Banknoten der europäischen Länder erscheinen die deutschen Scheine farblos, aus Angst entsorgt von der deutschen Geschichte.

Im März 1981 beschloß der Zentralbankrat der Deutschen Bundesbank eine neue Banknotenserie aufzulegen. Technische Gründe, Probleme der Fälschungsabwehr ließen einen Austausch ratsam erscheinen, aber auch der Wunsch, die blasse Unverbindlichkeit aufzugeben, die Verdruckstheit zu beenden. Allerdings stellte sich jetzt die schwierige Frage, welcher Personenkreis auf den Noten erscheinen sollte. Man legte fest: es sollten «Kopfbildnisse von Persönlichkeiten der deutschen Geschichte aus den Bereichen Kunst, Literatur, Musik, Wirtschaft, Wissenschaft und Technik gewählt» werden. Die beim ersten Anschauen präzise erscheinende Umschreibung erwies sich bald als ungenügend: weder über den Anteil der Frauen, noch über die Landschaften oder über die Konfessionen war etwas gesagt, und aus welcher Zeit dürfen die «Persönlichkeiten» stammen, alles Fragen, die sich bei näherem Hinsehen stellten. Aber damit sind wir bereits bei der Aufarbeitungsphase. 1984 erging der Auftrag, bis 1986 dauerte die Zeit des intensiven Durchmusterns und

Zusammenstellens, bis 1988 gab es immer noch Nacharbeitungsbedarf, im April 1989 wurden die Entwürfe vorgestellt. Am 1. Oktober 1990 begann die Ausgabe der ersten Scheine, am 27. Oktober 1992 die der letzten.

Die Lebensdauer dieser Serie, die zur Normalität zurückführt und deutsche Identität anzeigt, ist kurz, nicht einmal zehn Jahre. Am 1. Januar 2002 kommen für elf der fünfzehn Länder der Europäischen Union, die sich zu einer Währungsunion zusammengeschlossen haben, für 290 Millionen Menschen, die Euro-Scheine auf den Markt, am 30. Juni desselben Jahres sollen dort die nationalen Zahlungsmittel verschwunden sein und mit ihnen die Vorzeigegestalten nicht nur der Deutschen, auch die der Franzosen, der Italiener, der Spanier – nicht allerdings die der Engländer, und offen ist es bei den Dänen und Schweden. Die Euro-Noten zeigen «Zeitalter und Stile in Europa», wobei Elemente vermieden werden sollen, die Hinweise auf ein bestimmtes Land erlauben. Bereits im Dezember 1996 konnte die Serie des von der österreichischen Nationalbank benannten Graphikers Robert Kalina vorgestellt werden, dessen Entwürfe nach Meinung der Jury die größte Akzeptanz versprächen. Das Design ist abstrakt und mit viel Symbolik beladen: «Fenster und Türen bilden die Hauptelemente auf den Vorderseiten der einzelnen Banknoten und symbolisieren den in der Europäischen Union vorherrschenden Geist der Offenheit und gegenseitigen Zusammenarbeit» – was immer «gegenseitige Zusammenarbeit» ist. «Ergänzt werden diese Gestaltungselemente durch die Abbildung einer für die entsprechende Epoche der europäischen Geschichte typischen Brücke auf der Rückseite einer jeden Banknote... Brükken werden benutzt als Sinnbild für die Verbindungswege sowohl zwischen den Völkern Europas als auch zwischen Europa und der übrigen Welt». Die mit Toren, Fenstern und Brücken versehenen Noten werden es schwer haben, das zu erfüllen, was der Präsident der Europäischen Zentralbank Wim Duisenberg von einer Währung und ihren Zahlungsmitteln erwartet: «Eine Währung ist auch Teil der Identität eines Volkes».

51 Während die sieben Banknoten von 5 bis 500 Euro in einer ersten Auflage von 14 500 000 000 Stück ein durchgehend einheitliches Design zeigen, haben die acht Münzen zwar für alle Staaten die gleichen Wertseiten, die Rückseiten jedoch tragen verschiedene nationale Identifikationssymbole. Pathetisch stellt sich Italien mit acht von Münze zu Münze unterschiedlichen Themen vom Castel del Monte (1 Cent) über Botticellis Venus bis Dante (2 Euro) dar, ähnlich Österreich mit Mozart und Berta v. Suttner, Griechenland sogar mit den Politikern Venizelos und Kapodistria. Deutschland ist arm an Mut und Phantasie: dreimal ein Eichenzweig, dreimal das Brandenburger Tor, zweimal die «fette Henne», wie Journalisten den Adler im Saal des Bundestags respektlos genannt haben. «Eine Währung ist auch Teil der Identität eines Volkes»: Ist es das, wenn Goethe und Kant vor der Tür bleiben?

Im folgenden ist die Festansprache abgedruckt, die am 27. Oktober 1992 anläßlich der Einführung der letzten neuen Banknoten in der Deutschen Staatsbibliothek in Berlin Unter den Linden gehalten worden ist.

Sehr geehrte Damen und Herren!
Heute werden die letzten drei der acht neuen Banknoten ausgegeben zu den Wertstufen 5, 500 und 1000 DM, insgesamt also zu 1505 DM: rund ein Vierfaches des Wertes der bisher ausgelieferten fünf Noten, die mit ihren Abschnitten von 10 bis 200 in der Mitte der Stückelungen liegen und zusammen nur 380 DM ausmachen. Heute also, mit der Ausgabe der niedrigsten und der höchsten

Wertnoten, findet so etwas wie die Einrahmung der Gesamtserie statt, und hat die Deutsche Bundesbank bei den bisherigen Emissionsfeiern erste Kenner der abgebildeten Persönlichkeiten sprechen lassen – Betreuer kritischer Textausgaben oder Verfasser einschlägiger Werkbiographien –, so ist das Wort diesmal einem normalen, mit Geld hantierenden Staatsbürger übertragen, den keine besondere Sachkenntnis über das Leben und die Werke der auf den Banknoten Abgebildeten auszeichnet. Ihm ist lediglich ein Merkmal eigen: er ist einer jener drei (um hier die Nomenklatur der Deutschen Bundesbank aufzunehmen) «namhaften Historiker», auf deren Vorschläge die Auswahl der «Gestalten aus dem deutschen Geistes- und Kulturleben» zurückgeht, die auf den Banknoten dieser dritten Nachkriegsserie zu sehen sind.

Die Anfrage der Deutschen Bundesbank, ob wir bereit seien, an einer solchen Bildnis-Auswahl für neue Geldscheine mitzuwirken, erreichte uns 1984; «uns», das sind: Karl Otmar von Aretin, Professor für Neuere Geschichte in Darmstadt und Direktor des Instituts für Europäische Geschichte in Mainz, Knut Borchardt, Professor für Wirtschaftsgeschichte und Volkswirtschaftslehre an der Volkswirtschaftlichen Fakultät der Universität München, und mich, der ich als Professor der mittelalterlichen Geschichte und Präsident der Monumenta Germaniae Historica, des «Instituts für Erforschung des Mittelalters», fraglos die größte Entfernung zu der gestellten Aufgabe habe, kannte doch das Mittelalter, das in manchen Bereichen die Tauschwirtschaft nie ganz aufgegeben hat, kein Papiergeld und hatte auf monetärem Gebiet – denken Sie an die Brakteaten und das Hacksilber – seine uns fremden Eigenheiten.

«Große Deutsche» gesucht

Die Aufgabe. Wir wurden zunächst gebeten, eine größere Anzahl Namen von Persönlichkeiten aus dem «deutschen Kultur- und Geistesleben» zusammenzustellen, die dann auf 45 (ursprünglich waren es 70 bis 80) reduziert wurden. Aus dem vom Direktorium der Bundesbank gebilligten Namenmaterial sollten in einer zweiten Stufe fünf Serien zu je sechs Personen aussortiert werden, nachdem man übereingekommen war, daß – im Gegensatz etwa zum Papiergeld des Deutschen Reiches vor dem Ersten Weltkrieg, als kaum ein Geldschein ohne die dralle Figur einer Germania zu finden ist – keine Allegorien und keine Cranach-, Holbein- oder Dürergemälde, wie bei der jetzt abgelösten zweiten Banknotenreihe der Nachkriegszeit («Junge Venezianerin», «Bildnis eines jungen Mannes» usw.) zur Darstellung kommen sollten. Ein solcher Entschluß entspricht weitgehend dem europäischen Geldscheindesign, das in der Regel – eine Ausnahme sind die Niederlande, die in ihrer jüngsten Serie technisch stark verfremdete Naturbilder bevorzugt haben – Gestalten aus dem Kultur- und Geistesleben des jeweiligen Landes zeigt; bei den Schweizer Noten, die zwischen 1976 und 1980 auf den Markt kamen, sind es zum Beispiel: der Mathematiker und Physiker Leonhard Euler (1707–1783), der Geologe und Meteorologe Horace-Bénédict de Saussure (1740–1799), der Naturforscher Conrad Gessner (1516–1568), der Architekt Francesco Borromini (1599–1667), der Naturgelehrte Albrecht von Haller (1698–1777), der Psychiater August Forel (1848–1931) und der Historiker Jacob Burckhardt (1818–1897), eine Palette, die vom 16. bis zum beginnenden 20. Jahrhundert reicht – bezeichnenderweise ohne einige Namen, die man füglich als erste mit der Schweizer Kultur in Verbindung bringen möchte, ohne Pestalozzi, Keller, Conrad Ferdinand Meyer, aber auch ohne Wilhelm Tell, dessen Gestalt damals noch nicht so stark ins Fiktive gerückt war, wie es gegenwärtig der Fall ist, und ohne Huldreich Zwingli. Interessant ist, daß die Schweizer den im Tessin am Luganer See geborenen Borromini für sich reklamieren, obwohl sein Wirkungsfeld und seine Werke ganz in Rom und Italien liegen.

Bei der Zusammenstellung der 45 Namen hatten sich Bundesbankdirektorium und Beratergremium auf einige weitere Richtlinien festgelegt. Es sollten nicht Sterne erster Größe aufgenommen werden (nicht Goethe, Schiller, Beethoven, Dürer, Lessing u. a.), die bereits viele Male auf Banknoten abgebildet waren; bei einem Verzicht auf diese Namen ließ sich unter dem vielleicht zweifelhaften, aber doch bedenkenswerten Aspekt der Ebenwertigkeit eine größere Zahl von Personen nennen, mit denen Ansprüche und Erwartungen verschiedener gesellschaftlicher Gruppen abgedeckt werden können. Verzichtet werden mußte auch auf Persönlichkeiten früherer Zeiten, von denen es kein authentisches Bildnis gab – eine wichtige Forderung –, wie im Falle einer Hildegard von Bingen, eines Erwin von Steinbach und selbst eines Johannes Gutenberg, so daß das Mittelalter, das erst spät zu wirklichkeitsgetreuen Portraits fand, und teilweise die frühe Neuzeit als Zeitraum, aus dem die Gestalten hätten genommen werden können, weitgehend ausfielen. Das dichteste Feld bot die Zeit vom endenden 17. bis zum beginnenden 20. Jahrhundert, das gleichfalls eine Schwelle bedeutete. Hier wären die Rechte des Persönlichkeitsschutzes zu beachten gewesen, und fraglos erregen Persönlichkeiten der jüngsten Zeit eher Anstoß als seit altersher akzeptierte Gestalten. Deshalb blieben Helene Lange und Adolf von Harnack ebenso ausgeschlossen wie Lise Meitner und Albert Einstein, der zudem seinen deutschen Ursprung abgestreift hatte.

Der deutsche Buchmarkt hat sich mehrmals darauf verstanden, biographische Essays unter dem Titel «Die großen Deutschen» herauszugeben (bei der Bestimmung deutscher Größen war sogar der erste Bundespräsident beteiligt), und man hat ironisch gefragt, wie man denn die größere Größe des einen von der des anderen unterscheiden könne. Wir haben einige Sparten von Großen, denen in dieser Walhalla gehuldigt worden ist, nicht wegen ihrer Größe, sondern wegen ihrer Profession ausgeschieden: keine Herrscher (nicht Karl IV. und nicht Friedrich der Große, der im übrigen bereits mehrfach auf Banknoten abkonterfeit war; auch nicht Königin Luise), keine Soldaten und «Staatsmänner» (kein Gneisenau und kein Moltke, kein Hardenberg und kein Bismarck), keine konfessionellen Repräsentanten (nicht Luther und auch nicht Friedrich von Spee, nicht einmal Sebastian Kneipp) und auch keine Vertreter politischer Gruppen oder Richtungen (ob Marx, Engels oder Lassalle, auch nicht Bebel oder Windthorst). Sie sehen: Es gab zahlreiche Begrenzungen, denen wir uns zu unterwerfen hatten, und innerhalb dieses Geheges sollten die erbetenen 45 Namen angesiedelt sein, geordnet nach Beruf, Konfession, landsmannschaftlicher Zuordnung usw. Um anstoßfreie Ausgeglichenheit war gebeten.

«Fraun im Plural»?

Die größten Schwierigkeiten machten uns die Frauen. Wir hielten es durchaus mit Goethe: «Ich sage Fraun; denn ein für allemal denk ich die Schönen im Plural». Auch uns ging es um «Fraun im Plural», aber es sollten nicht Frauen der Kultur- und Geistesgeschichte sein, die hauptsächlich durch ihre «Nähe zu großen Männern» bekannt waren, wie Charlotte von Stein oder Charlotte von Kalb zu Goethe und Schiller, und auch die prächtige Frau Rat Goethe mußte ausfallen, wenngleich ihr Kochbuch in unseren Tagen immer neue Auflagen erlebt. Gesucht waren Frauen, die sich einen Namen aus eigener Kraft erworben haben. Jede der fünf Motivreihen à sechs Persönlichkeiten sollte zwei, wenn nicht sogar drei Frauennamen enthalten, mit denen eine persönliche Leistung verbunden war. Quotenfrauen waren nicht gefragt.

Man muß sich vor Augen halten, daß Frauen erst vom endenden 18. Jahrhundert an aus dem Schatten von Haus und Familie traten. Daß Dorothea Schlözer 1787 an der Göttinger Universität den philosophischen Doktor erwarb, war eine große Ausnahme und wurde nicht als Berufsstandard, sondern eher als das Ergebnis einer vorzüglichen singulären Erziehungsdressur angesehen. Die Zulassung der Frauen zum Universitätsstudium lag wesentlich später – die erste Promotion einer Frau an der Berliner Universität erfolgte 1899 –, und manche Fakultäten

52 Die letzten von der Deutschen Bundesbank im Oktober 1992 ausgegebenen Banknoten. Beim Euro wird es den Kopf eines Deutschen auf einem Zahlungsmittel nicht mehr geben.

öffneten sich weiblichen Studenten erst zu Beginn des 20. Jahrhunderts, zum Beispiel im Bereich der Medizin. Die erste ordentliche Professorin wurde im Jahre 1923 ernannt (Margaretha von Wrangell, Lehrstuhl für Agrikulturchemie an der Landwirtschaftlichen Hochschule Hohenheim), nachdem Frauen erst 1919 der Weg zu einer Privatdozentur geöffnet worden war. Ein Richteramt zu bekleiden war ihnen erst nach 1922 möglich. Deutschland erscheint besonders rückständig neben Frankreich, das Madame Skłodowska-Curie (1867–1934) bereits 1906 eine volle Professur an der Sorbonne bekleiden ließ. Leistungen in der Baukunst oder in den Naturwissenschaften konnten schon aus gesellschaftlich-rechtlichen Gründen von Frauen kaum erbracht werden.

Lediglich auf dem Gebiet der Literatur, der Musik, der Kunst und des Theaters – auf unserer Liste rangierten auch die tüchtige Prinzipalin Caroline Neuber (1697–1760) und die «deutsche Sappho» Anna Luise Karsch (1722–1791) – ließ sich eine gewisse Ausgewogenheit der Repräsentanz beider Geschlechter herbeiführen, aber dem stand die Entscheidung entgegen, daß nicht berufsspezifisch verfahren werden sollte, wie zunächst erwogen war. Von den anfangs experimentierhaft entworfenen Reihen etwa von Baumeistern und Architekten (Elias Holl, Balthasar Neumann, Dominikus Zimmermann, Georg von Knobelsdorff, Karl Friedrich Schinkel, Leo von Klenze gäben eine ansehnliche Galerie) hatte man Abstand genommen, obschon – wie gesagt – unter der Sparte der Literaten sich der Frauenanteil günstig hätte darstellen lassen.

Viele wurden berufen, doch wenige auserwählt

Die Recherchen, Entwürfe und Beratungen zogen sich fast zwei Jahre hin. Erstellt wurden zunächst jene geforderten fünf Serien mit je sechs Namen, doch genossen zwei Reihen besondere Aufmerksamkeit, die schließlich bis zur endgültigen Entscheidungsreife geführt werden sollten. Im Laufe der Diskussion hatte das Direktorium der Bundesbank seinen Auftrag erweitert, es sollte eine siebente Person hinzutreten, gedacht für eine 200-DM-Note, um den Abstand von 100 DM zu 500 DM nicht zu groß werden zu lassen.

Einer der schönsten Essays der letzten Jahrzehnte aus der Feder eines Historikers trägt den Titel «Über das Vergebliche in der Geschichte» von Wolfram von den Steinen. Länger als die Kette der sichtbar gewordenen Gestalten ist selbstverständlich die der nicht zum Zuge gekommenen. Auch sie sind respektable Leute, die glatt an die Stelle mancher Auserwählten treten könnten: Eichendorff oder Fontane, Leibniz oder Liebig, Fraunhofer oder Lilienthal, Hegel oder Savigny, Semper oder Behring, Carl Maria von Weber oder Paula Modersohn-Becker und viele andere mehr. Es gibt genügend Pulver für eine zweite Breitseite von neuen Banknoten, die die Deutsche Bundesbank abfeuern könnte – damals als einzukalkulierende Möglichkeit gefordert –, aber der heutige Salut gilt der ersten Serie, deren schwieriges und hin- und hergedachtes Zustandekommen ich angedeutet habe.

Ich breche ab und bitte Sie, das Feld der Auserwählten in seiner Verflochtenheit, in seinem Versuch nach chronologischer, landsmannschaftlicher, beruflicher und konfessioneller Ausgewogenheit zu betrachten. Da ist der Jude Paul Ehrlich (1854–1915), geboren im schlesischen Strehlen, Sohn einer jener jüdischen Familien, die sich durch viele Generationen in einer fast gänzlich jüdischen Siedlung – im oberschlesischen Zülz – gehalten haben; bis zu seinem Tode 1915 bekannte er sich zu seinem mosaischen Glauben. Sein wissenschaftlicher Weg führte ihn über mehrere Stationen bis zu dem für ihn eingerichteten «Institut für experimentelle Therapie» in Frankfurt; Ehrlich, Nobelpreisträger für Medizin, war einer der ersten, der die Chemie in den Dienst der Biologie und Medizin stellte und den Boden für chemotherapeutische Behandlungen bereitete; er entdeckte das lange Zeit wirksamste Mittel gegen die Syphilis, das Salvarsan.

Aus dem einst hauptsächlich von Deutschen bewohnten böhmischen Eger kommt der katholische Militäringenieur Balthasar Neumann (1687–1753), der als würzburgisch-bischöflicher Architekt zu einem der vielseitigsten süddeutschen Barockbaumeistern wurde, der Nutzbauten wie Brükken und Festungen mit gleichem technischen Können errichtete wie die riesige Wölbung des Treppenhauses der Würzburger Residenz oder die Kuppeln der Abtei Neresheim.

Clara Schumann (1819–1896), von nicht nennenswerter evangelischer Observanz, stammt aus Leipzig, war Tochter des dort und in Dresden wirkenden Pianisten Friedrich Wieck, der ihr Lehrer war; sie lernte als Schüler ihres Vaters Robert Schumann kennen, den sie gegen den väterlichen Willen – das Paar mußte die Einwilligung gerichtlich einklagen – 1849 heiratete. Nach dem Tode ihres Mannes und nach vielen Zwischenstationen unterrichtete sie am Konservatorium in Frankfurt am Main. Als Interpretin der Werke Beethovens, Chopins, Mendelssohns, ihres Mannes Robert Schumann, vor allem als Förderer von Johannes Brahms gehörte sie zu den ersten Musikzelebritäten ihrer Zeit.

Daneben steht die westfälische Dichterin Annette Freiin von Droste (1797–1848), geboren auf Hülshoff, dem väterlichen Besitz im Münsterland, bekennende Katholikin, von der gesagt wurde, daß niemand vor ihr «mit größerer lyrischer Vollkommenheit Natur mit jeder ihrer Formen und Erscheinungen in Worte gefaßt» habe (E. Alker); mit dem Honorar ihrer 1842 erschienenen *Gedichte* erwarb sie auf einer Auktion das «Fürstenhäusle» in Meersburg am Bodensee, und die Deutsche Bundesbank hat die Einführung der ihr zugeordneten Note auch an beiden Orten, in Münster und in Meersburg, gefeiert.

Aus ärmlichen Verhältnissen ging hervor der – wenn man die heutige Bezeichnung wählt – Niedersachse Carl Friedrich Gauß (1777–1855), dessen geniale Begabung als Mathematiker, Astronom, Geodät und Physiker frühzeitig erkannt wurde und der Göttingen als «Mathematicorum princeps», wie man ihn nannte, innerhalb fast eines halben Jahrhunderts zu einer führenden naturwissenschaftlichen Forschungsstätte ausbaute.

In dieses Geflecht sind die Persönlichkeiten einzuführen, mit denen die heute ausgegebenen Banknoten geziert sind: die – zugegeben – etwas exaltierte Bettina von Arnim, das aus der deutschen Geistes- und auch Gemütsgeschichte nicht wegdenkbare Brüderpaar Jacob und Wilhelm Grimm und die außergewöhnliche, aus eigener Leistung lebende Maria Sibylla Merian.

Die Neue: Bettina von Arnim

Beginnen wir mit Bettina von Arnim (1785–1859), beginnen wir mit der Fünfmarknote, der niedrigsten Wertstufe. Die sieben Persönlichkeiten auf den Noten der Wertstufen oberhalb der 10 DM waren aufeinander abgestimmt, als das Direktorium der Bundesbank den Wunsch vorbrachte, es möge die Motivreihe durch ein weiteres Portrait für einen Fünfmarkschein ergänzt werden. In der Geschichte des deutschen Papiergeldes ist eine Note zu 5 Mark, die sich häufig mit einer 5-Mark-Münze überdeckt, spät – zum ersten Mal 1942 – in einer Ausnahmesituation eingeführt worden, doch wollte man die Tradition fortführen. Wir suchten nach einer changierend-irisierenden Gestalt, nach Möglichkeit weiblichen Geschlechts, die durch die Vielfalt ihres Wirkens unsere stehende Siebenerreihe nicht durcheinanderbringt. Bettina Brentano, verheiratete von Arnim, bot sich an: «geregelter Erziehung entbehrend, war sie zeit ihres Lebens ein krauses Wesen, in dem sich Genialität, Edelsinn und koboldhafter Mutwille seltsam vermischten». So poetisch ist ihre Erscheinung in einem ansonsten nüchtern-trockenen Brockhaus-Lexikon umschrieben, und sie war in der Tat vielseitig begabt und vielseitig tätig. Sie entzückte den alten Goethe, und der eitle Sechziger ließ sich gern umschmeicheln, bis schließlich die resolute Christiane Goethe, geborene Vulpius, mit derben Worten die Schwärmerei trübte. Noch zu Goethes Lebzeiten entwarf sie ein Denkmal des thronenden Dichterfürsten, das in manchem Max Klingers Beethovendenkmal vorwegnahm. 1835, drei Jahre nach Goethes Tod, brachte sie ihr erstes Buch heraus: *Goethes Briefwechsel mit einem Kinde*, in dem eine größere Zuwendung Goethes zu ihr behauptet wird als der Wirklichkeit entsprach, wie überhaupt eine naive Inbesitznahme ihren Umgangsformen eigen war.

Aber neben ihrem stark autobiographisch geprägten literarischen Eifer, dem hier nicht weiter nachgegangen sei, steht ihr gesellschaftliches und soziales Engagement. Mit ihrer von der Zensur unwillig freigegebenen Schrift *Dies Buch gehört dem König* (1843) versuchte sie Friedrich Wilhelm IV. – dem sie im übrigen nur ein einziges Mal begegnet war – die Augen für die Not und das Elend der unteren Stände zu öffnen; wenig später, im Mai 1844, ließ sie in Zeitungen verlauten, daß sie ein Buch über die Armen in Deutschland zu verfassen gedenke; unter den vielen Zuschriften, die sie erhielt, war auch eine Liste von notleidenden Webern, eingesandt von einem reformwilligen schlesischen Fabrikanten, doch ehe das mit Belegen ausgestattete Buch erscheinen konnte, brach der schlesische Weberaufstand aus, und Bettina begrub ihr von der Zensur argwöhnisch beäugtes Projekt, um nicht in den Verdacht einer Volksaufrührerin zu geraten. Vielleicht liegt so etwas wie Weisheit in dem Beschluß der Deutschen Bundesbank, die wertniedrigste Note, sozusagen den ärmsten Schein, der Arnim zuzuerkennen.

Die Brüder Grimm

Bettina von Arnim starb 1859 in Berlin, im selben Jahr und in derselben Stadt starb auch Wilhelm Grimm, der jüngere der Brüder, deren beider Köpfe auf der werthöchsten Note, dem 1000-DM-Schein, wiedergegeben sind, und es läßt sich ein Bogen von der Arnim zu den Brüdern Grimm schlagen. Jacob und Wilhelm Grimm, im Hessischen geboren, zu dem sie eine verinnerlichte und an ihren *Kinder- und Hausmärchen* (1812–14) ablesbare Heimatliebe empfanden, waren über Kassel nach Göttingen gekommen, wo sie 1837 wegen ihres Protestes gegen den Verfassungsbruch des Königs ausgewiesen wurden, um wiederum in Kassel bei ihrem Malerbruder Ludwig Emil Grimm ein beengtes Unterkommen zu finden. Erlösend wirkte für sie deshalb der Ruf der Preußischen Akademie der Wissenschaften nach Berlin Ende 1840, den die Arnim mitbetrieben hatte und den die Grimms – beide schon Mitte Fünfzig und ohne festes Einkommen – bei einer Jahresdotierung von 2000 Talern sogleich annahmen.

Es war den Grimms klar, daß sie sich zu billig verkauft hatten, und Jacob Grimm schrieb an die Arnim: «Tadeln Sie also, liebe Bettina, nicht zu heftig, daß wir keine höhere Forderung stellten. Es wäre unser unwürdig und undankbar vorgekommen». Bettina von Arnim handelte sofort; sie wandte sich an Alexander von Humboldt, der das Ohr des Königs hatte: «Bei dem Gehalt von 2000 Tlr. für beide [Grimms] kann von dem ausdrücklichen Willen des Königs, daß sie ‹sorgenfrei ihren literarischen Zwekken obliegen sollen›, nicht die Rede sein... Beide Brüder hatten bisher [in Kassel] denselben Gehalt... und dabei die freie Wohnung in dem Hause ihrer Schwägerin. Obschon der gute Wille ihrer Mitbürger ihnen alles erleichterte, so mußten sie sich dennoch sehr dabei einschränken. Der Arzt nahm nichts von ihnen, die Schullehrer schätzten es sich zur Ehre, ihre Kinder umsonst zu unterrichten, kein Kaufmann wollte von ihnen ziehen, so manche tätige Teilnahme von Freunden fällt jetzt weg. In dem wohlfeilen Kassel ging es so knapp her, daß Jacob in Verlegenheit war, sich einen schwarzen Mantel machen zu lassen, sonst würde er schon hier sein, um dem König seinen Dank auszusprechen. Hier werden die Grimms eine Wohnung von 4 bis 500 Tlr. brauchen, wenn sie nicht in einem ganz entfernten Stadtteil wohnen sollen. Sie haben eine Bibliothek, die mehrere Zimmer einnimmt. Die Familie braucht Bedienung von zum mindesten zwei weiblichen Domestiken, deren Unterhalt kaum unter 250 Tlr. zu bestreiten ist. Feuerung kann hier, wo man 7 Monat im Jahr heizt, nicht unter 200 Tlr. bestritten werden. Zu ihrer Kleidung bedarf jeder Bruder wenigstens 100 Tlr., ebenso die beiden schon ziemlich herangewachsenen Söhne. Wilhelm ist kränklich, er bedarf Mittags ein Glas Wein und einfacher, aber stärkender Kost». So geht es fort. Bettinas resolute Zudringlichkeit hatte Erfolg. In einem korrigierenden Kabinettsbeschluß wurde das Jahresgehalt der Grimms auf 3000 Taler angehoben und zudem eine Umzugskostenvergütung von 500 Talern gewährt. Die Grimms bedankten sich auf ihre Weise für die Befreiung von der Sorge um das tägliche Brot und «oblagen ihren literarischen Zwecken» mit ungemeiner Fruchtbarkeit, in deren Mittelpunkt die Ausarbeitung des *Deutschen Wörterbuchs* stand, das 1852 zu erscheinen begann und – so können wir *ex eventu* sagen – 1960 abgeschlossen war, um sogleich eine wiederum auf lange Zeit angelegte Neubearbeitung zu erfahren.

Maria Sibylla Merian

Ein eigenes Kapitel bedeutet Maria Sibylla Merian, deren Bild auf der 500-DM-Note zu sehen ist und deren Lebenszeit (1647–1717) am Anfang aller auf den neuen Noten wiedergegebenen Personen steht. Geboren als Tochter des berühmten Frankfurter Stechers und Verlegers Matthaeus Merian des Älteren heiratete sie achtzehnjährig den Maler Johannes Andreas Graff (1637–1701), in dessen Vaterstadt Nürnberg sich das junge Paar niederließ. Unter ihrem zugkräftigen Geburtsnamen, den sie auch in Zukunft beibehielt, begann Sibylla Merian Blumenbücher zu veröffentlichen, wobei ihr Mann die Rolle des Verlegers übernahm. Nebenher beschäftigte sie sich mit Käfern, Schmetterlingen und Raupen, die sie über lange Zeiträume genau beobachtete und in ihren verschiedenen Formen und Farben zeichnerisch festhielt. Das Ergebnis ihrer Studien waren ihre «Raupenbücher» (*Der Raupen wunderbare Verwandlung und sonderbare Blumennahrung*, 1679 und 1683).

1685 brach sie mit ihrem bisherigen Leben; sie verließ ihren Mann und begab sich, erfüllt von pietistischer Frömmigkeit, zusammen mit ihrer Mutter und mit ihren beiden gleichfalls als Malerinnen hervortretenden Töchtern nach dem niederländischen Westfriesland zur Gemeinde der Labadisten: einer nach dem Exjesuiten Jean de Labadie (1610–1674) benannten, nach «Wiederherstellung der Urkirche» strebenden reformierten Sekte. Graff reiste ihr nach und hielt sich unter entwürdigenden Umständen (man ließ ihn Steine für Maurer schleppen) ein Jahr bei der Labadistengemeinde seiner Frau auf, außerhalb des eingezäunten Wohnbezirks der Gemeinde. Zwei Anträge Graffs, in den Kreis der Labadisten aufgenommen zu werden, wurden zurückgewiesen. Als die Ehe nicht mehr zu retten war, kehrte Graff nach Nürnberg zurück und beantragte 1692, «dass er von seinem nun über 7 Jahr von ihm zu denen Labadisten entwichenen Weib absque strepitu iudicii [ohne den Lärm eines Prozesses] totaliter möchte geschieden werden» – so steht es im Nürnberger Ratsprotokoll. Sibylla lebte bei einer Familie, die eine Missionssiedlung in Surinam (Niederländisch Guayana) unterhielt. Angeregt von den Berichten über Surinams tropische Welt faßte sie 1699 – 52jährig – den Entschluß, nach Surinam zu reisen, wo sie unter schweren Strapazen zwei Jahre ausharrte. In einem förmlichen Arbeitsrausch beschrieb und skizzierte sie die dortige Flora und Fauna, vornehmlich die Insektenwelt und die von den indianischen Einwohnern verwendeten Heil- und Nutzpflanzen. Nach ihrer Rückkehr widmete sie sich hauptsächlich der Zurichtung des Forschungsmaterials für die Publikation. 1705 erschienen in Amsterdam auf ihre Kosten parallel eine lateinische und eine holländische Ausgabe über die Entwicklungsstadien der Insekten Surinams (*Metamorphosis Insectorum Surinamensium*), die ihren Ruf als vorzügliche Entomologin festigte. Eine geplante deutschsprachige Ausgabe kam mangels Subskribenten nicht zustande.

Sibylla lebte in Amsterdam vom Verkauf ihrer Bücher – sie legte ihr erstes «Raupenbuch» neu auf – und der aus Surinam mitgebrachten Insekten und Reptilien, die damals für naturwissenschaftliche Raritätenkabinette sehr begehrt waren. Maria Sibylla Merian: ein eigenwillig gestaltetes Leben zwischen hingebungsvoller Gläubigkeit und ausgreifender Tätigkeit als selbständige Forscherin, Künstlerin, Unternehmerin, und ich hoffe, Sie sind mit mir einer Meinung, daß es richtig war, manchen Überlegungen zu widerstehen, die Merian gegen bekanntere Namen, wie z. B. Eichendorff, einzutauschen. Mit Sibylla Merian sind Männer wie Frauen auf den Geldscheinen zu je vier vertreten, und die Graphiker, die sich manchem

Darstellungszwang unterwerfen müssen, zum Beispiel dem, die Köpfe keinesfalls nach links sich wenden zu lassen, haben sich sichtbar Mühe gegeben, den Abbildungen fraulich-damenhaften Charme zu verleihen, was im Falle der nüchtern erscheinenden Merian und der leicht pferdegesichtigen Droste, deren frisch ondulierter Kopf einem entgegenstrahlt, gewiß nicht leicht war.

Vom Glück gemeinsamer deutscher Währung

Ab 27. Oktober 1992 ist die neue Banknotenserie vollständig, acht Wertstufen, mehr als bisher in der Bundesrepublik eingerichtet waren, zwei mal vier, und wenn die Vier die Zahl der Vollkommenheit ist, so sei nicht behauptet, daß die Reihe doppelt vollkommen ist. Aber es kommt doch so etwas wie Dankbarkeit auf, daß hier Unter den Linden nicht mehr mit Thomas Münzer- und Karl Marx-Geldscheinen gezahlt wird, sondern mit unseren Banknoten, deren Portraitserie von der Arnim bis zu den Grimms reicht und die geplant und entworfen waren, bevor die deutsche Vereinigung das Währungsgebiet nach Osten erweitert hat. Wir sollten angesichts dieses Zugewinns den Spruch «Nomen est omen» beherzigen und uns daran erinnern lassen, daß unser Wort Münze sich vom lateinischen Moneta ableitet, und Moneta ist der Beiname der Juno, deren Tempel die Römer der Republik ihr Geld anvertrauten; Juno Moneta heißt: die mahnende Juno. Jetzt müssen wir danach trachten, daß unser Geld auch etwas gilt, denn Geld kommt, wie im Band 4.1,2 (1897) des Grimmschen Deutschen Wörterbuches nachzulesen ist, von «gelten».

Die Bundesbank als unsere monetäre Wächterin, deren Unabhängigkeit von den politischen Instanzen durch Gesetz gesichert ist, sei an die Mahnung erinnert, die den mit diktatorischer Gewalt ausgestatteten Konsuln im alten Rom auf den Weg gegeben wurde; sie mögen zusehen, daß die Republik keinen Schaden erleide. *Videant consules, ne res publica quid detrimenti capiat.*

Anhang

Nachweis der Druckorte

Sämtliche Beiträge wurden für die Aufnahme in diesen Band mehr oder minder stark überarbeitet, zudem um die Bilder vermehrt.

Richard von Weizsäckers Erinnerungen: Der Beitrag lehnt sich an die Vorstellung des Buches von Richard VON WEIZSÄCKER, Vier Zeiten. Erinnerungen (Berlin 1997) im Berliner Hotel «Adlon» im September 1997 an.

«Von solchen, die noch östlicher wohnen» – Deutsche, Polen und Juden im Oberschlesien des 19. Jahrhunderts ist ein Vorabdruck aus einem noch unveröffentlichten Buch über den Kreuzburger Wohltäter Simon Cohn.

Die Pringsheims und ihr Reichtum erschien zuerst und mit Anmerkungen versehen in: Hanno-Walter KRUFT, Alfred Pringsheim, Hans Thoma, Thomas Mann. Eine Münchner Konstellation. Mit Beiträgen von Roland BULIRSCH und Horst FUHRMANN, München 1993, S. 35–48.

Taddeusz Zieliński oder eine Antwort auf die Frage: wie weit nach Osten reicht Europa? Am 7. Juni 1997 fand ein Kolloquium zu Ehren des polnischen Altertumsforschers Taddeusz Zieliński (1859–1944) statt, das verbunden war mit der Enthüllung eines von der Gemeinde Schondorf am Ammersee errichteten Denkmals. Der Beitrag geht auf die Eröffnungsrede zu dieser Veranstaltung zurück.

Die Jarklowskis aus Kreuzburg: eine echt oberschlesische Familie erschien mit Abbildungen versehen in: Oberschlesisches Jahrbuch 8 (1992) S. 91–105.

Theodor Bögel und seine «Beiträge zu einer Historia Thesauri linguae Latinae» erschien zuerst als Vorwort zu: Thesaurus-Geschichten. Beiträge zu einer Historia Thesauri linguae Latinae von Theodor BÖGEL, hg. von Dietfried KRÖMER und Manfred FLIEGER, Stuttgart und Leipzig 1996, S. VII-XII.

Die «Bilder aus der deutschen Vergangenheit»: Vorwort zu einer dreibändigen Auswahlausgabe von: Gustav FREYTAG, Bilder aus der deutschen Vergangenheit, hg. von Heinrich PLETICHA, Gütersloh-München 1998, Bd. 1, S. 9–15.

Gustav Freytags «Erinnerungen aus meinem Leben»: Nachwort der Neuausgabe von Freytags «Erinnerungen», die 1995 in der Deutschen Bibliothek des Ostens (Berlin) erschien.

Ignaz von Döllinger – Ein exkommunizierter Theologe als Akademiepräsident und Historiker: In verkürzter Form ist der Text bei dem «Dies academicus aus Anlaß des 200. Geburtstags von Ignaz von Döllinger (1799–1890) « in München am 24. Februar 1999 vorgetragen worden. Diese Fassung erschien in einem die Veranstaltung dokumentierenden Band der Münchener Theologischen Zeitschrift 50 (1999), die um einen bibliographischen Anhang erweiterte vollständige Fassung in den Sitzungsberichten der Sächsischen Akademie der Wissenschaften, Philologisch-historische Klasse, Bd. 137, Heft 1 (1999): Ignaz von Döllinger – Ein exkommunizierter Theologe als Akademiepräsident und Historiker.

Paul Fridolin Kehr – «Urkundione» und Weltmann: Der Essay verdankt seinen Anstoß einem gemeinsam mit Reinhard Elze in Form eines Zwiegesprächs gehaltenen Festvortrag für Arnold Esch in Rom, gedruckt als: Deutsches Historisches Institut in Rom – Istituto Storico Germanico di Roma, Paul F. Kehr. Zugänge und Beiträge zu seinem Wirken und zu seiner Biographie. Veranstaltung zum 60. Geburtstag von Arnold Esch am 20. Mai 1996, Rom 1996 (Niemeyer, Tübingen 1997; nicht im Buchhandel).

Felix Gilbert, «Botschafter des Weimarer Geistes» aus: Orden Pour le Mérite für Wissenschaften und Künste. Reden und Gedenkworte. 23. Band 1990–1992, Gerlingen 1993, S. 81–87.

Stephan Kuttner – Kirchenrecht als Harmonielehre geht zurück auf: Orden Pour le mérite für Wissenschaften und Künste. Reden und Gedenkworte. 27. Band 1997, Gerlingen 1998, S. 21–25.

Walter Ullmann, Lehrmeister «mit Rute und Liebe» aus: Jahrbuch der Bayerischen Akademie der Wissenschaften 1983, S. 198–201.

Der Oxfordianer Karl Leyser erschien zuerst als Nachwort zu Karl Leyser, Am Vorabend der ersten europäischen Revolution. Das 11. Jahrhundert als Umbruchszeit. Vierte Theodor-Schieder-Gedächtnisvorlesung am 21. November 1991, München 1994; auch in: Historische Zeitschrift 257 (1993) S. 1–28.

Golo Mann, «historisierender Schriftsteller» aus: Orden Pour le mérite für Wissenschaften und Künste. Reden und Gedenkworte. 24. Band 1993–1994, Gerlingen 1995, S. 115–121.

Jacob Burckhardt und die Zunft der Historiker aus: Das Andere wahrnehmen. Beiträge zur europäischen Geschichte August Nitschke zum 65. Geburtstag gewidmet, Köln, Weimar, Wien 1991, S. 23–38.

Werner Kaegi und seine Großbiographie Jacob Burckhardts aus: Jahrbuch der Bayerischen Akademie der Wissenschaften 1980, S. 215–219.

Geschichte als Fest: Hermann Heimpel geht zurück auf folgende Würdigungen und Nachrufen: Die Bereitschaft eines Autors zum Erleben und Erleiden. Zum 80. Geburtstag des Historikers Hermann Heimpel, in: Frankfurter Allgemeine Zeitung vom 19.9. 1981; Gedenkworte des Präsidenten der MGH: Hermann Heimpel und die Monumenta Germaniae Historica, in: In memoriam Hermann Heimpel. Gedenkfeier am 23. Juli 1989 in der Aula der Georg-AugustUniversität (Göttinger Universitätsreden 87), Göttingen 1989, S. 17–24; Nachruf Hermann Heimpel, in: Jahrbuch der Bayerischen Akademie der Wissenschaften 1990, S. 204–210; Nachruf Hermann Heimpel, in: Deutsches Archiv für Erforschung des Mittelalters 45 (1989) S. 372–374.

Die Charakterisierung *Chevalier Percy Ernst Schramm* entstand aus Anlaß seines 70. Geburtstags und erschien als: P. E. S. aus Hamburg. Der Universalhistoriker Percy Ernst Schramm wird fünfundsiebzig, in: Stuttgarter Zeitung vom 13. Oktober 1969.

Karl Jordan, der Lehrer beruht auf: Nord und Süd in der deutschen Geschichte des Mittelalters. Akten des Kolloquiums veranstaltet zu Ehren von Karl Jordan, 1907–1984, Kiel 15.–16. Mai 1987, hg. von Werner PARAVICINI (Kieler Historische Studien 34), Sigmaringen 1990, S. 11–16; Nachruf Karl Jordan, in: Deutsches Archiv für Erforschung des Mittelalters 40 (1984) S. 372–374.

Ein Leben für die Schrift: Bernhard Bischoff stützt sich vor allem auf: Hinführung zu Bernhard Bischoff, in: Bernhard Bischoff 1906–1991, München 1992 (Monumenta Germaniae Historica; nicht im Buchhandel), S. 3–9. Benutzt wurden auch: Nachruf Bernhard Bischoff, in: Jahrbuch der Bayerischen Akademie der Wissenschaften 1992, S. 224–229 und: Ein Schriftgelehrter. Zum Tod des Mediävisten Bernhard Bischoff, in: Süddeutsche Zeitung vom 20. September 1991.

Quellenforschung in Partnerschaft: Raffaello Morghen und Raoul Manselli erschien zuerst als: Rafaello Morghen, in: Jahrbuch der Bayerischen Akademie der Wissenschaften 1984, S. 221–223; und: Raoul Manselli, in: Jahrbuch der Bayerischen Akademie der Wissenschaften 1985, S. 231–233.

Ein Amerikaner in München: Robert L. Benson erschien zuerst als Nachruf in: Deutsches Archiv für Erforschung des Mittelalters 52 (1996) S. 809–811.

Die Motivauswahl der letzten deutschen Banknoten erschien zuerst als: Festansprache anläßlich der Einführung der als letzte ausgegebenen neuen Banknoten zu 5, 500 und 1 000 Deutschen Mark in Berlin am 27. Oktober 1992, Sonderdruck der Deutschen Bundesbank 1992.

Nachweis der Bildquellen

Aus Reichsgeschichte und Nordischer Geschichte, hg. von H. Fuhrmann u. a. (Kieler Historische Studien 16), Stuttgart 1972: 46

F. L. Bauer, Pringsheim, Liebmann, Hartogs – Schicksale jüdischer Mathematiker in München (Bayerische Akademie der Wissenschaften, mathem.-nat. Kl., Sonderdruck 1 aus den Sitzungsberichten 1997): 10

Bayerische Akademie der Wissenschaften, München: 29, 42, 48, 49

Bayerische Staatsbibliothek, München: 45

Verlag C.H. Beck: 40

A. v. Brandt, Werkzeug des Historikers, Stuttgart [15]1998: 1

Deutsche Bundesbank, Frankfurt M.: 52

Europäische Zentralbank, Frankfurt M.: 51

Gustav-Freytag-Archiv und -Museum, Wangen im Allgäu: 28

Gustav Freytag – Bilder aus seinem Leben, hg. vom Gustav-Freytag-Archiv und -Museum, Wangen im Allgäu 1970: 25, 26

Slg. Horst Fuhrmann: 3, 4, 5, 7, 8, 19

Dr. Hanna Geremek, Warschau: 17, 18

Walter Haberland, München: 33

Kreuzburg – Stadt und Kreis in Oberschlesien. Geschichte und Erinnerung: Ein Heimatbuch, Duderstadt 1990: 6

Keystone Pressedienst GmbH, Hamburg: 11

L. v. Kobell, Erinnerungen, München 1891: 30

H.-W. Kruft, Alfred Pringsheim, Hans Thoma, Thomas Mann. Eine Münchner Konstellation. Mit Beiträgen von R. Bulirsch und H. Fuhrmann, München 1993: 13, 14, 15

Dr. Sabine Krüger, Göttingen: 43

Law, Church and Society. Essays in Honor of Stephan Kuttner, hg. von K. Pennington u. R. Somerville, University of Pennsylvania Press 1977: 36

E. Leigh, Cambridge: 37

Monumenta Germaniae Historica, München, Nachl. Fr. Bock: 32

Museen der Stadt Wien, HM, Inv.-Nr. 76.526/7: 21

Oberschlesien in 144 Bildern, hg. von H. Labus, Leer, Ostfriesland [4]1974: 9

Orden Pour le mérite für Wissenschaften und Künste: 35, 39, 44, 47

Slg. Dr. Gudila v. Pölnitz, Hundshaupten: 31, 34

Proceedings of the British Academy 94: 1996 Lectures and Memoirs, S. 599: 38

Schweizerische Nationalbank, Bern: 41

Staatsbibliothek zu Berlin Preußischer Kulturbesitz: 20, 27
Thesaurus-Geschichten. Beiträge zu einer Historia Thesauri linguae Latinae von Theodor Bögel, hg. von D. KRÖMER und M. FLIEGER. Mit einem Anhang: Personenverzeichnis 1893–1995, Stuttgart und Leipzig 1996: 24
Thesaurus linguae Latinae, München: 22, 23
The Wesleyan University Alumnus, vol. 51, no. 4, May 1967, S. 21: 50

Abbildungen auf dem Umschlag: Vorderseite oben (von links nach rechts): Jacob Burckhardt (Abb. 40), Percy Ernst Schramm (Orden Pour le mérite für Wissenschaften und Künste), Golo Mann (Abb. 39), Hermann Heimpel (Abb. 43); Vorderseite unten: Ignaz von Döllinger (Abb. 29), Bettina von Arnim (Abb. 52), Gustav Freytag (Abb. 25); Rückseite: Horst Fuhrmann (Walter Haberland); Mitte: Taddeusz Zieliński (Abb. 17); unten: Maria Sibylla Merian (Abb.52).

Register

Beck's Historische Bibliothek

Gordon Alexander Craig
Geschichte Europas 1815–1980
Vom Wiener Kongreß bis zur Gegenwart
Aus dem Englischen von Marianne Hopmann
41. Tausend. 1996. 706 Seiten mit 101 Abb. Leinen

Alexander Demandt
Geschichte der Spätantike
Das Römische Reich
von Diocletian bis Justinian 284–565 n. Chr.
1998. XXV, 515 Seiten mit 3 Karten. Leinen

Aaron J. Gurjewitsch
Das Weltbild des mittelalterlichen Menschen
Aus dem Russischen von Gabriele Loßack
Wissenschaftliche Bearbeitung: Hubert Mohr
5., unveränderte Auflage. 1997.
423 Seiten mit 39 Abbildungen und Tafeln. Leinen

Gerhard Köbler
Historisches Lexikon der deutschen Länder
Die deutschen Territorien
und reichsunmittelbaren Geschlechter vom
Mittelalter bis zur Gegenwart
6., vollständig überarbeitete Auflage. 1999.
XLII, 883 Seiten. Leinen

Michael Salewski
Geschichte Europas
Staaten und Nationen
von der Antike bis zur Gegenwart
2000. 1146 Seiten. Leinen

Verlag C. H. Beck München